国家社会科学基金重点项目（14AGJ015）成果

国际经贸规则的
重构与创新

The Reconstruction and Innovation of
International Economic and Trade Rules

赵龙跃　著

科 学 出 版 社

北 京

内 容 简 介

本书在剖析全球价值链和经济全球化的发展与完善、国际经贸规则的重构与创新、全球治理体系的改革与建设所面临的挑战和机遇的基础上，重点分析了国际公平竞争、数字经济治理、多边投资规则和国际规制合作等问题，总结了新时代中国参与国际经贸规则的重构与创新、推动全球治理体系改革与建设等方面的理论与实践贡献，提出了中国统筹国际国内规则、引领新一轮经济全球化发展和推动构建人类命运共同体的对策建议。

本书适合高校国际政治、外交、经济、贸易和法律等专业的教师、本科生和研究生阅读，也可供政府有关部门、企事业单位、学术研究机构的领导干部和专家学者参考。

图书在版编目（CIP）数据

国际经贸规则的重构与创新/赵龙跃著. —北京：科学出版社，2023.6
ISBN 978-7-03-071558-6

Ⅰ.①国… Ⅱ.①赵… Ⅲ.①进出口贸易商用规则-研究 Ⅳ.①F746

中国版本图书馆 CIP 数据核字（2022）第 029949 号

责任编辑：刘英红 赵瑞萍 / 责任校对：王晓茜
责任印制：张 伟 / 封面设计：润一文化

科 学 出 版 社 出版
北京东黄城根北街 16 号
邮政编码：100717
http://www.sciencep.com

北京市金木堂数码科技有限公司印刷
科学出版社发行 各地新华书店经销
*

2023 年 6 月第 一 版 开本：720×1000 B5
2024 年 3 月第二次印刷 印张：20
字数：345 000

定价：168.00 元
（如有印装质量问题，我社负责调换）

目　　录

绪　　论

　　经济全球化的未来始终是国际社会关注的焦点。最近几年，随着一些发达国家极端民族主义、贸易保护主义和逆全球化思潮的兴起，关于经济全球化未来的争论更加激烈。新型冠状病毒感染（以下简称"新冠"）疫情全球蔓延给世界经济带来更加严重的不确定性，全球经济治理面临前所未有的挑战。但是新冠疫情不能改变经济全球化的进程，更不能阻止中国的经济增长、社会发展和中华民族的伟大复兴。新冠疫情不仅不能阻挡全球化，而且将加速新一轮经济全球化的发展。中国是新一轮经济全球化的倡导者、推动者和引领者。后疫情时代，国际社会所面临的问题不仅仅是经济的恢复与发展，更重要的是国际经贸规则的重构与创新、全球经济治理体系的改革与完善。

一、新冠疫情对于世界的影响是巨大和深远的，但是并不能改变经济全球化的进程，反而将加速推进新一轮经济全球化的发展

　　在人类社会进入 21 世纪的第三个十年之初，国际形势发生深刻变化。突如其来的新冠疫情，横冲直撞蔓延全球，给经济全球化与全球经济治理带来严峻挑战。截至 2022 年 9 月，全球累计确诊人数突破 6 亿人，病亡人数超过 650 万[①]，世界仍然未走出世纪疫情的阴霾。世界经济受到严重创伤，2020 年全球经济萎缩 3.3%，其中发达经济体下降 4.7%，发展中经济体下降 2.2%[②]，影响程度超越 2008—2009 年的世界金融危机。世界银行（World Bank）首席经济学家莱因哈特（Carmen Reinhart）将其称为 21 世纪的疫情大萧条，其严重程度超越 20 世纪 30 年代，全球经济发生根本性的改变。[③]

---

① World Health Organization. Coronavirus disease （COVID-19） pandemic[EB/OL]. [2022-09-01]. https://www.who.int/emergencies/diseases/novel-coronavirus-2019.

② International Monetary Fund. World Economic Outlook[EB/OL]. （2021-03-23）[2022-12-28]. https://www.imf.org/en/Publications/WEO/Issues/2021/03/23/world-economic-outlook-april-2021.

③ REINHART C, REINHART V. The Pandemic Depression: The Global Economy Will Never Be the Same[J]. Foreign Affairs, 2020, 99（5）: 84-95.

美国前国务卿基辛格博士（Henry Alfred Kissinger）在《华尔街日报》（*The Wall Street Journal*）发表文章指出，新冠疫情对人类健康产生的影响也许是暂时的，但它所引发的政治与经济动荡可能会影响几代人。世界各国必须在合作的基础上解决当前问题，否则世界将陷入灾难。新冠疫情的全球蔓延将永远改变世界秩序。[①]

新冠疫情对于经济全球化的影响虽然是巨大和深远的，但是并不能改变全球化的进程，反而将加速推进新一轮经济全球化的发展。回顾全球经济过去几十年的发展，全球化是一个在历史潮流推动下不断演变的过程，世界经济深度融合也是一个必然结果。全球化首先是经济全球化，贸易全球化。虽然疫情影响下的世界各国都面临经济下行的压力，但是疫情没有改变如下事实。首先，国际贸易仍然是世界各国参与全球经济、促进国内经济增长的重要途径，就进出口贸易总额在 GDP 中的比重而言，高收入国家已经超过 60%，中等收入国家也超过 50%。没有国际贸易，世界经济增长的空间就会受到严重限制。其次，国际贸易包括货物贸易、服务贸易、技术贸易和跨国投资，跨国投资既是服务贸易的重要组成部分，又是推动国际贸易的主要动力。最后，货物贸易包括最终产品贸易和中间产品贸易（Intermediate Product Trade），其中中间产品贸易在贸易总额中的比重越来越高，而且国际贸易的需求和潜力在继续增长，这将为世界经济增长带来更大的空间。

二、经济全球化是一把双刃剑，在加速科技进步、促进经济增长和推动世界和平发展方面发挥重要作用的同时，也给世界带来一些不均衡的问题

早在 2003 年，诺贝尔经济学奖得主斯蒂格利茨（Joseph Eugene Stiglitz）在其著作《全球化及其不满》（*Globalization and Its Discontents*）中就指出，经济全球化的好处变得越来越不均衡。[②]首先是经济发展的不均衡、开放普惠和共赢的不均衡，包括世界各国之间、国家内部的区域之间、区域内部的产业之间及其社区的人群之间；其次是资源消耗和环境保护的不均衡，越是不发达的国家、发展中的国家，越是处于全球价值链的低端位置，它

[①] KISSINGER H A. The Coronavirus Pandemic Will Forever Alter the World Order[N/OL]. Wall Street Journal, 2020-04-04[2023-01-21]. https://www.wsj.com/articles/the-coronavirus-pandemic-will-forever-alter-the-world-order-11585953005.

[②] 斯蒂格利茨. 全球化及其不满[M]. 李杨，章添香，译. 北京：机械工业出版社，2010.

们为了维持经济的增长，不得不以资源的过度开采和环境的污染恶化为代价；最后是规则政策制度的不均衡，长期以来，国际规则主要是在欧美国家的主导和操纵下形成的，优先满足的是欧美等发达国家的利益和需要。这些规则不仅没有客观充分地考虑广大发展中国家的实际情况，有些规则还专门针对甚至限制具有后发展优势的发展中国家。①

突如其来的新冠疫情，一方面熔断了国家之间的正常交往，加大了全球价值链运转的难度，给世界各国经济社会带来严重挑战；另一方面加剧了国际社会业已存在的不均衡问题，暴露了国际合作的脆弱性，突显了国际规则的缺失和不适，同时也揭示了可持续发展和包容发展的重要意义，为调整全球化、完善全球治理带来新的机遇。世界正站在一个新的历史起点上，如何在危机中育新机，于变局中开新局，抓住这场危机带给世界的机会，推动新一轮经济全球化，是国际社会面临的共同问题。促进国际合作，坚持共商共建共享（Extensive Consultation，Joint Contribution and Shared Benefits），共同维护普遍安全，共同分享发展成果，共同掌握世界命运，既是世界各国人民战胜新冠疫情的力量之源，也是后疫情时代加速推进新一轮经济全球化的重要动力。目前，随着世界各国经济刺激政策的出台和新兴产业的加速发展，经济恢复性增长的势头已经显露。世界经济在 2020 年收缩 3.3% 的情况下，2021 年实现了报复性的快速增长，平均增长速度达到 6.1%，其中中国超过 8%。②

三、中国是新一轮经济全球化的倡导者、推动者和引领者，国际社会希望中国在重构国际经贸规则、改革全球治理体系方面发挥更大作用

2016 年，中国作为 G20（二十国集团）主席国，首先在 G20 杭州峰会（G20 Hangzhou Summit）上系统提出要"构建创新、活力、联动、包容的世界经济"，把谋求共同发展作为国际经济合作的核心，提出平等、开放、合作和共享的全球经济治理观，开启了全球经济增长和可持续发展的新时代。G20 杭州峰会的开创性标志有三个：首先是强调了发展的可持续性和包容性，第一次把发展问题置于全球宏观政策框架的突出位置，把共同发展作为国际经济合作

---

① 赵龙跃. 中国参与国际规则制定的问题与对策[J]. 人民论坛·学术前沿，2012(12)：84-94.

② International Monetary Fund. World Economic Outlook[EB/OL]. (2021-03-23) [2022-12-28]. https://www.imf.org/en/Publications/WEO/Issues/2021/03/23/world-economic-outlook-april-2021.

的核心，制订了 G20 集团落实联合国 2030 年可持续发展议程的行动计划，并达成采取集体行动支持最不发达国家工业化的共识；其次是提出平等、开放、合作和共享的全球经济治理观，中国承诺将从加强政策协调、创新增长方式、完善全球治理、促进世界开放、推动包容联动五个方面，为世界经济增长做出更大贡献；最后是推动 G20 机制的转型，巩固完善 G20 机制的作用，推动其从危机应对机制向长效治理机制转型，从协调短期政策向制定中长期政策转型，通过全球贸易、投资、环境规则的重构，推动经济全球化朝着更加平等、公正、合理和有效的方向发展，拉开新一轮经济全球化的序幕。[①]

2017 年 10 月，中国共产党第十九次全国代表大会报告对新一轮全球化的发展方向做出准确判断，对新一轮全球化的特点做出明确界定，对推进新一轮全球化发展做出庄严承诺。经济全球化深入发展，和平发展大势不可逆转，这是中国对新一轮全球化发展方向的基本判断。世界正处于大发展大变革大调整时期，和平与发展仍然是时代主题。世界多极化、经济全球化、社会信息化、文化多样化深入发展，全球治理体系和国际秩序变革加速推进，世界各国之间相互联系和依存日益加深，国际力量对比更趋平衡，和平发展大势不可逆转。

新一轮经济全球化将是"更加开放、包容、普惠、平衡、共赢的全球化"，这是中国对新一轮全球化的明确界定。中国呼吁世界各国人民同心协力，共同构建人类命运共同体（A Community of Shared Future for Mankind），建设持久和平、普遍安全、共同繁荣、开放包容和清洁美丽的世界。中国共产党是为中国人民谋幸福的政党，也是为人类进步事业而奋斗的政党。中国共产党始终把为人类做出新的更大的贡献作为自己的使命[②]，这是中国为推进新一轮全球化，构建人类命运共同体做出的庄严承诺。

四、后疫情时代国际社会所面临的问题不仅仅是经济的恢复与发展，更重要的是国际经贸规则的重构与创新，以及全球治理体系的改革与完善

国际经贸规则的重构与创新是新一轮经济全球化的核心。如果按照主

---

① 赵龙跃. 新冠肺炎疫情下的经济全球化与中国的引领作用[J]. 当代世界，2020（11）：17-22.

② 习近平. 决胜全面建成小康社会　夺取新时代中国特色社会主义伟大胜利——在中国共产党第十九次全国代表大会上的报告[EB/OL]. （2017-10-27）[2023-01-21]. http://www.gov.cn/zhuanti/2017-10/27/content_5234876.htm.

要推动力来划分，非均衡发展的全球化大致经历了两个阶段，19世纪之前的全球化可算作第一个阶段，其主要推动力是技术；到目前为止的全球化算作第二个阶段，其主要推动力是技术和资本。由中国倡导推动的新一轮经济全球化，其主要推动力将是技术、资本和规则。

随着经济全球化的深入发展，新经济、新业态发展迅速，旧有的国际经济贸易规则已经不能适应经济发展的要求。有些行业的国际规则已经落后，新的规则还未能形成；有的行业是一个全新的行业，相应的规则还没有完善甚至还没制定，例如数字经济、网络经济。随着关税水平的持续削减和降低，国际贸易谈判议题从关税减让等传统的"贸易优惠"转向"标准提升"，其重点从"边境规则"转向"边境内规则"。发达国家占优势的服务贸易、环境保护和劳工标准等将成为谈判的核心议题，这些议题主要关注的是贸易标准的提升和新贸易规则的制定。

长期以来，以世界贸易组织（World Trade Organization，WTO）为核心的多边贸易机制，在维护国际贸易秩序、促进世界经济增长方面发挥了重要作用，但是在国际规则的重构和创新方面相对滞后。在新一轮经济全球化深入发展的新时代，争夺国际经贸规则重构与创新的制控权仍然是大国之间竞争的重中之重。欧美发达国家不顾发展中国家所关注的全球化发展议题和完善多边贸易体制（Multilateral Trading System）的需要，将主要精力投入区域和超区域贸易协定的谈判，试图绕开世界贸易组织等全球经济治理平台，继续掌控新一轮国际经贸规则重构的主导权。

美国奥巴马政府的行为非常典型。当时的奥巴马政府为了最大限度地维护美国自身利益，积极推进《跨太平洋伙伴关系协定》（Trans-Pacific Partnership Agreement，TPP）、《跨大西洋贸易与投资伙伴关系协定》（Transatlantic Trade and Investment Partnership，TTIP）和诸边《服务贸易协定》（Trade in Services Agreement，TiSA）等，旨在继续掌控新一轮国际经贸规则重构和创新的主导权，抢占新一轮国际经贸规则制定的制高点。美国特朗普政府更是采取简单粗暴的单边主义和霸凌行为，使以WTO为核心的多边贸易体制面临严峻挑战。特朗普政府虽然高调退出《跨太平洋伙伴关系协定》和《巴黎气候变化协定》（The Paris Agreement on Climate Change）等，其本意并非要放弃美国在制定国际规则方面的主导地位，而是要突出"美国优先"的原则，采取"以退为进"战略，试图进一步提升美国的地位，维护美国的利益。美国拜登政府虽然表达了重返国际社会的意愿，但是仍然秉承了"美国优先""美国制造"的原则，无视多极化多元化的发展趋势，采取双重标准，推行地缘政治，有可能给国际社会带来更大的危害。

五、积极参与国际规则的重构与创新，推动全球治理体系的改革与完善，不仅成为实现中华民族伟大复兴中国梦的重要战略选择，而且也是满足国际社会希望中国发挥更大作用的需要

党的十八大以来，中国在全面参与全球经济治理、国际规则的重构与创新方面提出一系列新思想新理念，采取一系列新措施新实践。在理论上，中国提出了共商共建共享的全球治理观、和平发展合作共赢的新型国际关系理论（New International Relations Theory）、相互尊重平等协商的人类命运共同体理念以及开放、包容、普惠、平衡和共赢的新型经济全球化理念（New Economic Globalization Concept），为破解全球经济治理的难题，推动国际规则的重构与创新，促进世界的发展与进步，不断地贡献着中国的智慧和力量。

在实践上，中国高质量推进落实"一带一路"倡议（Belt and Road Initiative），稳定世界经济增长趋势；组建亚洲基础设施投资银行（Asian Infrastructure Investment Bank，AIIB），促进亚洲经济合作；创立金砖国家新开发银行（BRICS New Development Bank，NDB），增进南南合作关系。在此基础上，积极采取自主开放措施、多次下调进口关税、削减贸易壁垒（Trade Barriers）、扩大市场开放，充分发挥中国超大规模市场优势，加快形成以国内大循环为主体、国内国际双循环相互促进的新发展格局；持续放宽外资的市场准入、全面实施准入前国民待遇加负面清单管理制度，推动全球贸易投资自由化便利化发展；设立以科技创新、服务业开放、数字经济为主要特征的自由贸易试验区，对接国际高标准经贸规则；建设海南自由贸易港，深入推进商品和要素流动型开放，加快推动规则规制等制度型开放，为改革完善全球经济治理体系，引领推进更加开放、包容、普惠、平衡和共赢的经济全球化做出显著贡献，奠定坚实基础。

六、后疫情时代全球价值链发展面临深度的调整和完善，呼唤国际经贸规则的重构与创新，全球经济治理体系的改革与完善

国际经济贸易关系与国际政治关系相互影响，国际经济规则背后是国

际政治意图的较量。面对美国等发达经济体的"规则优势"，发展中国家越来越重视国际经贸规则的制定权，希望建立更加公平、公正和有效的全球经济治理体系。作为世界贸易大国，国际社会希望中国能够在推动国际经贸规则的重构与创新方面发挥更大的作用。新一轮国际经贸规则的重构与创新，全球经济治理机制的改革和完善，为中国参与国际规则制定和全球经济治理提供了极好的机会。

本书在研究后疫情时代全球价值链发展趋势的基础上，重点剖析了国际公平竞争规则、数字贸易规则、国际投资规则和国际规制合作等直接关系到经济全球化的有效发展，但是尚未形成多边协定的有关国际经贸规则的问题，系统总结了中国最近几年参与国际经贸规则重构与创新、参与全球经济治理的理论和实践。全书共10章，分为三个部分。

第一部分包括2章，重点研究后疫情时代全球价值链的发展趋势，以及国际经贸规则重构与创新的背景。20世纪90年代以来，经济全球化深入发展，世界各国之间的经济贸易往来日益密切。与国际政治领域的多极化不同，国际经济领域是全球化和区域化共存，全球化体现为全球价值链、生产链和供应链，区域化体现为双边、诸边和区域贸易协定。近年来全球价值链的增长虽然有所减慢，新冠疫情也给全球价值链未来发展趋势增加了一定的不确定性，但是经济的复苏与发展需要更多的合作与交流，目前最重要的是国际经贸规则的重构与创新，以及全球经济治理体系的改革与完善。

第二部分包括6章，系统剖析四类国际经贸规则及其重构与创新，这些规则直接关系到经济全球化的有效发展，但是尚未形成相应的多边协定。第一类是国际公平竞争规则，包括竞争中立规则和官方出口信贷规则。第二类是数字经济规则，包括数字经济及其规则的发展现状，对数字经济规则的需求，中国应对现有挑战的对策。第三类是国际投资规则，包括投资者与东道国争端解决机制（Investor-State Dispute Settlement，ISDS）和制定全球多边投资协定（Multilateral Agreement on Investment，MAI）的重要意义。第四类是国际规制合作，国际规制合作是新一轮国际经贸规则重构和创新的核心，包括国际规制合作的概念、形式、特征、发展演变情况，美国、欧盟等工业化国家在推进国际规制合作方面的实践情况，以及中国参与国际规制合作的现状及其战略路径研究。

第三部分包括2章，系统总结新时代中国参与国际经贸规则重构与创新的理论和实践，提出以落实"一带一路"倡议为路径、以推动WTO多边贸易体制改革为突破、以构建人类命运共同体为最高目标，统筹国际国内规则，推动建设更高水平开放型经济新体制的战略决策建议。

新冠疫情全球蔓延给世界带来的既是危机和挑战，也是机会和机遇。它使世界各国重新审视可持续发展的重要性，加速推进新一轮经济全球化，为帮助解决非均衡全球化面临的发展不平衡、资源消耗不平衡、规则制度不平衡等问题提供了契机。中国是新一轮经济全球化的倡导者、推动者和引领者，不仅确立了更加开放、包容、普惠、平衡和共赢的发展方向，而且还提出了共商共建共享的全球经济治理观，和平发展合作共赢的新型国际关系理论，以及推动构建人类命运共同体的理想目标。技术、资本和规则是新一轮全球化的主要推动力，其中，国际规则的重构与创新将是中国引领新一轮经济全球化、改革完善全球治理体系的核心。党的十八大以来，中国在推动新一轮全球化的理论和实践上都做出了重要贡献。后疫情时代，中国将一如既往同世界各国人民一道，高举和平、发展、合作、共赢的旗帜，通过国际规则的重构与创新、高质量落实"一带一路"倡议、开放国内市场、创新科学技术、拓展国际投资、加速培养国际治理人才、推动构建人类命运共同体，为人类走向共同繁荣做出更大的贡献。

第一章　后疫情时代的全球价值链

全球价值链（Global Value Chains，GVCs）作为经济全球化的重要体现，是从研发、生产、贸易和消费等环节全方位连接世界的重要桥梁，在推动世界经济增长、增加就业机会、调整产业结构、强化全球联系、影响国际规则等方面发挥着重要作用。21 世纪以来，由于区域分布的过度集中、高新技术发展的推动、贸易保护主义（Trade Protectionism）的干扰以及价值链贸易利益分配的严重失衡，国际社会已经开始担心全球价值链的未来。2020 年新冠疫情蔓延全球，世界多国采取中断航运、封锁边境、注销签证等限制性措施，严重阻碍了全球价值链的有效运作，加之逆全球化思潮的扩散、数字经济的加速发展，全球价值链发展面临着区域化和碎片化甚至是人为阻滞和割裂等危机，后疫情时期全球价值链的布局和重组将面临更多的挑战。本章将全面梳理全球价值链在世界经济发展中的作用，重点分析全球价值链在疫情前存在的问题和疫情后面临的挑战，指出后疫情时代全球价值链的可持续发展呼唤国际经贸规则的重构与创新，需要更加开放、公平的国际规则和更加有效、透明、包容的国际规则体系。

第一节　全球价值链在全球发展中发挥重要作用

"全球价值链"是近十几年来在世界经济领域备受关注的一个概念，它并不是一个很老的概念，而是随着全球经济发展和国际分工的细化较早被提出来，体现的是全球生产网络的环节化。纵观价值链理论的发展可以发现，不管是最初定义的企业价值链，还是现在定义的全球价值链，其核心都在于最终产品的全部生产增值过程。所谓"全球价值链"，是指当产品的设计、原材料提供、中间品生产与组装、成品销售、回收等生产环节在全球范围内分工布局后，形成的覆盖世界各个国家和地区的庞大生产网络。其中，全球价值链上的能够创造价值、决定企业经营效益的特定环节，包括产品研发、样式设计、市场营销、物流管理等，都称为"战略环节"。

全球价值链自诞生以来，对世界产生了巨大的影响。不同经济发展水平、不同文化背景的国家通过全球价值链紧密联系在一起，彼此间的相互依存度大幅提升，价值链贸易成为世界贸易的主要形式和载体。通过参与全球价值链，无论是发达国家还是发展中国家，其经济增长幅度都有明显的提升。全球就业分工模式、收入分配模式在全球价值链的影响下也在不断变化。由于发达国家和发展中国家在全球价值链中的分工位置、参与程度和比较优势不同，世界各国围绕各自利益的博弈从未停止，全球价值链贸易的发展也推动了世界各国对于国际经贸规则重构和创新的需求。

一、促进经济增长

全球价值链对经济增长有重要影响，其促进世界经济增长的机制主要是通过提高微观层面的企业生产效率，促进宏观层面的国家以及全球的经济增长。从概念或理论上讲，全球价值链本质上是一种企业现象，因此，全球价值链促进经济增长主要是通过企业间的长期合作以及高度专业化的生产来实现。世界银行 2020 年报告指出，在跨国研究中，全球价值链的参与度每提高 10%，平均生产力预计将提高 1.6%，人均国内生产总值将提高 11%～14%。[①]

从合作的角度来说，在全球价值链生产中，本国企业与外国企业的联系更加密切，企业间共同分享专业生产知识和技术并相互学习，一定程度上加速了生产技术的推广和使用，从而促进经济增长。首先，参与全球价值链的企业都追求生产成本最小化或者企业利润最大化，在这种共同目标的驱动下，上游供应商的生产效率提高，下游企业也会得益。因此，专门从事创新密集型生产的企业，会与专门从事简单制造业的企业分享生产工艺及产品创新等方法，在不断的生产互动过程中，低生产效率的企业能通过进出口，学到高效率企业的前沿技术和经验。其次，全球价值链中存在合作关系的企业需要高水平的统筹协调、密集的双边企业信息流动以及多种业务服务的统一和整合，保证企业的国际化分散生产活动，这也加速了技术在不同国家的推广和使用。

从生产的角度来看，参与全球价值链要求企业高度专业化生产，企业

---

① The World Bank.World Development Report 2020: Trading for Development in the Age of Global Value Chains[R/OL]. [2023-01-27]. https://www.worldbank.org/en/publication/wdr2020.

不再需要自身掌握整个生产流程，只需要从事生产过程中的部分环节即可，这种分工模式极大促进了资源的优化配置和生产效率的提高。一方面，在全球价值链时代，国家不仅在不同部门具有不同的比较优势，而且在部门内部的不同生产阶段也具有不同的比较优势。通过将复杂产品进行分解，全球价值链使各国能够专注于特定的零件或生产任务，从而避免了国内供需的限制。另一方面，全球价值链生产使得企业能更好地利用更低成本的中间投入产品，从而提高生产效率。在传统贸易中，最终产品贸易（Finished Product Trade）是主要形式，但是在全球价值链的贸易模式中，中间产品的贸易占主要地位。企业通过进口中间产品并开展专业化生产提高自身竞争力。

总之，全球价值链促进全球经济增长是从微观到宏观的过程。微观层面的企业在参与全球价值链时获得技术转移，同时更精细的国际分工带来了生产效率的提升，从而在宏观上推动国家和世界经济的增长。

二、增加就业机会

就业问题是经济发展的另一重要方面，它关乎经济发展的质量以及经济社会的稳定。世界各国对就业问题都予以高度重视，而全球价值链在增加就业机会、调整就业结构上发挥着重要作用。

一方面，全球价值链通过提高企业生产效率以及改变企业生产模式，扩大企业对劳动力的需求，进而推动就业增长。例如，在孟加拉国，以全球价值链为导向的服装出口贸易的出现，在过去 20 年间创造了 300 多万个就业机会。同样，莱索托融入全球服装业也改变了其以农业为主导的经济，创造了 5 万多个制造业就业机会，雇用了 10% 的劳动力。另一方面，全球价值链将其影响范围扩大到当地其他经济领域，也创造了更多新的就业机会。一项关于南非汽车行业的分析表明，在 2001 年南非刚刚融入全球汽车价值链时，每个汽车领域的直接工作岗位都与一个其他领域的间接工作岗位相关联，例如会计事务所或者钢铁行业等。随着全球价值链的深入融入，到了 2013 年，每个汽车领域的直接工作岗位已与三个其他领域的间接工作岗位相关联。因此，引入全球价值链同时也为其他领域创造了更多新的就业机会。[①]

除了增加就业人员总量外，全球价值链还影响就业结构。出口型企业

---

① FAROLE T. Do global value chains create jobs? Impacts of GVCs depend on leader firms, specialization, skills and institutions[J/OL]. IZA World of Labor, 2016(8)[2023-01-22]. https://wol.iza. org/articles/do-global-value-chains-create-jobs/long.

的生产率一般比非出口型企业更高。参与全球价值链贸易的企业作为出口企业，通过学习效应和专业化分工具备了更高的生产率，从而能提供更好的工资福利以吸引劳动力的不断加入，引导劳动力从生产率较低的环节转移到生产率较高的环节，也就是中间产品制造的环节，这种情况在发展中国家更为常见。

三、强化经济联系

全球价值链加强了世界各个国家之间的经济联系。借助于价值链形式，全球化生产的贸易体系呈现垂直化分工特征，价值链中研发设计、生产组装、运输营销等不同环节分布于全球各个国家，世界成为"你中有我，我中有你"的整体，各国的贸易关系构成一个紧密的全球化生产网络。

全球价值链中的生产联系加强了世界各国经济活动的同步化。当一个国家的生产依赖于另外一个贸易伙伴国的中间投入品时，贸易伙伴国的经济状况往往会影响到该国国内的经济活动。在过去的 30 年间，全球范围内的经济活动同步化现象不断扩大，全球经济同步性增长一部分原因是全球价值链的发展，使生产越来越多地按照"世界工厂"的模式进行，大大改变了经济活动的跨国界传播模式。一个国家生产力的提高，会给购买其中间投入品的贸易伙伴及该国国内的供应商都带来好处，他们既可以在所有生产阶段分享竞争带来的收益，又不相互蚕食对方的市场份额。全球价值链下，经济活动同步化也是宏观经济政策制定的重要影响因素之一，随着生产在各国之间更加分散，任何一国有助于提高企业生产效率的财政政策（Fiscal Policy）或货币政策（Monetary Policy），都将对其他国家产生积极影响。

全球价值链有可能放大经济波动和冲击的影响。每一个国家在全球价值链生产的环节都扮演各自的角色，并且通过"投入—产出"的贸易分工合作关系相互联系。显而易见，如果链条中任何一个生产主体出现了问题，影响就会传播到全球，而且一个国家的专业化程度越高、地位越特殊，影响就越大。2011 年日本大地震引发的后续反应就是一个典型例子，由于日本是全球电子产业的核心供应商之一，受地震及海啸影响，依赖于日本专业部件的汽车、计算机和电子消费品的全球供应商都受到了重大影响。

四、影响国际规则

全球价值链除了对经济运行本身产生影响，还对经济运行的规则产生影响。当前世界经济形势复杂多变，全球经济发展的不确定性逐渐增大，而影响经济发展的因素有很多。其中，经贸规则是举足轻重的因素之一，如果国际经贸规则能适应经济变化，或者能在当今形势下为全球经济运行提供一定的有效指导，就有可能促进全球经济的发展。从现实来看，全球价值链的不断调整，是世界经济形势变化尤为重要的表现。然而，目前经贸规则调整的步伐远没跟上世界经济变化的速度，因此国际经贸规则需要进一步改变，以适应全球经济形势的变化。全球价值链则为国际经贸规则的重构与创新提供了重要动力。

首先，全球价值链中的生产方式外包化本身就涉及诸多国际规则，如投资规则和电子商务规则等。其次，国际生产的扩散化和聚集化，必然涉及发展中国家和发达国家的不同利益，利益冲突就会带来有关国际规则的谈判。随着各国经济交往的日益密切，世界主要大国对于国际经贸的关注重点已经由关税减让逐渐转移到规则建构。这主要表现为：一是多边贸易体制谈判步履维艰，世界贸易组织（WTO）和多哈回合贸易谈判（Doha Development Agenda，DDA）迟迟难以取得建设性进展，WTO多边谈判功能受到质疑；二是欧美主要大国越来越热衷于区域和超区域自由贸易协定（Mega-regional Trade Agreement）谈判，其谈判议题的走向是"边境后措施"，越来越注重议题的广泛性和规则的高标准；三是主要发展中大国也逐渐参与到规则建构的浪潮之中，亚太自由贸易区（Free Trade Area of the Asia-Pacific，FTAAP）、东盟（Association of Southeast Asian Nations，ASEAN）等相继出现，几乎所有WTO成员都参与了一个以上的自由贸易协定谈判。最后，全球价值链将冲击在全球传播及放大的特性，使得世界各国更加关注国际经贸规则的调整，更多地参与到规则的谈判与制定中，并且提高规则重构与创新的效率与质量。[1]

第二节 前疫情时代全球价值链业已存在的问题

全球价值链已经存在多个世纪，且经历了不同的发展阶段。20世纪90年代至21世纪初期，由于交通、信息和通信技术在此时期变革式发展，传

---

① 赵龙跃. 制度性权力：国际规则重构与中国策略[M]. 北京：人民出版社，2016：7-8.

统贸易壁垒大幅降低，生产型企业越来越多地将其中间生产环节延伸或者转移至其他国家或地区，全球价值链的增长最为迅速。[①]但是，2008 年全球金融危机（Global Financial Crisis）爆发以后，随着全球经济增速下降，特别是跨国投资增长的放缓，多边贸易体制改革步履维艰，全球价值链的增长速度明显减慢，2010—2019 年增速出现明显下降。

在新冠疫情暴发前，全球价值链已经过了快速增长期，进入停滞期和恢复期，全球价值链出现了诸多问题。从分布地区看，全球价值链相对集中地分布在北美、欧洲以及亚洲三大地区，在各个地区内部又集中在几个中心节点国家；从技术层面看，高新科技逐步取代人工劳动，成为推动全球价值链发展的重要因素，全球价值链布局将更多考虑高新技术因素，传统型全球价值链的布局受到制约；从发展环境看，全球价值链发展受到逆全球化思潮和贸易保护主义的冲击，贸易壁垒成为全球价值链发展必须应对的重大问题；从利益分配看，全球价值链发展在促进全球经济繁荣的同时，也导致经济利益分配失衡，包括国家之间及国家内部地区之间的不平衡。

一、区域分布的过度集中

尽管普遍认为，全球价值链将生产环节分散，从而通过专业化生产和合作将世界各国联系在一起，但是实际上全球价值链的生产布局存在明显的区域性，并没有真正实现全球参与。换句话说，目前全球价值链仍由部分地区或部分国家所主导，有相当一部分国家并没有参与到全球价值链的生产中或者参与程度较低，处于边缘化的状态。

从地区上看，世界主要分为三大区域性的价值链中心，分别为北美工厂、欧洲工厂和亚洲工厂。近年来三大工厂在全球价值链上的分工程度有显著变化。据 WTO 报告[②]，2000—2017 年，亚洲工厂的区域内全球价值链（Intra-regional GVC）贸易得到不断提升，反映出中国及其他亚洲经济体的升级与发展；而欧洲工厂和北美工厂的区域内全球价值链贸易与区域间全球价值链（Inter-regional GVC）贸易相比有轻微的下降，原因是它们与亚

---

① The World Bank. World Development Report 2020: Trading for Development in the Age of Global Value Chains[R/OL]. [2023-01-27]. https://www.worldbank.org/en/publication/wdr2020.

② World Trade Organization. Global Value Chain Development Report 2019: Technological Innovation, Supply Chain Trade, and Workers In A Globalized World[R/OL]. [2023-01-24]. https://documents1. worldbank.org/curated/en/384161555079173489/pdf/Global-Value-Chain-Development-Report-2019-Technol ogical-Innovation-Supply-Chain-Trade-and-Workers-in-a-Globalized-World.pdf.

洲工厂的联系有所加强，但是欧洲工厂仍然是区域内全球价值链贸易程度最高的地区。由此看来，三大全球价值链中心存在一定的竞争合作的关系，与其他工厂的联系加强，可能会使该工厂区域内全球价值链贸易的强度发生变化。这些变化涉及国家间的利益，将促使各个国家进行磋商及谈判等，并对国际经贸规则重构提出新的要求。除三大主要中心以外，全球价值链上还有非洲、中亚和拉美等地区，这些地区在全球价值链上的位置要低于三大中心，主要参与全球价值链的有限生产。

此外，各大工厂还存在中心国家。目前，北美工厂和欧洲工厂的中心分别是美国和德国，亚洲工厂的中心则从日本转移到了中国。各中心国家在全球价值链上的分工也较为明确，美国和德国主要参与高新科技产品的生产，而中国则以生产工业制成品（Manufactured Product）为主。一方面，中心国家发挥桥梁作用，通过连接各自区域内其他国家开展与其他价值链工厂的合作交流。另一方面，中心国家只有一个，其产业安全和经济发展状况等将在生产环节上对整个价值链的运作以及区域内其他国家产生重要影响。

生产分布区域集中化是全球价值链发展中呈现出的重要特征，同时也是其面临的挑战之一。全球价值链本身是经济一体化和贸易自由化发展的产物，在多边贸易体制下，其发展在区域上应尽可能多元化。当然目前三大中心的形成有客观的因素和自身的条件，例如较大的消费市场、较高的经济发展水平、较高的经济合作程度，但全球价值链应如何将经济共享传递到更多的国家和地区，如何充分利用和发挥更多国家或地区的禀赋优势，避免过度区域化，促进全球布局等，是值得思考及应对的问题。

二、高新技术发展的推动

要素禀赋（Factor Endowments）结构、产业革命和技术革命、全球经贸规则是推动全球价值链重构的三大重要力量。[①]近年来，以大数据、人工智能、物联网、3D打印和区块链等高新技术为特征的新一轮产业革命和技术革命逐渐兴起，这些技术能够重塑世界各国的比较优势，逐渐渗透到全球价值链的每一个环节。具体而言，高新技术不仅影响全球价值链的

---

① 戴翔. 新冠肺炎疫情下全球价值链重构的中国机遇及对策[J]. 经济纵横，2020（6）：71-79.

生产环节，还影响其销售和消费的环节。其中，销售和消费环节由于高新技术变得更加便利精准，但不直接涉及全球价值链的分工调整，而生产环节受到高新技术的影响很有可能令全球价值链的布局发生变化，这是因为传统的生产模式正在转变，全球价值链分工生产模式所依赖的基础也在悄然改变。

理论上讲，在微观层面企业参与全球价值链的动因是尽可能地降低生产成本，其中一个重要手段是利用廉价的劳动力；而在宏观层面，国家在全球价值链中的分工很大程度上取决于要素禀赋差异，比如发展中国家大部分依靠廉价劳动力嵌入全球价值链。因此，在全球化生产背景下，劳动力因素非常重要。一方面，劳动力资源优势对发展中国家的作用不言而喻；另一方面，尽管发达国家在全球价值链中主要处于上游，掌握着产品研发的关键阶段，但是由于中间产品的生产和组装环节也必不可少，发达国家在全球价值链的生产布局上仍会考虑劳动力成本。

然而，随着高新技术的逐步发展，依赖廉价劳动力成本进行中间环节生产的局面有所转变，而这种转变又不仅仅受高新技术的单一因素影响。首先，在高新技术的推动下，自动化生产（Production Automation）越来越普及，许多简单或稍微复杂的生产组装环节通过采用机器人作业的方式实现。在过去，自动化机器人作业需要投入较多的研发，跨国企业主要考虑将劳动密集型的生产环节转移到劳动力成本低的国家或地区，但是，随着科技发展的日新月异及研发规模的扩大，自动化机器人越来越多地被运用到这些生产环节中。其次，发展中国家的劳动力成本也在不断上升，跨国企业不断调整生产布局，尽量寻求低成本的地区，有的企业甚至直接采用在母国启用机器人生产的做法。最后，国际经贸环境的不稳定性也促使跨国企业重新考虑海外生产的必要性，例如金融危机后全球迎来了制造业回流的风潮。

高新技术逐步替代劳动力会直接影响全球价值链模式生产的必要性。全球价值链通过分工生产的方式连接着不同的企业和国家，劳动力要素无疑是其中关键的一点。通过将劳动密集型的中间产品生产转移到发展中国家，发达国家可以更好地投入产品研发和设计等环节，而在科技水平上欠缺的发展中国家则凭借劳动力成本优势参与全球价值链。一旦高新技术介入，发达国家可以利用机器生产替代人工劳动，中间品生产环节就会从发展中国家撤回，全球价值链的生产模式就会被弱化。

当然，劳动力成本并不是全球价值链连接发展中国家和发达国家的唯一因素，资源和政策等也是重要的要素。但是，劳动力尤其是初级劳动力，是最容易被高新技术替代的生产要素。高新技术对劳动力的逐渐替代，以低廉劳动力成本为导向的全球价值链布局需求的减弱，既是全球价值链存在的问题，也是发展中国家不得不面对的现实。

三、贸易保护主义的干扰

经济全球化背景下，微观主体跨国公司主导着全球价值链的布局。出于市场和利益的考虑，跨国公司将生产、营销、销售、服务等环节分布在全球不同国家或地区。然而近年来，贸易保护主义给跨国公司带来了风险与挑战，增加了跨国公司在全球生产分工安排的阻碍性因素，造成目前全球价值链基础的动摇和新裂痕的出现。[①]其中，中美经贸摩擦是贸易保护主义对全球价值链造成冲击的重要体现。

一方面，中美经贸摩擦是美国对中国在全球价值链上进行打压的重要手段之一。经过多年发展，中国已经成为传统贸易和简单全球价值链的重要枢纽，但在复杂的全球价值链网络中，美国和德国仍然是最重要的枢纽。因此，目前中国在全球价值链总分工中处于中低端阶段，也就是"微笑曲线"（Smiling Curve）的中段，而美国则处于曲线的两端，属于高技术及高利润阶段。可以看到，中美两国在全球价值链分工布局上既高度依赖又互补，这是由两国的要素禀赋和发展阶段所决定的。美国挑起经贸摩擦，目的是打破目前的全球价值链分工格局，打压中国在全球价值链上的进一步发展，维持自身在全球价值链中的地位，以此抢占国际经贸规则主导的高地。这是因为中国已日渐成为全球各大生产中心的核心国家和枢纽，且进一步向全球价值链的高端迈进。另外，中国的出口竞争力（Export Competitiveness）主要集中在货物出口，而美国相对集中在服务出口，由于全球价值链分工主要体现在货物制造及出口，中美货物贸易竞争力（Trade Competitiveness）差距收窄，美国的服务出口优势难以维持，导致其在全球价值链分工中对华优势不断减少[②]，在美国看来，这种发展态势势必影响美国在全球价值链上的利益。通过挑起经贸摩擦，美国试图在一定程度上把中国排挤出全球价值链分工体系，遏制中国向价值链高端发展，其中一个重要

---

① 张鸿韬. 美国贸易保护主义政策对全球价值链的挑战与中国应对[J]. 现代经济探讨，2019（9）：69-73.

② 黎峰. 全球价值链分工视角下的中美贸易摩擦透析[J]. 南方经济，2019（7）：1-15.

表现就是对中国高新科技企业的打压及对中国高新技术出口的管制。

另一方面，中美经贸摩擦对全球价值链产生极大的冲击。这主要体现在以下四个方面。一是损害多边贸易规则体系，威胁全球价值链基础。在全球多边贸易体系下，各个贸易体凭借降低关税和消除壁垒的自由贸易，不断推动经济全球化的发展，由此在不同国家和地区间构建环环相扣、密不可分的价值链分工体系。WTO成立二十多年来，全球区域协作和双边贸易得到迅速发展，但是"低关税、低壁垒"这一构建全球价值链不可或缺的多边贸易体系却长期处于停滞状态。二是扰乱全球价值链的秩序，迫使价值链分工格局进行调整。美国对中国施加的层层压力，致使一些劳动密集型产业被迫转移至东南亚等更具比较优势的地区，高端制造业等产业则回流到本土国家。三是增加贸易成本和收益的不确定性，改变全球价值链的结构。以跨国公司为例，特朗普政府实施的贸易保护政策直接影响了公司的成本，从而导致企业改变全球价值链的结构。四是出现对全球价值链造成破坏甚至致其断裂的极端情况。目前全球经济已经高度一体化，全球价值链联系程度空前密切，中美经贸摩擦容易使世界范围内的资源配置如进出口贸易等受到严重冲击，再由贸易冲击导致全球经济的运行受到影响。[1]一些依靠复杂及庞大产业链支撑的行业，例如汽车、电子和飞机等，将受到明显的负面影响。宏观上，其他国家如日韩及欧盟等参与相关供应链的经济体都会受到牵连，产生链式反应。杜大伟等发现，2015年后以美国为核心的北美生产网络与以中国为核心的"东亚+东盟"生产网络渐行渐远，又回到2000年以前"再度孤立"的局面[2]；库普曼等认为亚洲、欧洲、美洲生产网络表现出正在走向孤立的趋势。[3]

中美经贸摩擦不是突发事件，本质上是贸易保护主义思潮下的一种阶段性常规表现，是"美国优先"战略主导下部分政策制定者基于地缘政治因素人为割裂价值链的一种表现。贸易保护主义与全球价值链所包含的理念有着根本的不同，在实践上也成为全球价值链发展面临的主要问题。

---

① 国务院新闻办公室. 关于中美经贸摩擦的事实与中方立场[EB/OL]. (2018-09-24) [2022-12-28]. http://www.scio.gov.cn/ztk/dtzt/37868/39004/39006/Document/1638353/1638353.htm.

② DEGAIN C, 孟渤, 王直. 全球贸易与全球价值链的近期发展趋势[M]//杜大伟, 莱斯, 王直. 全球价值链发展报告（2017）——全球价值链对经济发展的影响：测度与分析. 北京：社会科学文献出版社, 2018.

③ KOOPMAN R, WANG Z, WEI S J. Tracing Value Added and Double Counting in Gross Exports[J]. The American Economic Review, 2014, 104（2）：459-494.

四、利益分配失衡的影响

全球价值链的深度演进虽然带来全球经济的**繁荣发展**，但是由于市场经济的内在缺陷、全球经济治理能力的缺失以及现行国际规则体系的不公平等问题的存在，全球价值链分工的快速发展和深度演进并没有给所有国家和地区提供一个均等参与的机会，且缺乏保障利益公平公正分配的规则体系。[①]

在全球价值链分工中，发达国家专注于高附加值的环节，而发展中国家主要凭借在劳动力等低端要素上的优势，通过承接发达国家的外包任务参与国际生产与贸易体系，在这种新的"中心—外围"格局中，全球价值链逐步分层，通过价值链获取的附加值利益逐渐固化，全球价值链对于发展中国家和发达国家的利益分配存在严重失衡的问题。梅塔的研究发现，由于具有更高的开放程度，与发展中国家相比，发达国家能够从全球价值链中获得更多的利益。[②]全球价值链由发达国家主导，一方面，以美国、欧盟、日本等为首的主要发达国家和地区利用不断增加的深度贸易协定，对全球生产网络进行分割和整合，使其朝着有利于巩固自己在全球价值链分工中有利地位的方向发展；另一方面，发达国家跨国公司在资本、技术等方面存在相对优势，因而占据了"微笑曲线"报酬率高的两端，而全球价值链更偏向于新技术和新能力，这种偏向削弱了发展中国家在传统劳动密集型制造行业上的比较优势，在全球价值链分工体系下，使用替代品减少对非技术性劳动力的需求，使得低收入国家的劳动力成本优势进一步减弱。发展中国家主要以劳动力等要素嵌入全球价值链，以培育生产集群等低端模式作为参与国际化、实现跨越式发展的重要途径，本身就位于竞争激烈的低进入壁垒环节，处于被控制和被俘获地位，全球价值链的分工可能导致其贫困化增长和经济结构封锁效应，因此，对于发展中国家来说，全球价值链带来的劣势可能会远远超过其带来的优势。[③]

价值链分工还影响了各国参与国际经济活动的贸易条件和利润加

① 戴翔，宋婕. "一带一路"有助于中国重构全球价值链吗[J]. 世界经济研究，2019(11)：108-121、136.

② MEHTA S. "Tilting Towards South": Pattern and Determinants of Global Value Chains[J]. Seoul Journal of Economics, 2018, 31(1): 63-97.

③ RODRIK D. New Technologies, Global Value Chains and Developing Economies[EB/OL]. (2018-10)[2022-12-28]. https://www.nber.org/papers/w25164.pdf.

成。通过测算典型发展中国家的全球价值链嵌入度和贸易条件变化情况，张少军等发现全球价值链使得发展中国家的出口价格指数下降、进口价值指数上升，形成"高进低出"的贸易条件模式，随着全球价值链嵌入度的提高，发展中国家的贸易条件逐渐恶化，居于全球价值链下游地位的发展中国家能获得的利益将更加微薄。[①]除贸易条件发生改变之外，不同国家参与全球价值链活动的加价存在差异。一般而言，全球价值链参与度的增加与发达国家的加价上升有关，但也与发展中国家的加价下降有关，参与全球价值链的收益并没有在国家之间和国家内部平均分配，将零部件和任务外包给发展中国家的大型企业的加价幅度和利润都在上升，意味着参与全球价值链降低的成本并没有传递给消费者，而且这一比例越来越大。与此同时，发展中国家生产商的加价幅度正在下降。[②]在国家内部，与较低收入国家进行贸易和技术变革促使增加值从劳动力重新分配给资本，企业嵌入全球价值链会显著降低劳动收入份额，劳动密集型企业、资本密集型企业和技术密集型企业在嵌入全球价值链时对其劳动收入份额均有显著的负向影响。[③]

第三节　后疫情时代全球价值链面临的严峻挑战

2020 年以来，兼具需求和供给冲击的新冠疫情在全球迅速蔓延，为了遏制疫情蔓延，多国采取中断航运、封锁边境、注销签证等一系列限制性措施，直接导致各国之间供应链、需求链出现卡链甚至断链风险。世界各国之间的正常交流严重受阻，经济活动急剧收缩，国际贸易遭受沉重打击，全球经济步入衰退，进一步引发了国际社会对全球价值链有效运作的担忧。一些西方国家迫不及待地利用全球供应链遭受的短暂冲击，公开呼吁本土制造业自力更生以及全球价值链回流，借以对发展中大国进行打压、

---

① 张少军，侯慧芳. 全球价值链恶化了贸易条件吗——发展中国家的视角[J]. 财贸经济，2019，40（12）：128-142.

② LI Y, MIAO Z. Globalization, Import Penetration and Market Power[R]. Mimeo: McGill University, 2020; ANTRAS P. Conceptual aspects of global value chains[J]. The World Bank Economic Review, 2020, 34（3）：551-574.

③ 袁媛，綦建红. 嵌入全球价值链对企业劳动收入份额的影响研究——基于前向生产链长度的测算[J]. 产业经济研究，2019（5）：1-12、38.

遏制，人为阻滞全球价值链的正常发展。新冠疫情影响下，全球价值链面临一系列新的困难与挑战。

一、新冠疫情的整体影响

在如今高度互联互通的时代，全球价值链容易受到外部事件的冲击，并将冲击在全球范围内传播、放大，从而出现全球价值链受阻乃至中断的情况。例如，2010 年冰岛火山喷发形成的火山灰扩散，对当时欧洲的航空运输业务造成了严重的影响，欧洲作为三大工厂之一，其航空运输受阻使得全球价值链遭受巨大打击。相关的例子还有 2011 年日本大地震造成的全球电子行业供货紧张。2020 年，全球新冠疫情的迅速蔓延，再次暴露出全球价值链的这一缺陷，位于全球价值链重要位置的国家或地区的生产均在疫情影响下有不同程度的停滞，全球价值链有效运作严重受阻。

首先，新冠疫情使得全球价值链的整体活跃度下降。根据 IMF 的估计，2020 年全球经济增速下降 3.3%，其中，发达国家下降 4.7%，发展中国家下降 2.2%。[①]根据 WTO 发布的数据，受新冠疫情影响，2020 年世界货物贸易量下降 5.3%，在出口量上，北美、欧洲、非洲、中东等下降最多，均超过 8%，亚洲是唯一的例外，出口量增长 0.3%；在进口量上，中东、南美洲、非洲和欧洲分别以下降 11.3%、9.3%、8.8%、7.6%位列前四，亚洲下降最少，仅 1.3%。[②]根据联合国贸易和发展会议（United Nations Conference on Trade and Development，UNCTAD）发布的投资趋势监测报告，全球外商直接投资（Foreign Direct Investment，FDI）在 2020 年急剧下跌，从 2019 年的 1.5 万亿美元降至 8590 亿美元，下降幅度高达 42%，其中发达国家下降 69%，发展中国家下降 12%。[③]由于宏观经济环境下行、全球贸易遇冷、资本流动性降低，全球价值链上的中间产品贸易必然受到牵连，全球价值链的规模和整体活跃程度也必然受到影响。

其次，新冠疫情对参与全球价值链的国家产生直接影响。新冠疫情除

① International Monetary Fund. World Economic Outlook: Managing Divergent Recoveries[EB/OL].（2021-04）[2023-01-24]. https://www.imf.org/en/Publications/WEO/Issues/2021/03/23/world-economic-outlook-april-2021.

② World Trade Organization. World trade primed for strong but uneven recovery after COVID-19 pandemic shock[EB/OL].（2021-03-31）[2023-01-24]. https://www.wto.org/english/news_e/pres21_e/pr876_e.htm.

③ UNCTAD. Global Investment Trend Monitor, No. 38[EB/OL].（2021-01-24）[2022-12-28]. https://unctad.org/webflyer/global-investment-trend-monitor-no-38.

了影响全球价值链的整体活跃程度，还影响了全球价值链上的各个行业与国家。这种影响从交换的角度看可以分为生产角度和消费角度，更主要地体现在生产角度。从生产的角度看，新冠疫情使得大部分行业，尤其是中间产品制造业和服务业的供给发生了较大幅度的下降，这主要是通过影响生产投入的生产要素而实现的。新冠疫情对劳动力要素的影响尤为明显，尽管目前很多行业都使用了一定程度的自动化生产，但是在制造业中劳动力要素并不能完全被替代。以中国为例，新冠疫情暴发初期，劳动力要素流动受到严格限制，大量的工厂处于生产停滞状态，对外供货量因此受到严重影响。资本要素同样受到新冠疫情的影响，表现为投资减弱，进一步降低企业的总产出。这种行业或国家生产供给的萎缩，在全球价值链上的表现就是中间产品的供给不足，从而影响价值链上其他环节的生产。从消费的角度看，新冠疫情的影响主要通过宏观经济信息来传递，新冠疫情的出现导致一国国民收入的下降，收入的下降导致该国对其贸易伙伴国进口的下降[①]，全球需求出现一定程度的疲软后，反过来对全球生产造成影响。

最后，新冠疫情还对全球价值链发展趋势产生影响。新冠疫情背景下，许多国家或地区因为全球价值链节点生产的停顿而受影响，有的观点甚至认为全球价值链阻碍了国家的生产，国内自给自足的生产远比参与全球价值链收益要大。在全球化生产中，许多高生产率的全球价值链参与者都依赖于及时交付投入（Just-in-Time Delivery of Inputs）和精益库存（Lean Stock）。[②]这种交付模式在疫情期间受到破坏，促使企业考虑将生产回调至本土以应对突发性危机。除了生产的回调外，新冠疫情还有可能导致各大价值链中心地位的调整。目前全球价值链的三大区域性中心有着各自的优势和分工机制，而这些地区恰好又是全球新冠疫情流行的中心，生产要素的流动受限以及货物贸易的受阻，使得三大区域中心分工协调的运作机制面临挑战，例如生产必要性卫生防疫产品的地区在全球价值链的地位会有一定的上升。此外，由于疫情使得一贯运作流畅的全球价值链突然遇阻，许多国家经历了物质短缺阶段，未来三大中心能否充分保证全球价值链的运作，全球价值链中心是否需要扩展，以及哪些地区将有条件成为有影响力的价值链生产中心等，成为全球价值链重构的重要问题。

---

① BALDWIN R, FREEMAN R. Supply chain contagion waves: Thinking ahead on manufacturing 'contagion and reinfection' from the COVID concussion[EB/OL]. (2020-04-01)[2023-01-24]. https://cepr.org/voxeu/columns/supply-chain-contagion-waves-thinking-ahead-manufacturing-contagion-and-reinfection.

② The World Bank. Global Economic Prospects[M]. Washington D. C.: The World Bank Group, 2020.

二、生产布局更加碎片化

后疫情时代全球价值链整体布局将重新调整，基本的调整倾向于短链化和扁平化。所谓短链化，是指全球价值链生产在分工上的"逆转"现象。部分国家的跨国企业将原先安排在其他国家生产的环节重新整合，安置在自身国内生产，这种做法被称为纵向分工缩短。扁平化则与全球价值链的区域化相关，是指生产环节搬迁到一国所处地理区域或者政治经济合作区域（如自贸区）内，以形成空间集群化的现象。

全球价值链趋于缩短的情况早在新冠疫情暴发前就已经出现，疫情后全球价值链垂直分工缩短、横向分工区域化集聚趋势更加明显[1]，影响因素包括技术、政治和安全性等。从技术因素上讲，全球价值链的存在与发展始终无法与技术脱钩，从早前的数字技术（Digital Technology）浪潮到新一代的高级机器人、人工智能、物联网、3D 打印及 5G 技术，全球价值链正在技术进步的浪潮下被重塑。技术进步带来的效益不仅包括运输成本的下降及贸易的便利化，还包括生产过程的调整，其中一个具体的表现是高效率的自动化生产替代劳动力，降低了各国劳动力成本差异的重要性，从而使得一国在价值链上的某些生产可以不依赖别的国家。

从政治因素上讲，主要是国家的干预。由国家干预而导致的全球价值链缩短情况更为复杂，因为国家干预不仅仅出于经济考虑，还出于政治博弈考虑，例如美国极力提倡的制造业回流，就是人为阻滞割裂全球价值链的典型事实。这一行为无视全球价值链分工体系与比较优势给美国带来的经济利益，单纯从政治博弈视角出发，强行阻断跨国公司在中国的产业链分布，从经济意义上讲是典型的反"雁阵模式"行为[2]，已脱离通常意义的经济全球化范畴，在全球价值链中掺杂了霸权国家对发展中大国进行打压、遏制的地缘政治因素。在此影响下，以推动全球化和贸易自由化为理念的全球经济治理框架受到挑战，国际贸易的分工方式从全球价值链向区域价值链（Regional Value Chain）转移，全球产业布局走向局部化和碎片化。

最后一个因素是出于对安全性的考虑。在过去，全球价值链的驱动力一直来自成本最小化的原则，但是近年来各种重大自然灾害以及公共卫生事件的频发，使各国越来越意识到全球价值链生产模式的重大缺陷。如果

---

① 刘志彪. 新冠肺炎疫情下经济全球化的新趋势与全球产业链集群重构[J]. 江苏社会科学, 2020(4): 16-23、241.

② 叶建亮. 积极应对全球产业链重构[N]. 中国社会科学报, 2020-08-26(4).

全球价值链的安全性无法得到保证，那么整个链条的运作将会受到严重阻碍，甚至完全停止。因此，对全球价值链安全性的考虑逐渐超过对成本最小化的考虑，全球价值链的布局也会随之调整。

全球价值链的驱动使得消费市场对于最终产品价格的影响力开始增强[①]，全球价值链与最终消费市场的联系更加紧密，碎片化更加突出。疫情前，全球价值链的区域化特征已经相当明显，在疫情的冲击下，各国在全球价值链布局上将更趋向于选择靠近本国或者最终消费市场的地区，尤其是与自身有着双边贸易协定或区域性贸易协定的地区。这是因为，在产品生产分散的情况下，能尽量保证本国对价值链生产环节的把控，将风险最小化。与此同时，区域和超区域贸易协定对全球价值链的区域化布局也提出一些新的要求，例如近几年生效的《美墨加三国协议》（United States-Mexico-Canada Agreement，USMCA）、《全面与进步跨太平洋伙伴关系协定》（Comprehensive and Progressive Agreement for Trans-Pacific Partnership，CPTPP）及《日本—欧盟经济伙伴关系协定》（Japan-EU Economic Partnership Agreement，EPA）等，均制定了新的原产地规则。在这些新规则的要求下，成员需要将价值链布局在协定成员中，而这些规则在一定程度上会成为一种硬性的要求，那么协定成员与非协定成员之间就会形成一定的贸易壁垒。

三、数字治理带来新问题

数字技术主要以信息网络为基础，以人工智能、大数据、云计算及区块链等为重要技术，在全球社会发展中发挥举足轻重的作用。数字技术的一个重要特征是通过提升便利化降低企业的各项成本，从而影响企业的生产决策。近年来数字技术的应用对全球价值链的影响越来越大，在全球价值链风险日渐暴露的情况下，数字技术成为重塑全球价值链结构及布局的力量之一，未来全球价值链的数字化趋势将更加明显。数字化价值链的加速形成所带来的挑战，将主要体现在参与全球价值链的国家之间地位更加不平等。由于数字化技术的更新换代比起实体生产技术更快，发展中国家追赶更具压力，双方在价值链生产上的角力加大，必然会给全球价值链之后的发展带来一系列问题。

---

① 荆林波，袁平红. 全球价值链变化新趋势及中国对策[J]. 管理世界，2019，35（11）：72-79.

　　未来全球价值链的发展将更加依赖数字技术。首先，数字技术可以促进全球价值链的创新，表现在数字技术为全球价值链带来新的环节。传统的全球价值链生产的主要是实体货物，生产中间贸易品的资源配置尤其需要依托于地理空间和物理空间。随着数字技术的发展，全球价值链生产将发生新的变化，诞生更多需要数据整合的行业和平台，涵盖衣食住行各方面，以虚拟的网络空间为基础，突破传统贸易模式的空间局限，为生产注入新动力。刘斌等发现人工智能可以提升一国行业全球价值链参与程度与分工地位，同时，借助人工智能技术，可以有效降低在贸易过程中所产生的成本，从而提升全球价值链竞争力。[①]其次，数字技术可以用服务和数据流替代货物贸易。随着一些商品的数字化及可交易程度的不断上升，商品贸易可以转化为服务和数据流。这种趋势始于音乐、视频和游戏，现在正逐渐进入云计算、3D 打印以及"服务式"的商业领域，数字贸易的增长速度超过传统的货物贸易和服务贸易，展现强劲的增长势头。最后，数字技术可以推进全球价值链的发展。数字基础设施是数字技术发展的前提，数字基础设施的改善可以通过知识溢出和创新效率等方式对全球价值链产生促进作用。[②]新冠疫情暴发后，以数字技术设施为依托的数字技术在全球价值链中的重要性进一步提高。在新冠疫情对全世界实体经济造成重大冲击时，利用数字技术的企业和行业逆势而上甚至创下新高，数字化生产程度越高的行业或地区，其价值链生产受外部冲击的影响越小，数字技术增加了全球价值链的"韧性"。

　　数字价值链存在国家间和区域间的竞争，数字化经济的运用和投入，是各个国家产业链的重构和延伸的重要途径。[③]在后疫情时代，各国会增加对数字技术研发的投入，以提升在全球价值链中的风险应对能力和竞争力。其中发达国家的技术垄断优势更大，发展中国家则处于学习追赶的状态。纵观历史上多次技术革命，发达国家绝大部分时期均处于主导位置，积累了丰富资源和经验，在当前数字技术的研发上也处于领先地位。比如，美国聚集了世界上大多数的数字技术企业，拥有 Facebook、谷歌和亚马逊

　　① 刘斌，潘彤. 人工智能对制造业价值链分工的影响效应研究[J]. 数量经济技术经济研究，2020，37(10)：24-44.
　　② 李津，齐雅莎，刘恩专. 数字基础设施与全球价值链升级：机制与效用[J]. 学习与探索，2020(10)：147-154.
　　③ 何文彬. 数字化推动中国制造业价值链高端化效应解析——基于全球价值链视角[J].华东经济管理，2020，34(12)：29-38.

等全球领先的数字平台，在产业集群效应（Industry Cluster Effect）上具备优势。传统价值链上留给发展中国家的位置一般是较为低端的劳动力密集环节，但是在长期的产业转型升级中，部分学习效率较强及经济发展较为迅速的发展中国家有机会实现全球价值链分工地位的调整。但在未来全球价值链的数字化进程中，发展中国家仍然处于较为被动的状态，且形势可能比参与传统价值链更为严峻。虽然数字技术在传播和学习上更广泛、更快速，同时数字技术更新换代速度更快，发展中国家在追赶及模仿的过程中，可能还没完全掌握相关技术就已经过时，导致发展中国家在全球价值链位置上的攀升困难重重，更容易被锁定在低端位置。

另外，数字化价值链的加速形成，在国际经贸规则上提出了更新的要求，有关数字贸易的国际规则也必然要做出相应调整，以适应价值链的新趋势。

四、逆全球化思潮的扩大

逆全球化的论调一直伴随着全球化进程的发展，每隔一段时期就会重新活跃。从世界经济发展的趋势看，尽管波折重重，但是全球化的步伐并没有因此停下；虽然部分国家仍旧保留逆全球化的观点，但是大部分国家还是倾向于支持和实践全球化。新冠疫情暴发后，逆全球化思潮有扩大的迹象，究其原因，是疫情的冲击在全球化的背景下出现的连锁反应更为剧烈。当前全球贸易中，一半以上是以全球价值链的分工模式开展的，这种"你中有我，我中有你"相互依赖格局的形成，为新冠疫情这类"黑天鹅"事件通过价值链进行传播和扩散提供了渠道，全球价值链的生产模式也愈加受到质疑。

逆全球化思潮是贸易保护主义的一种表现形式，推崇逆全球化的国家并不追求绝对的独立发展，而是争取在与世界各国的合作交流中，能始终以自身利益为优先。因此，逆全球化是部分国家在国际经贸规则制定舞台上的重要工具之一。对于全球价值链来说，逆全球化思潮的主要表现是制造业回流和重新构建本土供应链，部分主要国家在疫情下均有所行动，美国以全球价值链的供应过度依赖中国为由，提出应进一步重组和调整全球价值链。据路透社的报道，时任美国国务卿迈克·蓬佩奥（Mike Pompeo）谈及美国正与澳大利亚、印度、日本、新西兰、韩国和越南加强合作，以"推动全球经济向前发展"，"重组和保障供应链安全，防止贸易中断再次发生"。日本也在疫情期间拨款 22 亿美元，吸引和帮助日本在海外的企业搬迁回国内，重构本土供应链。此外，韩国、越南、印度等也采取了不同程度的措施。[①]

疫情下逆全球化呼声的再度高涨，给全球价值链带来更深层次的挑战。一方面，逆全球化是多边贸易体制的一种反调，撼动了全球价值链的体制基础。多边贸易体系是全球价值链的体制基础，多边贸易体系所提倡的"尽可能降低关税和非关税壁垒、促进全球自由贸易"的理念，是驱动全球价值链的重要思想支撑；多边贸易体系下世界各国的契约关系，是全球价值链能顺利布局的重要规则保障。当前多边贸易体系备受挑战，美国等国家已经多次绕过多边贸易体系平台，或者直接阻挠多边贸易体系的部分运作。逆全球化呼声的乘势加大，使得多边贸易体系面临更多挑战，全球价值链所依赖的体制基础出现动荡。另一方面，逆全球化的贸易保护效益会拉高贸易成本，导致全球价值链分工体系的结构性变化。逆全球化具备贸易保护主义的效应，通过重新重视和利用关税与非关税壁垒，增加商品生产的成本并降低利润空间。在全球价值链生产模式中，中间产品在多个国家或地区流转，一旦当中的关税和非关税壁垒加大，就无疑会大大增加整个生产和贸易的成本，使得原本以成本、收益为核心因素的全球价值链分工体系瓦解。

第四节　全球价值链呼唤国际规则的重构与创新

当前全球价值链受到分工模式、疫情冲击、技术革命等因素的客观冲击以及欧美等发达资本主义国家的人为割裂和阻滞，呈现碎片化、区域化、短链化等态势，出现了发展中国家被边缘化的"机会不均等"、利益分配严重失衡的"地位不平等"等问题，全球价值链的发展举步维艰。然而，全球价值链对全球经济一体化至关重要，国际经济贸易的发展更离不开全球价值链的有效运作。因此，全球价值链亟须重构国际规则来引导其回归正轨，各国仍应该维护全球价值链的稳定，促进后疫情时代全球价值链的良好发展。第一，国际规则亟须创新。现行国际规则已经无法跟上国际形势的变化，需要从制定阶段到执行阶段的全方位创新，以更好地促进后疫

---

① 叶建亮. 积极应对全球产业链重构[N]. 中国社会科学报，2020-08-26(4).

情时期全球价值链的发展。第二，国际规则需要坚持开放的规则。现行的国际规则是在一个不够开放的环境下形成的，因此在处理很多问题上已经存在一定制约。第三，公平竞争规则是国际规则重构的重点之一，参与全球价值链的国家和企业亟须公平竞争规则的引导和规范，从而提高全球价值链的运作效率。第四，国际规则重构应重视数字经济等热点议题，加快推进相关问题的规则制定。第五，强化多边规则体系是国际规则重构的目标。国际规则重构最重要的是完善多边规则体系，从而继续发挥多边体系平台的作用，为全球经济一体化的发展做出贡献。

一、创新国际规则

当前国际规则繁多，但是无法跟上新的国际形势变化，处于相对滞后的状态，后疫情时代全球价值链的发展，更是对国际规则的创新提出了以下方面的要求。

国际规则的程序需要创新。全球价值链对于国际经贸发展有着举足轻重的作用，实践证明，现行国际规则导致全球价值链贸易中的利益分配存在严重失衡，无法满足世界各国在全球价值链贸易中实现"利益均等"和"机会均等"的需求。当前全球价值链中以发展中国家为代表的"攀升国"和以发达国家为代表的"链主国"之间经济差距缩小，以发达国家为主的链主国意图"以规则重构经济新秩序"继续维护其既得利益①，导致发达国家与发展中国家在全球价值链中利益分配的矛盾日益尖锐。如以美国为首的发达国家推行更加强调劳工标准、环境标准、知识产权和竞争政策等理念的经贸规则，给制度欠佳的国家向价值链中高端攀升设置了更大障碍。随着发展中国家力量的不断增强，主要由发达国家所主导的国际规则制定程序亟须创新，以适应变化了的发展中国家和发达国家经济实力对比，提高发展中国家在国际规则制定中的话语权和决策权，寻找发展中国家和发达国家在国际规则制定中的平衡点。国际规则制定程序合理化才能引导世界贸易朝着更加均衡和公平的方向发展，引领各国更好地参与国际事务。

国际规则的内容需要创新。全球价值链主要是由跨国公司主导的一种全球布局的生产、投资和消费行为，涉及范围涵盖市场准入（Market

---

① 张彦. 全球价值链调整与中国制造业的攀升风险：总体国家安全观的视角[J]. 情报杂志，2020，39（12）：40-49.

Access）、投资协定、原产地原则、政府采购（Government Procurement）、营商环境等经济活动的方方面面。从 2008 年金融危机以来，国际议题的范畴就已经超出传统的贸易自由化，更加关注投资、政府采购、国有企业、环境与就业、知识产权保护、非关税贸易壁垒等规则问题。经贸谈判的中心也从"边境措施"向"边境内措施"延伸。[①]然而，与议题相关的国际规则却迟迟未有更新或进展，影响了全球价值链全球化向深入发展。后疫情时代，全球价值链的发展不但进一步提升了国际社会对上述议题的关注程度，而且催生了更多新的议题。因此，国际规则的内容创新更应加快推进，以适应后疫情时代的国际形势。

国际规则的平台需要创新。世界贸易组织和国际货币基金组织（International Monetary Fund，IMF）是协调全球金融秩序、经济发展的国际组织。WTO 是多边国际贸易规则的重要平台，但是自从多哈回合贸易谈判停滞以来，WTO 便陷入了困境。在美国干涉下，2019 年 12 月 11 日 WTO 的上诉机构正式停摆。各种深度区域贸易协定（Deep Trade Agreements）和超区域自由贸易协定的达成，更是令 WTO 出现被边缘化的趋势。尽管如此，区域性贸易协定只能应对区域价值链的问题，而解决后疫情时代全球价值链面临的问题，则始终需要一个更完善的多边贸易体系平台，WTO 的改革迫在眉睫。IMF 自成立以来，在维护国际金融秩序和促进世界经济发展方面发挥了重要作用，但其份额的分配原则与调整机制长期以来受到诟病，美国对重要事务的否决权降低了 IMF 的威信，而发展中国家的话语权长期得不到重视，部分国家甚至认为自己掉入了 IMF 的债务陷阱。在此背景下，IMF 必须从其自身的独立性开始改革，才能在国际金融事务中更加公正地发挥作用。

二、坚持开放规则

后疫情时代全球价值链所呼唤的国际规则，必须是一套开放的规则。在国际议题上，"开放"始终是趋势和主流观点，没有"开放"这一核心价值取向，适合于时代的国际规则便难以形成。

国际规则的调整应是开放的。现行的国际规则很多是在二战后发达国家的主导下形成的，在很多场合中无法反映发展中国家的利益和诉求。在

---

① 张茉楠. 全球经贸规则体系正加速步入"2.0 时代" [J]. 宏观经济管理，2020（4）：7-12、19.

后疫情时代，全球价值链的健康发展需要国际规则的调整配合，这种调整本身应该是开放的，不能仅局限于发达国家的团体中，或者部分区域协定的成员团体中，还应该面向所有愿意参与新一轮国际规则调整的国家，尤其是发展中国家，以充分反映不同发展水平、不同文化背景、不同意识形态的国家的需要，这是构建更加开放、更加公平的国际规则体系的前提和基础，也是顺应全球化发展趋势的必然。

国际规则的内容应是开放的。国际规则的重构，既包括原有规则的调整，也包括新规则的形成，无论是哪种情况，规则本身应该体现出开放的本质，要以推动经济全球化的深入发展、合理调整全球价值链的利益分配为使命。当前制定国际贸易规则的主要机构 WTO 陷入停滞，部分发达国家以国内法为基础、以商业利益为考量开始主导新兴经济领域一系列高标准的深度贸易协定，如跨境数据自由流动、非本地化存储、源代码保护等，并妄图推动国内法的国际化，掌控新一轮国际贸易规则的制定权，这是不可行的。如果国际规则的内容仅维护了小部分国家的利益，限制其他国家的权利，那么这种国际规则无法满足后疫情时代全球价值链的发展。WTO作为协调国际经贸关系的重要组织，一方面要顺应经济发展需求，积极筹划和开展新兴经济领域国际规则的谈判，另一方面要改革谈判议程，推动迟迟未能解决的投资便利化、知识产权保护等领域的谈判进程，以开放和积极的姿态谋取人类社会的最大化福利而非部分国家和小团体的利益。

国际规则的目标应是开放的。针对未来全球价值链的发展，新一轮国际规则重构的目标，是要抵制贸易保护主义和单边主义，打造更开放、自由、公平、包容的国际市场，维护世界上大多数国家的最大利益公约数，促进全球经贸合作的发展。开放是促进生产要素在世界范围内自由流动的基础，全球价值链贸易以其灵活的生产和投资方式部分替代了人口和自然资源的低流动性，其形成和发展都离不开经济的全球化。因此，坚持开放的国际规则，实质是坚持开放的全球化态度，营造开放的国际经贸环境，在公平的基础上，充分发挥市场机制在全球化资源配置中的作用。

三、公平竞争规则

全球价值链分工的诞生，一定程度上是竞争的结果。各国通过自身劳动力优势、资源优势、技术优势或政策优势，彼此竞争从而确定在全球价值链上的位置。尽管如此，国家间凭借各种优势的竞争也不尽公平。由于过去诸多原因，部分国家积累优势的步伐比其他国家要快，从而形成"雪球效应"（Snowball Effect）。在这种情况下，无论是在全球价值链的参与中，还是在国际规则的制定中，未能积累优势或者积累优势步伐较慢的国家，始终处于不利地位，竞争也就缺乏公平。后疫情时代，为了积极应对全球价值链面临的挑战，维护全球价值链的发展，在国际规则重构中，要扩大和加快发展中国家参与国际经济决策和规则制定进程[①]，构建更加满足公平竞争需要的国际治理体系。

随着全球化的不断深化，全球价值链中以发展中国家为代表的攀升国和以发达国家为代表的链主国之间经济差距不断缩小，使得全球价值链的参与动机与利益分配性质从"绝对利益"向"相对利益"转变，为了维护和强化自身利益，链主国对攀升国的优势产业进行压制，攀升与反攀升的博弈加剧。公平竞争规则能提升参与全球价值链的国家分工的公平性和利益均衡性。国家是参与全球价值链的宏观主体，当前不同国家在全球价值链的分工存在不公平性，表现在发达国家凭借先前积累的技术优势，牢牢占据价值链的高端位置；发展中国家长期被锁定在价值链的低端位置，提升位置较为困难，且受到发达国家的制约，这种现象在传统的货物贸易领域普遍存在。随着服务贸易和数字贸易的发展，国际贸易的模式发生了深刻变化，全球价值链中技术研发和无形资产的重要性进一步提高，而发达国家在这些方面的掌握程度又要高于发展中国家，在竞争中同样具备了天然优势，加深了竞争的不公平性。因此，重构高效的公平竞争规则，有利于不同国家在未来全球价值链分工上，根据共同商定协议实现更公平的分工竞争，推动不同生产环节利益分配朝着更加合理的方向发展。

公平竞争规则能促进参与全球价值链的企业之间的公平竞争。企业是参与全球价值链的微观主体，也是推动全球价值链生产规模不断扩大的重要力量。在市场经济下，企业间也存在竞争，而不公平的竞争会使得部分企业在参与全球价值链时面临重重困难，导致在一些生产环节中，低效率生产排挤了高效率生产，全球价值链生产的效率大打折扣。因此，公平竞争原则对于规范市场经济发展，保障不同性质企业之间的公平竞争，从而营造良好的竞争市场，为全球价值链提供健康的微观环境至关重要。

[①] 外交部. 金砖国家关于加强和改革多边体系的联合声明[EB/OL]. （2021-06-01）[2023-01-24]. https://www.mfa.gov.cn/web/wjbzhd/202106/t20210601_9137415.shtml.

四、数字经济规则

全球价值链数字化转型趋势已是时代所需，数据已经成为除劳动、资本和资源等传统生产要素以外的新型生产要素[①]，疫情下全球价值链更加依赖于数字化技术，而在全球价值链数字化的过程中，发展中国家面临的追赶压力比以往都要大，大部分情况下只能作为低端产品的提供者，就如同在实体全球价值链上的分工一样。因此，无论是发达国家还是发展中国家，都应该加大数字技术的发展力度，而发达国家的步伐更应加快，以更好应对全球价值链面临的挑战。

当前发达国家在数字技术发展领域处于领先地位，且比发展中国家更能掌握技术的换代升级。在全球数字价值链分工体系中，价值创造过程集中在全球数字平台上，美国等少部分拥有较大数字平台的国家居于主导地位，而大部分发展中国家处于低端从属地位，只能成为这些数字平台的原始数据提供者，不得不为数字平台利用这些数据产生的数字智能付费。[②]在发展数字技术的过程中，尽管发达国家和发展中国家的侧重点不同，但其共同核心态度应该是以发展数字技术为动力，共同应对全球价值链面临的问题。

对于发达国家而言，应维持和利用在数字技术上的优势，创造更多具有共享性质的数字化平台，向发展中国家提供更多数字化技术帮助，提升全球价值链上下游环节的数字化程度。一味打压发展中国家在数字化技术上的进程，将重点放在技术垄断与数据封闭上，只会背离全球价值链发展的趋势，无法为应对全球价值链面临的挑战带来实质性帮助。对于发展中国家而言，实现数字化技术追赶是首要的，发展中国家在数字价值链中处于低价值创造的位置，缺少可以承载数据加工的先进数字平台，应培育属于自己的数字平台，提升在数字价值链上的分工地位。

加强交流合作，以开放包容的态度去发展数字化技术，努力减少国家间的数字鸿沟（Digital Divide）符合全球化发展趋势。数字化技术作为全球价值链中的新兴载体，必然成为国家之间的竞争热点，这种竞争不但存在于发达国家之间，也存在于发达国家与发展中国家之间，更存在于发展

① 尹西明，林镇阳，陈劲，等. 数据要素价值化动态过程机制研究[J]. 科学学研究，2022，40（2）：220-229.

② 盛斌，张子萌. 全球数据价值链：新分工、新创造与新风险[J]. 国际商务研究，2020，41（6）：19-31.

中国家之间。竞争当然是必不可少的一环，但是，仅仅以竞争的态度去发展数字化技术，无疑不利于应对全球价值链存在的问题。协同发展数字化技术，避免因全球价值链分工中发达国家与发展中国家的矛盾过大而带来的负面影响，才是解决全球价值链面临问题的可取做法。

在协同发展数字化技术的过程中，相关的国际规则必不可少。事实上，数字经济已经成为新一轮国际规则重构的重点议题之一，不断涌现的区域性贸易协定已经将与数字经济的有关规则列入其中，并且标准较高。多边贸易体制更应该对数字经济规则予以高度重视，规避在热点议题上落后于区域性贸易协定而被边缘化的风险。通过构建更合理的多边数字经济规则，促进各国在数字化技术发展上的互惠互利，是后疫情时代全球价值链对国际规则重构提出的迫切要求。

五、强化规则体系

全球价值链本身是一个庞大复杂的体系，与之相关的国际经贸规则有很多，如何将这些规则重构与规范，充分体现不同国家和不同地区的需要，是世界各国需考虑的问题。因此，各国在应对全球价值链面临的挑战时，应高度重视推动多边规则体系的改革，使之更加完善。

一方面，要坚持维护多边贸易体系的国际框架。多边贸易体系是多边规则体系构建和实践的重要平台。尽管目前多边贸易体制面临多重困境，诸边和区域贸易机制不断出现，但是多边贸易体系一直秉承开放、包容、非歧视等核心价值和基本原则，在维护全球经贸秩序、保障发展中国家发展利益和政策空间等方面起到了非常重要的作用，一直都是全球经贸合作稳定开展的重要基石。中国在内的大部分发展中国家，应是多边贸易体制的坚定拥护者，提倡通过多边谈判机制共同解决世界经济面临的问题。中国明确表示："当今世界，全球价值链、供应链深入发展，你中有我、我中有你，各国经济融合是大势所趋。""坚决反对保护主义、单边主义，不断削减贸易壁垒，推动全球价值链、供应链更加完善，共同培育市场需求。"①在当今全球价值链深度调整的背景下，发展中国家更应该扮演好这一角色，为应对全球价值链发展问题提供有力支撑。

另一方面，要积极完善多边规则体系。从自身而言，当前多边规则体

① 习近平. 开放合作，命运与共——在第二届中国国际进口博览会开幕式上的主旨演讲[EB/OL].(2019-11-05)[2022-12-28]. http://jhsjk.people.cn/article/31439012.

系表现出执行效率低下、透明度不高、规则内容过时等问题。国际议题依赖现行的多边规则体系已经难以解决，较为突出的例子是多哈回合贸易谈判的停滞。多哈回合贸易谈判所重点关注的议题，包括发展问题，农业、非农业品和服务贸易市场准入问题，以及规则修改和制定问题。这些议题对于国际经贸的发展尤为重要，但是未能在现行的多边贸易规则体系中得到很好的推进。从外部而言，区域性贸易协定对多边规则体系造成了较大冲击，许多国家纷纷抛开多边规则体系，转而投向区域性贸易协定，并形成了一些超大型的自由贸易协定。区域性贸易协定不仅深化了原本存在于多边体系中的规则，而且根据新兴的议题和领域制定了高标准的规则，使得一些热点议题有可能在区域上得到解决，效率超过当前多边规则体系。但是，多边规则体系过去也曾解决许多国际问题，并且积累了大量经验。事实上，区域性贸易协定中的规则，大部分来源于多边规则体系，只是在效率和实用性上更高。因此，多边规则体系仍具备解决国际议题的能力，当务之急是将各国重新拉回到多边体系的平台上，共同努力，积极完善多边规则体系，以便在全球范围内协商和解决问题。

　　从长远角度看，全球价值链的发展持续变化，在后疫情时代全球价值链面临着新的挑战和发展形势，关键是世界各国应如何应对这些挑战。全球价值链对于全球经贸的重要性不言而喻，如何利用参与全球价值链提升国家的经济实力，规避全球价值链中的风险传播，顺应全球价值链重构趋势等，是世界各国当今要考虑的重要问题。在考虑这些问题时，出于对自身利益的维护，各国处于彼此博弈的状态，这种基于全球价值链的多方博弈，对国际经贸规则的重构和创新提出了新要求。随着全球价值链转型的加速，一方面各经济体将继续遵循现有全球化经贸规则，推动自由化贸易的顺利实现；另一方面世界经济联系的进一步加强也对各个经济主体的经济、社会、市场和行业发展的统一化标准提出了更高的要求，如法治化水平、制度质量、知识产权保护、环保标准、劳工标准、竞争中立、电子商务、投资、商业环境的公正透明等内容，新的国际规则时代正在来临。

第二章 国际经贸规则的重构与创新

国际经贸规则是世界各国和地区之间经过长期的磋商、谈判或实践形成的，在进行经济贸易投资等经济往来时共同认可并遵守的协定、条约、法律和规章制度等。国际经贸规则是国际经贸关系发展的必然产物，其宗旨是维护、促进国际经贸关系的有序和高效发展。但是在实际的运行过程中，国际经贸规则也可能对国际经贸关系发展产生妨碍、限制等不利影响，特别是在国际经贸规则落后于国际经贸关系发展水平的情况下。21世纪以来，随着信息、生物、新能源、新材料、智能制造等高新科学技术发展的突飞猛进，新产业、新业态应运而生，国际分工体系加速演变、全球价值链深度重塑，现行国际经贸规则已经落后于世界经济贸易投资发展水平，不能满足于经济全球化发展的需要。与此同时，以WTO为核心的多边贸易体制却由于各种原因停滞不前；美国、欧盟等西方发达国家和地区对于改革完善多边贸易体制的重视不够，反而加速推进区域或超区域贸易协定谈判，试图绕过世界贸易组织，继续掌控国际经贸规则制定的主导权；广大发展中国家的国际地位显著提升，参与WTO改革和国际经贸规则制定的积极性越来越高，发展中国家之间的双边和诸边自由贸易协定发展迅速，以争取各自在国际经贸体系中的制度性权力。新冠疫情的全球蔓延更是增加了全球经贸格局的复杂性和不稳定性，全球价值链的调整和经济全球化的发展面临新的挑战，迫切需要推进国际经贸规则体系的重构与创新。

本章在全面分析国际经贸规则重构与创新现实需要的基础上，重点研究以WTO为核心的多边贸易体制所面临的挑战，新一轮国际经贸规则重构与创新过程中呈现出的主要特点，以及加速推进国际经贸规则重构与创新的路径选择。

第一节 国际经贸规则重构与创新的现实需要

国际经贸规则既是全球经济活动的规范工具和行为准则，也体现了世界各国在参与全球经济治理过程中的权利与义务。①21 世纪以来，国际政治经济格局发生重大变化：发展中国家在世界经济中的地位水涨船高，全球价值链变化导致国家间的经贸规则悄然变动，新一轮技术革命引发的新产业、新业态对国际贸易规则提出新要求，新冠疫情大流行对全球的产业链、供应链产生重大影响，加之部分国家贸易保护主义和民粹主义势力不断发酵，传统国际经贸规则已经不能满足世界经济格局变化和时代要求。在世界百年未有之大变局和全球疫情交织的历史节点，国际经贸规则的重构对于重振世界经济、激发各方活力至关重要且势在必行。

一、国际经贸新格局亟须国际经贸规则重构

进入 21 世纪以来，欧洲经济复苏乏力，美国面临低增长、高失业等问题，欧美发达国家在全球经济治理体系中的地位开始下降，不愿承担甚至逃避一些国际责任。相比而言，发展中国家已经成为全球经济发展的重要推动力。②国际货币基金组织（IMF）公开信息显示，2008 年至 2020 年，全球经济总量从 63.93 万亿美元增长至 84.54 万亿美元，其中，发达经济体 GDP 年均增长率为 1.24%，GDP 增长量占全球经济增长总量的比重为 31.84%；发展中国家 GDP 年均增长率为 5.88%，GDP 增长量占全球经济增长总量的 68.16%。③联合国贸易和发展会议（United Nations Conference on Trade and Development，UNCTAD）发布的《2021 年贸易和发展报告》（Trade and Development Report 2021）显示④，自 2020 年初以来，全球贸易模式发生了变化，亚洲对世界贸易的贡献有所增加。无论是从出口还是从进口来看，中国都比其他大多数国家反弹得更早、更剧烈。2021 年上半年，中国的月度贸易流量已经超过新冠疫情大流行前水平的 10%。同样，其他几个亚洲经济体的月度出口都在 2020 年底或 2021 年初超过了新冠疫情前的峰值。2021 年年中，其他一些大型经济体的月度商品贸易流量（包括出口和进口）接近新冠疫情前的峰值。

从全球投资结构看，由于欧美等发达国家的国际投资比重相比于发展中经济体不断下降，发展中国家在国际投资中的地位有所上升且表现出更

---

① 赵龙跃. 统筹国际国内规则：中国参与全球经济治理 70 年[J]. 太平洋学报，2019，27(10)：48.

② 赵龙跃. 制度性权力：国际规则重构与中国策略[M]. 北京：人民出版社，2016：16.

③ CEIC[EB/OL]. [2021-10-12]. https://insights.ceicdata.com/Untitled-insight/myseries.

④ UNCTAD. Trade and Development Report 2021[R/OL]. (2021-07-14)[2023-01-27]. https://unctad.org/system/files/official-document/tdr2021_en.pdf.

强的韧性。UNCTAD 发布的《2022 年世界投资报告》（World Investment Report 2022）显示，2021 年全球外商直接投资（FDI）流量上升了 64%，从 2021 年的 1 万亿美元上升至 1.58 万亿美元。其中，流入发达经济体的 FDI 上升至 7460 亿美元，上升 134%；流入发展中经济体的 FDI 上升了 30%，为 8370 亿美元；流入中国的 FDI 增长了 21.5%，达到 1810 亿美元；亚洲发展中国家已是最大的 FDI 流入地区，占全球 FDI 一半以上，达到 6190 亿美元；新签署的《区域全面经济伙伴关系协定》（Regional Comprehensive Economic Partnership，RCEP）成为最大的 FDI 流入集团之一。①在 FDI 流出方面，2020 年发达经济体的跨国公司（Multinational Enterprises）海外投资翻了一倍多，从 4830 亿美元增至 1.3 万亿美元，份额上升至全球流出量的 3/4；发展中经济体跨国公司的海外投资活动价值下降了 7%，降至 4380 亿美元；中国对外直接投资虽然下降了 5.8%，但仍高达 1450 亿美元，中国取代美国成为全球最大的对外投资国。②

就消费能力而言，2020 年，世界中等收入群体将超过 32 亿人，2030 年将增加至 48 亿人左右，其中近 85% 的增长将来自亚洲，预计 2/3 的中等收入人口集中在亚洲国家和地区，同时，拉丁美洲、中东、北非以及撒哈拉以南非洲地区中等收入群体规模也将实现不同程度的增长。③中等收入群体的增加给当地带来了巨大的消费市场优势和经济增长潜力。

全球经济格局的变化必然引起政治格局的重新洗牌。当前的国际经贸规则主要是二战后由欧美等国家主导建立的，已经无法适应变化了的国际经贸格局。一方面，发展中经济体大幅提升的经济实力和地位与当前在国际规则制定中的权力和话语权严重不匹配，其正当利益与诉求无法在当前的国际规则体系框架内得到公平对待和及时反映。发展中国家要求国际经贸规则朝着更加公平、普惠、包容的方向发展，着力推动以 WTO 为核心的多边贸易体制改革，坚持自由贸易，以进一步融入全球价值链并提高附加值。另一方面，发达国家在充分攫取了当前国际规则带来的制度优势基础上，希望在新一轮国际经贸规则制定中继续垄断规则制定权，在以 WTO 为

① UNCTAD. World Investment Report 2022[R/OL]. （2022-06-09）[2023-01-27]. https://unctad.org/system/files/official-document/wir2022_en.pdf.

② UNCTAD. World Investment Report 2022[R/OL]. （2022-06-09）[2023-01-27]. https://unctad.org/system/files/official-document/wir2022_en.pdf.

③ 国务院发展研究中心"国际经济格局变化和中国战略选择"课题组，隆国强，张琦，等. 未来15 年国际经济格局面临十大变化[J]. 中国发展观察，2019，（1）：38-42.

核心的多边贸易体制框架内无法达成其目标时企图另起炉灶,通过建立《跨太平洋伙伴关系协定》(TPP)、《美墨加三国协议》(USMCA)和《服务贸易协定》(TiSA)等一系列高标准的深度贸易协定抢占新一轮国际经贸规则重构的制高点。因此,国际经贸规则的制定成为经济实力日益提升的发展中国家和经济实力逐渐下滑的发达国家之间角力的主战场,无论对于发展中国家还是发达国家而言,当前的国际经贸规则均不能反映各方诉求,也不能反映国际经济格局发生的变化。

二、新兴经济模式呼唤国际经贸规则的创新

随着主要发达国家进入后工业化时代以及产业结构的调整升级,服务贸易尤其是生产性服务高端环节成为他们拓展海外市场的重点领域,全球服务贸易实现了快速攀升的趋势。与此同时,新一轮技术革命驱动下的数字贸易也在全球范围内得到了极大的普及,这也在很大程度上降低了国际贸易的准入门槛,从而在真正意义上实现了贸易的普惠性目标。然而传统以 WTO 为核心的多边经贸规则并未紧跟上这些贸易模式的发展。

现有国际经贸规则滞后于服务贸易发展水平。WTO 发布的《2019 年世界贸易报告》(World Trade Report 2019)指出:"2011 年以来,世界货物出口每年增长速度仅为 1%,而服务贸易出口增长速度达到了 3%。当前,人们普遍认为全球化已经放缓,但如果将服务贸易的蓬勃发展计算在内,全球化似乎有望再次提速。由技术创新带来的贸易成本降低、服务贸易政策壁垒的下降,将可能在 2040 年前使服务贸易在全球贸易中的比重增加 50%。"[①]与当前日益激烈的服务贸易领域竞争形成相比,当前的服务贸易规则体系尚未形成系统、规范的全球体系,《服务贸易总协定》(General Agreement on Trade in Services,GATS)也仅仅提供了一个基础框架。另外,发达经济体助推的高质量服务是制造业投入的重要组成部分,它对于提高企业效用和效率是非常关键的。服务贸易对经济全球化的支撑作用愈发凸显,发达经济体作为全球服务贸易规则领域构建的主导力量,势必会推出更加开放的服务贸易规则和政策措施。

现有经贸规则落后于数字贸易发展。随着人工智能、3D 打印、新材料的开发和使用、物联网等新兴技术的出现和革新,数字技术催生出了数字

---

① 世界贸易组织. 2019 年世界贸易报告:服务贸易的未来[M]. 中国世界贸易组织研究会,译. 上海:上海人民出版社,2019:3-4.

经济（Digital Economy）和数字贸易（Digital Trade）。"数字经济"一词最早由美国的唐·塔斯考特（Don Tapscott）提出。经济活动的数字化推动了生产的数字化和贸易的数字化，数字技术赋能下的数字贸易具有低搜寻成本、低交易成本、低运输成本的优势，极大降低了国际贸易的准入门槛，从而在真正意义上具备了贸易的普惠性。WTO 的全球贸易模型（Global Trade Model，GTM）模拟结果显示，从 2020 年到 2030 年，数字技术影响下的全球贸易平均每年将增长 2 个百分点，发展中国家的贸易增长将达到 2.5 个百分点。[①]从不同经济发展水平看，20 个发达国家的数字经济规模为 24.4 万亿美元，增长 3%，占 GDP 比重 54.3%，明显优于 27 个发展中国家。从规模看，美国数字经济继续蝉联世界第一，2020 年规模接近 13.6 万亿美元，中国位居世界第二，规模逼近 5.4 万亿美元。德国、日本、英国位居第三至五位，规模分别约为 2.54 万亿美元、2.48 万亿美元和 1.79 万亿美元，数字技术重塑了世界贸易。

数字贸易作为未来贸易形式变革的重要方向，在全球范围内受到广泛关注，虽然在 WTO 公布的 40 多个多双边区域协定中，有 32 个协定将数字贸易或电子商务专设单独章节，在新型贸易协定如《跨太平洋伙伴关系协定》《服务贸易协定》《跨大西洋贸易与投资伙伴关系协定》中对知识产权保护、跨境数据自由流动以及数据隐私保护都有重点涉及。但是各国国际竞争力、监管理念、国内政策的不确定性、数字能力的差异以及数字基础设施的参差不齐，导致数字经济、数字贸易领域的鸿沟和政策监管出现裂痕，传统的以 WTO 为核心的多边经贸规则本身的滞后性和不完善已经无法满足数字贸易发展的需求，当前关于数字贸易的专门监管措施和规则体系仍是空白。[②]

三、贸易保护主义反推国际经贸规则重构

贸易保护主义并不是一个新鲜的话题。自由贸易和贸易保护主义是国际经贸政策的两个方面，选择和实行对外贸易政策是一个国家的主权。纵观人类国际贸易政策体系的演变历程，自由主义和保护主义贸易政策总是

---

① UNCTAD. World Trade and Development Report 2021[R/OL]. （2021-07-14）[2023-01-27]. https://unctad.org/system/files/official-document/tdr2021_en.pdf.

② 谢谦，姚博，刘洪愧. 数字贸易政策国际比较、发展趋势及启示[J]. 技术经济，2020，39（7）：10-17.

交替进行的。贸易保护主义抬头的原因主要包括以下几个方面。

从经济层面来看，贸易保护主义兴起的主要原因为全球经济增长动能不足、国际经济力量对比深刻演变。尤其是 2008 年资本主义国家的无限制逐利引发全球性金融危机之后，以美国为首的发达国家经济发展缺乏动力，而以金砖五国、土耳其等为代表的发展中经济体迅速崛起，在世界经济中占据了愈加重要的地位。"在一国内及国际的相对收入改变所产生的矛盾没有得到有效调和时，代表失意者诉求的保护主义政治力量就会开始聚集和强化"[①]，发达国家的贸易政策试图通过转向保护主义以减少其国内经济结构、消费结构导致的贸易逆差，转移国内民众对于政府的不满情绪。

从政治层面来看，内向型的贸易保护主义政策获得支持的重要原因在于经济发展的成果未获得广泛共享。现代通信技术和运输能力的大幅提高，促使跨国公司可以在全球范围内进行生产分工，分工方式从传统的产品分工跨越到了要素分工。在此背景下，跨国公司将资本密集型和知识密集型产品生产过程中的劳动密集型工序转移到劳动力成本低廉、环境规制宽松的发展中国家。从国家内部来看，发达国家的低技能工人在劳动力市场的议价能力被削弱，所获得实际收入下降，经济发展的成果未被平等分配，劳动者成为输家；从全球来看，自由贸易带来的福利在发达国家和发展中国家间未平等分配[②]，发展中国家的劳动工人工资水平虽然有所上升，但这种分工方式将发展中国家锁定在全球价值链的低端环节，贸易利益分配和环境消耗严重不平等。在经贸规则由发达国家主导的情况下，发展中国家无力改变贸易利益分配失衡和环境资源消耗的不均等现象，同样也会催生贸易保护主义抬头。

从国际经贸规则的角度来看，WTO 成立以来在多边贸易领域规则协调与更新的失败也是贸易保护主义高涨的原因之一。[③]全球价值链贸易是当前世界贸易的主要形式，已经占据了国际贸易的半壁江山。然而全球价值链贸易的迅速发展并没有带来以 WTO 为核心的多边贸易体制的发展与创新。全球价值链贸易将不同资源禀赋、不同文化背景、不同技术发展水平的国家联系在一起，大规模的中间品以及千差万别的商品跨越国界或边境在全球范

① 佟家栋，谢丹阳，包群，等. "逆全球化"与实体经济转型升级笔谈[J]. 中国工业经济，2017(6)：5-59.

② 张淑芹. 贸易保护主义的政治经济学分析[J]. 商业经济研究，2019(3)：130-132.

③ 陈靓、黄鹏. WTO 现代化改革——全球价值链与多边贸易体系的冲突与协调[J]. 国际展望，2019，11(1)：16-34、157-158.

围内流动，然而多边贸易规则没有加大削减中间品贸易壁垒的力度，也没有制定更深度的服务贸易自由化相关规则，在成员间边境后措施的协调方面同样乏善可陈，进而导致区域主义的盛行以及 WTO 多边贸易体制被边缘化。

值得注意的是，2008 年全球金融危机以来，贸易保护政策和措施的实施主体，已经从以往的以发展中国家为主导，转向以发达国家为主导[①]，发达经济体的社会契约衰落和民粹主义崛起，同样刺激了贸易保护主义的不断增强。[②]然而，贸易保护主义的后果是灾难性的，在人类社会高度相通的今天，这一后果由所有国家共同承担，而相对贫穷落后、正处于追赶阶段的发展中国家则受创更深。

四、新冠疫情大流行加速国际经贸规则重构

新冠疫情作为一个"超级黑天鹅"事件，给全世界的经济发展和人民生活蒙上阴影。世界卫生组织（World Health Organization，WHO）的相关数据显示，截至目前，全球累计确诊人数超过 7 亿人次，死亡人数超过 650 万。[③]新冠疫情引发了经济活动水平的急剧下降，这既是由于保持社交距离的要求对经济活动造成了打击，也是由于政府的强制封锁和其他流动性限制造成了影响。[④]根据《2021 年世界投资报告》，受疫情影响，2020 年全球 FDI 下降 1/3，降至 1 万亿美元，而未来经济的复苏程度取决于疫情的延续时间和各国政策的有效性。新冠疫情作为外部冲击引发的公共卫生危机给经济全球化按下暂停键，也给国际经贸规则重构带来新挑战。

新冠疫情导致世界经济发展路径发生改变。[⑤]全球范围内的贸易管制阻碍了经济全球化进一步深化。各主要经济体的禁航、禁运导致人力资本和要素流动出现停滞；主要经济体的货物贸易管制措施极大地限制了物资、资金的全球流动，全球生产链、供应链、价值链遭遇重大危机，引发了各个经济体对于全球价值链安全性和韧性的担忧，尤其是抗疫物资的生产和

① 张雨，戴翔，张二震. 要素分工下贸易保护效应与中美贸易摩擦的长期应对[J]. 南京社会科学，2020（3）：48-53、70.

② 管传靖. 全球价值链扩展与多边贸易体制的变革[J]. 外交评论（外交学院学报），2018，35（6）：31-71.

③ World Health Organization. Coronavirus disease（COVID-19）pandemic[EB/OL]. [2023-03-01]. https://www.who.int/emergencies/diseases/novel-coronavirus-2019.

④ ANTRAS P. De-Globalisation? Global Value Chains in the Post-COVID-19 Age[EB/OL]. （2020）[2022-11-19]. http://ideas.repec.org/p/nbr/nberwo/28115.html.

⑤ 黄鹏. 重构全球化：全球经济治理的改革取向[J]. 探索与争鸣，2021（2）：88-98、179.

供应短缺，加剧了各国对于公共卫生安全和产业体系结构的忧虑。在此背景下，经济利益不再是开展国际贸易的首要考量因素，国家安全和政治因素成为新形势下国家组织生产、开展贸易的核心关切①；对于国际经济安全的顾虑和担忧必然加剧经济的本土化和碎片化，也就是所谓的"去全球化"过程，当前各主要经济体的制造业回流措施也验证了这一过程。疫情结束后，世界各国的经济联系将是一个"重构全球化"的过程，而不仅仅是简单地恢复此前的全球供应链，"重构全球化"的成果则取决于发展中国家和发达国家的经济政策应对以及国际规制合作（International Regulatory Cooperation，IRC）的有效性。

此外，新冠疫情引发国际经贸规则构建中的"区域化"加快。疫情暴露了全球化分工模式下生产链和价值链的脆弱性，各国对供应链、产业链的重视程度显著提高。尤其考虑到美国 2018 年开启的国际经贸规则重构战略以及对中国发动的贸易战，美国联合部分盟友签订一系列高标准和高门槛的区域性贸易协定，重构国际经贸新规则，以继续占据规则制定的制高点；并设置"毒丸条款"（Poison Pill），实施对中国的孤立措施。中国与美国是世界上体量最大的两个经济体，在疫情冲击下，美国的这些举措更使得脆弱的全球价值链和国际经贸规则雪上加霜。原本共同参与产品研发、设计、生产、加工、营销、运输等多个市场环节且模糊产品国别边界的全球价值链体系开始不断呈现出区域化和排他性的趋势。

第二节　世贸组织多边贸易体制面临严峻挑战

WTO 是全球多边治理的重要平台，是多边贸易体制的核心。一直以来，WTO 在促进各国贸易发展、协调处理国际争端、推动贸易谈判、实施监管等方面发挥着重要作用。2022 年是 WTO 成立 27 周年，不可否认，WTO 对于促进贸易自由化以及全球经济增长起到了极为重要的作用，但是相对于迅速发展的经济形势与技术革命，1995 年成立的 WTO 已经落后于时代的需求：其机制体制存在的问题已经威胁到其自身的生存；层出不穷的区域性贸易协定不断将 WTO 边缘化；主要经济体在其改革问题上的分歧难

---

① 林桂军，PRAZERES T. 国家安全问题对国际贸易政策的影响及改革方向[J]. 国际贸易问题，2021（1）：1-15.

以弥合；议题设置也落后于深度连接的全球贸易对新兴议题的大幅需求。WTO 的权威性与有效性面临严峻危机，其改革势在必行且迫在眉睫。以 WTO 为核心的多边贸易体制是国际经贸规则的重要组成部分，在国际经贸规则面临重构的重要当口，WTO 改革对于国际经贸规则重构意义重大。维护以 WTO 为核心的多边贸易体制、发挥 WTO 在国际经贸规则重构与创新过程中的主导作用，构建公正、合理、透明的国际经贸规则体系刻不容缓。

一、机制性问题危及 WTO 的正常运行

目前 WTO 面临的一些机制性问题，例如决策机制、争端解决机制以及一些具体规则的管理机制等，直接影响着以 WTO 为核心的多边贸易机制的正常运行。

首先是决策机制问题，如何解决"协商一致"的原则与有效决策的问题。[①]随着 WTO 成员范围的不断扩大，协商一致原则作为一种决策机制的效率越来越低。欧盟、加拿大等认为协商一致原则导致了 WTO 谈判功能的瘫痪，从而难以获得新的谈判成果；WTO 之父约翰·H.杰克逊（John H. Jackson）也认为，随着 WTO 成员数量的日益增加，至少有一个成员方对某项决议表示正式反对的情况也将逐渐增多，这将给 WTO 带来真正的危机和困境。[②]协商一致原则的确存在上述问题，但是与国际货币基金组织、世界银行的以加权投票方式进行的决策程序相比，WTO 协商一致的决策方式在程序上显然更加民主，其谈判结果也更具合法性，针对协商一致原则存在的问题，要着力提升其有效性而非一票否决。

其次是争端解决机制问题，如何尽快恢复 WTO 争端解决机制（Dispute Settlement Body，DSB）的正常运行。WTO 争端解决机制被喻为 WTO 这顶皇冠上的"明珠"。美国认为争端解决机制上诉机构存在严重"越权"问题，并与其他成员在争端解决机制上诉机构的司法性和独立性问题上发生争执。由于美国有意宣泄对多边主义（Multilateralism）和经济全球化的不满，持续阻止争端解决机制启动上诉机构法官甄选程序，WTO 争端解决

---

① 赵宏，管健. 2018 年世贸组织上诉机构的发展与挑战[J]. 国际经济法学刊，2019（4）：1-5.

② Decision Making in the World Trade Organization: Is the Consensus Practice of the World Trade Organization Adequate for Making, Revising and Implementing Rules on International Trade?[EB/OL]. (2005-09-23)[2023-01-27]. https://www.wilmerhale.com/en/insights/publications/decision-making-in-the-world-trade-organization-is-the-consensus-practice-of-the-world-trade-organization-adequate-for-making-revising-and-implementing-rules-on-international-trade-autumn-2005.

机制的上诉机构面临成员不足、国际大法官缺失的问题，当前的争端解决机制几乎处于停滞状态。同时，争端解决机制中磋商、专家组、上诉审查阶段均存在较严重的透明度不足问题，争端解决的听证会暂未向公众和所有成员国开放，提交材料和专家审查也维持着较强的保密性，这不可避免地减少了公众对争端解决机制的信任和支持，增加其对专家组及上诉机构裁决公正性的质疑。WTO 争端解决机制设计本身的缺陷和负溢出效应（Negative Spillover Effect，NSE）早已呈现，但在考虑解决方案方面的工作还不够完善[①]，问题迟迟没有得到根本性解决。

最后是一些具体规则的管理机制问题。就 WTO 改革的具体规则而言，目前发布的涉及 WTO 改革的文件显示反倾销反补贴是 WTO 改革中各方关注的突出问题，尤其是补贴领域中"公共机构"（Public Body）的解释成为各主要成员关注的重点问题。"公共机构"的解释直接决定着 WTO 补贴和反补贴争端内国有企业是否属于《补贴与反补贴措施协议》（Agreement on Subsidies and Countervailing Measures，SCM）规定的"公共机构"，如果国有企业被认为是公共机构，则构成 SCM 协议下适格的补贴主体；否则其可能被赋予私人机构的地位。[②]对于公共机构的解释，当前存在"政府控制标准"和"政府权力标准"两种观点，但是两种标准在当前的上诉机构中均难以成立。反倾销反补贴也从防止不正当竞争的贸易救济措施沦落为一国实施贸易保护主义的幌子。例如，随着中国出口市场的不断扩大，美国、欧盟等先后发起对中国不锈钢拉制水槽、光伏产品和轮胎的"双反"调查，极大阻碍了自由贸易的正常往来。另外，WTO 中的安全例外措施，也为部分成员以"国家安全"之名行"贸易保护主义"之实提供了借口。如美国滥用国家安全例外的措施，以"国家安全"为借口对钢铁、铝加征关税，或泛化国家安全概念将某些企业列入出口管制名单。"双反"调查和国家安全例外条款等作为重要的贸易救济措施，为 WTO 成员之间合理合法合规开展贸易提供了丰富的政策工具和手段，但在使用过程中却成为部分成员实施单边主义和保护主义的借口，因此 WTO 需要通过改革，提高政策的有效性和正当性，真正发挥出具体规则的积极作用。

---

① WOLFF A W. Meeting current challenges: The job at hand for the WTO[C]//International Trade Forum, 2020, 4: 18-19.

② 张军旗. WTO 改革背景下《补贴与反补贴措施协议》中"公共机构"法律解释的反思[J]. 当代法学，2021，35（3）：137-150．

二、区域性贸易协定挑战 WTO 的权威

WTO 体系下的多边贸易规则一直是国际经贸规则的核心,依靠多边贸易谈判方式,制定并逐步完善有关规则。多哈回合贸易谈判(DDA)于 2001年正式启动,截至今天已经历经了二十多年的发展历程,但统一化协定至今还未形成,主要是因为 WTO 仍旧是在协商一致原则的指引下产生的多边协定,在 WTO 成员日益增多的情况下,想要围绕此制定一致化的规则,难度是非常大的。另外,现如今数字经济等议题先后被提出,不同成员怀揣着差异化的期望利益,鉴于各发达成员间、各发展中成员间、发达成员和发展中成员间实行不同的经济制度,协调一致的难度也是非常大的,WTO 基本上失去了其多边谈判的功能。

区域贸易协定在 WTO 之外为国际经贸关系出现的新问题制定规则,一定程度上弥补了多哈回合僵局导致的规则缺失,但是区域贸易协定的"碎片化""超区域性"也给 WTO 多边体系带来冲击。一方面,区域贸易协定逐渐碎片化,全球贸易规则形成"意大利面碗"效应(Spaghetti Bowl Phenomenon,SBP)。截至 2022 年 11 月 19 日,全球累计向 WTO 生效的区域贸易协定已经多达 582 个。[①]与过去几十年区域贸易协定注重关税削减不同,新近的区域贸易协定更关注规则重构,特别是超 WTO 规则的制定,包括竞争、投资、知识产权、环境和劳工等条款,这虽然在一定程度上有可能推动多边贸易协定的谈判,但同时也带来了一个严重的问题,就是世界各国之间所达成的自由贸易协定重叠现象严重,缺乏统一与整合。随着区域贸易协定及超区域贸易协定不断崛起,多边贸易格局日益"碎片化",给多边贸易体制规则带来严峻挑战。

另一方面,欧美这两大 WTO 核心成员主导推动区域贸易协定谈判,将全球贸易谈判的主战场从多边转向区域,导致多边合作有名存实亡之虞。早在 2008 年美国就介入了 TPP 的谈判,从一开始就声称要将 TPP 打造为21 世纪标准最高、涉及范围最广,全面体现美国价值观,能够应对全球所面临新问题、新挑战的区域自由贸易协定。此后,欧美积极推动 TiSA 谈判并主导 USMCA,同时日本将 TPP 升级为 CPTPP。不管是 CPTPP 还是USMCA,这些协定的最大特点就是涉及议题更广,规则标准更高,几乎涵

---

① WTO. RTAs Currently in Force [EB/OL].(2021-10-09)[2022-11-19]. http://rtais.wto.org/UI/publicsummarytable. aspx.

盖了货物贸易、服务贸易、知识产权、国内规制、政府采购、竞争政策、环境标准和劳工合作等内容，还包括国有企业、电子商务、竞争和供应链、环境与就业、知识产权保护、非关税贸易壁垒等边境后规则问题。CPTPP与USMCA规则等"欧美规则"的新一轮扩张，超区域贸易协定的影响日益加深，不断冲击以WTO为核心的多边经贸规则体系，削弱了WTO的影响力和凝聚力，使多边贸易体制面临被边缘化的风险。

三、南北分歧阻碍WTO改革的进展

近年来，以金砖国家为代表的发展中经济体异军突起，无论是经济体量还是国际贸易与投资等领域的国际影响力都愈发凸显。然而，现有的国际经贸规则由欧美发达成员主导，未能充分体现广大发展中成员谋公平、求发展的核心利益。因此，发展中成员和发达成员在未来国际经贸规则重构的议题领域出现了显著的分歧，WTO改革成为各方争夺各自利益的一个筹码。

从近年来由欧美主导的超区域贸易和投资协定中不难看出，发达成员考虑到国内产业发展的实际情况和日益遭受冲击的话语权，以其国内的相关规则为蓝本试图在全球范围内促成新一轮高标准、对等及互惠的贸易协定。其诉求主要围绕两个方面。一方面是解决所谓的"不公平"竞争问题，具体包括解决第三国非市场主导政策、贸易救济规则中的"特殊与差别待遇条款"（Special and Differential Treatment Provisions）、国有企业、强制技术转让等方面的问题。欧美日贸易部长会议也聚焦于非市场主导政策、产业补贴和国有企业等规则，希望推动WTO的多边经贸规则重构进程以促进各经济体公平竞争。另一方面，发达成员重点关注服务和投资壁垒问题，具体包括解决市场准入壁垒，外国投资者歧视性待遇等边境内政策问题。

发达经济体内部在WTO改革问题上也存在重大分歧。虽然欧盟建议扩大和加强上诉机构的管辖权，但美国一再表示上诉机构必须承担更多责任并在一定范围内行使其权力。

发展中成员阵营则希望坚持以贸易自由化为核心，进一步融入全球价值链，推动世界经济贸易分工体系重塑。其中，印度认为，发展中成员并未在乌拉圭回合（Uruguay Round）谈判中达成的与贸易有关的知识产权协定、投资协定、补贴协定、农业协定中获益，反而付出了较大的代价，尤其是发展中成员在农业贸易领域处于劣势地位，而发达成员仍然可以补贴国内高科技行业和农业发展。因此，印度坚持此轮 WTO 国际经贸规则重构的方向应侧重于先解决历史遗留问题再开启新议题谈判。

"特殊与差别待遇"问题也是发达成员与发展中成员分歧的重点议题。"特殊与差别待遇"规则也被称为发展中成员待遇原则，是一种综合认定性规则。WTO 明确规定发展中成员可以享受特殊与差别待遇，包括比发达成员更小的市场开放程度、更长的开放过渡期、保留政策空间的灵活性以及接受技术援助等。但目前，美国等个别成员没有考虑到发展中成员与发达成员之间的全方位差距，质疑发展中成员享受特殊与差别待遇的权利，甚至主张取消发展中成员特殊和差别待遇，建立一个无差别的 WTO。如 2017年美国的谈判代表在 WTO 部长级会议上表示"美国不能容忍新规则仅适用于少数国家，而大部分国家却可以通过自我认定为发展中成员地位而加以逃避"[①]；2019 年特朗普要求其贸易代表在 90 天内使用一切可能手段限制发展中成员数量方面的实质性进展；2020 年美国贸易代表办公室（Office of the United States Trade Representative，USTR）单方面取消包括中国在内的 25 个经济体在 WTO 框架下的发展中成员待遇。

国际经贸规则重构过程中，发展中成员在"高标准、宽领域"的新规则压力下，面临改革调整、价值链攀升的挑战。[②]WTO 在这一进程中如何平衡好发展中成员和发达成员的利益，关系到新一轮国际经贸规则重构和创新的有效性、公平性和包容性。

四、新兴议题冲击 WTO 规则的有效性

国际金融危机爆发后，发达成员实施重振制造业战略，加大对前沿科技研发的投入力度，在新一代信息技术、人工智能、新能源、新材料、生命科学等前沿科技领域加紧布局，并相继在硬件和软件两个层面取得突破。这些重大创新成果同样显现出颠覆性力量，正在催生一批新兴产业，引领新的产业革命，带动全球实体经济开启新一轮智能化、绿色化的转型发展。新技术革命催生的电子商务、知识产权保护等议题为当前的 WTO 规则带

---

① LIGHTHIZER R. Opening Plenary Statement of USTR Robert Lighthizer at the WTO Ministerial Conference. [EB/OL]. （2017-12-11）[2023-01-27]. https://ustr.gov/about-us/policy-offices/press-office/press-releases/2017/december/opening-plenary-statement-ustr.

② 马俊炯. 全球贸易规则重构的演变趋势及潜在风险[J]. 中国国情国力. 2018（12）：26-30.

来了严峻挑战。

电子商务成为 WTO 框架下的新议题。随着信息技术和网络技术日趋进步而发展起来的电子商务扩大了世界市场的内涵与外延，而且简化了国际贸易的手续和过程，降低了国际贸易成本，并大大增加了国际贸易机会，使电子商务规则的制定被提上日程。1996 年在新加坡召开的 WTO 第一次部长级会议正式提及电子商务问题，并且通过了《关于信息技术产品贸易的部长宣言》（Ministerial Declaration on Trade in Information Technology Products，下文简称"ITA"）。ITA 取消了一系列信息和电讯产品的税收，其中包括许多与电子商务息息相关的基础设施产品。1998 年在日内瓦召开的 WTO 第二次部长级会议通过了《全球电子商务宣言》（Declaration on Global Electronic Commerce），并敦促总理事会"制定一个全面的工作计划以考察所有与电子商务相关的贸易问题"，部长们承诺至少于 1999 年召开下次部长级会议之前，会员国将维持其不对电子商务征收关税的政策安排。① 但在 1999 年西雅图部长级会议上，由于发达成员极力将劳工标准、环境标准等内容塞入 WTO 新一轮谈判议题，引发发达成员与发展中成员之间的巨大分歧，导致这次部长级会议不欢而散，原定的电子商务议题也被迫搁浅，直到 2001 年 11 月的多哈会议启动。因此，WTO 框架下，电子商务规则的制定与运用将是长期需要解决的问题。

知识产权保护在国际经贸规则中日益重要。全球价值链分工模式下，技术密集型产业和企业占据了全球价值链的两端，成为价值链贸易的高附加值部分。各国成员围绕高附加值环节的竞争日益激烈，知识产权的高标准严要求也日益成为国际经贸规则谈判的重要议题，尤其是发达成员对于知识产权的标准更高，要求更为严格。如中美第一阶段谈判中的知识产权条款，较 WTO 框架下的《与贸易有关的知识产权协定》（Agreement on Trade-Related Aspects of Intellectual Property Rights，TRIPs）内容上更加丰富，标准也更高。《美墨加三国协议》就知识产权达成了一系列现代化、高标准的要求，旨在为知识产权提供强大有效的保护。针对知识产权保护这一议题，《美墨加三国协议》新增以下内容：执法机关能够在出入境的所有区域截获涉嫌盗版或伪造的货物；对卫星和有线信号窃取行为进行民事和刑事处罚；反对商业机密盗取，尤其是国有企业的盗取行为；要求对

---

① WTO. Declaration on global electronic commerce-adopted on 20 May 1998. [EB/OL]. （1998-05）[2022-12-28]. https://www.wto.org/english/thewto_e/minist_e/min98_e/ecom_e.htm.

版权及相关权进行全面的国民待遇（National Treatment）安排；为制药和农业创新者提供强有力的保护；将歌曲表演等作品的最低版权期限延长至 75 年，并确保通过技术保护措施保护数字音乐、电影和书籍等作品；保护商标尤其是著名商标；对生物制药进行 10 年的数据保护并扩大受保护的产品范围。[①]

与其他贸易壁垒相比，基于知识产权制度的知识产权贸易壁垒更具隐蔽性和有效性。发达成员或其主导的贸易协定通过促进知识产权和技术标准融合、全方位在国外市场申请知识产权、实施知识产权边境保护等措施，加大和巩固知识产权贸易壁垒，为发展中成员通过学习效应与溢出效应获取技术进步增加了难度，同时也降低了发展中成员提升竞争力的可行性，最终对发展中成员高技术产品的出口形成了挤出效应。

第三节　国际经贸规则重构与创新的主要特点

随着以全球产业链、价值链为核心的经济全球化深入发展，以中国为代表的发展中经济体迅猛发展，全球经贸规则制度体系迎来极大的调整和深刻的变革[②]，贸易投资相互融合，货物贸易与服务贸易的交织逐步加深，国际经贸规则的重构与创新呈现出了一些新的特点。

国际贸易投资新规则有以下特征及演化趋势，一是区域性贸易协定成为国际经贸规则重构的平台；二是发展中成员成为国际经贸规则重构的中坚力量；三是可持续发展成为新一轮国际经贸规则重构的重要议题；四是边境后规则成为国际经贸规则重构的焦点问题。

一、区域性贸易协定成为国际经贸规则重构的平台

因多边贸易体系欠缺较高的谈判效率，许多国家倾向于向区域和超区域贸易协定转移，区域性贸易协定在国际规则制定中呈现出以下特征。

（一）规则领域全覆盖

随着新一轮科技和产业革命孕育兴起，全球的贸易方式也在进行深刻

---

① 李馥伊. 美墨加贸易协定（USMCA）内容及特点分析[J]. 中国经贸导刊，2018（34）：26-28.

② 郭周明，李杨. 中国参与重构贸易投资体系规则的思路[J]. 开放导报，2019（2）：34.

的变革。服务贸易和数字贸易的迅猛发展使得贸易不局限于货物贸易，而是更多地向金融、数据跨境自由流动、知识产权等领域延伸，进而推动国际经贸规则在贸易、投资、服务等领域迎来重构与创新。以 RCEP 为例，该协定纳入了知识产权、原产地规则、电子商务、竞争政策、投资准入等诸多领域的议题，旨在消除关税及非关税贸易壁垒，释放 RCEP 的贸易创造效应，最终促进域内贸易自由化、便利化。为顺应数字贸易高速发展，在 WTO 公布的众多双边区域协定中，有 32 个协定为数字贸易或电子商务专设单独章节，新出现的特惠贸易协定也纳入了关于电子商务的内容，这便同时调整了数字类、货物类和服务类等多种贸易类型，有利于推动全球贸易有序发展。①

（二）规则标准更严格

为在国际经贸规则重构过程中占据规则制定的主导权和维护自身利益，发达成员早已开始坚持高标准、严要求的设计理念来制定新一轮的国际经贸规则，企图在全球分工体系内排斥发展中成员，制定出发展中成员根本无法达到的标准。以 CPTPP 为例，作为目前全球高标准自贸协定的代表，其涉及的 30 多个条款不仅要求成员之间所有的产品贸易实现零关税，而且要统一成员之间公平贸易的规章制度，内容基本涵盖了当前所有的热点议题，包括知识产权、国有企业、劳工和环保标准、政府采购、贸易救济、准入前国民待遇（Pre-establishment National Treatment）、技术性贸易壁垒（Technical Barriers to Trade，TBT）、投资者与东道国争端解决机制（ISDS）等。在投资领域，执行准入前国民待遇加"负面清单"（Negative List）制度，禁止如"技术本地化"等生产要求，投资所涉资金享受自由转账，并为投资纠纷提供中立而透明的国际仲裁渠道。再如在数字贸易规则上，虽然以中国为代表的发展中成员在数字贸易上有一定发展，但仍难以达到美国制定的 USMCA 中的相关标准。

（三）覆盖内容更广泛

经济全球化改变了世界经济的整体结构，国际化分工和全球价值链的纵深推进也进一步模糊了国与国之间的贸易界限，原本隶属于一国境内市场环境的诸多问题被纳入协议谈判等内容中。相较于传统的国际经贸规

---

① 张茉楠. 全球经贸规则体系正加速步入"2.0 时代"[J]. 宏观经济管理，2020(4)：7-12、19.

则，当前的贸易协定和经贸规则覆盖面不断拓展，不仅包括了与贸易直接相关的措施，如关税、配额、市场准入和技术屏障等，也包含了其他多项贸易措施，如文化、人权、政治体制、意识形态等。覆盖面持续拓展的原因在于经贸谈判的重点由边境措施逐步转变为边境内措施，产业政策、投资政策等当前的热点内容都被划归边境内措施的范畴，不仅如此，为了强化这些措施的可执行性，许多规则内还增加了必要的法律约束和争端解决机制。

二、发展中成员成为国际经贸规则重构的中坚力量

随着发展中成员经济实力的不断提升，发展中成员逐渐意识到规则的重要性，逐渐开始和发达成员共同参与国际制度的制定，主要包括全球性治理机制 G20 和区域性治理机制亚太经合组织（Asia-Pacific Economic Cooperation，APEC），此外，发展中成员发起的国际合作机制也逐渐成为研究和处理全球经济事务的重要平台。

（一）G20 成为发展中成员和发达成员共同参与的全球经济治理机制

G20 目前已成为处理全球经济事务的重要平台。一方面，G20 为解决当前的国际金融危机等问题提供了合理有效的途径，同时不断为推动国际经济发展注入活力；该峰会为确保世界各地不同发展水平的国家能够合理地、健康地展开贸易活动，针对当前后工业化和新工业化国家之间所存在的问题进行探讨和修正。另一方面，发展中成员在 G20 机制中参与国际事务的话语权也开始不断提高。中国作为 G20 体系中最大的发展中成员，主要关注的是维护当前世界经济的稳定与发展、改革现存不合理的国际经济秩序这两大议题，与其他发展中国家加强团结，促进共同发展，近年来在该合作体系中也扮演着越来越关键的角色。G20 也为新一轮国际经贸规则的重构开辟了良好的沟通交流平台。

（二）APEC 领导人峰会成为亚太地区国家重要的经济交流论坛

APEC 近年来在处理全球经济事务中发挥的作用越来越突出，APEC 领导人峰会已经成为亚太地区国家重要的经济交流论坛，并逐渐演变为亚

太地区重要的经济合作论坛，同时，APEC 领导人峰会也是亚太地区最高级别的政府间经济合作机制。2014 年，APEC 北京领导人峰会以"共建面向未来的亚太伙伴关系"为主题，通过了《北京纲领：构建融合、创新、互联的亚太——亚太经合组织领导人宣言》（Beijing Agenda for an Integrated, Innovative and Interconnected Asia-Pacific）和《共建面向未来的亚太伙伴关系——亚太经合组织成立 25 周年声明》（Jointly Building a Future Oriented Asia Pacific Partnership—Statement on the 25th Anniversary of APEC），批准了 APEC《互联互通蓝图》（Blueprint for Interconnection），推动亚太自由贸易区建设进入实质阶段，促进了亚洲基础设施投资银行（AIIB）的成立，实现了共同构建面向未来的亚太伙伴关系、共同打造开放型亚太经济格局、共同规划 APEC 未来发展方向三大目标。在 2018 年 11 月举办的 APEC 工商领导人峰会上，习近平主席发表了题为《同舟共济创造美好未来》①的主旨演讲，为世界应对单边主义和保护主义、促进全球经济发展提出了五点主张，分别是"坚持开放导向，拓展发展空间""坚持发展导向，增进人民福祉""坚持包容导向，促进交融互鉴""坚持创新导向，开辟增长源泉""坚持规则导向，完善全球治理"，在全球治理体系发生重大变革的百年变局时代，中国作为最大的发展中成员，再一次为国际社会寻找有效的全球治理思路提供了中国方案，贡献了中国智慧。

（三）发展中成员经贸合作机制成为创新经贸规则的重要渠道

发展中成员发起的国际合作机制成为研究和处理全球经济事务的重要渠道，集中表现在两个方面，一是金砖国家首脑峰会，二是由中国提出的"一带一路"倡议和创设亚洲基础设施投资银行。其中金砖国家（BRICS）首脑峰会是发展中成员致力于国际合作和规则制定的典型代表，主要关注国际发展问题，成为发展中成员处理全球经济事务、提高国际话语权的重要平台。而"一带一路"倡议和亚洲基础设施投资银行则是最近几年新出现的国际动态，这是发展中成员首次在国际社会主动倡议和建立致力于推动东西方合作和"南北"合作的重要尝试，为发展中成员参与国际经贸规则制定提供了重要契机。

---

① 习近平. 同舟共济创造美好未来——在亚太经合组织工商领导人峰会上的主旨演讲[J]. 中华人民共和国国务院公报，2018（34）：7-11.

三、可持续发展成为国际经贸规则重构的重要议题

近些年的经贸规则越来越关注环境和社会等可持续发展议题，尤其是在 2015 年联合国纽约峰会上关于环境、经济、社会等方面的 17 个可持续发展目标（Sustainable Development Goals，SDGs）为经贸规则的重构与创新指明了发展方向。

（一）绿色可持续发展成为国际经贸规则重构的重点议题

绿色可持续发展已经成为当今世界最重要的议题之一，也是《联合国 2030 年可持续发展议程》（United Nations 2030 Agenda for Sustainable Development）中的一个重要目标。当前，全球资本市场对于 SDGs 的投资规模不断扩大，根据 UNCTAD 的估计，目前用于可持续发展的资金已经高达 1.2 万亿～1.3 万亿美元。但由于各国经济发展程度各不相同，发达成员早已跨越环境库茨涅茨曲线（Environmental Kuznets Curve，EKC）拐点，而许多发展中成员尚无能力和技术承担相应的气候治理责任。这就需要我们坚持共同但有区别的责任原则，发达成员理应承担更多的责任为广大发展中成员提供资金、技术、能力建设等方面的支持，避免设置绿色贸易壁垒（Green Barries，GBs）。[①]

在此背景下，国际社会应将真正的绿色发展理念纳入国际经贸规则的重构与创新中，通过联合气候行动和国际规制合作来实现全球治理，而不是打着绿色发展的幌子来遏制和破坏多边贸易体制。以欧盟的《欧洲绿色协议》（European Green Deal）为例，该协议规定以碳边境调整机制（Carbon Border Adjustment Mechanism，CBAM）来替代欧盟排放交易系统（European Union Emission Trading Scheme，EU-ETS）从而向来自欧盟以外"碳足迹"（Carbon Footprint）的商品征收碳关税。仅仅依靠单边地向能源密集型产品征收"碳边境"调节税，将会给向欧盟出口的广大发展中成员经济带来负面影响。如果将单边的碳排放定价放置在多边框架下，包括欧盟在内的发达成员积极提供节能和清洁能源利用的技术援助，将会比碳关税等绿色贸易壁垒更利于世界的绿色可持续发展。这也要求各国切实形成务实合作的联合行动，共同将真正符合绿色发展的规则条款纳入进新型的国际经贸规

---

① 习近平. 发达国家应该切实帮助发展中国家提高应对气候变化的能力[EB/OL]. （2021-04-22）[2022-12-28]. http://www.gov.cn/xinwen/2021/04/22/content_5601510.htm.

制当中，尽量避免个别重要经济体的单边行为。

（二）社会和劳工保护成为国际经贸规则重构的重点议题

WTO 框架下，发达成员与发展中成员对将国际核心劳工标准纳入
WTO 谈判的态度截然相反，使之不能在 WTO 体制下就贸易与劳工挂钩问
题达成一致，所以劳工问题迄今为止并未被纳入 WTO 谈判范畴。但发达成
员和发展中成员就一些原则性问题已达成共识，尤其是各成员对核心劳工标
准的内容基本达成一致。发达国家极力主张将贸易与劳工标准问题挂钩，通
过自由贸易协定将劳工标准与贸易挂钩已成为主流方式。但是，由于当前广
大发展中国家劳工待遇还不尽完善，一旦发达国家将劳工标准作为新的非关
税壁垒，发展中国家就可能无法应对。此时，劳工标准极有可能成为贸易壁
垒，即"蓝色壁垒"（Blue Barriers），从而阻碍贸易自由化。如 USMCA
中的美墨加三国已同意将劳工义务纳入协议核心，并新增有关劳工代表集体
谈判附件，以确保墨西哥按照国际劳工组织（International Labor Organization,
ILO）的劳工权利准则保护劳工利益，禁止进口强制劳动生产的产品等。

为了积极应对贸易与劳工标准挂钩的趋势，应主张建立发展中国家可
接受的劳工标准，并就该劳工标准与贸易协议伙伴进行谈判，进而逐步将
对应的劳工标准纳入 WTO 多边贸易体制中。这首先要求确保劳工标准与
各缔约方的经济发展水平相适应，即贸易协定谈判中不能一味追求高标准，
而应是参与方都可接受的适度的劳工标准；其次要坚持倡导在多边框架下通
过协商来解决贸易争端，坚决反对借此进行贸易制裁；最后要建立劳工标准
专项的争端解决机制，通过签署谅解备忘录的方式对劳工标准做出规定等。

四、边境后规则成为国际经贸规则重构的焦点问题

目前，全球陷入多边经贸规则治理困境，新一轮国际经贸规则重构将
由超大型自由贸易协定引领，发达经济体与发展中经济体之间利益诉求与
博弈增强，经贸谈判重心从"边境措施"向"边境后措施"扩展延伸，技
术性贸易壁垒和竞争中立（Competitive Neutrality）原则等成为新一轮国际
经贸规则的竞争焦点。

（一）技术性贸易壁垒

WTO 一直致力于降低关税壁垒，但是关税壁垒的降低引发了非关税壁

垒这种更隐蔽的保护主义措施。第四次产业革命带来的技术性贸易壁垒逐渐演变成发达成员保护本国贸易的重要手段。技术性贸易壁垒对国际贸易的影响主要表现在以下方面：一是技术性贸易壁垒的广泛性使高技术产业受到广泛影响。其措施涵盖了研究开发、生产、包装、加工、运输、销售、消费、报废等一系列环节，对高技术产品及其中间产品和制成品的开发、生产、包装等造成影响。二是技术性贸易壁垒对生产成本和竞争力的影响，技术壁垒涉及范围广，要求有整套技术规范。《技术性贸易壁垒协定》[①]（Agreement on Technical Barriers to Trade，TBT）指出，任何政府都不能搞歧视，制定的技术标准产生的贸易限制性不能超过合法目标的必要程度，但发达成员凭借其技术优势不断提高产品标准，发展中成员目前遭受技术壁垒的商品涵盖方方面面，包括纺织品的染料、农产品的卫生检疫、机电产品的安全性等。三是对市场准入方面的影响。原因来自两方面。一方面是技术壁垒的标准不断增多，发展中成员许多工业标准低于国际标准，在高新技术领域更是如此。鉴于技术性贸易壁垒波及范围广，发达成员可以凭借其技术优势不断提高他们的产品标准。另一方面是技术标准要求越来越烦琐苛刻，增加了发展中成员商品出口的难度。发展中成员由于技术和资金的限制以及无法实现环境成本的内部消化，难以生产出符合工业化国家进口标准的产品，从而降低了发展中成员产品的竞争力。

（二）竞争中立原则

竞争中立源于澳大利亚的一项经济政策，目的是强调国有企业和私有企业之间在市场竞争中的平等地位。[②]2011 年以来，美国着力在经济合作与发展组织（Organisation for Economic Co-operation and Development，OECD）、联合国贸易和发展会议等国际组织中推动"竞争中立"框架的落实和推广，使得竞争中立引起国际社会的广泛关注，竞争中立原则已经从原来的澳大利亚的国内法律演变成为以美欧日为主导的 CPTPP 和 USMCA 等区域自贸协定的重要内容。然而，这些协定的竞争规则背离了平等竞争的初衷，呈现出专门限制发展中国家国有企业之势。CPTPP 第 17 章和 USMCA 第 22 章均对非商业援助进行了限制，涵盖政府对国有企业的

---

① WTO. Agreement on Technical Barriers to Trade[EB/OL]. （2002-08-27）[2022-12-28]. https://www. wto.org/english/docs_e/legal_e/17-tbt.pdf.

② 赵龙跃. 制度性权力：国际规则重构与中国策略[M]. 北京：人民出版社，2016：207.

支持和国有企业间的支持，这将使得国有金融机构向国有企业的正常投资行为受到限制。非商业援助以协调多边层面没有安排的竞争规则为名，实际上调整和修改了 WTO《补贴与反补贴措施协议》确立的红绿灯规则，这一修改将导致非区域成员基于原多边体制享有的待遇受到实质性的削弱，违反了《关税与贸易总协定》（General Agreement on Tariffs and Trade, GATT）第 24 条，不符合多边主义导向。[①]

第四节　国际经贸规则重构与创新的路径选择

以 WTO 为核心的国际经贸规则滞后于全球经济发展格局与产业模式的变化，加上 WTO 本身的机制性问题，使得近年来重构与创新国际经贸规则的呼声越来越高，双边和区域贸易协定层出不穷，制定高标准、宽领域、广覆盖的新规则成为趋势。然而双边和区域贸易协定、多边贸易协定、诸边贸易协定对重塑世界经贸规则的影响具有复杂性，既在一定程度上起到积极促进的作用，也为经济全球化的发展带来了诸多问题。因此，笔者认为重构国际经贸规则的最佳路径仍是在多边框架下围绕 WTO 进行规则重构与创新，适当汲取区域和诸边等协定的有益成分，多层次推动国际经贸规则发展。

一、国际经贸规则重构的双边贸易协定路径

多哈回合贸易谈判以来，WTO 多边贸易谈判便陷入了僵局，许多议题无法在多边框架下达成共识，于是越来越多的国家将目光投向双边贸易协定的谈判上。

双边贸易协定指的是两个单独关税区作为缔约方依据 WTO 的基本原则在自愿平等的基础上就贸易领域的相关议题达成自贸协定，以期推进贸易便利化和自由化。鉴于双边贸易协定谈判涉及的缔约方数量极少，相比于其他类型的贸易协定具有很强的灵活性，并且对双方都有很强的约束力，世界各国达成的双边贸易协定如雨后春笋般涌现。这也促进了缔约国双方

---

① 荆鸣. 区域竞争规则的多边主义导向——对 RCEP 竞争规则的评述和展望[J]. 国际商务研究，2021，42（5）：34-43.

良好的经贸往来与合作以及各国经济贸易的发展，其至是上升到政治战略层面的合作。近年来，欧盟、日本、韩国、中国等一些发达和发展中经济体在世界范围内不断推动双边贸易协定谈判，并取得了实质性进展。其中比较有代表性的如 2018 年日本与欧盟签署《经济伙伴关系协定》（Economic Partnership Agreement，EPA），该协定涵盖区域占全球 GDP 的 28%、贸易总额的 37%；还有在 2020 年末中国与欧盟如期完成的《中国—欧盟全面投资协定》（China-EU Comprehensive Agreement on Investment，CAI）谈判等。这些双边贸易协定都极大地促进了缔约双方在经贸、技术等方面的合作共赢。

但双边贸易协定本身也存在一定的负面作用，其本身的"排他性"以及对 WTO 其他成员的差别待遇，阻碍了多边贸易的进展；大量双边贸易协定的出现也增加了国家间企业的交易成本，其至成为多边主义的阻碍。

二、国际经贸规则重构的区域贸易协定路径

除了上文提及的双边贸易协定谈判，区域贸易协定对国际经贸规则重构的影响更为显著。一方面，多哈回合贸易谈判后发达成员和广大发展中成员的利益分歧逐渐加大，多边经贸规则的谈判停滞不前；另一方面，区域和超区域的贸易协定层出不穷，TPP、TTIP 及 RCEP 等超大型自由贸易协定已经对国际经贸规则产生了深刻影响。[①]WTO 官网统计，截至 2022 年 4 月，已生效的区域贸易协定高达 354 个。[②]区域贸易协定的蓬勃发展，对原有的多边贸易体制造成冲击，但同时也在投资、服务贸易、知识产权、数字贸易和争端解决机制等领域取得了新突破。区域贸易协定盛行带来的新突破将促进多边贸易体系改革，推动国际经贸规则重构。

区域贸易协定中关于投资规则议题的进展主要是 ISDS，此外还就环境保护、劳工保护以及企业社会责任等新议题推出了新的规则。区域贸易协定的这些投资规则加大了吸引外商投资的力度，其中具有代表性的区域投资协定有《中国—欧盟全面投资协定》《中国—东盟自由贸易区投资协议》《南锥体共同市场投资促进和投资保护协议草案》等。[③]在国际投资的问题

---

① 蒙英华，汪建新. 超大型自贸协定的服务贸易规则及对中国影响分析——以 TPP 为例[J]. 国际商务研究，2018，39(1)：45.

② WTO. RTAs Currently in Force[EB/OL]. [2022-04-10]. http://rtais.wto.org/UI/PublicMaintainRTAHome.aspx.

③ 聂兰蕊. 论区域性贸易协定对国际投资法制的影响[J]. 法制博览，2015(21)：210-211.

上，区域投资协定作为多边投资协定的有益补充，要比双边协议中的投资协定更具优势。

区域贸易协定中关于服务贸易规则的新进展主要是在跨境金融服务、电信服务、数据贸易、商务人员临时入境等新议题方面制定了新的规则框架。[①]区域贸易协定中关于服务贸易规则的方案在一定程度上提升了区域内有关成员的服务贸易开放程度。例如，CPTPP 缔约方通过电子商务及电子数据流通、专业技术资格承认等规则提高了"跨境服务提供"的开放程度，通过投资准入及并购的国民待遇、不设投资资产上限等要求则提升了"商业存在"的开放程度。[②]

区域贸易协定对知识产权规则也进行了革新和完善。由美国、欧盟、日本等推动形成的《反假冒贸易协定》（Anti-Counterfeiting Trade Agreement，ACTA）与 TPP 是当前针对知识产权规则进行革新和完善的最有力的制度协定。两个协定在对高标准知识产权规则进行表述时往往由"超TRIPS"内容来体现。一般而言，在对该内容进行规定时，往往将其设定为比《TRIPS 协定》更高的标准，或者是通过转化将《TRIPS 协定》中的任择性义务转变成强制性义务，再或者是对《TRIPS 协定》中的不包含的规则进行引入。

在互联网（Internet）的快速发展下，数字贸易这种新兴的贸易模式应运而生，数字规则在区域贸易协定中同样得到了体现。作为当前最为有效的数字贸易规则，CPTPP 使相关数字贸易规则朝着更标准化和更先进化方向发展。在该协定中，其主要是对电子商务有关规则进行概括和总结，并且确保相关活动开展得更加细致和有效。USMCA 作为当前数字贸易规则的美式标准，在简化平台责任、降低贸易风险、规范贸易活动等方面做出积极有效的规定和概括，以此来确保未来数字贸易能够在更加安全、合理的制度条例下开展。除此之外，USMCA 还针对当前所存在的网络安全问题进行革新和完善，通过一系列的条款和建议对相关网络安全问题进行规定和防范，从而进一步加快了数字贸易规则的发展步伐。

三、国际经贸规则重构的诸边贸易协定路径

自多哈回合贸易谈判陷入僵局，WTO 多边贸易体制的有效性和效率遭受

---

① 全毅. 区域贸易协定发展及其对 WTO 改革的影响[J]. 国际贸易，2019(11)：54-55.

② 王燕. 国际经贸法制改革的路径与困境反思[J]. 国外社会科学前沿，2019(4)：6-9.

质疑。部分成员在自发自愿的前提下通过开放的诸边倡议试图在某些具体领域进行经贸谈判以期达成共识。这里的诸边贸易协定是狭义上在 WTO 框架下的开放的诸边协议，即临界数量协议（Critical Mass Agreements，CMAs）。[①]它与区域贸易协定相比，无论是在规则设计还是在价值倾向上都与多边贸易体系有着更好的兼容性，诸边协定的谈判也往往聚焦在某个具体的贸易领域。当前比较有影响力的 WTO 框架下的诸边协定谈判包括《服务贸易总协定》（Trade in Service Agreement，TiSA）、《信息技术协定》（Information Technology Agreement，ITA）和《政府采购协定》（Government Procurement Agreement，GPA），分别从信息服务贸易、技术贸易和政府采购方面出发进行国际经贸规则的重构与创新。

TiSA 作为 WTO 框架下的一个诸边贸易协定，它的诞生主要源于西方发达国家尤其是美国和欧盟等认为伴随着 WTO 多边贸易体制一起生效的《服务贸易总协定》已经落后于经济全球化的发展。为此他们希望通过诸边谈判，将"负面清单"的模式引入 TiSA，从而有力地推动更高标准的服务贸易协定达成。

ITA 作为 WTO 多边贸易框架内的一个诸边协定谈判，于 1997 年生效，该协定将信息技术产品的关税通过分阶段的方式慢慢削减至零，涵盖了全球 97% 以上的 IT 产品。相较于前两者，GPA 则旨在推动成员方对政府采购市场逐步放开，以此推动国际贸易的发展。以自愿原则为指导，WTO 成员也可以自主选择是否加入 GATS 协定。

基于自愿原则，WTO 框架下的诸边贸易协定谈判涉及的大多是利益相关者，因此其成员之间均存在促成协定的意愿，这就使得诸边协定的谈判更容易达成。相较于多边形式，虽然 WTO 框架内的诸边协定谈判在某些领域比较容易打破贸易谈判的僵局，但是必须要注意到 WTO 框架下诸边协定谈判可能给多边贸易体制带来的负面影响。首先是多边贸易体制的代表性和权威性，如果诸边协定可以大行其道，那么多边协定谈判将变得更加困难。其次是如何维护 WTO 成员在权利与义务方面的平衡。在诸边协定的谈判和实施过程中必须认识到，发达成员依旧在诸边协定谈判的过程中发挥着主导作用，发展中成员的利益没有得到充分的考虑，如何在诸边谈判中争取应有的话语权，确保发展中成员的正当权益，这也是新一轮国际经贸规则重构与创新中需要关注的问题。

---

① 谢理. 诸边贸易协定和 WTO 谈判的路径选择[J]. 国际经济法学刊，2019（2）：64-65.

四、WTO 制度性改革为核心的多边主义路径

推动以 WTO 改革为核心的多边贸易体制的建立是国际经贸规则重构和创新的最佳路径，也是双边贸易协定路径、区域贸易协定路径和诸边贸易协定路径的终极目标。以贸易自由化为基石的 WTO 多边贸易体制从建立伊始就致力于塑造以规则为导向的国际经贸秩序，维护全球范围内的多边贸易体制，从而实现包容性经济增长，弥合经济缺陷，缩小贫富差距。在新冠疫情影响下，世界各国更应该从共同利益出发，将 WTO 多边贸易体制作为国际经贸规则重构的主渠道，多层次全方位推动国际经贸规则的重构与创新。

WTO 是多边贸易体制的基石，国际经贸规则的重构与创新必须以 WTO 改革为核心。当前，美国、欧盟等主要经济体先后就 WTO 改革发表了书面意见，中国商务部也提出了针对 WTO 改革的三项原则和五点主张。就美国而言，美国 USTR 在其所编制的《2019 年贸易政策议程》（2019 Trade Agenda）中就 WTO 改革提出了系统性的建议，其主张包括以下方面：首先，美国对非市场经济导向和发展中国家的待遇问题最为关注，其认为 WTO 制度不太适用于中国的"国家驱动型经济"，主张 WTO 应该对非市场经济问题进行妥善解决；其次，美国认为 WTO 规则也需要对国家主导经济破坏全球贸易活动的问题进行考虑，并且认为针对这一问题出台相关规则及制度是必不可少的；最后，WTO 的争端协调机构在裁判活动中超出了应有的职权范围，美国没有得到公平的对待，WTO 体制在改革过程中，应该严格遵循"公平""对等"原则。[①]美国在 2019 年还发布了《改革世界贸易组织发展中国家地位备忘录》（Memorandum on Reforming Developing-Country Status in the World Trade Organization），公开表示其想要借助于多种方式为 WTO 改革提供保证与支持，以此避免发展中成员在 WTO 规则及谈判中享受差别化、特殊化的待遇。[②]

[①] Office of the United States Trade Representative. 2019 Trade Policy Agenda and 2018 Annual Report[EB/OL].（2019-03）[2023-01-27]. https://ustr.gov/sites/default/files/2019_Trade_Policy_Agenda_and_2018_Annual_Report.pdf.

[②] Executive Office of the President.Reforming Developing-Country Status in the World Trade Organization[EB/OL].（2019-07-31）[2023-01-27]. https://www.govinfo.gov/content/pkg/FR-2019-07-31/pdf/2019-16497.pdf.

就欧盟而言，欧盟认为"以规则为基础的多边贸易体制正面临自建立以来最严重的危机"，其根本原因在于多边贸易体制存在"WTO 谈判职能未取得重大改善"，"WTO 监督职能受损"以及"争端解决机制可能瘫痪"等"低效率"问题，"推动 WTO 的现代化"是当前的迫切需要。①对此，欧盟主要围绕规则制定与发展、常规工作和透明度、争端解决机制三个方面展开对 WTO 的改革。②在规则制定方面，欧盟认为要实现三个重要目标：首先，制定规则以平衡贸易体系，实现公平贸易。其次，制定规则以解决服务和投资壁垒问题。欧盟主张解决市场准入壁垒和对外国投资者的歧视性待遇问题，加强国民待遇和制定强有力的国内监管体系，保障监管与执法过程中的非歧视性与透明度；此外，消除数字贸易壁垒非常重要，尤其是在解决强制性技术转让方面。最后，制定规则以实现全球经济的可持续发展目标。在常规工作和透明度方面，欧盟建议各成员严格遵照产业补贴的通报要求，通过对刺激贸易方法的识别和监督来解决市场准入问题，同时循序渐进地更新和完善 WTO 规则手册，精简无效的章程；关于争端解决机制的改革，欧盟的提案旨在削弱美国对上诉机构成员任命的阻挠，为上诉机构和 WTO 成员互动创造条件，同时加强上诉机构的独立性。在具体改革措施上，欧盟主要针对《关于争端解决规则与程序的谅解》（Understanding on Rules and Procedures Governing the Settlement of Disputes，DSU）有关条款提出建议。例如，针对争端解决机制第 17.5 条及 90 天期限，欧盟建议修正为："在任何情况下，诉讼程序不得超过 90 天，除非当事各方一致同意。"并建议将上诉机构成员数量由 7 名增至 9 名。对于即将离任的上诉机构成员，欧盟建议应完成对该成员任期内已经进行过听证的待决上诉的处理。③

中国也对 WTO 多边贸易体制的改革贡献了中国方案。2018 年 11 月，中国商务部发布《中国关于世贸组织改革的立场文件》（China's Position Paper on WTO Reform），明确提出改革 WTO 应该坚持的三项基本原则和五点主张。三项基本原则是：维护多边贸易体制的核心价值、保障发展中成员的发展利益和严格遵守协商一致的决策机制。五点主张分别是：世贸组织改革应维护多边贸易体制的主渠道地位，优先处理危及世贸组织生存

---

① European Commission.WTO modernisation-introduction to future EU proposals-concept note[EB/OL].(2018-09)[2023-01-27].https://trade.ec.europa.eu/doclib/docs/2018/september/tradoc_157331.pdf.

② 屠新泉，石晓婧. 世贸组织改革：必要而艰巨的任务[J]. 当代世界，2019(8)：35.

③ 石岩. 欧盟推动 WTO 改革：主张、路径及影响[J]. 国际问题研究，2019(2)：84-86.

的关键问题，解决贸易规则的公平问题并回应时代需要，保证发展中成员的特殊与差别待遇，尊重成员各自的发展模式。①以立场文件为根基，中国于 2019 年 5 月向 WTO 正式提交《中国关于世贸组织改革的建议文件》，针对 WTO 改革提出四点建议。中国主张：首先解决危及世贸组织生存的关键和紧迫性问题；其次要增加世贸组织在全球经济治理中的相关性；再次提高世贸组织的运行效率，加强成员贸易政策透明度，建设开放、稳定、可预见和公正透明的国际贸易环境，增加各方对于多边贸易体制的信心；最后要增强多边贸易体制的包容性，具体体现为尊重发展中国家的特殊和差别待遇，坚持贸易和投资的公平竞争。②

面对世界百年未有之大变局，新一轮的国际经贸规则重构要求各方应始终坚持以 WTO 改革为核心的多边主义路径，不断汲取双边、区域和诸边贸易协定中符合时代趋势且具有借鉴意义的条款，以点带线，以线促面，求同存异，协商谈判，多层次、全方位推动国际经贸规则的重构与创新。

---

① 中华人民共和国商务部.中国关于世贸组织改革的立场文件[EB/OL]. （2018-12-17）[2022-12-28]. http://www.mofcom.gov.cn/article/jiguanzx/201812/20181202817611.shtml.

② 中华人民共和国商务部.中国关于世贸组织改革的建议文件[EB/OL]. （2019-05-14）[2022-12-28]. http://www.mofcom.gov.cn/article/jiguanzx/201905/20190502862614.shtml.

第三章　国际公平竞争规则

后疫情时代，世界经济形势变化莫测，全球经济治理体系面临严峻挑战，国际经济贸易投资摩擦频发，国际公平竞争（International Fair Competition）规则亟待改革完善。国际公平竞争是指世界各国、所有经济体和公司企业在国际市场条件下，遵循经济发展规律和优胜劣汰原则，参与公平竞争，独立承担国际竞争的结果，并且在市场准入、资源获取等方面都受到一视同仁的公平待遇。竞争是市场经济健康运行的基础，市场经济本质上就是一种公平有效的竞争性经济。缺乏公平有效的竞争必然会扭曲资源配置，影响市场运行的效率。因此不难理解，世界各国为什么越来越重视国际国内公平竞争规则的发展。美国政府在指责中国的"不公平贸易行为"的同时，却利用单边主义、保护主义和简单粗暴的霸凌行径恶意挑起贸易战，滥用国家力量打压先进技术企业，对全球公平竞争环境造成严重的破坏。国际社会需要认识到，在重构国际经贸规则、完善全球经济治理体系的博弈中，客观把握国际公平竞争规则的内涵与使用，对于维护自由贸易、促进公平竞争、减少投资贸易纠纷具有重要作用。本章在全面剖析建立国际公平竞争规则的重要意义、建立国际公平竞争规则的焦点议题的基础上，系统回顾有关国际组织在推动制定国际公平竞争规则方面的理论和实践，并分析有关竞争中立（Competitive Neutrality）规则体系的局限性，最后讨论中国在建立国际公平竞争规则方面的思考与对策。

第一节　国际公平竞争规则的探索

公平竞争是市场经济的核心，国家间的资源有效配置和企业间的优胜劣汰只有在公平的国际竞争环境中才能实现。经济全球化迫切期盼高标准的市场体系与公平完善的竞争规则。因此，各国政府越来越重视为了维护国际公平竞争所制定的立法与惯例，美国视"反托拉斯法"（Antitrust Law）

为美国经济的基石，日本将禁止垄断法奉为经济宪法，德国称竞争法为"市场经济大宪章"。然而，目前各国竞争政策的制定和施行仍然各自为政，竞争立法差异较大。各国竞争法规则尽管存在趋同性的发展特征，但实体标准和程序等方面差异依旧明显，这不仅会对贸易投资自由化产生不利影响，有时还会导致贸易量出现不升反降的情况。随着各国经济的发展与国际经济关系日益密切，"如何在各个国家之间建立起的公平竞争的市场规则体系"这一议题引起国际社会的普遍关注，构建国际公平竞争规则成为国际社会重点关注的问题。

一、探索国际公平竞争发展背景

国际公平竞争是指竞争者在国际市场进行公开、平等、公正的竞争，不因企业所有制、国籍、规模不同进行歧视和专门限制。发挥政府平衡各类所有制企业因其所有制属性获得的竞争优势和竞争劣势的作用，使市场中没有任何经济实体可获得过度的竞争优势或竞争劣势[①]，最终实现各类所有制企业平等适用竞争规则，以及从关注企业的所有制属性向规范企业的竞争行为的转变。国际公平竞争规则是一个包含竞争性规则与原则、公平竞争审查、公平产权保护等一系列在内的集合，是以竞争规则为前提，以公平的产权保护制度为基础，以公平竞争监管为保障的规则体系。[②]

随着经济全球化及贸易自由化的发展，世界各国之间的经济开放程度逐渐加深，贸易往来愈加频繁。欧美发达国家实施反垄断法已经有百年以上的历史，作为拥有成熟市场经济的国家和地区，他们普遍重视对公平竞争规则的制定与实施。除积极开展反垄断执法外，政府更注重通过竞争审查等方式保障公平竞争，进而提高资源配置效率，增进消费者福祉，为经济发展创造良好的竞争环境。从国际发展上来看，为了整合各国竞争法规，消除贸易障碍，国际反垄断法工作委员会（International Antitrust Code Working Group）于 1993 年发布《国际反垄断法草案》（Draft International Antitrust Code），并于慕尼黑提交至关税及贸易总协定（GATT）供各国代表讨论。而 WTO 成立之后扩大了这一目标，于 1996 年新加坡会议时，成立"贸易与竞争政策互动工作小组"（The Working Group on the Interaction between Trade

---

① 高少丽. 公平竞争视域下优化营商环境研究[J]. 价格理论与实践，2020(5)：37-40、97.

② 彭波，韩亚品. 竞争中性、国企改革与市场演化研究——基于国际博弈的背景[J]. 国际贸易，2020(3)：14-20.

and Competition Policy，WGTCP），积极推动会员国之间贸易与竞争政策的整合。除此之外，国际组织也积极参与讨论消除不公平贸易壁垒的相关规范。以经济合作与发展组织（OECD）为例，1996 年 OECD 专门设立贸易与竞争共同工作组，以研究如何强化贸易与竞争政策的协调。在这样的发展趋势下，各个国家大力打击垄断和限制公平竞争等破坏市场经济秩序的行为，不断丰富和完善救济机制，国际之间的公平竞争执法合作也日趋密切。国家与国际组织在公平竞争规范上的实践对消除不必要的市场壁垒和体制机制障碍、支持国家贸易及维护国际贸易平等发挥了重要作用，进一步强化了竞争倡导，维护了公平竞争的市场秩序。

二、制定国际公平竞争规则至关重要

（一）国际公平竞争规则是有效规范市场经济的重要核心

竞争是因市场经济条件下平等经济主体之间在社会生产、交换分配和消费等方面的力量对比而达到的一种优胜劣汰的状态。[①]市场经济只有通过经济主体之间公正平等的竞争，才能发挥出它的优点。市场经济虽然要求竞争，但是市场经济本身并没有一种使竞争始终处于良好状态的机制。随着自发竞争的全面展开，其结果往往与市场经济的宗旨相悖，公正平等的竞争状态经常被歪曲，垄断和不正当竞争等行为不时发生。因此，国际公平竞争是以创造公平市场竞争环境（Level Playing Field）为目标，规范市场竞争主体行为，这对市场经济的发展具有重要的作用。

（二）国际公平竞争规则是合理配置全球资源的制度保障

维护国际公平竞争市场秩序，激发市场活力，是全球化时代的趋势。国际公平竞争是以竞争规则为基础来协调统领其他相关规则，并通过构建高标准的统一、开放、竞争、有序的现代市场体系来维护公平竞争的市场秩序。推进市场建设，优化劳动、资本、土地、知识、技术、管理、数据等生产要素市场，使之有效公平地运行，可以加强资本市场基础制度建设，健全具有高度适应性、竞争力、普惠性的公平竞争体系，实现建立市场决定要素价格、流动自主有序、配置高效公平的规则体系，最终使得全球资

---

① 李响. 区域经济一体化与公平竞争法律政策的区域调节[J]. 青岛科技大学学报(社会科学版)，2004(2)：79-84.

源得到合理的配置，为全球消费者带来福利。

（三）国际公平竞争规则是正面引导国家竞争的首要保证

践行国际公平竞争规则不仅是各国竞争集团的利益要求，而且是国家管制竞争活动的指南。在国际公平竞争问题上制定共同规则，同时在所有制问题上保持包容性，是不同社会制度的国家在世界市场上融洽共处的合理安排。然而在实践中，各国竞争政策在维护了国际经济贸易竞争秩序的同时也保护本国利益、维护本国市场竞争秩序，在客观上存在着经济民族主义和贸易保护主义的倾向。①一些国家为了保护本国的产业和市场，采取一些不公平的限制进口和鼓励出口的措施，一些从事贸易的企业采取假冒或低价倾销等手段获取不正当的利益。因此，世界贸易组织在倡导自由贸易的同时，应该始终加强对国际公平竞争的维护，并将其作为制定各项协议的主要原则。

三、完善国际公平竞争规则迫在眉睫

（一）有效遏制市场垄断行为

国际公平竞争规则是市场公平竞争的基础保障，可以遏制垄断行为。在全球化的当今社会，需要有适用于所有主体，对内资外资、国有企业和民营企业、大企业和中小企业、互联网企业和传统企业一视同仁、平等对待的规则，目的是要保障各类市场主体平等参与市场竞争，建立统一的市场体系和公平竞争的环境。垄断行为妨碍市场的自由和公平竞争，妨碍建立统一、开放的竞争市场，将导致"优"不能胜，"劣"不能汰，社会资源得不到合理和有效的配置。②只有不断维护市场公平竞争，使市场竞争机制成为更好的配置资源方式，才能推动各行各业保持创新活力、实现健康发展。

（二）推动构建公平竞争秩序

各个国家对不同产业政策所带有的倾斜性特征往往容易扭曲公平竞争秩序，而一国产业政策和竞争政策的不和谐发展已经严重影响到国际市场

---

① 杨红灿. 从竞争规则与执法实践两个层面进行竞争政策的国际协调[J]. 中国市场监管研究，2017（10）：25-26.

② 王晓晔. 推动公平竞争审查大力遏制行政垄断[J]. 竞争法律与政策评论，2016（2）：3-6.

的公平竞争秩序。构建良好的竞争环境必须制定与贸易、投资有关的国际规则。跨国企业之间的竞争有助于提高生产率，但前提是必须具备公正的市场环境与公平的竞争秩序。由于企业活动已经国际化，各国市场也在朝着一体化、秩序化的方向发展，在制定维护企业间公平竞争的规则方面，各国间的相互协调与合作也必不可少。一国只有在完善公平竞争规则、建立良好公平竞争秩序的基础上，才能吸引更多人才、资金、技术，从而增强国家经济的稳定性以及抵御外部风险与压力的能力。

（三）深入营造良好市场环境

各国家之间经济发展水平的差距加大了不同国家国内市场环境的差异，特别是发展中国家经济发展落后于发达国家，导致其市场规则发展滞后。因此，用公平竞争规则营造良好的市场环境，构建统一市场规则，已经成为促进国际贸易发展的重要举措。实施以实质公平为核心的公平竞争规则，对不同所有制、不同规模、不同地区、不同资本来源的企业一视同仁，从市场准入、要素获取、市场监管和对外开放等方面着手，不因企业性质不同而加以歧视和实施专门的限制，破除不合理的体制、机制障碍，发挥市场对资源配置的决定性作用，才能真正营造可持续发展的国际市场环境，激发更大的市场活力和社会创造力。反之，将会产生新的市场壁垒和市场扭曲，破坏国际竞争秩序，从而严重侵蚀经济全球化进程中贸易和投资自由化的成果。

四、国际公平竞争规则关注焦点议题

经济全球化引发了愈演愈烈的跨国企业全球化竞争问题，竞争规则作为维护市场公平竞争、发挥市场资源配置作用的重要保障，也是美国、欧盟等发达国家和地区试图主导的跨区域协定中的关键性规则。越来越多双边和区域性协定中的投资经贸规则涉及竞争问题，而相关的竞争政策也对投资经贸规则产生重大影响。从《全面与进步跨太平洋伙伴关系协定》（CPTPP）、《美墨加三国协议》（USMCA）中关于竞争规则的设定，以及《中国—欧盟全面投资协定》（CAI）中提出的公平竞争指标重点来看，国际公平竞争规则的焦点议题主要集中在知识产权保护、补贴的透明度、国有企业的合规性以及监管公平性等重点领域。

（一）知识产权的保护问题

　　为了鼓励竞争，人们通过立法对可能限制竞争甚至造成垄断的行为加以禁止，而知识产权恰恰是一种具有垄断性的权利。从这个角度看，知识产权似乎同公平竞争法之间存在着天然的矛盾，但事实上，公平竞争法是从保障自由竞争的角度去维护市场竞争秩序的，而知识产权法则是从促进技术进步着手，通过授予发明人垄断权这一方式来维护公共利益，二者的本质属性是一致的。①知识产权制度（Intellectual Property Protection System）是市场经济的基石，只有发挥知识产权治理对各个产业的支撑和引领作用，才能为市场经济提供新动能。1986 年，美国联合欧洲国家和日本在刚刚开始的乌拉圭回合谈判中加入了知识产权保护的议题。经过数年的艰苦谈判，1994 年在《关税与贸易总协定》（GATT）框架之下，《与贸易有关的知识产权协定》（TRIPS）正式签署并成为后来世界贸易组织框架下的三驾马车之一。TRIPS 标志着知识产权保护领域内制度建设的飞跃性发展，以及全球层面的国际机制的建立。②虽然 TRIPS 中明确了世界范围内对于知识产权保护的最低限度，发达国家（如美国、英国等）中的一些知识产权强国仍然通过与发展中国家签订国际条约的方式，使发展中国家实施超出TRIPS 协议要求标准的政策，从而进一步提高知识产权标准并扩大其范围，以达到保护本国利益、维持竞争优势的目的。③与此同时，国家在知识产权治理中的角色也发生了转变，伴随 20 世纪后期全球化以前所未有的深度和广度席卷世界各个角落，知识和技术随着贸易和生产的全球化发展在全球市场中流动，国家由国内的立法者和各方利益的平衡者，转变为国际社会上维护本国知识产权利益的积极活动者。知识产权强国在诸多重点领域中凸显了知识产权优势，常常无视国家间的差异和他国的公共利益，极力提高知识产权保护标准。但总体来说，全球离实现建立统一开放、竞争有序的现代市场经济体系这一目标还有相当大的距离。包括中国在内的大多数发展中国家在多边、区域等国际知识产权规则制定活动中的参与度不高，在国际知识产权规则制定的过程中处于被动防守地位。以美国为主的知识产权

① 郭禾. 公平竞争与知识产权保护的协调[J]. 河南社会科学，2005（6）：5-8.
② 熊洁. 全球知识产权保护的演进历程[EB/OL].（2016-11-25）[2022-12-28]. http://www.71.cn/2016/1125/922542.shtml.
③ 李玲娟，温珂. 新形势下我国知识产权全球治理环境挑战与对策建议[J]. 中国科学院院刊，2019，34（8）：847-855.

强国则频繁利用知识产权保护规则发起贸易调查以维护本国利益。在倡导以"公平贸易"取代"自由贸易"的同时，却以"美国优先"为基础，完全违背互惠互利原则，追求绝对一致的"对等"，曲解了公平贸易的概念。①因此，制定体现公平公正的各项知识产权国际协定规则是目前全球知识产权治理的重中之重。

（二）政府补贴的透明度问题

政府补贴（Government Subsidies）是政府为了实现特定的经济社会目标，时常向企业或个人提供的一种无偿转移性支出，包括价格补贴、企业亏损补贴、财政贴息、专项补贴等形式。政府补贴是政府配置资源的财政支出手段，属于政府干预市场的范畴，是在市场调配资源之外，政府利用财政权力对社会资源进行再分配的手段，财政补贴运用之领域实际上替代了市场对资源的配置作用。②在缺乏合理透明的定价机制和有效补贴机制的情况下，国家财政大量的政策性亏损补贴，往往成了企业经营性亏损补贴，加剧了企业苦乐不均和社会不公，有悖于公共财政改革的初衷。换言之，政府补贴，尤其是地方政府补贴的主要目的是通过行政干预手段促进企业、行业以及区域的经济发展，具体是为了促进某一产业、特定主体或特定区域的发展。但是，实践中的地方政府补贴却很容易扭曲市场自由公平竞争。③具体来说，政府补贴一般表现为政府通过行政权力优待、扶持和保护特定市场经营主体，给予特定企业竞争优势，使受优待、扶持或者保护的市场经营主体因此能够获得更多的市场交易机会和市场竞争优势，从而使竞争者之间的竞争变为一种不公平竞争。

2020年6月17日，欧盟委员会（European Commission）发布《关于在外国补贴方面创造公平竞争环境的白皮书》（White Paper on Leveling the Playing Field as Regards Foreign Subsidies），就外国补贴可能造成欧盟内部市场扭曲的问题提出了新的法律框架，以满足欧盟内部市场公平竞争条件为基础，通过引入新的评估工具，为目前欧盟内部存在的监管缺失问题提供解决方案，确保国内国外企业能够参与公平竞争。事实上，为了让市场

---

① 李玲娟，温珂. 新形势下我国知识产权全球治理环境挑战与对策建议[J]. 中国科学院院刊，2019，34（8）：847-855.

② 施正文. 财政补贴与市场公平竞争[J]. 中国工商管理研究，2014（9）：30-32.

③ 徐齐利，聂新伟，范君. 政府补贴与产能过剩[J].中央财经大学学报，2019（2）：98-118、128.

在资源配置中起到决定性作用，各国政府应该关注到政府职能的转变，减少政府对资源的直接配置，为国际投资贸易营造新的公平竞争的市场环境。

（三）国有企业行为的合规性问题

衡量一个国家的市场竞争环境是否公平的一个重要标准是国有企业的行为合规性。从理论上讲，国有企业与其他所有制企业应同等适用竞争规则，因为所有市场主体应平等获取生产要素、公平开展市场竞争、同等受到国家保护。国有企业的行为合规性则是要求国有企业主动守法，通过加强自律的方式确保其行为符合包括竞争法在内的各项法律规定，将竞争理念、公平竞争的意识内化到日常的经营活动中去，避免或减少从事违反竞争法的活动，从源头上遏制违法行为。通常来说，传统意义上维护公平竞争环境的执法方式为竞争主管部门发现违法行为，并对违法者予以处罚，或提起诉讼追究其法律责任。但这样的执法方式不可避免地存在滞后性、局限性等缺陷，往往会导致许多违法行为未被及时发现和处置。要求国有企业守法自律，确保其在不损害他人利益的前提下参与公平竞争，也是对竞争执法机构的执法方式进行了有益补充。国有企业合规性的治理要求公司积极主动地采取措施使其行为符合法律和内部准则规定，体现了从被动守规到主动合规的公司治理理念的转变。企业的合规性管理，将极大推动公平竞争的实施。国有企业竞争观念的强弱、自觉遵守竞争法的意愿和能力大小，对于构建公平竞争环境有着不可低估的作用。

总的来说，国有企业的行为合规性要求国有企业积极、主动地避免违反公平竞争的行为的发生，而不仅仅是被动应付竞争执法机构的监管要求。作为一国市场"重点关注"对象的国有企业如果主动防范和及时纠正不公平竞争行为，避免因违反竞争法导致的法律制裁和声誉损失，就将大大提升市场的公平度，减少竞争执法机构的执法成本，有效推动竞争法的实施以及一国公平竞争市场环境的构建。

（四）监管制度的公平性问题

监管机制的建立，是维护市场公平竞争的一项重大制度性安排，在以往的多个国际经贸协定中，规制中立都被列入竞争中立原则的范畴。规制中立要求专业机构在对企业行为进行监管时，可以按照统一的标准执行，不加歧视、不失偏颇。这对本身既是"裁判员"，又是"参赛者"的本国市场而言，是个艰巨的管理挑战，而公平竞争规则的审查机制要求政府在规制与监管市场经济发展二者之间达到平衡，在尊重市场自身规律的基础上对市场活动进行一定调控，着重于对市场固有缺陷进行弥补。因此，在公平竞争规则中，公平监管与审查制度同样不可忽略。以中欧 CAI 谈判为例，在谈判中，中国承诺将为欧盟的公司提供平等进入标准制定机构的机会，并且将提高授权的透明度、可预测性和公平性。公平竞争规则还包括监管和行政措施的透明度规则，以提高法律确定性、可预测性和程序公正性。CAI 将监管的要求分为了两个部分，第一是参与规则制定的平等授权，第二是审查公正。参与规则制定的平等授权主要以透明度、可预测性和公平性为衡量指标。要保证成员国有平等的机会进入监管机构，要确保执行公共管理职权的企业或机构的授权符合透明度的相关规定。审查公正的要求主要体现为禁止契约双方开展歧视性审查，出台公平的外资审查制度，在出台相关政策措施时，严格遵循国际惯例，推动高标准的投资开放和投资便利化。

总的来说，针对公平竞争制定共同规则，在所有制问题上保持包容性，是不同社会制度的国家在世界市场上往来的合理安排。实现规则由多方制定，再由多方共同遵守，从而打破规则仅由霸权国输出的局面。出于规则本身的平等性，要保证不侵害任何所有制企业的权益，禁止强制性技术转让，提高公共信息、监管信息的透明度，公开企业受补贴的方式等信息，提高对参与企业行为合规审查的便利性。同时，还需建立公开透明公正的审查制度，推进安全审查的非政治化及完善外国投资者保护机制，这些都是构建国际公平竞争环境的必然要求。

第二节　国际组织与国际公平竞争

国际竞争实质是以经济和科技为实力基础的综合国力的较量，而在公平竞争过程中，各国之间不仅仅是单纯对抗的竞争者关系，也是努力协同互助、走向共赢的合作者关系。国际组织则往往在各国公平竞争时扮演规则制定者和执行者的角色，协助建立国际竞争公平体系，在各国友好合作时扮演组织者和协调者的角色，为国际合作构建良好基础和稳定平台，致力于产业政策与竞争政策的整合，以顺应新时期全球经济治理的发展趋势。

在推动实现国际竞争公平的过程中，不仅需要各国之间的协作努力，也需要国际组织帮助世界各国搭建沟通桥梁、协调解决方案。其中，世界银行（World Bank）、联合国贸易和发展会议（UNCTAD）以及世界贸易组织对于促进国际公平竞争方面所做的实践与努力对推动公平竞争规则的改革与发展意义重大。

一、世界银行的理论与实践

20 世纪 80 年代起，世界银行开始把政策性贷款作为主要的政策工具，关注成员国的结构调整，对其贷款设置具体的条件，使得为中等收入国家提供的结构调整贷款在贷款额上获得更大额度。2004 年，世界银行对其业务政策进行改革，将主要贷款形式由曾经的调整贷款转换为发展政策贷款（Development Policy Lending）。发展政策贷款的发行使得发展中国家有资金进行部门或经济领域结构性改革，支持其必需的政策和制度改革，有利于推动持续和公平增长的环境发展。[1]

2012 年，世界银行发布《竞争政策：促进市场繁荣与发展》（Competition Policy: Encouraging Thriving Markets for Development）报告称，开放的市场和竞争政策提高了市场运行效率，提升消费者福利，促进创新，提高生产率，从而实现经济持续增长；竞争政策保障市场更加自由和公平，削减反竞争的监管措施；报告中提供了多国竞争政策的实践经验，认为竞争政策是发展的重要议题，通过遏制价格控制、法定垄断、企业数量限制和某些企业的歧视性对待等反竞争的措施，可以显著地改善市场环境，此外，有效地实施竞争法、反托拉斯法，减少反竞争监管、反竞争并购和扭曲性补贴。[2]

报告中还明确指出竞争政策的实践主要包括：第一是扩大市场，采取市场监管措施削除包括法定垄断、企业数量限制或禁止私人投资在内的一系列不正当竞争行为，降低市场价格或其他市场措施的限制，减少商业活动风险，保障公平市场竞争环境和对企业的非歧视性待遇；第二是确保竞争规则的执行，具体措施包括遵循反垄断法，降低关键中间产品和最终产品成本升高的风险、阻止反竞争并购、减少反竞争性行为、控制国家

① 安德万. 国际货币基金组织与世界银行的协调机制[D]. 上海：上海外国语大学，2010.

② KITZMULLER M, LICETTI M M. Competition Policy: Encouraging thriving markets for development[J]. ViewPoint Public Policy for the Private Sector Series, 2013（331）.

资助等。①

除此之外，世界银行在《2020 年发展报告：在全球价值链时代以贸易促发展》②（World Development Report 2020: Trading for Development in the Age of Global Value Chains）中还指出，为了保持有益的贸易开放，"两条腿走路"很重要。第一要务是深化传统贸易合作，消除商品和服务贸易的剩余壁垒以及补贴、国有企业活动等导致贸易扭曲的措施。同时，应将合作范围从贸易政策扩大至税收、监管和基础设施领域。在《2021 年发展报告：数字改善生活》③（World Development Report 2021: Data For Better Lives）中，世界银行强调数字化革命在 5G 技术高速发展及后疫情时代背景下对于发展的重要性，并指出提高公共数据的内部可操作性有利于提高效率，对于各种数据的协同整合，有利于提高服务水平和透明度，开放公共意图数据也将推动私营企业发展和创新。在数据竞争方面，很多发展中国家及低收入国家由于基础设施薄弱、民众获取数据机会少，导致在与发达国家的竞争中处于不利地位。

总体来看，世界银行的研究没有将竞争政策与国有企业相联系，研究更侧重于竞争与发展和脱贫之间的关系，标准制定和效果评估上更为中立和客观；但在国际公平竞争的规则设置方面稍显滞后。今后，世界银行是否会随着问题关注度的上升，加大对国际公平竞争规则的制定和政策效果评估，还需要我们持续的关注。

二、联合国贸易和发展会议的探索

自 20 世纪 90 年代初以来，国际贸易始终以每年 6.5% 的速度强劲增长，大大促进了一些发展中国家的繁荣与发展。但重大差距持续存在，许多贫穷的国家在国际贸易中的参与程度仍然是微不足道的。联合国贸易和发展会议的主要任务就是要确保所有国家，特别是发展中国家都能被纳入全球贸易体系中。作为联合国内处理贸易、金融、技术、投资和可持续发展等领域有关问题的协调机构，UNCTAD 努力增加发展中国家的贸易、投资和

① KITZMULLER M, LICETTI M M. Competition Policy: Encouraging thriving markets for development[J]. ViewPoint Public Policy for the Private Sector Series, 2013（331）.

② World Bank.World Development Report 2020: Trading for Development in the Age of Global Value Chains[R/OL]. [2023-01-27]. https://www.worldbank.org/en/publication/wdr2020.

③ World Bank.World Development Report 2021: Data For Better Lives[R/OL].（2021）[2023-01-27]. https://www.worldbank.org/en/publication/wdr2021.

发展机会，帮助这些国家面对全球化引起的各项挑战，并在公平的基础上融入世界经济。

　　早在 20 世纪 80 年代，UNCTAD 就组织了世界各国政府间的谈判，并取得了一系列的丰硕成果：1971 年《普遍优惠制协定》（Generalized System of Preferences）帮助发展中国家每年向工业化国家出口的 700 多亿美元的货物取得优惠待遇；自 1978 年一项关于追溯调整低收入发展中国家官方发展援助债务条件的决议通过以来，有 50 多个发展中国家受惠于超过 65 亿美元的债务减免；1980 年，UNCTAD 还制定了唯一普遍、自愿的竞争守则——《联合国关于控制限定性商业惯例的公平原则和规则的多边协议》①（United Nations Multilaterally Equitable Principles and Rules for the Control of Restrictive Business Practices）——给予发展中国家优惠待遇或差别待遇，在控制限定性商业惯例时应考虑到发展中国家，特别是最不发达国家的发展需要。②1982 年发展中国家间的《全球贸易优惠制度协定》（Global System of Trade Preferences Among Developing Countries，GSTP）提出全球贸易优惠制应保证所有成员平等受益，并考虑各成员对外贸易模式、贸易政策与体制及经济与产业发展水平。③

　　进入 21 世纪以来，UNCTAD 更加重视国际公平竞争规则的构建，不仅启动若干关于"竞争中立"的研究项目，而且将其关注点更多地集中于发展中国家和转型经济体，如中国、印度、马来西亚和乌拉圭等。2012 年 5 月，印度竞争委员会（Competition Commission of India）与 UNCTAD 在新德里成立联合工作组，推进一项名为"竞争中立在印度"（Competitive Neutrality in India）的研究项目，探讨印度国有企业的市场竞争问题，研究现有司法体系。

　　2014 年，UNCTAD 发布的一份题为《竞争中立及其在部分发展中国家的运用》（Competitive Neutrality and Its Application in Selected Developing Countries）的研究报告直接关注政府企业的市场优势，表明与私人部门企

---

　　① United Nations.Basic Facts about the United Nations[EB/OL].（2003-10）[2023-01-27]. https://www.un-ilibrary.org/content/books/9789211558128/read un-ilibrary.

　　② United Nations. The United Nations Set of Principles and Rules on Competition[EB/OL].（2000）[2022-12-28]. https://unctad.org/system/files/official-document/tdrbpconf10r2.en.pdf.

　　③ UNCTAD. Agreement on the Global System of Trade Preferences Among Developing Countries[EB/OL].（1988-04-12）[2022-12-28]. https://unctad.org/system/files/official-document/ditcmisc57_en.pdf.

业相竞争的政府企业活动不得仅因政府所有权或控制权而获得竞争优势。[1]
报告还对中国、印度、马来西亚、越南这些发展中国家的适用情况进行了
分析，并提出了完善"竞争中立"制度的建议。

如今世界各国对于 5G 技术的研究投入不断加大，未来数字信息竞争
必定是世界公平竞争中重要的一环。UNCTAD 与联合国经济和社会事务部
（United Nations Department of Economic and Social Affairs，UNDESA）发
布的《2021 年经济形势与展望》[2]（World Economic Situation and
Prospects 2021）中指出，各国对于数据的获取和利用，将会在未来影响国
际公平竞争的发展。一个国家对于消费者数据的获取，将会影响其在国际
贸易中的动态竞争优势，而发展中国家和欠发达国家出于资金、技术、基
础设施等因素限制，很容易在竞争中处于弱势地位。因此，亟须制定相关
公平规则，保证发展中国家和欠发达国家在国际数据分配中享有与发达国
家平等的地位。

UNCTAD 有关"竞争中立"的相关研究，目前已经成为全球学者研
究国际公平竞争的重要参考方向和内容，对国际公平竞争体系的建设和
完善具有重要意义。当前国际形势变幻莫测，国际竞争也面临各种可能
性，"竞争中立"制度能否顺应国际发展形势，还需要 UNCTAD 进一
步的努力。

三、世界贸易组织的规则

鉴于贸易与竞争政策的密切关系，在国际贸易体制的构建中，竞争政
策的公平性受到高度关注。1946 年，哈佛大学经济学教授爱德华·梅森
（Edward S. Mason）提议整合贸易与竞争政策。因此在起草《哈瓦纳宪章》
（Havana Charter）时，一些国家提出限制竞争的行为会对国际贸易产生不
良影响，而且这些影响仅凭单个国家的努力是难以消除的，未来的国际贸
易组织也应该把限制不当竞争作为其主要职能之一。为此，《哈瓦纳宪章》
专门设立一章作为应对垄断行为的规定。后来由于美国国会的反对，《哈
瓦纳宪章》最终未能生效，虽然作为《哈瓦纳宪章》之临时适用措施的 GATT

---

[1] UNCTAD. Competitive Neutrality and Its Application in Selected Developing Countries[EB/OL].
（2014）[2022-12-28]. https://unctad.org/system/files/official-document/ditcclpmisc2014d1_en.pdf.

[2] United Nation. World Economic Situation and Prospects 2021[EB/OL].（2021-01-25）[2022-01-27].
https://www.un.org/development/desa/dpad/wp-content/uploads/sites/45/WESP2021_FullReport.pdf.

在实践中保留下来,但是关于限制不当竞争行为的规定也就未能发挥作用。1958 年,在 GATT 缔约方第 13 次会议上通过决议,指出国际卡特尔与托拉斯的垄断性商业活动有可能影响世界贸易与一些国家的发展,建议指定专家组进行相关研究并形成报告,对 GATT 应该采取的行动提出建议。1960 年 GATT 缔约方大会又做出决定,要求世界各国通过协商程序以防止或制裁国际贸易中的限制竞争问题,但是由于决议内容缺乏实操性,在实践应用中并未发挥相应的作用。①

为了有效规制国际贸易领域中的限制竞争行为,一些反垄断法学专家积极推动制定一部对参与世界贸易的大多数国家均有约束力的反垄断法,后来由德国和美国学者组成的国际反垄断法典工作小组起草了一份《国际反垄断法典草案》。1993 年,法典起草工作组将法典草案提交给关贸总协定总干事,希望该草案能够在乌拉圭回合谈判中以"诸边贸易协定"的形式纳入 WTO 法律体系。②

1995 年,WTO 正式取代 GATT,开始进行贸易与竞争政策问题的谈判。1996 年,WTO 成员方在新加坡部长级会议上决定将竞争政策纳入 WTO 未来新的谈判议题之中,并决定成立贸易与竞争政策工作小组,专门负责 WTO 竞争政策问题的研究。1999 年,根据 WTO 总理事会的决议,贸易与竞争政策工作组又提出三项新的议题,包括 WTO 基本原则与竞争政策的联系、技术合作领域的成员方之间合作与交流的方式、竞争政策对 WTO 目标以及促进国际贸易的作用。③

2001 年,WTO 多哈部长级会议将竞争政策议题正式纳入多哈回合发展议程,并认为解决好贸易与竞争政策的关系问题是未来工作的重心。在 2003 年坎昆部长级会议上,多数发展中成员提出建议,期望在竞争问题谈判上能够促进更多的国际合作,授权工作组在诸如透明度、非歧视、程序公正等核心原则上做出澄清,更多地关注发展中国家的特殊情况。

遗憾的是,由于多哈回合议程广泛,关于竞争政策问题的内涵也不够清晰,在后续的谈判中进展缓慢,许多成员包括作为 WTO 竞争政策积极倡导者的欧盟相继失去了信心,WTO 决定停止关于竞争政策许多争议性问

---

① 刘宁元. WTO 标志着国际竞争法的新发展[M]//丁伟, 朱榄叶. 当代国际法学理论与实践研究文集: 国际经济法卷, 北京: 中国法制出版社, 2002.

② 聂孝红. WTO 框架内协调竞争政策的制约因素分析[J]. 经济法研究, 2019, 23(2): 263-276.

③ WTO. Working group set up by Singapore ministerial [EB/OL]. [2023-01-27].https://www.wto.org/english/thewto_e/minist_e/min99_e/english/about_e/16comp_e.htm.

题的谈判，以保证整个多哈回合谈判进程的成功。2004 年 7 月，WTO 总理事会决定，关于贸易与竞争政策关系的议题不再作为《多哈部长宣言》（The Doha Declaration）工作计划的组成部分，因而在多哈回合期间，WTO 不再推动此类议题的谈判。

2019 年 6 月 28 日，俄罗斯经济发展部长马克西姆·奥列什金（Maxim Oreshkin）在出席 G20 峰会期间表示，G20 成员尚未就 WTO 改革达成共识，部分希望是寄托在 2020 年哈萨克斯坦 WTO 第 12 次部长级会议上。① 实际上，多数成员都希望在 2020 年部长级会议上能够授权 WTO，正式启动世界贸易组织的改革程序。没有想到的是新冠疫情突然暴发，2020 年哈萨克斯坦 WTO 部长级会议未能如期举行。

后来经过多次调整，WTO 第 12 届部长级会议最终于 2022 年 6 月 12 日至 17 日在瑞士日内瓦成功举行。会议就世贸组织改革、疫情应对、粮食安全、渔业补贴、电子商务等议题达成一揽子协议，成果丰硕。在当前全球动荡、多边贸易体制面临严峻挑战的困难时刻，会议成果来之不易，有力地重振世界各方对多边贸易体制的信心，体现了世贸组织成员团结一致，共同应对全球挑战、推动世界经济复苏的决心。②

WTO 作为当今世界多边贸易体系的核心，在制定多边贸易规则、解决贸易争端和协调贸易政策方面发挥重要作用，但是在构建公平的国际竞争规则方面进展缓慢。原因虽然复杂，核心问题是成员之间存在着较大的差别。首先是基础性的差别，不仅存在于发达国家与发展中国家之间，也存在于发达国家之间。虽然发达国家大都处于相似的经济发展阶段，但是由于经济规模的差别，他们对于竞争政策的需求上的矛盾难以调和。其次是文化和法律方面的差别，发达成员国内竞争法的目标差别明显，美国是世界上最早进行反垄断系统性立法的国家，但其立法的目标是针对经济效率。③欧盟却认为，虽然提高经济效率是竞争法的目的之一，但它不是最主要的目的，欧盟竞争政策的主要目的是建立和维护共同体市场的统一。④正是由于

① 俄经济发展部长：G20 国家尚未就 WTO 改革做出任何决定[EB/OL].（2019-07-01）[2022-12-28]. https://www.imsilkroad.com/news/p/376858.html.

② 中华人民共和国商务部.商务部世贸司负责人介绍世贸组织第 12 届部长级会议成果具体情况[EB/OL].（2022-06-22）[2023-01-27]. http://wto.mofcom.gov.cn/article/xwfb/202206/20220603321027.shtml.

③ 美国负责反垄断事务的司法部副部长威廉·巴克斯特尔（William Baxter）宣布，"反垄断的唯一目标就是经济效率"，其继任者保尔·麦格拉斯（J. Paul McGrath）也声称，施行反垄断政策的唯一基础应当建立在经济效率概念之上。

④ 王晓晔. 欧共体竞争法[M]. 北京：中国法制出版社，2001.

竞争法与竞争政策相较其他法律制度更具有本土性，未来 WTO 在协调各成员之间的竞争政策方面相对更加困难。

<h1 style="text-align:center">第三节　竞争中立原则的局限性</h1>

从竞争中立的历史发展来看，竞争中立（亦称为竞争中性）实际上是一个动态发展的概念。从澳大利亚对竞争中立概念的提出，到 OECD 对竞争中立概念的发展，再到美国与欧盟对竞争中立政策的推广，其适用范围和应用场景在不断地演变。[1]事实上，澳大利亚提出的"竞争中立"的概念是将"竞争中立"视为维持市场公平竞争的重要工具，并将其内涵明确为国有企业和私营企业之间的竞争关系处理原则。[2]然而，在世界体系转型的背景下，发达国家与发展中国家之间的力量对比发生了明显的变化，一些发达国家已经将竞争中立原则发展为新型的贸易保护工具。实际上，竞争中立原则是探索建立国际公平竞争规则的初步尝试，从实践上来看，竞争中立原则并不能完全适用于处理所有竞争公平的问题。公平竞争规则覆盖的范围更广，针对的是所有企业，例如国有企业和私营企业的不公平竞争问题是公平竞争改革的重点内容。本节将对"竞争中立"的起源进行梳理，重点研究竞争中立的演进与发展趋势，最后分析当前竞争中立原则的局限性。

一、竞争中立原则的起源

目前学界普遍认为，"竞争中立"最先是作为一个国内法概念出现在澳大利亚，其本意是为了应对澳大利亚国有企业私有化改革带来的问题。从 20 世纪 80 年代后期到 90 年代初，澳大利亚受到英国国有企业股份化和市场化运动的影响，决定对其大多数国有企业进行私有化或半私有化的改革。之后澳大利亚的国有企业将原本的公共福利政策弃置，使国有企业的经营目标变成了获取更多的利润或占有更大的市场份额。同时澳大利亚的国有企业利用政府的补贴优势在市场中进行价格竞争，排挤对手，最终对公共利益造成损害。为了解决这一问题，澳大利亚政府在 1992 年成立了一

---

① 巴曙松，谌鹏. 竞争中性原则的形成及其在中国的实施[M]. 厦门：厦门大学出版社，2021.
② 孙晋. 公平竞争原则与政府规制变革[J].中国法学，2021（3）：186-207.

个全国竞争政策审查委员会，并颁布了《国家竞争政策审查报告》（National Competition Policy Review Report），报告指出：在同一个市场中参与竞争的企业，面临不同的监管或其他要求时，会出现不正当竞争、破坏效率和公平等问题。这些问题出现的原因是政府在参与商业活动时，以其所有权使得国有企业享有特殊的优势，而这体现在政府及其公共政策的各种显性或隐性补贴。[①]因此，澳大利亚政府下定决心深入推进竞争改革，力求创造更加公平的市场竞争环境，以竞争中立原则纠正因为所有制不同而导致的市场扭曲等问题，最终提高各类企业的市场竞争能力。

事实上，澳大利亚的竞争中立原则运用在包括以国有企业为主的垄断市场和以私营企业为主的自由竞争市场的广大市场之中。澳大利亚针对不同的市场并非"一刀切"地实施统一的竞争中立原则，而是对不同市场实行不同的规则。在由公共性质催生出的垄断市场中，考虑到社会公共利益，国有企业在引入私营企业竞争者后仍然可以在一定期限内享有竞争优势。对于自由竞争市场，由于该市场效率原先就维持了较高水平的均衡状态，国有企业带着竞争优势参与该市场的竞争会打破原有的均衡状态，因此在该市场中，国有企业的竞争优势应当被消除。这种竞争中立原则体现了澳大利亚政府试图平衡公共利益、经济效率与市场竞争三方面所做的努力。澳大利亚版竞争中立原则出台以后，一定程度上遏制了澳大利亚国有企业不公平竞争的局面，推动了国有企业的改革，维护了正常的市场竞争秩序。随着世界经济全球化的发展，各个国家纷纷走向世界，参与国际上的市场竞争。西方国家逐渐意识到发展中国家的国有企业在国际经济贸易中发挥的重要作用。因此，为了维护本国的利益、确保各类企业公平参与国际竞争，美国与欧盟开始推动 OECD 在国际层面上大力推广所谓的竞争中立原则，并对澳大利亚竞争中立原则进行了不同程度的引用和延伸。[②]

二、竞争中立原则的演变

在竞争中立原则扩张性发展过程中，美国起到了推波助澜的重要作用。正是在美国的推动下，税收中立、债务中立、规则中立等竞争条款被纳入包

---

① FREDERICK G H. National Competition Policy Review Report[EB/OL]. （1993）[2023-01-27]. https://www.australiancompetitionlaw.org/reports/1993hilmer.html；史际春, 罗伟恒.论"竞争中立"[J]. 经贸法律评论，2019（3）：101-119.

② 马亚伟."竞争中立"原则的中国问题及法治应对——以国际经贸新规则为视角[J]. 云南民族大学学报（哲学社会科学版），2020, 37（6）：131-139.

括《跨太平洋伙伴关系协定》（TPP）、《美墨加三国协议》在内的一批双多边文件中，试图在澳大利亚竞争中立原则的基础上，对"美式"竞争政策进行推广实施，实现对国际经济秩序的控制。然而，竞争中立原则不论是在 USMCA 还是在 CPTPP 中，均未系统发展成为一个有约束力的独立规则。[①]OECD 有关竞争中立的框架体系是当前国际社会中比较全面的框架体系，它以澳大利亚"竞争中立"概念为基础不断开展相关研究，形成了《竞争中立：维持国有企业与私有企业公平竞争的环境》（Competitive Neutrality: Maintaining a Level Playing Field Between Public and Private Business）、《竞争中立：各国实践》（Competitive Neutrality: National Practices）和《竞争中立：经合组织建议、指引与最佳实践纲要》（Competitive Neutrality: A Compendium of OECD Recommendations Guidelines and Best Practices）三份重要报告（如表3.1 所示）。

表 3.1　OECD "竞争中立政策框架" 的发展进程

时间	原则和政策目标	指导方针及报告
2005 年	指出国家所有权导致企业经营中的特殊性，对国有企业的公司治理框架进行梳理，总结了发达国家在管理国企方面的经验	《OECD 国有企业公司治理指引》
2011 年	全面研究国有企业与私有企业竞争时拥有的相对优势以及探讨如何消除竞争不平等现象，提出"竞争中立"政策框架	《竞争中立与国有企业：挑战和政策选择》
2011 年	全面综述澳大利亚竞争中立政策框架的形成和政策实施效果，分析了影响澳大利亚竞争中立政策有效性的若干因素	《澳大利亚竞争中立政策与国有企业：实践评述及其对其他国家的相关性》
2012 年	确定了实行"竞争中立"原则需要夯实的八大优先领域，包括政府企业的运作形式、核算成本、回报率要求、公共服务义务、税收中立、监管中立、政府采购，并阐述了与竞争中立原则相关的政策工具、最佳实践和操作指引	《竞争中立：经合组织建议、指引与最佳实践纲要》
2012 年	分析竞争中立面临的主要挑战，阐述 OECD 成员国实行竞争中立政策过程中的政策工具和最佳实践	《竞争中立：维持国有企业与私有企业公平竞争的市场环境》
2012 年	准确定义"竞争中立政策框架"（Competitive Neutrality Framework，CNF）；总结了 34 个 OECD 国家实行竞争中立的实践	《竞争中立：各国实践》
2013 年	梳理了现有国家、双边、多边框架下国有企业的贸易监管规则	《国有企业：贸易效应及政策启示》

---

① 胡海涛，刘玲，董婷婷. 竞争中立视野下国有企业的法律治理研究[J]. 河北科技大学学报(社会科学版)，2021，21(1)：29-36.

续表

时间	原则和政策目标	指导方针及报告
2015 年	调查了竞争法和竞争政策中涉及竞争中立的若干方面	《竞争政策中的竞争中立》
2015 年	对各种类型的竞争中立扭曲进行了分类，并对在不同司法管辖区和 OECD 文书中发现的相关竞争中立工具编制了清单	《竞争中立扭曲和措施清单》
2016 年	从事实出发，在实证研究的基础上，探讨如何解决国有企业深度参与全球竞争的过程中而引发的对国际公平竞争环境的挑战	《国有企业作为全球竞争者：挑战还是机会？》
2018 年	强调促进竞争中立的重点工作领域以及工作方法	《关于竞争中立作为 2019—2020长期主题范围的说明》
2019 年	以罗马尼亚为例，强调经合组织对竞争中立原则的重视以及竞争委员会的作用	《通过国家援助政策确保竞争中立——罗马尼亚解决竞争中立政策工具的说明》
2020 年	在以新冠疫情等为代表性事件的世界大变局中对竞争中立的思考	《东欧和中亚基于竞争中立的竞争政策》

资料来源：根据 OECD 官网有关材料整理，参见 https//:www.oecd.org

注：本表部分术语英文参见附录

　　OECD 在发布的报告中，首次对国有企业相比于私营企业拥有的竞争优势以及消除这些优势的思路和措施进行了全面研究，提出"竞争中立政策框架"（Competitive Neutrality Framework）：一是国有企业的商业经营行为；二是确保在市场环境透明、公开情形下的成本确定，如何区分商业和非商业性活动成本；三是是否按照商业收益回报率衡量；四是确定承担的公共服务义务；五是税收中立；六是规制中立；七是债务中立；八是政府采购。这实际上是将澳大利亚版的"竞争中立"进行具体化和扩张，被视为竞争中立概念框架的"八大基石"[1]，在全世界范围内获得了认可。这"八大基石"通过四个方面对国有企业参与市场竞争提出要求：第一是国企应尽可能实行公司制改造；第二是分别核算国企的公共服务和公用服务、政策性业务和竞争性业务的成本，防止交叉补贴；第三是减少政府对国企的隐性或显性的补贴；第四是确保政府采购的竞争性和非歧视性。[2]OECD 有关"竞争中立"的研究报告推动大量具有广泛国际影响力的"国际软法"逐步形成，使竞争中立从国内规则转化为国际经贸投资的新规则。[3]

　　[1] 经济合作与发展组织. 竞争中立：维持国有企业与私有企业公平竞争的环境[M]. 谢晖，译. 北京：经济科学出版社，2015.

　　[2] 史际春. 也谈"竞争中立"[J]. 经济法学评论，2019，19（2）：207-224.

　　[3] 孙晋. 公平竞争原则与政府规制变革[J]. 中国法学，2021（3）：186-207.

总体来看，OECD 在竞争中立的实践领域有着比较丰富的经验，明确了政府的重要职责是保障市场中国有企业和私营企业之间的竞争公平，同时督促国有企业能够有效履行公共义务。然而，OECD 并没有考虑不同国家的市场经济发展状况及国有企业在其中担当的角色，也未顾及竞争政策与其他经济政策及一国政经体制协调困难的情况，只是对澳大利亚的政策框架进行了简单扩张和解释①，无法真正实现竞争法和竞争政策所追求的公平竞争和社会公共利益目标。

三、竞争中立原则的局限

（一）竞争中立原则的定义与适用范围仍不明晰

竞争中立原则从产生到发展，其定义与适用范围在国际层面仍然没有统一，适用范围往往以参与多边协定谈判的国家意愿为主。从现行制度来看，已经出现了以"澳大利亚""欧盟""美国"为主的三种不同的竞争中立模式，并存在国内法和国际法上的区别②，其发展路径主要是从国内法规则"溢出"成为国际法规则。然而在此过程中，参与国际规则谈判的不同国家与地区在经济发展水平、政治体制类型、社会法治体系等方面存在诸多的差异，再加上对规则的认知和接受程度各不相同，导致同一法律制度的规则出现"差异化"并存的现象。竞争中立原则的适用范围主要可归纳为以下几类：一是只适用于国有企业，以澳大利亚的竞争中立原则为代表。但是国有企业在国际上并没有统一的概念，使用该原则时还需要对国有企业的概念予以界定。二是适用于国有企业和垄断性企业。CPTPP 为此类竞争政策的代表，CPTPP 在该原则的适用范围里明确包含了除国有企业之外的垄断企业。三是适用于在市场中运营的任何企业，OECD 以此为标准，强调整个市场环境的中立性。OECD 的研究报告多次强调，竞争中立可以被理解为一种法律和管制环境，在这种环境下，无论是国有企业还是私营企业，都面对相同的规则体系，政府不应当享有不公平的优势。竞争中立原则的定义与适用范围存在国别差异，当这种差异难以消除且不断扩大时，建立统一的国际竞

---

① 史际春，罗伟恒. 论"竞争中立"[J]. 经贸法律评论，2019(3)：101-119.

② 冯辉. 竞争中立：国企改革、贸易投资新规则与国家间制度竞争[J]. 环球法律评论，2016，38(2)：152-163.

争中立原则将难上加难。

（二）美国主导的竞争中立原则内涵过于狭隘

随着美国等发达国家强力推动竞争中立原则的制定，双边或多边投资贸易协定开始逐步吸收竞争中立原则，使其呈现出由非正式规则向正式规则、隐性规则向显性规则、软规则向硬规则演变的趋势。[①]事实上，美国国内市场已经比较成熟，在美国国内推行"竞争中立"原则基本上是画蛇添足，但它却在国际上极力推行"竞争中立"原则。究其原因，首先是美国本土对于发展中国家政府主导型经济发展形势大好的担忧，对于政府直接补贴国有企业，给予国有企业优惠贷款、补贴等方式从而获得竞争优势等举措感到不满；其次是中国等发展中国家在欧美发达国家投资、收购的过程中，大肆获取发达国家技术，美国为本国国家经济安全感到担忧。[②]美国推动竞争中立规则制定，主要还是针对中国等国家普遍存在的国有企业，谋求在美国与其他国家的竞争中保护美国的利益以及维护其竞争优势地位。正如美国前副国务卿罗伯特·霍马茨（Robert Hormats）曾说的，"弥补现有的国际经济规则无法保证国有企业和私营企业参与公平竞争的缺陷"[③]，直接将竞争中立原则的矛头指向国有企业和私营企业之间的矛盾。在这样的背景下，美国推行的主要针对国有企业的"竞争中立"原则内涵明显过于狭隘，因为实践中的竞争关系错综复杂，同时存在于不同国家的不同类型的市场主体之间，在对竞争关系进行梳理、规范的时候，不应当只局限于国有企业与非国有企业，而应当放眼于整个市场内的所有竞争关系之上。更何况由于政府投资主体的多样化，特殊竞争优势也并不是普遍存在于所有的国有企业的；同时，私营企业也常常通过商业贿赂、政府非对称管制等手段获得额外竞争优势。因此，美国主导的"竞争中立"原则不仅不利于全球经济自由化发展，还阻碍了国际市场实质公平的实现。

（三）极易成为贸易保护主义的工具

竞争中立原则设立的初衷是为了建立统一、开放的市场，确保各类主

---

① 丁茂中. 竞争中立政策走向国际化的美国负面元素[J]. 政法论丛，2015（4）：22-30.

② 丁茂中. 中国（上海）自由贸易试验区竞争中立政策的推进检视[J]. 竞争法律与政策评论，2016，2（0）：36-50.

③ HORMATS R D. Ensuring a Sound Basis for Global Competition: Competitive Neutrality[EB/OL]. (2011-05-05)[2023-01-27]. https://2009-2017.state.gov/e/rls/rmk/20092013/2011/163472.htm.

体能够平等地参与市场竞争。然而竞争中立原则一旦使用不当，就会沦为国际政治博弈的制度性工具。竞争中立原则的立足之本是对公平竞争理念的追求，但有些国家却打着"竞争中立"的旗号掩盖其实施贸易保护的真实意图，削弱发展中国家对外投资优势的同时，抬高发展中国家参与全球经济治理的门槛。为包括中国在内的发展中国家贴上"国家资本主义"受益国的标签，呼吁其他国家政府要为消除国家资本主义所带来的不利影响而采取有效的遏制措施，为各国市场竞争主体提供公平的竞争环境。同时，通过多种双边以及区域性贸易、投资协定谈判，制定新的国际经贸投资规则，推广竞争中立原则，为保护其本国利益而遏制其他国家的经济发展。在这样的压制政策下，以华为、中兴为代表的中国的私营企业也由于企业内党委在商业运营中的决策作用被美国调查而受到无辜牵连。然而需要注意的是，竞争中立原则所追求的公平并不是形式上的无条件相同，而是需要各国政府基于对市场中不同的竞争主体因历史缘由而拥有的先天差异性给予合理考量，做出适当的制度均衡安排。否则，从形式上看，竞争中立是某些国家用于矫正国际市场竞争中国有企业获取不正当竞争优势而有失公平这一行为的制度手段，实质上却是为了维护本国企业在国际市场中的竞争优势，成为披着"公平竞争政策"外衣实施贸易保护的工具。

（四）国有企业的特殊社会责任

现行的竞争中立原则往往在夸大国有企业获得的"不正当"竞争优势的同时忽视其承担的"特殊"企业社会责任。近年来，很多发展中国家正处于经济转型的阶段，国有企业对整个经济发展起着主导作用，不仅仅是国家财政收入的主要来源，更是国民经济和社会发展的"定海神针"。而美国主导的"竞争中立"原则往往夸大发展中国家国有企业受到的扶持政策及其竞争优势，而忽视其承担着比私营企业更多的社会责任。国有企业享有的竞争优势与其承担的社会责任其实是动态平衡的，新型的国际竞争规则既应当考虑国有企业的竞争优势，也要承认国有企业承担的社会责任；既强调国有企业竞争规范，也强调市场运行机制的完善，尊重发展中国家实施国有企业支持政策的自主权。因此应该允许发展中国家根据市场发育程度、经济脆弱性的特点以及社会保障的需要等实际情况，以不同程度和形式实行合理的动态调节，在认可国有企业承担的特殊社会责任的情况下，对转型国家的经济体制进行改革。①事实上，国有企业因履行特殊社会责任而享有竞争法例外地位，这在各个国家包括发达国家的实践中都普遍存在。以欧盟为例，《欧共体条约》（Treaty Establishing the European Community，EC Treaty）第 90 条第 2 款规定："对于可带来普遍经济利益的服务企业，或者具有财政垄断性质的企业，如果适用共同体条约的规定，特别是适用其竞争规则，能够在法律上或者事实上妨碍它们完成被委托的特殊任务时，可以不适用这些规定。但不得由此影响共同体内贸易的发展。"②因此，发展中国家根据自身发展阶段需求进行公平竞争规则中的例外规制符合实质公平的发展理念。

第四节　中国与国际公平竞争规则

国际公平竞争规则的提出与实践对中国的经济发展与参与全球经济治理具有重大影响，同时在深化不同所有制企业之间的有机联系以及协同发展方面意义深远。目前国际竞争规则正在逐渐放弃以 WTO 为平台的多边化路径构建模式，双边和区域谈判逐渐成为新一代国际竞争规则的重要平台。但是这些通过区域主义路径构建的国际竞争规则却将拥有众多国有企业的发展中国家排除在新体系之外，并未真正关注发展中国家的利益诉求。公平竞争规则强调的"公平"并非简单的相同，而是责任与权利的相对应。真正的公平不是不加区分，而是扬长补短，分工合作，协作共赢。现有的国际竞争规则在制定思路、规则本身以及执行过程中都存在着不公正现象，因此发展中国家应基于自身国情的需要，参与设计和构建公平竞争规则制度。

一、兼顾发展中国家利益的国际公平竞争制度改革

中国作为发展中国家的代表，面临日益复杂的国际环境挑战，推动全球经济治理的现代化和国际化，提升中国在全球经济治理体系中的地位和话语权，是当前形势下的必然选择。超前谋划中国在全球竞争政策上的战

---

① 汤婧. "竞争中立"规则：国有企业的新挑战[J]. 国际经济合作，2014（3）：46-51.

② UOREGON. Treaty Establishing the European Community[EB/OL]. [2022-12-28]. https://iea.uoregon.edu/treaty-text/3595.

略部署和制订未来的行动计划，从而提高中国企业在国际市场上的竞争价值，是新时期中国参与全球经济治理的重要任务和战略举措。纵观近十年来 OECD 国家有关竞争中立的政策实践，可以得出国际公平竞争制度改革所遇到的阻碍和挑战主要来自三个方面：一是如何将国家（政府）的所有权职能和市场监管职能有效分离，并使政府在行使其监管权力时不对市场竞争规则造成损害。二是国家如何充当一个合格的权力执行者。国家所有权总是衍生出复杂的、模糊的或矛盾的目标，完善目标设定制度是成为合格执行者的第一步。三是如何明确界定国有企业所承担的公共服务职责和其他特殊职责，评价其成本管理如何以透明的方式运行，这些是确保国有企业与私营企业参与公平竞争的关键所在。[①]

为了迎接这些挑战，中国需要对目前国际上竞争中立原则进行深入研究，厘清竞争中立原则在各个国家以及国际经贸投资规则中所设定的不同内涵的适用范围及其具体的规则要求，明晰发达国家主导的竞争中立原则的针对性以及局限性，在此基础上拿出中国自己构建的"公平竞争规则"的方案，而不是一味地去适应发达国家提出的竞争中立原则。

首先，明确将公平竞争规则的内涵和适用范围需要扩大到国际市场上所有参与主体，而不仅仅局限于国有企业和私营企业。全球经济环境随着科技发展正在发生复杂深刻的变化，数字经济发展促使国际贸易、投资市场参与主体更加多元化。2020 年 11 月召开的 G20 领导人第十五次峰会明确提出，要确保公平竞争，营造自由、公平、包容、非歧视、透明、可预期、稳定的贸易投资环境。[②]在这样的发展趋势下，国际市场的主体不仅包括国有企业和私营企业，还包括大型企业和中小型企业、受到国家优先扶持发展的产业内的企业（如新兴产业）和一般产业的企业等。国际社会不能先天"歧视"发展中国家的国有企业，后面这几类企业在市场竞争中面临差别化待遇时同样会对国际竞争秩序的稳定造成影响。如果仅仅将公平竞争规则局限在国有企业和私营企业之间，就可能会扩大其他类型企业的不正当竞争优势，从而对国际公平竞争的市场秩序造成更大的损害。[③]

---

① 鲁桐. 竞争中立：政策应用及启示[J]. 国际经济评论，2019（5）：7、99-122.

② 新华社. G20 领导人第十五次峰会达成五大经贸成果共识[EB/OL]. （2020-11-23）[2022-12-28]. http://www.gov.cn/xinwen/2020-11/23/content_5563568.htm.

③ 曾宪奎. 公平竞争环境的构建与我国产业技术政策转型问题研究——兼论"竞争中性"与公平竞争原则的差异[J]. 湖北社会科学，2019（4）：67-73.

其次，明确公平竞争制度并非绝对排斥政府介入市场。公平竞争制度所追求的"公平"是实质意义上的公平，而并非追求绝对的相同待遇。为了规避扭曲的市场竞争，政府的行为、出台的政策法规不应当为个别或部分市场竞争者带来非基于市场因素的有利或不利影响。但需要注意的是，政府介入的"中立性"往往是相对的，在特殊情况下，某些"非中立性"的政府介入也将得到允许，例如给予少数特殊群体好处或者向特定主体强加某项义务。以竞争中立原则的发源国澳大利亚为例，事实上，澳大利亚也存在着一些对于本国中小企业给予特殊扶持的政策，例如在信息和通信行业，澳大利亚要求在硬件采购中，至少有10%的合同授予中小企业。[①]换言之，政府干预行为并不能简单地从"中立"或者"非中立"的角度去定义它是否违反公平竞争原则，而是看政府干预行为能否有效地解决市场失灵问题。如果要求政府应对不同所有制市场竞争主体予以绝对同等的态度，那么政府就有可能成为市场垄断的帮凶。总的来说，公平竞争政策并不完全排除政府的扶持性政策（Supportive Policies），但扶持性政策必须符合普惠包容和公平公正的要求。[②]

最后，明确国有企业的存在具有客观性，公平竞争规则应当平衡好国有企业的优势与社会责任。在目前经济全球化与贸易投资自由化的总体趋势下，逆全球化压力显现，贸易保护主义抬头，而发展中国家的国有企业为国家现代化建设做出了重要贡献，也是保障人民共同利益的重要力量。公平竞争原则作为维护市场公平竞争、发挥市场资源配置决定性作用的重要保障，确实对发展中国家的国有企业参与国际竞争形成了诸多限制。由于国家市场发展阶段不同，一些国家需要国有企业来承担保障经济可持续发展和维持社会稳定的重任。目前的竞争中立原则过于突出国有企业的所有制属性以及所获得的优惠政策，而忽视了国有企业在发展中国家经济发展过程中所承担的特殊企业社会责任和义务。因此，应当允许发展中国家适当地对国有企业实施政策支持，而新型国际经贸投资规则的制定需要适当考虑发展中国家的经济水平和发展需求。

二、高水平经贸协定谈判与国际公平竞争规则重构

国际公平竞争规则的兴起和运用有利于创建一个公平的竞争环境，促

---

① 丁茂中. 竞争中立政策走向国际化的美国负面元素[J]. 政法论丛，2015（4）：22-30.
② 黄速建. 公平竞争：深化国有企业改革的关键变量[J]. 中国经济评论，2021（4）：53-57.

进各市场主体之间的公平竞争。国际上公平竞争规则相关条款的核心内容都要求政府在市场上公平对待所有参与主体，创建公平竞争的环境，这与当前中国市场经济改革的方向是一致的，因为充分竞争和公平交易是促进经济增长、市场扩大和效率提高的有效方式。①面对新的国际竞争规则，中国也在积极寻求国际合作，将被动化为主动，相继提出了"一带一路"倡议与构建人类命运共同体理念。其中，构建人类命运共同体成为联合国实现可持续发展目标的一个重要举措。同时，随着"一带一路"倡议的推进，中国为第三世界发展中国家提供了机会，同时也有力推动了国际公平竞争规则的重构。在此过程中，应当认识到各个国家竞争政策和法律的差异化发展，尊重各国发展水平的不同，允许发展中国家因国情和发展程度迥异而拥有一定的改革和过渡期限，使新的规则体系能够反映与中国等发展中国家的经济社会发展水平相适应的诉求，将"和而不同"的理念作为协调国际公平竞争规则的基础。

从双边协定的层面看，中国应当积极与其他国家开展贸易与投资协定谈判，构建衔接国际经济新规则的平台。以中欧 CAI 谈判为例，CAI 旨在取代中国与 26 个欧盟国家签署的双边投资协定，在中欧之间构建全面、综合、高水平、自由化的双边投资制度安排，在谈判中针对公平竞争规则也进行了专门的讨论。其中包括如何解决企业补贴问题，这一部分规则填补了 WTO 在服务补贴透明度问题上的空白，如果中国的补贴对欧盟投资利益造成不利影响，中方有义务就不利影响及如何解决不利影响进行磋商。CAI 还针对禁止技术转让制定了明确规则，包含禁止向合资伙伴转让的要求，禁止技术许可中干扰合同自由的要求，保护行政机关收集的机密信息免遭未经授权的披露的要求等。中方还承诺给予欧盟企业参与标准制定提供的平等机会，提升授权的透明度、可预见性、公平性，以及提升监管和行政措施的透明度，保障包括竞争案件在内的司法程序公平。中国在有关方面做出的让步，有利于中欧双方未来的合作发展，也为国际公平竞争规则的建立贡献了力量。

从区域协定层面看，面对新的国际环境，中国致力于推动区域经济一体化，通过外部的条约责任和有形、具体的承诺来促进国内的体制改革，引领国际投资经贸规则改革，同时也希望通过政治和经济合作来推动地区

---

① 马亚伟. "竞争中立"原则的中国问题及法治应对——以国际经贸新规则为视角[J]. 云南民族大学学报(哲学社会科学版)，2020，37(6)：131-139.

稳定与经济发展，共同构造公平竞争的市场环境。在中国参与谈判的《区域全面经济伙伴关系协定》（Regional Comprehensive Economic Partnership, RCEP）中，关于竞争政策这一章的内容涵盖全面，对竞争立法、竞争执法合作以及消费者权益保护等重点内容做出了翔实规定，对执法规范化提出了一系列具体明确、有约束力的要求。同时，RCEP 还兼顾了成员间发展水平的差异性，为文莱、柬埔寨、老挝、缅甸等国进行国内立法和完善监管体系提供了过渡期。这些规定对各方合作制止损害双边贸易和投资的垄断行为、营造良好的贸易投资环境、促进贸易投资自由化、便利化具有重要意义。①除此之外，中国还需要加强与包括金砖国家在内的发展中国家的协调与合作，借助国际平台，宣传中国经济发展模式和改革理念，阐明发展模式的多样性，倡导各国走符合本国实际的发展道路，提高发展中国家对中国企业和中国发展模式的认同度。在这种情况下，中国通过双边、区域层面上的合作，积极参与国际公平竞争规则重构，并在这一过程中不断为与世界各国的合作提出中国方案、贡献中国智慧，从而为国际公平竞争规则的完善贡献自己的力量。

三、合作协调国家间政策与全球市场环境整体发展

优化全球市场环境是增强国际市场活力、稳定国际社会预期、应对疫情后经济下行压力、促进全球发展的有效举措，而维护市场公平有序的竞争正是市场环境的核心要素。从全球范围来看，创建国际一流市场环境、实现全球统一的大市场和资源跨境的自由流动，必须坚持国际公平竞争理念与原则，反对包括经济垄断和行政性垄断在内的排除限制竞争行为。因此，通过国家间开展的国际公平竞争规则的合作与协调，推动国际市场环境的优化，不仅有助于营造一个自由、平等、有序的制度性竞争环境，也有利于针对当前全球经济衰退威胁提供切实可行的应对路径。

首先，应当加强国家间竞争政策协调，共同维护国际市场公平竞争。竞争政策作为维护市场公平竞争、发挥市场配置资源的决定性作用的重要保障，正面临着新的形势与挑战。各国竞争政策的发展仍然各自为政，尽管各国立法存在一定的相似性，但在实体标准和程序等方面仍然存在较大差异。规则与执法的差异性极有可能对贸易投资自由化产生不利影响，甚

---

① 中国贸易报. RCEP 竞争章节：坚持所有制中性 兼顾差异性发展[EB/OL]. (2020-11-19) [2022-12-28]. http://cacs.mofcom.gov.cn/article/flfwpt/jyjjdy/cgal/202011/167023.html.

至会导致贸易量出现不升反降的情况。竞争政策多边协调的困难主要在于，发达国家之间、发达国家与发展中国家之间在战略、目标与利益分配上存在差异，导致在竞争政策的制定和协调方面存在分歧。但需要注意的是，战略目标与利益分配不一致并不意味着双方会完全陷入相互排斥的困境，在竞争政策领域，为了解决以跨境卡特尔为代表的全球性竞争问题，各国必须结合具体国情以及在世界经济贸易中所扮演的角色来进行制度设计，并开展与之相应的国际合作。因此各国需要共同建立合理的协调机制，明确合作内容和范围，维护国际市场公平竞争，保障全球贸易和投资的自由化、便利化，增进各国消费者整体福利。

其次，重视国际组织在国际竞争政策发展过程中发挥的导向性作用。在国际竞争政策的发展演变过程中，国际组织发挥了不可替代的作用。近年来，虽然以 WTO 为代表的多边贸易体制的发展遭遇较大阻力，多边竞争规则发展处于困难状态，使得竞争规则全球化严重滞后，对国际贸易和投资发展造成了阻碍，客观上造成了各国竞争执法的碎片化。但无论是UNCTAD 还是世界银行，都在不断总结竞争立法和执法的最佳实践经验，同时搭建竞争政策对话平台，对于推动公平竞争规则的改革与发展而言意义重大。由于各国竞争法律制度和体系所存在的差异性，协调竞争规则的工作存在现实困难。具体表现为各国竞争法的目标和宗旨并不完全一致，还有对"竞争""限制竞争行为"等概念也缺乏统一认识，各国法律传统以及执法程度也存在差别。这就需要国际组织从更为宏观的全球竞争政策角度出发，在推动建立国际化的竞争规则方面发挥导向性作用，通过竞争规则设计增强制度的趋同性，共同维护贸易和投资自由化的成果，做到既有利于解决竞争问题，又能促进各国经济发展。

最后，促进市场环境发展，提高全球资源配置效率。在经济全球化发展趋势下，各个国家都参与国际竞争，地域障碍也随之减少，资源在全球范围内以更低的成本、更快的速度进行配置，各个国家都可以从中获得全球经济发展的红利。由此，在生产中不具有绝对优势的发展中国家，同样可以从经济全球化中通过充分发挥自身的比较优势而获利。但由于 2020 年新冠疫情蔓延全球，世界多国采取中断航运、封锁边境、注销签证等限制性措施，全球价值链面临卡链甚至断链的风险。再加上欧美国家内部政党纷争、经济两极分化、社会矛盾加剧，孤立主义、单边主义、贸易保护主义和逆全球化思潮风起云涌，给经济全球化带来严峻挑战。事实上，如果一国一意孤行，逆势而为，执意在经济全球化中人为设置壁垒，将自己隔离于全球经济活动之外，那么终会自食其果，被时代浪潮所抛弃，从而失去大量的发展机遇。因此，各个国家之间应当加强合作，营造法治化、包容化、便利化的市场环境，建设开放、包容、普惠、平衡、共赢的经济全球化，进一步加强竞争政策的国际协调，最终才能提高全球资源配置效率，实现合作共赢。

第四章　官方出口信贷规则

随着经济全球化的深入发展,世界各国的官方出口信贷(Official Export Credit)政策和机构逐渐从服务于微观市场主体向着服务于中观行业和宏观产业转变,官方出口信贷成为服务国家战略发展、提升国家综合竞争力、维护国家安全利益的举足轻重的政策工具。其中,"如何建立公平透明的官方出口信贷规则"这一议题,受到国际社会的高度关注,成为国际经贸规则重构和创新的核心议题之一。为了顺应不断变化的时代需求,欧美等发达国家纷纷修订本国国内法律以提升其主导的官方出口信贷规则(Official Export Credit Rules)的战略地位,而中国是否加入经济合作与发展组织(OECD)"君子协定"(Gentlemen's Agreement)也成为他们的关注焦点。随着以中国为代表的发展中国家日益走近世界舞台中央,参与国际经贸规则的重构与创新,官方出口信贷规则也将成为新一轮国际经贸规则博弈的重点领域。在世界经济深度衰退、国际贸易和投资大幅萎缩、经济全球化遭遇逆流的历史背景下,中国始终致力于推动官方出口信贷规则朝着更加公正合理的方向发展,为世界经济公正有序发展创造有利条件。这不仅为推动形成以国内大循环为主体、国内国际双循环相互促进的新发展格局发挥桥梁纽带作用,更是中国积极参与引领全球经济治理体系改革的重要举措。本章在介绍现行官方出口信贷的概念、理论基础和历史演变的基础上,系统梳理官方出口信贷规则在有关发达国家的具体实践,分析建立官方出口信贷规则面临的问题,以及后疫情时代将面临的挑战,最后提出中国参与官方出口信贷规则重构与创新的方案和建议。

第一节　官方出口信贷规则体系探索

一、官方出口信贷的基本概念

官方出口信贷是指一国政府为促进资本性货物出口和对外大型工

程承包，通过该国的出口信贷机构（Export Credits Agency，ECA），提供直接的贷款支持或贷款担保服务。根据 OECD 最新发布的《官方支持出口信贷安排（2021 年修订版）》（Arrangement on Officially Supported Export Credits, July 2021）第一章第 5 条的规定，官方支持信贷可以采用以下不同的方式：一是提供出口信用担保（Export Credit Guarantee）或保险；二是提供官方融资支持（Official Financing Support），包括直接信贷、融资、再融资和利率支持等；三是上述几种形式的任意组合。[①]官方出口信贷资金主要来源于政府财政资金或出口信贷机构以主权信用为担保在金融市场上的融资。官方出口信贷的周期长、风险大、利率较为优惠。

各国政府一般都会设立国家政策性银行（National Policy Bank），鼓励和支持本国对外贸易发展。各国政策性银行主要提供官方信贷，为进出口提供信用贷款和融资支持，特别是在飞机、轮船以及大型机械设备制造等领域，以及基础设施建设、矿产能源合作等项目。这些项目的特点是金额大、制造周期或建设周期长，买方要求的延期付款期限比较长，风险高，从而导致商业机构不愿承担相应风险。而这些业务往往在一国出口中占有举足轻重的地位。所以，政府对出口信贷的支持显得尤为重要。政府通常采取直接贷款（Direct Loan）、金融机构贷款（Financial Institution Loans）、利率补偿（Interest Rate Compensation）三种方式提供出口信贷支持，它们统称为"官方支持的出口信贷"。

（一）直接贷款

直接贷款即本国官方出口信贷机构向外国买方（进口商）提供本币或外币中长期贷款，便于外国买方（进口商）向本国卖方（出口商）及时支付货款。直接贷款又分出口买方信贷（Export Buyer's Credit）和出口卖方信贷（Export Seller's Credit）。其中，出口买方信贷是本国官方出口信贷机构直接向外国买方（进口商）提供本外币中长期贷款，贷款收益人为外国买方（进口商）。出口卖方信贷是指本国卖方（出口商）直接授予外国买方（进口商）的信贷。无论何种方式，官方支持出口信贷的受益人都必

---

① OECD. Arrangement on Officially Supported Export Credits[EB/OL]. (2021-07) [2023-01-28]. https://www.oecd.org/officialdocuments/publicdisplaydocumentpdf/?doclanguage=en&cote=tad/pg (2021) 6.

须是外国买方（进口商），如表 4.1 所示。[①]

表 4.1　出口买方信贷与出口卖方信贷的区别

	出口买方信贷	出口卖方信贷
受益人	外国买方（进口商）	外国买方（进口商）
授信方式	本国官方出口信贷机构直接授信给外国买方（进口商）	本国官方出口信贷机构授予本国出口商，用于垫付外国买方（进口商）赊购自己的产品及设备

资料来源：中国进出口银行，http://www.eximbank.gov.cn/

（二）金融机构贷款

官方出口信贷机构也可以将出口信贷授予外国买方（进口商）所在国的商业银行，并由外国商业银行再将贷款发放至外国买方（进口商）。

（三）利率补偿

出口国商业银行按照低于市场利率价格向外国买方（进口商）提供信贷，再由本国官方出口信贷机构补偿出口信贷利率与市场利率的差价。

相比之下，商业银行提供的出口信贷一般涉及资金规模较小、贷款周期较短，难以满足跨国贸易和跨国经营的需要。实践中，大多数国家都会成立官方出口信贷机构（主要是各国的进出口银行）支持本国对外贸易的发展。官方支持出口信贷利率较为优惠，还款周期较长。其中，官方支持出口信贷的利率与商业利率的利差，一般由国家财政资金进行补贴。考虑到官方出口信贷保险机构的赔保费用出自财政资金，官方出口信贷保险也被归至官方出口信贷的范畴中。

二、官方出口信贷的理论基础

（一）市场失灵理论

市场失灵理论（Market Failure Theory）由来已久，萨缪尔森（Samuelson）总结了市场失灵的三种方式：垄断（Monopoly）、公共产品和外部性

[①] 出口卖方信贷的具体做法是出口商以赊销方式向外国进口商出售产品，双方签订合同后，一般由进口商先预付 15%的货款，剩余 85%的货款待出口商全部交货后按合同规定在若干年内分期偿还（延期付款期间的利息由进口商支付）。随后，出口商向其所在地银行申请贷款，签订贷款协议。最后，进口商按约定分期偿还出口商货款，出口商再根据贷款协议归其偿还银行贷款。

（Externalities）。[1]戈德诺里（Guadagnoli）研究发现发展中国家的国别风险导致商业机构不能为出口提供信贷支持。[2]斯蒂格利茨（Stiglitz）等人首先以逆向选择为出发点，提出信贷市场失灵理论。[3]威廉姆森（Williamson）进一步发现信贷市场失灵主要源于道德风险（Moral Hazard）。考虑到出口信贷的回收周期较长、投资风险较大并且经济效益并不确定，商业银行并不愿意主动支持此类项目。[4]贷款的供给方减少，必然伴随着贷款利率上升，不利于出口信贷获得公允的利率水平。资本货物特别是成套设备及配件、大型机械等货物出口对于国家发展具有重要意义。考虑到资本货物建造周期长、投入要素多、出售价值大，单纯依靠市场行为不利于企业的销售、回笼资金进行再生产。由政府通过建立官方出口信贷机构及相应的官方出口信贷保险机构，采用政策性金融手段鼓励资本货物的买方，即鼓励货物进口商购买并允许其分期偿还本金及利息，能够填补商业性金融的空缺、优化资源配置。

（二）战略性贸易政策

20 世纪 80 年代，斯宾塞（Spencer）[5]、克鲁格曼（Krugman）[6]提出战略性贸易政策（Strategic Trade Policy）理论，强调市场竞争是不完全的，规模经济、外部经济等会造成某一产业相比于外国同一产业获得更多的竞争优势。战略性贸易政策能够很好地解释政府对企业出口的信贷补贴行为[7]，而政府应当运用补贴或出口鼓励等措施，为高新技术、先进制造等行业提供支持，扩大本国出口商在国际市场上所占据的份额，并将超额利润转移

---

[1] SAMUELSON P A, NORDHAUS W D. Economics（International Edition）[M]. New York: McGraw- Hill Inc, 1995: 279-281.

[2] GUADAGNOLI L G. The Role of Medium-Term Export Credit Guarantees and Insurance in Financing Foreign Trade[J]. Southern Economic Journal, 1968, 34（4）: 548-562.

[3] STIGLITZ J E, WEISS A.Credit rationing in markets with imperfect information[J]. The American Economic Review, 1981, 71（3）: 393-410.

[4] WILLIAMSON S D. Costly monitoring, financial intermediation, and equilibrium credit rationing[J]. Journal of Monetary Economics, 1986, 18（2）:159-179.

[5] BRANDER J A, SPENCER B J.Export subsidies and international market share rivalry[J]. Journal of international Economics, 1985, 18（1）: 83-100.

[6] KRUGMAN P R. Strategic trade policy and the new international economics[M]. Cambridge: MIT Press Books, 1986.

[7] CARMICHAEL C M. The control of export credit subsidies and its welfare consequences[J]. Journal of International Economics, 1987, 23（1）: 1-19.

回国内，回报政府支持产业发展时所利用的财政资金，并增进本国福利。当然，理论界并没有对政府支持出口信贷得出一致的结论。也有学者研究发现，政府通过承诺出口补贴（Export Subsidies）进而能从古诺寡头垄断（Cournot Oligopoly）中获得好处的结论并不成立。[①]除了买方信贷之外，西方主要国家的出口激励措施还包括投资补贴（Investment Subsidy）。多种政策工具的组合使用能够使企业生产成本迎来更大调整[②]，增强企业的竞争力。

（三）政策性金融理论

有的学者将政策金融定义为公共部门所从事的金融活动，将政府为了实现产业政策等特定目标而采取的金融手段归至政策金融的范畴。政策金融一般为了培育特定的战略性产业，在利率、贷款期限、担保条件、还款方式等方面给予政策倾斜，赋予更多的优惠条件。转型经济体及发展中国家普遍运用政策金融工具刺激本国经济发展。国内学者普遍认为，政府参与金融运作、资本要素配置，可充分发挥政策性导向作用，通过金融工具放大经济效益，采用市场化运作提高机构效率，并进行专业化管理提高资金回报率。政策金融连接政府与市场两个领域、财政拨款与商业经营两种机制。政策金融主要体现了政府干预，并以财政为后盾，实现特定阶段政策目标，消除行业"强位弱势"问题。

三、官方出口信贷规则的演变

在殖民地时期，亚洲、非洲以及拉丁美洲等地区的国家成为不同西方列强的殖民地，与宗主国保持着紧密的经贸联系。二战结束后，全球各主要民族国家纷纷独立，传统的"宗主国–殖民地"经济纽带关系被打破，西方发达国家的主要势力范围逐渐缩小，并在这些国家开展了激烈的贸易投资竞争。

随着西方国家对外贸易竞争加剧，产品越来越同质化。这时，西方各主要出口国提供了一些产品之外的特别优惠，以维持本国出口。带有捆绑条件的扶贫援助（Poverty Alleviation Assistance）就是一种典型手段。扶贫援助即发达国家在向发展中国家提供有捆绑条件的援助时，往往要求被援助国承诺购买援助国的货物或交予与援助国企业相关的项目。出口信贷也

① STOELINGA G J, VIAENE J M , VISSCHER L T. Subsidized buyer credits: Atypical results in strategic trade theory[J]. Economics Letters, 1995, 47（2）: 205-210.

② HUFBAUER G C, ERB J S.Subsidies in International Trade[J]. Foreign Affairs, 1984, 63（4）: 916.

是其中的一个重要手段。20 世纪 50 至 60 年代，由于造船业对长期信贷需求的激增，每个国家都力图为本国出口商提供长期低利率贷款，增强出口竞争力。但伴随着各国出口竞争加剧，70 年代的石油危机引发了出口信贷战争，国家间出口信贷竞争激烈，导致恶性竞争兴起并严重扰乱国际经济秩序。但是恶性竞争的不可持续性到后期显露无遗，各国再也无法承受高昂的补贴代价，于是开始通过国际规制合作（IRC）来制订合理的官方出口信贷规则，以此协调各国出口信贷利率、额度以及贷款的期限。

不可否认，官方支持出口信贷也在一定程度上促进了国际贸易的繁荣。特别是在 20 世纪亚洲金融危机期间，东南亚国家由于本国金融市场失灵，影响到对外经济部门的正常运转。中国为印尼等国家提供大量的出口信贷支持，帮助这些国家对外贸易正常开展，进而促进其经济的复苏。如何平衡利弊，充分发挥官方出口信贷对于各国经济的积极作用，成为制定出口信贷国际规则的首要任务。

（一）伯尔尼联盟出口信贷规则

伯尔尼联盟（Berne Union）关于出口信贷的约束规则主要体现在《1953 年协议》《1961 年声明》《2001 年一般谅解》三个文件中。1953 年，民间性国际组织伯尔尼联盟发布《1953 年协议》。这是国际上第一份调整各国出口信贷政策及法律规则的国际协议。《1953 年协议》针对不同产品的贷款年限以及外国进口商定金等问题做了规定。但由于此协议对成员国并没有强制约束力，20 世纪 50 年代后半期，许多国家为增强出口竞争力，纷纷违背《1953 年协议》，国际出口信贷市场再度陷入混乱。随后，伯尔尼联盟成员国发表《1961 年声明》，强调卖方信贷的偿还期限问题。

20 世纪末全球经济一体化进程中，各国出口竞争激烈，出口信贷政策冲突激烈。2001 年，伯尔尼联盟重新颁布一个关于国际出口信贷政策的文件——《2001 年一般谅解》。文件针对不同出口产品和服务做出更具体的一般性规定，并针对一些产业问题提出具体要求。为了保证协议内容能够得到执行，《2001 年一般谅解》提出成员国违背协议内容的救济规则。救济规则要求若有成员国出口信贷政策违背协议内容，则其他成员国可以采取报复性措施，"合法地"背离，以"匹配"之前成员国的违规行为。

伯尔尼联盟发布的《2001 年一般谅解》并没有强制性的效力，但对成员国信贷公司的行为还是具有一定约束力。一方面由于成员国普遍认同伯尔尼联盟规则，自觉遵守《2001 年一般谅解》；另一方面，伯尔尼联盟的救济规则还是能够在一定程度上约束成员国，一国出口信贷政策一旦背离，就会面临其他成员具有针对性的、惩罚性的背离。目前，伯尔尼联盟的许多规则已被纳入"君子协定"。

（二）经济合作与发展组织出口信贷规则

1978 年 4 月，以美国、英国、德国、法国等为代表的 OECD 国家经过反复磋商，最终形成了第一版的《官方支持出口信贷安排》（Agreement on Officially Supported Export Credits，以下简称《安排》）[①]，该《安排》是参与国之间的一项无约束力、无限期的，防止相关成员之间恶性竞争的"君子协定"，为有序使用官方支持的出口信贷提供了框架。值得注意的是，它并没有设法完全取消出口补贴，而是规定了合法或不合法的补贴标准。"君子协定"官方出口信贷分为两类，一类是按市场化原则（Market Principle）确定信贷条件的一般出口信贷，核心是"不能过于优惠"从而构成不当补贴；另一类是挂钩援助信贷（Tied-aid Credit），即要求受援国购买援助国产品和服务、具有一定优惠成分的援助性质资金，包括官方发展援助（Official Development Assistance，ODA）贷款、赠款以及混合援助，核心是"必须足够优惠"，以体现援助性质（如表 4.2 所示）。[②]随后，20 世纪 80 年代进行过一次修改。从 2003 年开始，《安排》几乎每年都会做一些调整。OECD《安排》本身并不具备法律效力，作为国际惯例只依靠各参加国自觉约束自身的出口信贷，因此被称为"君子协定"。

表 4.2　OECD《官方支持出口信贷安排（2021 年修订版）》要求

OECD 安排的主要条款
最低利率：由 OECD 每月计算的商业参考利率得出
承保信用风险的最低保险费率：信贷机构需要收取保险费，除收取利息外，还要承担出口信贷到期不还的风险；根据国家风险和与买方相关的商业风险计算
最高还款期：向发达国家提供贷款的年限为 8.5 年，向发展中国家提供贷款的年限为 10 年；铁路基础设施为 12 年或 14 年；非核电站贷款期限为 12 年，核电站贷款期限为 18 年
无宽限期：自信用证开立之日起 6 个月内必须缴付第一期本金及利息，其后至少每 6 个月付款一次

[①] 该《安排》定期进行更新(目前已更新至 2022 年版本)，并"演变成为一项全面的监管计划，影响到参与者大多数的出口信贷活动"。目前的参与者包括澳大利亚、加拿大、欧盟、日本、韩国、新西兰、挪威、瑞士、美国、土耳其和英国。该《安排》也向其他 OECD 和非 OECD 成员开放。

[②] 张帆，徐超. 官方出口信贷机构国际比较及启示[J]. 中国物价，2020(6)：45-47.

续表

OECD 安排的主要条款
预付定金：在官方支持出口信贷之前，购买者必须支付合同价值的 15%。但是，合同价值不一定包括为出口信贷支付的保费，出口信贷可以以 100%保费出资或提供保险
出口信贷上限：一般来说，官方支持出口信贷只允许高达合同价值的 85%，从而不包括上述 15%的首付。但信用保险和担保计划可以涵盖此类首付，仅限于贷前风险
当地成本：官方出口信贷可以对当地成本给予支持，Ⅰ类国家的支持前提是不能超过出口合同价值的 40%；Ⅱ类国家前提是不超过出口合同价值的 50%[①]

OECD 关于挂钩援助安排（赫尔辛基一揽子）的规则
国家资格：商业上可行的项目或中等偏下收入以上国家不允许挂钩援助
最低优惠水平：要求最低优惠水平为 35%（最不发达国家为 50%）

资料来源：根据 OECD《官方支持出口信贷安排（2021 年修订版）》的相关资料整理

1. 出口信贷"君子协定"的解读

《安排》对官方出口信贷机构可能向借款人提供的融资方案进行了严格的管控。其细化和具有技术性的条款规定了可授予出口信贷的最优惠条款（Most Favorable Terms，包括最低利率和溢价、到期期限、首付款和还款时间表），这些条件会根据资本市场和商业利率的变化自动调整；《安排》还包括有关挂钩援助贷款的规定，以及针对商用飞机、船舶、核电站、可再生能源、燃煤电厂和铁路基础设施的出口融资条款和条件附加行业特定谅解。自成立以来，"君子协定"通过不断修订和更新来适应不断变化的情况。[②]美国不仅是该协定创建背后的关键推动力量，也是持续更新管控的主要力量。

在最低利率方面，《安排》规定贷款国必须收取的最低利率是根据其本身的借款成本计算的，因此，对风险溢价（Risk Premium）的监管是这种安排的一个重要部分，这使得政府支持的融资需要效仿市场，要求出口信贷机构对风险较高的交易收取更高的成本。由于官方出口信贷机构收取的保费通常是融资总价格中最大的组成部分，低（或无）保费可能是中标的决定性因素，使得《安排》的风险保费规则对于确保公平竞争环境至关重要。[③]这些费用可能相当可观：例如，对于一笔 10 年期贷款，风险溢价

---

① 说明：2021 版《安排》对当地成本给予支持的规定有所更新，从统一不超过出口合同价值的 30% 更新为Ⅰ类国家不得超过 40%，Ⅱ类国家不得超过 50%。

② MORAVCSIK A M.Disciplining trade finance: the OECD export credit arrangement[J]. International Organization, 1989, 43（1）: 173-205.

③ GONTER M.Premium: The least understood rules of the arrangement[M] //Smart Rules for Fair Trade: 50 years of Export Credits, Paris: OECD Publishing, 2011.

平均维持在贷款价值的 6% 到 19% 之间，具体取决于买家的信用水平。

还款期限方面，由表 4.3 可知，第一类国家（在世界银行的"高收入国家名单"中列出的国家），最长还款期限是 5 年；第二类国家（除第一类国家外所有国家）最长还款期限是 10 年。对于涉及一个以上进口国的合同，应按照第 55～60 条程序①，寻求建立共同谅解，并就适当的还款期达成一致意见。《安排》对电厂（不包括核电厂）规定了 12 年的最长期限。根据世界银行（World Bank）的评级标准，《安排》按人均国民收入的不同将国家分为两类。

表 4.3　《安排》的国家类别划分标准及最长还款期限的规定

国家类别	划分标准	最长还款期限
Ⅰ类国家	连续两年被世界银行列入高收入国家名单的国家，据 2001 年数据指人均国民收入在 5185 美元以上的国家	5 年，根据有关规定预先通知后可以达到 8.5 年
Ⅱ类国家	第Ⅰ类国家以外的所有国家	10 年

资料来源：根据 OECD《官方支持出口信贷安排（2021 年修订版）》的相关资料整理

此外，透明度也是 OECD 出口信贷规则治理一直强调的重点。《安排》规定了有关信贷惯例的强制性通知和信息交流的详细程序。这个程序提供了一个及时汇报即将发生的交易、交换机密交易数据以及在交易完成之前解决分歧的平台，该程序被参与方称为"实时透明"的信息平台。OECD 一位官员如此形容道："每个人都知道可用的最佳条款是什么，所以没有人担心相互竞争的政府可能会提供什么条款……没有秘密融资条款，因此，偏离规则不会获得竞争优势。"这种竞争也恰恰符合博弈论中的纳什均衡（Nash Equilibrium），从而推动参与方透明度的积极落实。

挂钩援助（Tied-aid）是指援助国在对外援助物资或服务的采购过程中，要求受援国利用行政手段采购援助国国内产品的现象。挂钩援助主要为几乎没有进入金融市场的国家、部门或项目提供支持。但是，它不包括非政府援助方案。其目标是帮助捐助者寻求提高国内企业的国际竞争力，同时促进受援国发展。尽管通过官方支持出口信贷安排加以管制，附加条件的援助信贷仍在发展政策工具中占有一席之地，并有资格成为官方发展援助。由于国际经济发展不平衡，同样数额的援助预算所能采购到的发达国家（援助国）产品远远少于在发展中国家（受援国）所能够采购到的同类商品，

---

① 协定第 55～60 条对共同谅解的格式、程序、生效日、有效期等做了详细的规定。

因而挂钩比例是影响援助资金使用效率的重要因素。伴随着发达国家经济结构逐渐从主要依靠第一、第二产业（援助物质主要的生产领域）调整到以服务业为主导的第三产业，虽然传统援助国经过数十年的努力已经大规模降低了 ODA 资金的捆绑比例，但 ODA 的各种规则仍使得援助项目多由援助国承包商获得。

2. 中国官方出口信贷与 OECD《安排》

近年来，"君子协定"的运作机制不断得到改进，对参加国执行纪律和增加透明度的要求也越来越高。由于其参加国是世界上最发达的国家和地区，在全球经济事务中具有非常大的发言权，协定在实践中的影响和效力是非常大的。目前，它已经成为出口信贷的国际惯例，其效力和适用范围都优于其他许多国际协定。但是，协定的制订和修改过程是发达国家的利益调整过程，它并没有充分考虑广大发展中国家的利益，而发达国家的出口信贷业务已高度成熟，逐渐由政策性业务向商业性业务转变，一旦协定被直接纳入 WTO 协定，包括中国在内的广大发展中国家的出口信贷业务就将遭受沉重打击。因此，中国在借鉴发达国家经验和研究协定的同时，还应拒绝将协定直接纳入 WTO 协定，以维护发展中国家的利益。

（三）世界贸易组织关于出口信贷的约束与规则

《补贴与反补贴措施协议》（SCM）附件 1 出口补贴示例清单第 10 项和第 11 项对出口信贷做出详细的规定。

（1）政府（或政府控制的特殊机构）提供的出口信贷担保或保险计划、针对出口产品成本增加或外汇风险计划的保险或担保计划，保险费率不足以弥补长期营业成本和计划的亏损。[①]

（2）政府（或政府控制的或政府授权的特殊机构）给予的出口信贷，利率低于它们使用该项资金所实际应付的利率（相同贷款条件、相同货币种类以及相同货币数量情况下的公开市场利率），或它们支付的出口商或其他金融机构为获得信贷所产生的全部或部分费用，只要这些费用保证在出口信贷方面能获得实质性的优势。但是，如一个成员为官方出口信贷国际承诺的参加方，且截至 1979 年 1 月 1 日至少有 12 个本协定创始成员属该国际承诺的参加方（或创始成员所通过的后续承诺），或如果一个成员

---

① WTO. Agreement On Subsidies and Countervailing Measures[EB/OL]. [2023-01-28]. https://www.wto.org/ english/docs_e/legal_e/24-scm.pdf.

实施相关承诺的利率条款，则符合这些条款的出口信贷做法不得被视为本协定所禁止的出口补贴。

此外，SCM 第 3 条第 1 款（a）中明确规定"通过法律或在事实上将出口业绩作为唯一条件或多种其他条件之一而给予的补贴，包括附件 1（出口补贴示例清单）的所有内容"①将被视为禁止性补贴（Prohibited Subsidies）。《中华人民共和国加入 WTO 议定书》第 10 条第 3 款要求"中国自加入起取消《SCM 协定》第 3 条范围内的所有补贴"；另外，第 10 条第 2 款着重强调国有企业的补贴问题——"就实施《SCM 协定》第 1 条第 2 款和第 2 条而言，对国有企业提供的补贴将被视为专向性补贴，特别是在国有企业是此类补贴的主要接受者或国有企业接受此类补贴的数量异常之大的情况下"。②

值得注意的是，政府给予贴息的出口信贷并不都是补贴，补贴还必须体现对本国出口产品获得实质性竞争优势的帮助。因为，尽管在一些发展中国家，政府会提供支持，给予出口商一定的优惠贷款；但是从横向比较来看，这些贷款利率并不一定是最优惠的，许多发达国家利率水平比一些发展中国家政府贴息的利率还要低，所以，虽然出口商获得利率补贴，但不一定获得实质性的竞争优势，从而不能视为补贴行为。这种规定体现了纠正发展中国家和发达国家不公平国际贸易竞争的需要。1996 年加拿大诉巴西飞机补贴案中③，尽管巴西政府确实以低于本国市场利率的信贷支持飞机出口，考虑到当时巴西国内市场利率远高于世界平均水平，即巴西政府补贴后的实际利率还要高于发达国家的市场利率。这时，贷款补贴并没有帮助巴西飞机产业获得实质性的竞争优势，因此这一信贷支持计划并不属于补贴范畴。

第二节　有关国家官方出口信贷实践

官方出口信贷机构，全称为官方支持的出口信贷机构（Officially

---

① WTO. Agreement On Subsidies and Countervailing Measures[EB/OL]. [2023-01-28]. https://www.wto.org/english/docs_e/legal_e/24-scm.pdf.

② 张军旗. WTO 补贴规则背景下我国产业补贴政策的变革[J]. 上海政法学院学报（法治论丛），2019，34（3）：16-18.

③ WTO. DS46: Brazil-Export Financing Program for Aircraft[EB/OL]. （2001-08-23）[2022-12-28]. https://www.wto.org/english/tratop_e/dispu_e/cases_e/ds46_e.htm.

Supported Export Credits Agency），是指得到本国政府直接或间接支持，通过提供出口信贷、信用担保、保险、官方发展援助和其他出口信用支持，促进本国对外贸易和对外经济技术合作，提高本国企业国际竞争力的政策性金融机构，一般简称为出口信用机构。[①]

20世纪初期，以英美为首的西方发达国家逐步建立起官方出口信贷机构，积极利用本国剩余资金，促进资本密集型产品以及对外工程建设的发展。各国官方出口信贷机构建立之初，任务并不明确，运行规则也尚不明确。美国的官方出口信贷机构甚至经历多次撤销，在国会多个回合的激烈博弈中，最终明确了自身任务。普遍来看，西方官方出口信贷机构市场化运行程度较高，各项业务开展均有明确的法律法规支持。日韩等亚洲国家官方出口信贷机构起步较晚，官方支持的出口信贷份额迅速增长，成为推动其对外贸易开展的主要促进手段。

一、英国出口信贷担保局

成立于1919年的英国出口信贷担保局（UK Export Credit Guarantee Department，ECGD，以下简称"英国出口信保局"）是历史上第一个官方出口信贷机构，在成立初期它作为独立的政府部门存在。目前，英国出口信保局独立运作，并受英国财政部监管。机构先行设立、立法后续推进是英国官方出口信贷机构发展的一大特色。早在20世纪初期，英国已经形成比较成熟的商业出口信用支持体系，但英国关于出口信贷立法较晚，1991年才通过《出口和投资担保法》（Export and Investment Guarantees Act）。此外，英国出口信保局并不直接在市场上与商业金融机构竞争，只是作为最后的风险担保人，对商业银行的出口信贷进行担保，并对英国的出口提供信用保险。2018—2019年度，英国出口信保局提供的信用保险达到峰值，共提供了67.76亿英镑的信用担保和保险，保费收入为3.32亿英镑，净营运收入为1.28亿英镑。[②]

英国出口信保局的业务较为灵活，基本能够依靠商业运营盈利维持信贷补贴。其业务主要包括为出口商提供出口保险，防范货款支付风险，为

---

① 肖连魁. 合理利用世界贸易组织补贴规则，完善我国官方出口信用支持[J]. 国际金融研究，2004（6）：45-50.

② UKEF. UKEF Annual Report and Accounts 2018 to 2019: by section[EB/OL].（2019-06-20）[2022-12-28]. https://www.gov.uk/government/publications/ukef-annual-report-and-accounts-2018-to-2019-by-section.

商业银行出口信贷提供担保等。另外，英国出口信保局还会为国外买方直接提供出口买方信贷，以及为英国企业海外投资提供防范政治风险的保险。其中，针对出口商的保险，英国出口信保局主要为资本及半资本产品（大型项目、大型机械、飞机、船舶制造等）及相关服务提供保险，还为消费产品（如原材料，耐用品等）提供短期出口保险。信用保险业务由英国出口信保局自负盈亏，信贷担保则由政府进行补贴。

二、美国进出口银行

美国官方出口信贷机构在其发展早期定位并不明确，并且历经多次裁撤。直到 1934 年华盛顿进出口银行（Export-Import Bank of Washington）以及华盛顿第二进出口银行（The Second Export-Import Bank of Washington）成立，美国才正式有了自己的官方出口信贷机构。至 1936 年，华盛顿第二进出口银行在其两年期满后依总统行政命令取消，全部业务归于华盛顿进出口银行。由于华盛顿进出口银行长期以来组织地位的不确定性（分别被置于商务部、战时经济事务办公室以及对外经济管理局的领导下），在为出口贸易提供融资的同时也成为政府机构执行财政、国防以及外交政策的工具。在二战末期，美国颁布了《1945 年进出口银行法》（United States Export-Import Bank Act of 1945），规定了其职能是以保险、担保和融资的方式资助美国进出口商以促进美国产品的出口，其中，出口信贷担保和融资业务由华盛顿进出口银行直接受理。[①]该法经过多次修改，至今仍适用并成为美国进出口银行开展各项业务的主要法律依据。1968 年，华盛顿进出口银行更名为美国进出口银行（Export-Import Bank of the United States，EXIM），为美国进出口业务提供信贷支持。其主要任务包括：第一，为美国出口商提供资金，以增强与外国出口商竞争的能力；第二，为其支持的出口提供担保；第三，承担私人出口商和商业性金融机构不愿意承担或因资金不足无力承担的出口信贷，而不是与他们竞争。

依据《1945 年美国进出口银行法》，国会负责监管美国进出口银行，审计美国进出口银行的业务和预算，此时美国进出口银行的经营权每五年延长一次。美国进出口银行每年要向国会提交年度经营报告。未经国会批准，美国进出口银行不得拓展新的信贷业务。同时，国会有权指导美国进出

---

① 何婧. 美国进出口银行贷款支持航天出口项目及其启示[J]. 长安大学学报(社会科学版)，2015，17(3)：35-41、51.

口银行实施诸如支持中小企业出口、促进环保和劳动等关乎社会民生的政策。按照 OECD《安排》的要求，美国进出口银行对外公开经营状况和项目情况。2019 年，美国国会审议通过《2019 年美国出口融资机构法案》（United States Export Finance Agency Act of 2019），将美国进出口银行的运营执照延长 7 年，至 2026 年 9 月 30 日。该法案规定，在 7 年时间内，将进出口银行的法定贷款权限从 1350 亿美元增加至 1750 亿美元。法案还将"美国进出口银行"更名为"美国出口融资机构"（U.S. Export Finance Agency）。此外，美国于 2019 年再次修订了《美国进出口银行法》，对美国进出口银行授予史上最长的单次授权期限——7 年，并在美国国家经济委员会（United States National Economic Council）和国家安全委员会（United States National Security Council）的整体协调下，与政府部门加强合作，为"繁荣非洲倡议"（Prosper Africa Initiative）提供支持。

美国进出口银行资金来源渠道较多，主要以保险和担保业务为主。美国进出口银行资金来源主要有政府直接拨款（10 亿美元的股本金，但不具有投票权），财政部借款（没有固定的还款期限但要支付利息），以及发行债券（美国进出口银行可向商业银行发行债券，享受美国政府主权信用担保）。美国进出口银行在直接为企业提供出口信贷支持的同时，非常注重引导私人部门共同参与。与世界主要国家进出口信贷机构相似，美国进出口银行主要提供出口买方信贷、出口卖方信贷、出口商票据贴现（Exporter Bill Discount）、长期贷款以及保险等服务。值得注意的是，美国进出口银行职能与英国出口信贷担保局相似，是整合信贷与保险业务为一体的综合性信贷支持机构。美国进出口银行承担出口信贷 100%的政治风险和 90%的商业风险。20 世纪 90 年代以来，美国进出口银行出口信贷保险业务不断发展。目前，担保业务是美国进出口银行第一大业务。

三、日本国际协力银行

日本国际协力银行（Japan Bank for International Cooperation，JBIC）的前身是日本进出口银行（日本输出入银行），成立于 1950 年。由于其早期定位不清，直到 1999 年，日本进出口银行才与海外经济协力基金合并成立日本国际协力银行，专门负责执行日本官方出口信贷和官方发展援助。2008 年，日本国际协力银行的发展援助业务部独立，与小企业和个人商业部、农林渔业及食品商业部、中小企业事业部，共同组建日本国际协力机构（Japan International Cooperation Agency，JICA）。2012 年，这一机构名重新改回"日本国际协力银行"。日本国际协力银行的经营范围比较广泛，超过单纯的出口信贷范畴，能够执行政府特定的金融政策，同时也能自主开展经营性业务。

日本政府对其官方出口信贷机构干预较多，财政部负责其主要人事任命。2011 年日本国会通过了《日本国际协力银行法》（Japan Bank for International Cooperation Act）。按照该法第 11 条规定，日本国际协力银行主要从事出口信贷、进口支持、海外投资、对国外政府贷款以及相应的政策研究和信息发布工作，但其业务受日本财政部监管，主要高管人员也由日本财政部委任。日本国际协力银行须在每一财年结束后向日本财政部汇报年度工作、资金运作情况、下一年度计划等，接受财政部的相关审计。按照 OECD《安排》的要求，日本国际协力银行必须对外公开其经营状况和项目情况。在 2016 年，日本再次修订《日本国际协力银行法》，允许日本国际协力银行采取更加灵活、多元化的融资支持手段，拓展其支持范围。这进一步强化了官方出口信贷机构的职能，扩大其支持领域，增强其支持力度。

日本国际协力银行的资金来源渠道主要为日本政府的资本金注入、财政借款以及发行债券。日本政府几乎每年都会通过特定账户向日本国际协力银行注入资本金。借款方面，日本国际协力银行只能满足短期的资金需求，借款年限不得超过 1 年。发行债券只能以日本国际协力银行自身的信用为基础，政府不为其进行担保。但是，日本国际协力银行享受税收优惠，不用缴纳所得税和印花税。

四、韩国进出口银行

韩国进出口银行（Export-Import Bank of Korea）成立之初，主要提供进出口贸易、境外投资以及境外资源开发等政府及企业对外经济合作所需要的金融服务，以促进韩国经济发展。韩国进出口银行于 1977 年开始逐步开展代理出口保险业务，随后，于 1992 年剥离了出口保险业务。2005 年，韩国进出口银行受政府委托负责多边发展银行信托基金的运营和管理。韩国进出口银行一方面能够为企业提供进出口贸易、境外投资以及境外金融开发所需要的金融服务；另一方面通过对外经济合作基金（Economic Development Cooperation Fund，EDCF）和南北合作基金（Inter-Korean Cooperation Fund，IKCF）开展自主投资，维护项目运作。韩国进出口银行

在 2018 年度为韩国企业的出口和海外业务提供了折合 443 亿美元的信贷。^①

与日本国际协力银行类似，韩国政府对韩国进出口银行的干预程度也较大。韩国进出口银行受韩国财政经济部监管，高管人员由财政经济部长官任命。按照《韩国进出口银行法》（Export-Import Bank of Korea Act）的要求，财政经济部可以直接监管韩国进出口银行的业务，并下发必要的行政指令。按照 OECD《安排》的要求，韩国进出口银行必须对外公开经营状况和项目情况。

韩国进出口银行出口信贷方面主要包括进出口融资（Export Financing）、债券承销业务（Bond Underwriting Business）、贸易融资与担保以及境外投资和资源开发融资（Resource Development Financing）。其中，出口融资细分为买方信贷、按业绩贷款、个别交易贷款[包括中小企业出口优惠贷款（Preferential Export Loans for SMEs）、绿色产业金融支持（Green Industry Financial Support）、出口企业技术开发贷款（Technology Development Loans for Exporters）等]、卖方信贷。^②另外，韩国进出口银行负责运营对外投资基金。其中，南北合作基金的主要宗旨是促进韩国与朝鲜启动交流与合作项目；对外经济合作基金主要用于支持发展中国家的工业化和经济增长，扩大韩国与发展中国家的经济交流，以及开发项目贷款、设备贷款、民间资本贷款、基金转贷和商品贷款。

第三节　官方出口信贷规则面临挑战

20 世纪 80 至 90 年代，随着外向型经济占主导的发展中市场的出现，发展中国家开始逐步大量采用官方出口信贷业务支持本国对外贸易发展。官方出口信贷之间的竞争也逐渐由发达国家外溢到发展中国家。近些年，发展中国家的出口信贷量，尤其是金砖国家，甚至超越了欧美发达国家。欧美发达国家一度在国际场合指出发展中国家官方出口信贷的公平竞争问题，要求他们加入 OECD "君子协定"。事实上，WTO 建立后，多哈回合

① 韩国进出口银行 2019 年年报[EB/OL]. [2022-12-28]. https://www.koreaexim.go.kr/site/program/board/basicboard/list?boardtypeid=82&phototype=list&menuid=002001006004.

② 韩国进出口银行 2019 年年报[EB/OL]. [2022-12-28]. https://www.koreaexim.go.kr/site/program/board/basicboard/list?boardtypeid=82&phototype=list&menuid=002001006004.

等平台谈判的主要议题并没有将出口信贷问题纳入其中，而 OECD "君子协定"对开展官方出口信贷业务的发展中国家并没有约束力，他们拒绝加入一个不能实现自身发展诉求的国际规则。另外，官方出口信贷也与环保、人权、税务以及债务等新问题紧密交织在一起，加之 2020 年以来新冠疫情的全球蔓延，官方出口信贷又面临着新的挑战。

一、官方出口信贷政策的公平竞争问题

自 2008 年金融危机以来，全球经济运行持续处于低迷状态，贸易保护主义和单边主义愈演愈烈。在危机的冲击下，各国政府纷纷采取刺激政策，力图迅速恢复经济发展。这一时期的全球官方出口信贷体系呈现出两个新的趋势：一方面不受 OECD "君子协定"约束的国家支持本国出口商与其他国家的出口商竞争，其官方出口信贷呈现激增趋势，实质上构成了出口补贴；另一方面，包括相当数量的 OECD "君子协定"的成员国在内，世界上很多国家采用协定之外的工具[如市场窗口（Market Window）、非捆绑金融（Unbundled Finance）以及投资支持（Investment Support）等]实质上支持本国企业在国外的出口及项目。在 2012 年，为构建一项新的全球出口信贷协议，美国和中国倡议设立出口信贷国际工作组（International Working Group on Export Credit，IWG）并开展全球出口信贷监管谈判，希望能够出台一个支持公平贸易的官方出口信贷准则。IWG 的目标是通过谈判形成新的全球官方出口信贷准则，不仅涵盖经合组织和欧盟国家，而且涵盖金砖国家等发展中国家。IWG 每年召开三次会议，并实行轮值主席国制度（轮值主席国包括美国、中国、巴西等）。然而历经近十年的谈判，现在已经陷入僵局。就在 2020 年，欧盟成员以及包括美国和日本在内的 10 个国家的副部长在一份联合声明中宣布，由于成员在核心问题上仍然 "存在很大分歧"，他们正在中止国际出口信贷工作组的技术谈判。总而言之，虽然经合组织出口信贷当局希望与金砖国家的技术讨论取得成功，但许多经合组织国家也在扩大传统的、受监管的出口信贷竞争环境之外的业务，不公平贸易竞争的问题愈发凸显。

二、官方出口信贷规则尚未形成多边协定

官方出口信贷规则始终没有被纳入具有约束力的多边协定中，而且 OECD 的《安排》也明确指出，该《安排》仅是缔约成员国之间的 "君子协

定"，并非具有约束力的国际协议。①此外，即使受益于 WTO《补贴与反补贴措施协定》安全港条款的出口信贷支持从理论上讲也很脆弱：如果对世贸组织其他成员的利益造成了条款列举的某种形式的经济损害（所谓的不利影响），则容易受到 WTO 规则的挑战；如果发现对另一国的国内产业造成损害，则该国会采取单方面反补贴行动。也正是由于缺乏多边协定的规制，现如今各国出口商之间的竞争并不是基于出口商品和服务的质量和价格，而是基于贷款的期限和利率。这样的贸易方式会造成大量的资源浪费。如果考虑纳入多边协定的官方出口信贷规则，则其要商定的标准不仅应建立一个公平的竞争环境，而且应通过支持债务国的有效资源分配，着重满足社会和经济发展的诉求。

三、官方出口信贷规则面临的新问题

当前达成的官方出口信贷协议只是较大程度上解决了信贷内容、期限、利率、还款条件等主体问题，并针对不同产业做了不同规定。随着国际经贸合作的深化，官方出口信贷又与环境问题、人权问题、税收、债务等问题交织在一起，引起国际社会的反思。

（一）出口信贷与环境问题

官方出口信贷机构在大型基础设施和能源项目融资方面发挥着重要作用，特别是针对发展中经济体的投融资项目。这些项目包括火电站、大坝、采矿、输油管道和化工厂等项目。目前，大多数出口信贷机构还未针对所投资项目产生的社会和环境影响实施任何同步政策。很多民间机构担心，这会导致竞标者在环境方面"竞相降低门槛"，因为那些公司及其背后的出口信贷机构为了争夺出口和投资合同，会不惜接受最严酷的社会和环境冲击。因此，如何弥补现有出口信贷环境治理体系中的重大空白，成为官方出口信贷治理领域的重要议题。

自 20 世纪 90 年代以来，通过制定《OECD 关于出口信贷的安排》(OECD Arrangements on Export Credits) 以及《环境和社会尽职调查的共同办法》(Common Approach for Environmental and Social Due Diligence)，国际规则逐步加强了关于环境问题的全球治理。考虑到石化能源发电排放大量的二

---

① "君子协定" 2020 年修订版第 2 条：The Arrangement is a Gentlemen's Agreement among the Participants; it is not an Act。详见：http://www.oecd.org/tad/xcred/arrangement.htm。

氧化碳对全球气候变化产生的巨大损害，2013 年，美国政府出台政令停止美国进出口银行支持有关煤炭发电厂的出口信贷或投资保险。自此，美国政府开始强烈呼吁 OECD 成员国停止类似的官方信贷支持。但是，以日本为首的一些国家出于自身利益考量，不愿意放弃对于此类项目的支持。为此，OECD 成员国经过长达两年多的艰难谈判，最终达成妥协，即废除官方出口信贷支持建设海外煤炭发电厂的相关协定。除此之外，涉及不可再生能源、气候变化以及水资源项目的国际融资已经牵扯到了相当数量国家的行业利益。这些官方支持出口信贷资金往往只是一个引子，借此会吸引更大规模的资金流入。如何通过规制官方支持出口信贷资金的流动，进而努力支持环境保护和限制影响气候变化的能源项目发展，成为当前国际社会关心的一个热点问题。

（二）出口信贷与特殊实体税收问题

避税天堂（Tax Haven）掩盖了真实的出口来源地和目的地，让企业规避大量的税款，减少政府的财政收入。另外，很多海外投资也从避税天堂绕道，规避投资母国对于海外投资的税收规定，摆脱母国法律对其施加的约束。企业在避税天堂建立结构复杂的公司体系，再把资金和产品输入到各国实体经济，利用法律和制度上的漏洞享受了大量优惠待遇。国际金融危机之后，发达国家拨出大量财政资金支持本国的经济振兴。但是，很多资金却通过避税天堂变相流到其他国家。国际社会一再强调要联合执法，取缔偷税漏税公司。但欧洲的一些官方出口信贷机构却暗中支持着这些公司在海外设立的项目，特别是支持那些在避税天堂注册的公司。2009 年，法国总统萨科齐（Nicolas Sarkozy）表示通过避税天堂注册和运作的公司不允许申请获得法国公共机构的支持或取得法国公共机构的担保，最终人们却发现一些这样的公司还是得到了政府资金支持。如何开展联合执法，切断官方出口信贷与避税天堂公司之间的联系也成为焦点问题。

值得庆幸的是，近年来各国加大了对利用海外秘密账户逃税行为的打击力度。2014 年 7 月，OECD 受 G20 委托，核准并发布了金融账户涉税信息自动交换标准（以下简称"标准"），这对打击跨境逃避税行为，进一步加强国际税收合作发挥了重要作用。在 G20 的支持和引导下，截至 2019 年 7 月，已有 106 个国家或地区签署实施"标准"的《多边主管当局协议》

（Multilateral Competent Authority Agreement），其中，92 个国家（地区）已开展相关信息交换。[①]2019 年 10 月 10 日，以"为客户保密"著称的瑞士银行（UBS）已兑现其税制改革承诺，欧盟也已将其从避税天堂灰名单中移除。[②]

（三）出口信贷与人权问题

巴西卡拉雅斯铁矿的开采损害了巴西亚马孙平原当地原住民的权益，导致土地被强行征收，反对的原住民遭受迫害。这一项目由巴西矿业巨头 Vale S.A.开发，并接受了加拿大出口信贷机构的资助。另外，德国政府通过本国出口信贷机构支持了哥伦比亚 Hidrosogamoso 大坝的建设。在大坝的建设过程中，当地居民的人权被践踏。除此之外，美国进出口银行支持的印度 Sasan 水电站项目、荷兰官方出口信贷机构支持的巴西 Suape 海港项目在当地承包商的建造过程中都践踏了人权，给当地居民带来了不可逆的损害。作为为项目提供融资的官方出口信贷机构，需要承担怎样的责任？当前，各国对此并没有形成统一的认识。

（四）出口信贷与主权债务问题

官方出口信贷机构创设的初衷是为了解决本国出口商的产品回款问题。一般而言，商业机构很难承担跨国的、超过 2 年期的货款回收风险，而官方出口信贷机构由于有政府注资或财政借款的保障，能够提供长期低利率的贷款。另外，官方出口信贷及信保合同一般会取得对方主权背书（Sovereign Counter Guarantee），而且可以通过多边或双边协议加以确认。这种情形下，一旦对方国家私营公司违约，私人债务将转化为国家主权债务（Sovereign Debt）。在 OECD、WTO 以及欧盟委员会的相关要求下，官方出口信贷机构要在长期运营中达到收支平衡，即总收入（保费支出+利息收入+债务回收）等于总支出（运营支出+债务注销）。目前，一些发展中国家债务激增。很多情况下，考虑到许多发展中国家债务过高、无法还贷，出口信贷母国只能将债务转化为国际援助记账。

---

① 数据源自金融账户涉税信息自动交换网站，详见：http://www.chinatax.gov.cn/aeoi_index.html。

② EU removes Switzerland from its watch list [EB/OL].（2019-10-17）[2022-12-28]. https://www.sif.admin.ch/ sif/en/home/dokumentation/fokus/graue-liste.html.

另外，出口信贷的透明度、出口信贷支持项目的可持续问题、出口信贷发放过程中的腐败问题以及武器贸易中的出口信贷问题（英国出口信保局涵盖武器贸易的出口信贷与保险），也是人们关注的热点问题。

四、后疫情时代的官方出口信贷规则

新冠疫情已经深刻地影响了国际贸易局势，对全球资本市场的冲击和信贷压力也已经波及了许多国家。出口成本上升、供应链中断和市场损失使许多国家的出口商难以获得重要的商业融资，这对中小企业造成了尤其严重的影响，大大增加了其违约风险。在危机时期，主要的贸易国政府历来是通过出口信贷机构支持国内出口企业，帮助其在国外探寻机会。如果商业银行不再充当中长期融资提供者的角色，它们便充当起最后贷款人的角色。随着商业金融市场的发展，出口信贷机构的作用和重要性在 20 世纪 80 年代逐渐减弱。然而，当 2008 年金融危机袭来之时，出口信贷机构又作为确保国际贸易系统流动性的关键避震器而复兴。2020 年新冠疫情在世界范围内暴发后，出口信贷机构也充分发挥了其最后贷款人的传统作用维系各国出口企业的生存发展。例如，丹麦工业联合会（Confederation of Danish Industry）和出口信贷基金（Eksport Kredit Fonden）将其再保险计划涵盖范围扩展至在流动性问题上苦苦挣扎的 OECD 成员国和丹麦商品进口商等欧盟国家；波兰出口信用机构扩大了其保护范围，以涵盖偿还期限超过两年的出口交易的所有政治和商业风险；澳大利亚出口金融局（Export Finance Australia）为已建立且先前盈利的出口商设立了新的 5 亿澳元资本安排；美国进出口银行通过了一系列新冠疫情紧急补救措施，以"向市场注入流动性"的名义帮助美国公司开展国际贸易。

此外，作为一种非传统安全威胁（Non-traditional Security Threats），疫情蔓延扩散本身就是全球化的突出表现，同时也导致了经济全球化受挫放缓，人员流动的全球化受阻隔绝，对全球化造成巨大冲击。借炒作疫情，质疑、反对全球化的"逆全球化"浪潮卷土重来。具体到官方出口信贷规则领域，逆全球化这股浪潮可能会阻碍官方出口信贷规则向多边规则发展。受疫情影响，世界各国的政治风险系数在不断攀升，这势必在未来较长一段时间内使整体出口信贷量面临萎缩，造成不可估量的影响。过去国际社会在出口信贷规则领域一直争论的是来自发展中国家公平竞争甚至欠发达债务国的善政等问题；现如今，疫情给世界经济贸易发展又蒙上了一层新的阴影。弱约束力的"软法"根本无法阻止各国为提振本国国内贸易出口而开展的恶性竞争。因此，在后疫情时代，协商、制定和践行多边协定规制的官方出口信贷规则显得尤为重要。

综上所述，尽管历次危机的背景不尽相同，但背后蕴藏的普遍性逻辑是一致的，可以从中汲取一些经验教训。我们生活在一个紧密联系的世界体系中，需要树立人类命运共同体的核心价值观，站在人类命运共同体的视角形成有效的解决方案。遗憾的是，直至当下，用于规范官方出口信贷的全球治理体系都是零散且不完善的。2008 年金融危机之后，大多数 OECD国家并没有恢复其先前稳定国际贸易系统流动性的作用；相反，它们在全球经济停滞之时致力于推动本国贸易扩张以恢复本国经济，各国之间相互竞争并与私营部门竞争稀缺的出口市场。这些现象都让我们不得不去反思后疫情时代各国出口信贷逐底竞争（Race to the Bottom）给全球信贷体系带来的挑战，以及如何才能实现官方出口信贷规则的重构与创新。

第四节　中国与官方出口信贷规则

新冠疫情严重挑战了全球公共卫生系统（Global Public Health System），进一步导致世界经贸交往陷入停滞状态，国际经贸的产业链和供应链严重受阻，贸易投资活动面临停摆的困境。各国出台数万亿美元的经济救助措施，但世界经济复苏仍不稳定，前景存在很大不确定性。[1] 习近平主席在世界经济论坛"达沃斯议程"（World Economic Forum Davos Agenda）对话会上强调，"世界上的问题错综复杂，解决问题的出路是维护和践行多边主义，推动构建人类命运共同体"，"最大程度增强合作机制、理念、政策的开放性和包容性，共同维护世界的稳定"，中国始终"坚持多边主义的核心价值和基本原则"，"立足世界格局变化，着眼应对全球性挑战需要，在广泛协商、凝聚共识的基础上改革和完善全球治理体系"。[2]

---

① 习近平. 让多边主义的火炬照亮人类前行之路——在世界经济论坛"达沃斯议程"对话会上的特别致辞[EB/OL].（2021-01-25）[2023-01-28]. http://www.gov.cn/gongbao/content/2021/content_5585225.htm.

② 习近平. 让多边主义的火炬照亮人类前行之路——在世界经济论坛"达沃斯议程"对话会上的特别致辞[EB/OL].（2021-01-25）[2023-01-28]. http://www.gov.cn/gongbao/content/2021/content_5585225.htm.

　　中国对官方出口信贷规则的重构与创新也始终秉持多边合作、广泛协商的理念，提倡公平公正基础上的竞争，保障各国平等发展权利，促进共同繁荣。伴随着发展中国家出口信贷规模的扩大，中国等发展中国家官方出口信贷也正在深刻地改变官方出口信贷规则发展趋势。他们提出重构官方出口信贷规则的诉求，并尝试完善和推进全球贸易治理安排，将其合理地纳入 WTO 多边框架，使之更加符合广大发展中国家的利益。

一、确保发展中国家主权债务的可持续性

（一）官方出口信贷规则应立足于广大发展中国家的诉求

　　当前以 OECD "君子协定" 为核心的官方出口信贷规则主要围绕发达国家标准和要求制定和改进，这在一定程度上并没有考虑发展中国家的利益诉求，基于 "软法" 的性质，许多发展中国家并未加入该《安排》。近些年来发展中国家如中国、印度的出口信贷量在增长，且这些国家在出口信贷领域的份额也在扩大，这也使得 OECD "君子协定" 的影响力逐年消减。因此，有必要在以多边机制为核心的经贸规则框架下重构官方出口信贷规则，综合考量发达国家和发展中国家的各方诉求，尤其是广大债务国的信贷体系稳定。官方出口信贷规则体系不应该也不能成为某些利益集团的代言人和利用工具，应该在各国平等协商的前提下，建立符合联合国可持续发展目标的良性信贷体系，使之成为国际社会成员的共同守则。各国无论体量大小、国力强弱、发展先后，都有平等协商的权利，进而通过对话沟通找到各国利益的最大公约数。比如发展中国家和发达国家都应该承担解决 "君子协定" 中一直强调的环境问题等责任，但也要考虑到二者发展程度的差异性。发达国家已经完成了工业化，应率先强制减排，并向发展中国家提供减排技术和资金援助。发展中国家尚处于工业化的初级阶段，其排放属于生存性排放，也应给予适当的理解。因此对环境问题要坚持 "共同但有区别的责任" 原则，不能片面突出责任而模糊两类责任性质的差异性。

（二）官方出口信贷规制合作应致力于维护债务国主权债务的可持续性

　　中国始终秉持共商共建共享的原则，通过 "一带一路" 倡议将中国的

新发展理念推广至国际社会并形成广泛共识。为维系"一带一路"沿线国家债务的可持续性，中国已向他们提供了大量融资支持（仅银行贷款就超过 3000 亿美元），这也意味着中国已成为除多边债权机构（如世界银行）以外的最主要的双边债权方。①中国也一直拥护和践行世界银行的债务可持续性框架和联合国的可持续融资框架，在对非合作中始终坚持集约发展理念，立足非洲实际需要，注重项目经济社会效益，设身处地帮助非方防范债务风险，减轻减缓偿债压力。中方除了积极响应 G20 缓债倡议（G20 Debt Service Suspension Initiative），也在中非合作论坛（Forum on China-Africa Cooperation）框架下免除在 2020 年底到期的 15 个相关非洲国家的无息贷款，并继续推动国际社会特别是 G20 进一步延长缓债期限，以缓解新冠疫情对非洲国家造成的经济负担。作为双边官方债权人，中国进出口银行和 11 个非洲国家签署缓债协议；依据 G20 缓债倡议，其他的非官方债权人也积极同一些非洲国家达成减缓债务的共识。②

但国际社会中有关中国"搭便车"行为的负面声音也一直存在，例如指责中国没有加入巴黎俱乐部（Paris Club），该俱乐部是一个专门为债权国以及负债国提供国际协调和债务安排的机构。除此之外，近些年来的"债务陷阱"（Debt Trap）论也是甚嚣尘上。一些国家污蔑中国试图诱导负债国承担超出偿还能力范围之外的债务从而实现对负债国的主权干预和资源掠夺。③因此，对受援国的债务可持续性的维护不仅对保护中国海外投资利益至关重要，而且直接关乎中国的国际声誉。为此，中国始终致力于推动国际社会改良官方出口信贷融资评估规则，完善投资风险监督和管控体系，最终推动各个债权国践行"负责任"的出口信贷，开展更为有效的国际协调合作。

二、建立包容性多边官方出口信贷规则

2020 年，中国经济在新冠疫情冲击下逆势转正，成为全球唯一实现正

---

① 熊婉婷，常殊昱，肖立晟. IMF 债务可持续性框架：主要内容、问题及启示[J]. 国际经济评论，2019（4）：44-62.

② 中方将免除 15 个非洲国家截至 2020 年底到期无息贷款[EB/OL]. （2020-10-14）[2023-01-28]. https:// www.163.com/news/article/FOTSCTJ900001899O.html.

③ PARKER S, GABRIELLE C. Debtbook Diplomacy: China's Strategic Leveraging of its Newfound Economic Influence and the Consequences for U.S. Foreign Policy [P]. Harvard Kennedy School: Belfer Center for Science and International Affairs, 2018-03-24.

增长的主要经济体，这也对全球经济复苏起到了推动作用。中国始终坚持贯彻新发展理念，不断深化南南合作（South-South Cooperation），帮助发展中国家消除贫困、缓解债务压力，积极地参与全球经济治理，推动经济全球化朝着更加开放、包容、普惠、平衡、共赢的方向发展。因此，中国致力于建立包容性的多边官方出口信贷规则，符合联合国包容性发展理念的核心要义，也有利于进一步推动全球经济的复苏和发展。

就"包容性"而言，发展中国家参与制定和商定标准的过程极为重要。这可以增强这些国家参与规则制定的参与感，并有助于使他们参与规则管辖范围内的国际贸易融资。关于出口信贷不公平竞争的大部分国际争端都与发展中市场相关，因此广大发展中借贷国和债务国的加入将使新的官方出口信贷规则在各方面真正具有包容性。此外，由于基建投资项目的规模一般较大，通常需要向多个国家采购商品和服务。如果采用基于包容性的合作方式，则有可能推动广大发展中国家实现在全球范围内采购最便宜、最优质的商品和服务，并为此启动相关合作项目，这将对全世界的外国直接投资产生积极影响。除了"包容性"之外，债权国之间还需要一种基于协力合作的理念和方式。从20世纪下半叶开始，随着运输成本的下降和IT部门的革命性进步，整套生产流程模式已经彻底被颠覆。全球化加速发展，商品生产过程的每个步骤都被分割成产业链中较小的一块，进一步推动了生产的国际化。外包的扩散和跨国供应链的扩大，也印证了经济全球化是不可逆转的历史趋势。因此，在全球化趋势下各债权国必须通力合作，制定相应的规则，设立相关的机构以支持和维护所有利益相关方的利益。为了实现资本的自由便利流动，跨国公司、区域开发银行和各债权国出口信贷机构必须进一步开展合作，以有效地利用各自资源和经验来克服在当地采购商品和服务过程中的融资问题。如果针对官方出口信贷规则达成有效共识，广大的发展中债务国有望在未来几年甚至几十年中成为世界经济的重要参与者。此外，由于近些年《巴塞尔协议III》（Basel III）和其他银行业等监管措施的变革，私营部门对大型交易提供中长期融资的意愿愈发减弱，政府通过出口信贷机构融资的作用将会进一步增强，而机构之间的相互竞争及其法规将浪费更多的全球金融资源。因此，建立具有包容性且注重发展中信贷国参与的多边官方出口信贷规则具有深远的历史意义。

三、利用多边机制制定官方出口信贷规则

归根结底，目前解决官方出口信贷问题最主要的舞台还是 WTO，究其原因，主要归结为以下几点。第一，当前官方出口信贷量较大的国家基本上是发展中国家，并不在目前商谈的主要区域协议中。由于官方出口信贷量较大的国家并不是 OECD 成员国，他们没有义务披露每年执行的项目数量和金额。诸如 OECD 协议等并不能对这些国家起到主要的约束作用，而多边体制恰恰成为解决官方出口信贷问题最好的平台。第二，官方出口信贷合同内容高度保密，多边体系是最佳的信息交流平台。目前也仅有 OECD 几个成员国按要求对外公布官方出口信贷的合同金额、信贷支持方式等内容；合同内容处于严格保密状态，只有当贷款接受国提出公开抗议时，人们才能了解合同的具体内容；只有在多边体制下，成员国才可充分交流信息，寻求解决办法。第三，现有的区域及诸边体系并没有主要涉及官方出口信贷规则。2018 年 12 月达成的 CPTPP 对官方出口信贷的要求很低，也仅显示出在多边体系下变革官方出口信贷规则的可能性。OECD "君子协定" 约束性较弱，OECD 成员国对于本身规则尚未形成统一的认识，并运用协议规定内容外的官方出口信贷手段，实质性地违背了协议内容。

实际上，可将 OECD "君子协定" 达成共识的条款纳入世贸组织的框架内，即利用多边机制制定官方出口信贷规则使遵循官方出口信贷规则的成员范围更广。这个框架的建立可以首先从可操作性强的多边论坛入手，例如已经开展的一系列出口信贷机构会议。近十年官方出口信贷发展轨迹中的许多迹象表明，在新冠疫情持续影响，实施《巴塞尔协议 III》以及其他银行业改革的背景下，商业银行为长期项目提供资金的意愿将继续减弱。如果全球出口信贷机构能够通过协调其政策进行合作，那么将会迎来一个良性循环的开端，通过专注于价格和质量来提高效率，满足对出口信贷服务的长期需求，并提高全球出口商的竞争力。反之，"逐底竞争" 的风险将会逐渐增大。因此，践行具备包容性的官方出口信贷标准，并实现良性的公平竞争环境，需要有长远的目光，而非仅依靠单个政府实施侧重于干预金融或经济危机的政策就可以实现。各国贸易参与者的出口信贷政策必须在遵守公认的透明性和问责制标准，且确保信贷债务国债务可持续性等前提下协商，保障各国平等发展的权利，促进世界的共同繁荣。

附录 4.1　中国进出口银行基本情况

中国进出口银行是执行出口信贷政策的主要机构。中国进出口银行于1994 年成立，直属国务院领导，为政府全资拥有的国家银行，依托国家信用支持，被美国标准普尔公司评为 A，美国穆迪投资者服务公司评为 A_1，惠誉信用评级公司评为 A+。

《中国进出口银行章程》规定进出口银行主要业务范围：①进出口银行的经营范围为经批准办理配合国家对外贸易和"走出去"领域的短期、中期和长期贷款，含出口信贷、进口信贷、对外承包工程贷款、境外投资贷款、中国政府援外优惠贷款和优惠出口买方信贷等；②办理国务院指定的特种贷款；③办理外国政府和国际金融机构转贷款（转赠款）业务中的三类项目及人民币配套贷款；④吸收授信客户项下存款；⑤发行金融债券；⑥办理国内外结算和结售汇业务；⑦办理保函、信用证、福费廷等其他方式的贸易融资业务；⑧办理与对外贸易相关的委托贷款业务；⑨办理与对外贸易相关的担保业务；⑩办理经批准的外汇业务；⑪买卖、代理买卖和承销债券；⑫从事同业拆借、存放业务；⑬办理与金融业务相关的资信调查、咨询、评估、见证业务；⑭办理票据承兑与贴现；⑮代理收付款项及代理保险业务；⑯买卖、代理买卖金融衍生产品；⑰资产证券化业务；⑱企业财务顾问服务；⑲组织或参加银团贷款；⑳海外分支机构在进出口银行授权范围内经营当地法律许可的银行业务；㉑按程序经批准后以子公司形式开展股权投资及租赁业务；㉒经国务院银行业监督管理机构批准的其他业务。[1]

其中，出口卖方信贷业务主要指为出口商制造或采购出口机电产品、成套设备和高新技术产品提供的信贷，主要解决出口商制造或采购出口产品或提供劳务的资金需求。此项业务主要为了推动出口创汇，支持本国产品，增加国内就业，提高国际市场竞争力，促进经济发展，如表 4.4 所示。

---

[1] 中国进出口银行章程[EB/OL]. (2019-02-25) [2022-12-28]. http://www.eximbank.gov.cn/aboutExim/profile/zczy/201902/t20190225_8813.html.

表 4.4　中国出口卖方信贷业务的内容及其要求

具体业务	业务内容	业务要求
船舶出口卖方信贷	对中国企业出口船舶和为国外船舶改装、修理所需资金提供的本、外币贷款	1. 预付款原则上不低于30%（现汇项目），20%（延付项目），现汇项目各期进度款支付保证，延期项目延付部分支付保证 2. 出口信用保险，还款担保
设备出口卖方信贷	对中国企业出口的成套设备、单机及对外提供相关的技术服务等出口项目所需资金发放的本、外币贷款	1. 合同已签订，必要时经国家有权机关批准 2. 合同金额不低于100万美元，预付款原则上不低于15%，延付保证 3. 出口信用保险，还款担保
高新技术产品（含软件产品）出口卖方信贷	对中国企业除船舶、设备类产品以外的高新技术产品出口所需资金提供的本、外币贷款	1. 高新技术产品目录，高新技术产品出口目录 2. 高新技术年出口额300万美元，软件100万美元；软件企业CMM2级以上或GBT19000-ISO9000 3. 还款保证
一般机电产品出口卖方信贷	对中国企业除船舶、设备和高新技术类机电产品以外的机电产品出口所需资金提供的本、外币贷款	1. 机电产品目录，或经国家主管部门认定 2. 年出口额500万美元，实力较强的中西部企业或民营企业300万美元 3. 自主知识产权，自主品牌，高附加值，节能减排及环境保护
对外承包工程贷款	对中国企业承接的能带动国产设备、施工机器、材料、工程施工、技术、管理出口和劳务输出的境外工程承包项目所需资金发放的本、外币贷款	1. 签订合同，必要时经国家有权机关批准 2. 带动国产设备、材料、技术、劳务和管理的出口额原则上不低于合同金额15% 3. 合同金额不低于100万美元，预付款原则上不低于15% 4. 延付保证，还款保证，必要时出口信用保险 5. 项目所在国政治、经济相对稳定 6. 意向性文件
境外投资贷款	对中国企业在境外投资的各类项目所需资金发放的本、外币贷款	1. 中国及项目所在国（地区）有权部门批准 2. 出资额不低于100万美元，自有资金出资比例原则上不低于应出资额的30% 3. 可行性分析，配套条件落实，预期效益好 4. 国别情况和投资环境稳定 5. 必要时海外投资保险，还款保证
农产品出口卖方信贷	对中国企业农产品及其劳动加工产品出口所需资金提供的本、外币贷款	1. 法人资格，从业经验，资信状况，还款能力 2. 年出口额原则上100万美元 3. 商业利率，必要的保险，还款担保

资料来源：中国进出口银行官方网站

　　出口买方信贷业务是指为解决国外进口商在购买中国产品时面临的资金困难问题，向国外借款人发放的中长期贷款，旨在促进中国贸易出口。其贷款周期长、利率优惠，主要业务流程参照 OECD《关于官方支持的出口信贷准则的安排》相关条款。

对外优惠贷款业务是指根据中国官方政府指示，特别面向发展中国家提供中长期低息利率贷款，这类贷款往往具有援助性，主要用于有经济效益或社会效益的生产性项目、基础设施建设及社会福利项目。利率期限由合同协议确定。采购优先，并要求中国成分一般不低于50%。

对外担保业务以保函形式做出，当境外债权人或受益人未按合同履行义务时，由中国进出口银行履行保函规定义务。对外担保业务包括非融资类保函，如贸易和承包工程项下的投标保函、履约保函、预付款保函、质量（维修保函）保函、关税保付保函及一年期以内的延期付款保函和其他担保等，以及融资类保函，借款保函、融资租赁保函、补偿贸易保函、一年期以上的延期付款保函和其他担保等。创新业务，包括出口小企业统借统还贷款、中小企业融资担保业务以及特别融资账户业务。其中，出口小企业统借统还贷款是向融资平台发放的，由融资平台统借统还，用于支持出口小企业及因担保等原因难以达到贷款要求的中型企业出口机电、高新技术产品及经批准的其他业务范围内的中短期本、外币贷款。中小企业融资担保业务以保函或备用信用证形式向受益人出具融资类保证，当其未按合同履行义务时，可按约定辅助完成代偿，因此是一种授信业务。特别融资账户业务以国家财政为后盾，通过创业风险投资，扶持进出口相关中小型高新技术企业发展，增加企业自主创新能力，提高国际竞争力。

附录4.2　OECD《官方支持出口信贷安排》基本内容

经济合作与发展组织（OECD）《官方支持出口信贷安排（2021年修订版）》的基本内容有以下几个方面。

（1）目标。为成员国制定官方支持信贷政策提供一个合理的框架，避免在出口信贷政策上各国陷入恶性竞争。鼓励各国提供质优价廉的出口产品，而不是滥用国家补贴并对他国市场造成损害。同时，OECD界定了官方出口信贷的内容包括：直接信贷、融资、再融资、利率优惠支持、援助、出口信用保险等方式。

（2）适用国家。《安排》只适用于约束《安排》的参与者，绝大多数参与者都是OECD成员（如表4.5所示）。事实上，现在世界上提供官方出口信贷的绝大多数国家基本上都在遵循《安排》的规则。

表 4.5　OECD《安排》的参与方

洲　别	国　家
亚　洲	日本、韩国、土耳其
欧　洲	欧盟国家，包括法国、德国、意大利、奥地利、比利时、卢森堡、丹麦、芬兰、希腊、爱尔兰、荷兰、葡萄牙、西班牙、瑞典，以及非欧盟成员国挪威、瑞士等
北美洲	美国、加拿大
大洋洲	澳大利亚、新西兰

资料来源：OECD 网站，https://www.oecd.org/officialdocuments/publicdisplaydocumentpdf/?doclanguage=en&cote=tad/pg(2021)6

（3）适用范围。《安排》适用于期限在两年或两年以上的中长期官方支持信贷。不论各国官方出口信贷是通过直接信贷、直接融资（Direct Financing）、再融资、利率优惠或出口信用保险等任何方式。另外，此协议还覆盖带附加协议的援助。

（4）买方信贷的贷款原则。接受买方信贷的进口商只能将贷款支付给贷款国的出口商、出口制造商或在该国注册的外国出口公司进行支付，不得用于第三国。进口商利用买方信贷只能用于购买或租赁资本类货物，如成套设备及有关的技术、劳务等，不得用于购买原材料、消费品等（这些产品一般只用短期信贷即可）。资本货物一般由贷款国制造，如果资本货物的构件由多国产品组装，则本国部件应占到50%以上。进口商必须要支付贸易合同的15%，官方支持信贷最多支持货款金额的85%。官方支持出口信贷通常每半年要还本付息一次。

（5）使用货币的规定。可以使用贷款国货币。使用贷款国货币与美元共用，不同货币收取不同利率（考虑到不同国家国内通胀情况不同、主权信用及经济发展状况不同，因而不同货币的利率会有所差异）。允许借款国选择美元或贷款国的本国货币。

（6）现金支付和贷款金额的起点。进口商在使用买方信贷时，必须自筹总合同金额15%的现金，以定金形式付给出口商。进口商购买资本类货物获取买方信贷必须在一定金额以上，目的是促进大额交易。

（7）还款起算点。正式的还款日期在还款起算点之后的 6 个月。对于不同的设备，还款起算点有不同的规定。

（8）最长还款期限。原则上，官方支持出口信贷不允许延期。高收入国家最长还款期限为 5 年，中等收入国家还款期限为 8.5 年，低收入国家最长还款期限为 10 年。国家类型的划分主要参考世界银行的标准规定。如果遇到特殊情况到期不能还款，需要事前向 OECD 其他成员国通报。

（9）最低利率。各国制定官方支持信贷需要采用商业参考利率（Commercial Interest Reference Rate，CIRR）。此利率每个月 15 日调整一次，主要基于世界各主要国家 5 年期政府债券收益率再加上 100 个基本点构成。《安排》并不禁止各国采用本国的商业参考利率。

（10）当地费用（Local Cost）。当地费用主要指出口商为完成机器及设备的出口而在出口国当地购买的零星的机器设备和必要的劳务支出（运输、包装、保险等）。这些费用可以申请当地费用，但对于 I 类国家当地费用额度不超过货款金额的 40%；对于 II 类国家当地费用额度不超过贷款金额的 50%。

（11）最低风险溢价利率。该利率由国家信用等级、贷款期限等因素决定，OECD 公布了一套烦琐的计算公式，主要内容须参考 Knaepen 协议（Knaepen Package，1999 年实施）的规定。

（12）《安排》中几个重要协议。

一是赫尔辛基协议（Helsinki Accords）：赫尔辛基协议的主要内容是禁止对可商业运营项目提供捆绑性援助，最不发达国家的项目除外。这一协议也彻底划清了商业性贷款与援助性贷款的区别。如果项目进行商业性贷款，那么可根据市场利率收取较高的项目回报，但项目的采购、执行以及运营都要进行国际公开招标。如果项目是援助性质的，那么援助份额必须达到一定比例。对于低收入国家，援助比例必须达到 50% 以上；对于中低收入国家，援助比例不低于 35%。

二是 Schaerer 协议：Schaerer 协议要求成员国从 1995 年开始全面执行"商业参考利率"。商业参考利率基于全球主要国家 5 年期的政府债券再加上一定的风险溢价。

三是 Knaepen 协议：Knaepen 协议针对各国家风险测算做了规定，并在此基础上确定保费标准。同时，协议规定所有保险的买方和卖方，不论公立机构还是私立机构，都要执行统一的标准。

第五章 跨境电子商务与数字贸易规则

21 世纪以来，随着互联网技术（Internet Technology，IT）应用的深入和普及，跨境物流、支付和结算的数字化经济迅速发展，全球电子商务（E-Commerce）市场规模不断扩大。跨境电子商务（Cross-border Electronic Business）在促进国内消费、推动进出口贸易转型升级、提升流通服务业国际竞争力等方面都发挥着重要作用。中国高度重视跨境电子商务和数字贸易（Digital Trade）的发展，国家有关部委和地方政府有关部门制定了系统支持促进跨境电子商务和数字贸易发展的政策措施。但是，中国在参与研究构建多边国际电子商务和数字贸易规则方面的工作相对滞后，这将会对中国跨境电子商务和数字贸易长期、持续和健康地发展造成影响，不利于跨境电子商务和数字贸易企业国际竞争力的提升。本章在梳理跨境电子商务和数字贸易规则的基础上，集中分析发展跨境电子商务对现有国际经贸规则的挑战和制定新规则的需求，并结合《全面与进步跨太平洋伙伴关系协定》（CPTPP）、《美墨加三国协议》（USMCA）、《数字经济伙伴关系协定》（Digital Economy Partnership Agreement，DEPA）等新型区域贸易协议中关于跨境电子商务和数字贸易的规则，剖析跨境电子商务规则向数字贸易规则发展的新趋势，提出中国要把握机遇，积极参与研究制定跨境电子商务和数字贸易的国际规则体系，促进全球跨境电子商务和数字贸易的健康发展。

第一节 跨境电子商务的概念演变与发展现状

大数据、云计算、人工智能技术、社交媒体、移动互联网技术的进步和广泛应用，推动了跨境电子商务和数字贸易的快速发展，使跨境电子商务呈现出多种类型的模式。随着跨境电子商务和数字贸易在全球范围内的迅猛发展，跨境电子商务立法和国际规则制定的进程得到了进一步推动。

本节重点介绍跨境电子商务相关概念的演进，包括世界各国、有关国际组织和区域组织对于跨境电子商务和数字贸易的定义，以及根据交易对象、支付情况、商务内容和网络类型等不同角度划分出的跨境电子商务类别。

一、跨境电子商务的概念

跨境电子商务，在英语中常用"Cross-border Electronic Business""Cross-border Electronic Commerce"或"Online Cross-border Shopping"等词语来表述。跨境电子商务有广义和狭义之分。广义的跨境电子商务表述为"Cross-border Electronic Business"，是指分属不同关境的交易主体通过电子手段进行的跨境进出口贸易的商业事务活动。狭义的跨境电子商务表述为"Cross-border Electronic Commerce"，通常是指分属于不同境域的交易主体通过电子商务平台达成交易、进行跨境支付结算、通过跨境物流送达商品而完成交易的一种国际贸易新业态。[①]从概念上来说，Electronic Commerce 侧重于电子商务交易，强调向境外开展交易与合作；而 Electronic Business 在广义上则强调使用电子手段或工具所进行的各种商务或活动。

跨境电子商务在世界各国或不同领域的定义虽然略有不同，但是都包含有"以现代信息技术和网络渠道为交易途径""通过数字化方式""由一个经济体境内向另一个经济体境内提供"等核心要素。[②]

不同的国际组织对跨境电子商务的定义各不相同。1997 年 11 月，由国际商会（International Chamber of Commerce，ICC）在巴黎举行的世界电子商务会议将电子商务定义为："电子商务是整个贸易活动的电子化。"[③] WTO 的定义则比较简明扼要，称电子商务是指"货物和服务通过电子的方式所进行的生产、销售、买卖和传递"。经济合作与发展组织（OECD）则把电子商务定义为"通过专门为接收和发出订单而设计的计算机网络进行的货物或服务的销售和购买活动"。世界全球信息基础设施委员会（Global Information Infrastructure Commission，GIIC）的电子商务工作委员

---

① 阿里研究院. 贸易的未来：跨境电商连接世界——2016 中国跨境电商发展报告[EB/OL]. (2016-09-08)[2023-01-25]. http://www.aliresearch.com/ch/information/informationdetails?articleCode=21054&type=%E6%96%B0%E9%97%BB.

② World Customs Organization. Cross-Border E-Commerce Framework of Standards[EB/OL]. （2022-07）[2023-01-25]. http://www.wcoomd.org/-/media/wco/public/global/pdf/topics/facilitation/activities-and-programmes/ecommerce/wco-framework-of-standards-on-crossborder-ecommerce_en.pdf?la=en&la=en.

③ 陈月波. 电子商务概论[M]. 北京：清华大学出版社，北京交通大学出版社，2004：4.

会把电子商务定义为"运用电子通信手段开展的经济活动，包括对产品和服务的宣传、购买和结算"。

世界各国政府对于跨境电子商务的定义也各不相同。例如美国政府在其《全球电子商务纲要》（A Framework for Global Electronic Commerce）中指出，电子商务就是"通过网络进行的各项商务活动，包括广告、交易、支付、服务等，而全球电子商务就是涉及世界不同国家的电子商务"。中国政府对于电子商务的定义比较全面，认为"电子商务是一种网络化的新型经济活动，其不仅仅是基于互联网的新型交易或流通方式，而且是基于互联网、广播电视网和电信网络等电子信息网络的生产、流通和消费活动"。

企业之间对电子商务的定义也莫衷一是。例如 IBM 公司提出了一个关于电子商务定义的等式，即"电子商务 ＝ Web ＋ IT"，强调电子商务是在网络计算环境下的商业化应用。惠普公司则认为，电子商务指的是"从售前服务到售后支持的各个环节的电子化和自动化"。

综上所述，跨境电子商务的形成和交易总是与四个方面密切相关，分别是交易平台、平台经营者、站内经营者和支付系统。电子交易平台指的是在电子商务活动中的信息网络系统的总和，为交易的双方或多方提供交易的相关服务。交易平台经营者是指已经在工商行政管理部门登记注册并领取了营业执照，负责运营第三方交易平台，并为交易双方或多方提供服务的自然人、法人或其他组织。交易平台站内经营者是指在电子商务交易平台上从事交易以及相关服务活动的自然人、法人或其他组织。支付系统有时也称为清算系统（Clear System），由提供支付清算服务的中介机构、实现支付指令传送和资金清算的专业技术手段三部分共同组成，是用以实现债权债务清偿及资金转移的一种金融安排。以上的四个要素共同维持着跨境电子商务的基本运行，是跨境电子商务的核心。

作为近年来产业界的新宠，跨境电子商务并非完全的新生事物，实际上最早的世界电子商务可以追溯到电报的发明和应用。到了 20 世纪 60 年代，随着"个人计算机"的出现，企业间的专用网络开始发展。应用于企业间的电子数据交换（Electronic Data Interchange，EDI）技术和银行间的电子资金转账（Electronic Funds Transfer，EFT）技术，成为早期电子商务的原始技术基础和系统雏形。电子商务技术通过电子传输的方式，大大提升了商业文件的处理速度，进而有效地节约了商业成本。凭借这样的显著优势，电子商务受到了极大的欢迎。然而，早期受限于当时的技术水平，企业间专用网络和设备的固定成本都比较高，使其并没有在当时得到普及和发展。直到 20 世纪 90 年代，随着互联网在全球的迅速普及和发展，电子商务才找到了新的技术依托。基于遍及全球的互联网，电子商务终于取得了长足的发展。新的电子商务模式，以交易双方为主体，以网上支付和结算为手段，以客户信息数据库为依托，成为越来越受欢迎的一种新型商务模式。

从 21 世纪开始，电子商务进入了 E 概念的新阶段，在各种社会活动中都出现了以电子方式为手段的综合运用，进一步展现了电子商务与社会各领域广泛融合的巨大空间。传统企业不再局限于利用互联网发布相关信息、开展部分业务交易，开始把自己的整个业务模式迁移至互联网上，全面采取电子信息技术，进行供应链的管理、客户关系的管理以及企业内部的管理。2011 年以来，随着互联网信息的碎片化以及云计算技术的日益成熟，主动互联网营销模式、个体商业（Individual Commerce，I-Commerce）也应运而生，电子商务不再把传统的销售模式直接搬到互联网上，而是积极主动地与用户互动，与用户进行深层次的沟通。目前，日新月异发展的跨境电子商务已经成为世界各国的主流商务模式之一，开始引领世界经济和商务活动蓬勃发展。

二、跨境电子商务的分类

根据目前学术界常用的方法，跨境电子商务主要从以下六个方面进行分类。

（一）按照交易对象分类

跨境电子商务根据交易对象的不同可以分为多种类型：企业与消费者之间的电子商务（Business to Consumer，B2C）、企业与企业之间的电子商务（Business to Business，B2B）、消费者与消费者之间的电子商务（Consumer to Consumer，C2C）、企业与政府之间的电子商务（Business to Government，B2G）以及生产商与消费者之间的电子商务（Factory to Consumer，F2C)等。

（二）按照支付发生情况分类

根据是否发生支付情况，可以将跨境电子商务分为电子贸易处理（如网上购物、网上交费等）和电子事务处理（如网上报税、网上办公等）。

（三）按照商务活动内容分类

按照商务活动的内容，跨境电子商务可以分为两大类型：一类是间接电子商务，即有形货物的电子订货，它需要通过物流系统，将货物送到消费者手中。这种物流配送一般依赖于第三方物流企业来完成，如邮政服务和商业快递送货等。另一类是直接电子商务，即无形货物和服务，如计算机软件、数码产品、娱乐内容的网上订购、付款和交付。一般来说，间接电子商务会受到物流配送系统的约束，而直接电子商务则无须顾虑地理因素，可以直接进行交易。

（四）按照使用网络类型分类

按照使用网络的类型，可以将跨境电子商务分为三种形式：第一种形式是电子数据交换商务，第二种形式是互联网商务，第三种形式是内联网与外联网相结合商务。

（五）按照海关监管模式分类

按照海关监管的类型，可以将跨境电子商务分为四种模式：第一种是网购保税进口模式，第二种是直购进口模式，第三种是一般出口模式，第四种是特殊区域出口模式。[①]

（六）按照商业应用模式分类

按照企业在商业应用环节中的作用，可以将跨境电子商务分为四种模式：大宗交易平台、综合门户类小额批发零售平台、垂直类小额批发零售平台和第三方专业服务平台。

第二节　跨境电子商务对现有国际规则的挑战

与传统贸易形式相比，跨境电子商务具有明显的不同特点，给现行的国际规则带来一系列挑战。

---

① 刘洋. 中国跨境电商创新发展报告 (2019) [M]. 北京：社会科学文献出版社，2019：52-53.

一、产品归类问题

　　跨境电子商务的出现对货物贸易产生了深远的影响。可以进行数字化交易的商品,如音乐、影像和软件等,不再需要以有形货物为载体,而是直接依托于互联网进行传输交易。规范国际货物贸易领域的所有多边贸易规则能否适用于跨境电子商务,核心的问题是电子商务产品是否属于货物的范畴。如何运用诸如《海关估价协定》(Agreement on Customs Valuation)和《原产地规则协定》(Agreement on Rules of Origin)等以世界贸易组织为核心的多边贸易规则来规范跨境电子商务活动,首先需要确认以电子方式传输的产品能否被赋予货物属性。目前 WTO 主要成员对于这个核心问题的意见并不相同,有的成员认为电子商务活动仍然属于货物贸易,有的成员则认为应该归属于服务贸易,还有的成员认为应该属于知识产权的范畴,就此问题的争论目前尚未达成共识。此外,就 WTO 规则如何在电子商务中得以适用的讨论也存在较大分歧。具体是适用《关税与贸易总协定》(GATT),还是《服务贸易总协定》(GATS),或者是两者皆适用,还是需要制定新的跨境电子商务法律规则,仍然是一个悬而未决的问题。

　　如果根据《服务贸易总协定》,服务贸易理事会对跨境电子商务的归类问题也没有形成定论。有专家认为,《服务贸易总协定》适用于所有的服务贸易,通过电子方式实现的所有服务贸易理应属于《服务贸易总协定》的管辖范围,与服务贸易实现的技术手段没有关系。因此《服务贸易总协定》中所有普遍适用的条款,包括最惠国待遇(Most-favoured-nation Treatment,MFN)、国民待遇和透明度原则(Transparency)等,对通过电子方式实现的服务贸易也应该完全适用。但是目前通过电子方式交易的产品,不仅仅是单纯的服务贸易,也包括了大量的货物贸易。

二、市场准入问题

　　在与跨境电子商务相关的货物产品的市场准入问题上,目前世界贸易组织框架下最相关的国际规则就是《信息技术协定》(ITA)。部分世界贸易组织成员认为,可以通过增加《信息技术协定》的参加方来推进电子商务相关的货物产品的市场准入,因为《信息技术协定》的产品范围基本上与推动电子商务发展所需的硬件部分相吻合。2015 年世界贸易组织的第 10 次部长会议完成了《信息技术协定》的扩围谈判,该协议在 1996 年版本的基础上又增加了 200 余项产品，所涉及相关产品占到全球贸易额的 90%以上。但是其他部分成员则认为，有必要进一步提高电子商务的相关货物产品的市场准入水平来促进电子商务的发展。因为《信息技术协定》与电子商务相关货物产品的联系仍然有限，产品范围不足以反映电子商务发展对硬件产品的需求，此外《信息技术协定》的参加方还较为不足。

另外，《服务贸易协定》（TiSA）中的电信服务是开展电子商务最基本的前提，囊括了关于影响进入和使用公共电信传送网及其服务措施的各项规定。但是，绝大多数 WTO 成员并没有将互联网接入服务列为单独的服务类型，而都是以乌拉圭回合服务贸易谈判中关于服务部门的分类为准。部分 WTO 成员认为，就基础电信市场开放所做出的承诺是不能直接应用于互联网接入服务的。另一些 WTO 成员则认为，关于基础和增值电信的开放承诺也应该包括互联网接入服务的开放。

三、关税征收问题

关税征收是国际贸易中的核心议题，跨境电子商务为规范关税征收的国际贸易规则带来以下四个方面的挑战。

第一，跨境电子商务的管理问题。跨境电子商务交易没有实体贸易地址，都是在网络上完成的。外国企业无须在进口国境内设立常设机构，只要通过进口国服务器上的网址便可与其国内的企业进行在线交易，因此界定纳税主体的传统方法如常设机构无法完全适用。关于服务器或网址能否算作常设机构，目前的税收政策中还没有明确的规定。如何界定某次跨境电子商务活动属于国内贸易还是国际贸易，并确定贸易方的国籍，就成了一个问题。在无法确定是否为国际贸易的情况下，就无法规范关税的征收。

第二，原产地规则的适用问题。当存储于有形载体中的数据以电子方式传输到另外的一个地方时，海关难以确认电子传输产品的原产地。而且在过去的原产地规则下，有形产品的传输不需要追究数据的来源，只需要考虑有形贸易的成本，而现在无形产品的成本将不容忽视。

第三，海关估价的困难。海关估价的难点在于怎样评估软件载体。现存估价原则向成员方赋予了征税时的选择权：或仅按载体本身的价值作为征税基础进行征税，或按买卖这一载体的交易额（包含了软件的价值）进行征税。这个原则表示软件只是附属，进口的是软件的载体，在没有载体的情况下，无论软件通过何种方式进行传输，都没有税收，显然这种情况无法适应电子贸易中软件交易逐渐增长的趋势。另外还有成员提出，在商业性的软件交易中，购买方得到的只是一种使用的许可权，不是程序本身，程序本身仍然是开发商自己公司的财产。在这种情况下，海关估价需要考虑对所传输内容使用权的价值，而不是考虑软件本身或其所包含的特定的信息的价值。

第四，有效征税凭证的缺失问题。在跨境电子商务交易过程中，买卖双方的订货、支付都通过网络进行，传统的一些单证单据正在被电子凭证所取代，并逐渐演变为无纸化贸易。此外，因为有些交易所涉及的商品是无形的，不需要通过传统的运输方式就可以实现传输，在传输过程中也不需要通过常规的海关检查，海关暂未能对这一类型商品进行监督和控制，有效征税凭证的缺失给关税的征收带来困难。

四、知识产权问题

跨境电子商务也为《与贸易有关的知识产权协议》（TRIPS）的实施带来了很大的挑战。电子商务的交易客体通常含有较高的知识产权价值，因此跨境电子商务与许多知识产权法律问题直接相关。一般而言，跨境电子商务与《与贸易有关的知识产权协议》相关的内容体现在以下几个方面：商标的使用与保护、域名的保护、版权的保护与实施、新技术的获取与转让等。在电子商务日益发展的情况下，帮助发展中成员更好地享有电子商务所带来的利益，有必要强调发达成员在促进技术转让、取消技术出口限制等问题上的义务等。

跨境电子商务所带来的许多新问题在《与贸易有关的知识产权协议》中根本没有涉及，有必要抓紧研究完善。例如，知识产权通过互联网的传播使其边界的概念缺失，这就导致知识产权的实施范围进一步扩大。《与贸易有关的知识产权协议》第 41 条规定："成员方应避免对合法贸易构成障碍，并规定防止其滥用保障措施。"在跨境电子商务中，如何保障版权所有人的专利权有效地覆盖作品在网络上的传播，成为版权保护制度必须研究解决的问题。《与贸易有关的知识产权协议》中有关版权人各项传播权的规定是随着传播技术的发展逐步形成的，不同种类的作品，不同的传播方式，适用不同的权利，这使得《与贸易有关的知识产权协议》中的传播权无法完全覆盖网络传播这一新的传播方式。在《与贸易有关的知识产权协议》所涉及的版权保护的内容中，数字技术使作品的复制和传播变得更加方便和快捷，因此需要充分考虑到信息技术所造成的影响。WTO面临的挑战是如何尽快地充实完善现有的《与贸易有关的知识产权协议》，以适应跨境电子商务发展所带来的新情况和新问题。

第三节 跨境电子商务国际规则的现状与趋势

随着互联网信息技术的快速发展，跨境电子商务在国际经济与贸易中的地位越来越重要，有力地促成了国际社会研究制定跨境电子商务规则的共识。研究制定跨境电子商务的国际规则不仅有利于规范跨境电子商务的管理和服务，而且对于确保跨境电子商务安全、有序地运行，促进世界经济社会稳定发展都具有重要作用。本节重点回顾总结国际组织、区域经济组织、国家和地区研究制定跨境电子商务规则实践的特点与发展趋势。

一、跨境电子商务国际规则发展进程

20世纪90年代初，随着互联网应用的商业化和社会化发展，传统产业结构和市场运营模式发生了巨大变化，跨境电子商务应运而生且发展迅猛，国际社会开始研究制定相应的国际规则，联合国国际贸易法委员会（United Nations Commission on International Trade Law，UNCITRAL）先后出台了三部示范法。最早于1996年6月，联合国国际贸易法委员会在EDI规则研究与发展的基础上，通过了《联合国国际贸易法委员会电子商务示范法》（Model Law on Electronic Commerce）。随后联合国国际贸易法委员会于2001年出台《联合国国际贸易法委员会电子签名示范法》（Model Law on Electronic Signatures），于2017年出台《联合国国际贸易法委员会电子可转让记录示范法》（Model Law on Electronic Transferable Records）。这些电子商务示范法的颁布为研究解决电子商务的法律问题奠定了基础，为世界各国制定本国电子商务法律法规提供了一个可研究借鉴的框架和示范文本。

在联合国贸易和发展会议（UNCTAD）研究制定《电子商务示范法》的同时，有关国际组织与世界各国纷纷合作，研究制定各种法律规范，迎来了跨境电子商务规则制定的高速发展期。目前，有关的国际组织、区域

性组织和世界各国先后制定出台了一系列跨境电子商务规则，大致可以分为以下五个方面：一是世界贸易组织的四大突破性协议，包括《全球基础电信协议》（Agreement on Basic Telecommunications）、《信息技术协定》（ITA）、《开放全球金融服务市场协议》（Agreement on Financial Services）以及《贸易便利化协定》（Trade Facilitation Agreement，TFA）；二是其他国际组织制定的电子商务指导性交易规则，如国际商会制定的《国际数字保证商务通则》（General Usage for International Digitally Ensured Commerce，GUIDEC）；三是一些地区性组织制定的电子商务相关规则，如 OECD 的《OECD 电子商务行动计划》（OECD Action Plan for Electronic Commerce）；四是美国和欧盟制定的电子商务相关政策法规，如美国的《全球电子商务纲要》、欧盟的《欧盟电子商务倡议》（A European Initiative in Electronic Commerce）等；五是世界各国都在积极发展完善的电子商务相关法律法规。随着跨境电子商务的迅猛发展，制定电子商务规则已经成为世界各国政府立法进程中的重点议题。根据 UNCTAD 统计，截至 2021 年 12 月，联合国 194 个成员中的大部分国家都在电子交易（81%）、网络犯罪（80%）、数据保护或隐私（71%）和消费者保护（59%）等方面制定了电子商务法律。[①]

（一）WTO 有关电子商务的规则

WTO 是多边贸易体制的核心，是推动经济全球化的重要主体，跨境电子商务为经济全球化的深入发展提供了坚强的技术支持。跨境电子商务是未来国际贸易的主要发展趋势，制定跨境电子商务规则已经成为 WTO 今后主要的谈判议题之一。早在 1996 年在新加坡召开的世界贸易组织第一次部长级会议上就正式提出了电子商务的相关问题，并通过了《关于信息技术产品贸易的部长宣言》（Ministerial Declaration on Trade in Information Technology Products）。该部长宣言指出，世界贸易组织将努力实现"世界范围内信息技术产品贸易自由的最大化"。同时还通过了《信息技术协定》（ITA），旨在 2000 年前为电子商务至关重要的一系列信息技术产品实现贸易自由化提供一个框架。ITA 中规定的信息技术产品主要包括了以计算

---

① UNCTAD. Summary of Adoption of E-Commerce Legislation Worldwide[EB/OL]. [2022-12-28]. https://unctad.org/topic/ecommerce-and-digital-economy/ecommerce-law-reform/summary-adoption-e-commerce-legislation-worldwide.

机软件、电信设施与其他信息技术产品为主的物理基础设施，并通过附件A 和附件 B 的形式列出具体所覆盖的产品。建立在最惠国待遇基础上，ITA 要求协议的缔约方（并非所有的 WTO 成员）必须对所有 WTO 成员（不论其是否是 ITA 的缔约方）承担削减 ITA 指定列表上所覆盖产品关税的义务，并要求缔约方承诺在 2000 年之前对所有 ITA 附件上的产品最终实施零关税。

1998 年 5 月，在日内瓦召开的 WTO 第二次部长级会议上通过了《全球电子商务宣言》。1998 年 7 月 WTO 秘书处提出《世界贸易组织协定与电子商务报告》（WTO Agreement and Electronic Commerce），初步讨论了《政府采购协定》、《与贸易有关的知识产权协定》、《1994 年 GATT 第七条（关税估价）执行协定》（Agreement on Implementation of Article Ⅶ of GATT 1944）、《关于信息技术产品贸易的部长宣言》、《服务贸易总协定》、《政府采购透明化工作小组协定》（Agreement of the Working Group on Transparency of Government Procurement）、《贸易便利化协定》，以及《全球电子商务宣言》与电子商务的关联性等问题。按照《全球电子商务宣言》的要求，WTO 于 1998 年通过了《电子商务工作计划》（Work Programme on Electronic Commerce）。

尽管 WTO 非常重视跨境电子商务的立法工作，但是目前所达成的《全球电子商务宣言》和《电子商务工作计划》都存在明显的不足之处。首先，这两份文件中对电子传输不征收关税的条款仍属于临时性条款且缺乏法律性约束。其次，各委员会对各自部门所涉及的电子商务问题的相关研究与讨论仍存在较大分歧，难以获得实质性进展。

2019 年 1 月 25 日，中国和俄罗斯、美国、欧盟等 76 个 WTO 成员在电子商务非正式部长级会议上签署了《关于电子商务的联合声明》（Joint Statement on Electronic Commerce），截至 2022 年 9 月，后续加入成员达到 87 个，成员方愿意在 WTO 现有协定和框架的基础上，启动相关电子商务规则议题的谈判。

（二）亚太经合组织的电子商务规则

亚太经合组织（APEC）作为亚太地区经济合作论坛，也在致力于为各成员促进跨境电子商务发展提供有利、有序的环境。2001 年，在中国、韩国、澳大利亚等经济体的共同倡议下，APEC 第十三届部长会议批准成立了 APEC 电子商务工商联盟（APEC E-Commerce Business Alliance，

APEC-ECBA）。APEC 电子商务工商联盟内设专家委员会和专业委员会，常设执行机构为秘书处，设在中国。ECBA 的建立，旨在构建亚太地区政府与企业间的沟通平台，谋求建立电子商务应用与推广的良好环境；构建亚太地区企业与企业间畅通、高效、便捷的交流合作平台，促进各成员经济的持续稳定增长。2004 年 2 月，APEC 成员经济体在智利圣地亚哥共同制定了亚太地区未来实现无纸贸易的目标：2005 年，发达经济体实现无纸贸易；2010 年，发展中经济体实现无纸贸易；2015 年，APEC 全体成员经济体实现无纸贸易。2004 年 6 月，首届 APEC 电子商务工商联盟论坛在中国山东省烟台市成功举办，标志着 APEC 确立的亚太地区无纸贸易促进计划的正式实施。

从 2004 年起，APEC 开始定期举办电子商务工商联盟论坛会议，鼓励成员经济体之间的相互交流。每一届论坛会议的举办，都为 APEC 各国的电子商务环境建设发展提供了当下的方针指导和政策指引。例如第二届论坛会议以营造电子商务发展环境、提升企业电子商务实施能力为重点，结合当前和今后一段时间电子商务发展的重点领域，提出了以电子商务应用促进经济现代化，有效整合电子商务服务资源，实现信息共享和业务协同的发展策略。同时，以企业电子商务应用为主体，电子商务公共服务与企业供应链互动的价值链增值模式的提出，也缩小了 APEC 成员经济体之间电子商务发展上的差距。

2014 年 4 月，第五届 APEC 电子商务工商联盟论坛在中国浙江省义乌市隆重举行。论坛以"电子商务价值新发现"为主题，围绕 APEC 经济体电子商务领域的热点问题，就亚太地区电子商务发展的现状和趋势、中小企业跨境电子商务中存在的安全问题等展开深入讨论，为新时代电子商务环境建设注入了新的动力。2018 年，第七届 APEC 电子商务工商联盟论坛以"数字经济时代的普惠贸易发展"为主题，系统探讨数字经济、电子商务合作发展模式、法律法规建设和人才培养等问题，交流各经济体电子商务应用与发展的经验，推动亚太地区经济一体化进程，促进构建多边贸易和开放型世界经济新格局。

除了电子商务工商联盟论坛，APEC 还针对电子商务规则中涉及的其他内容进行规范。2003 年 2 月，APEC 电子商务指导组成立了个人资料隐私研究小组（Electronic Commerce Steering Group，ECSG），重点是保护电子商务中消费者的隐私权，推进电子商务的法治环境建设。2004 年，APEC 成员体在第 17 届部长会议上签署《APEC 隐私保护框架协定》（APEC

Privacy Framework）；在 2007 年 9 月 APEC 第 19 届部长会议上又签署《APEC 数据隐私探路者倡议》（APEC Data Privacy Pathfinder Initiative）；并在 2008 年第 13 次 ECSG 数据隐私分会上，成立亚太经合组织跨境隐私规则研究小组；于 2009 年在新加坡举行的第 21 届亚太经合组织部长会议上通过实施《APEC 跨境隐私执行合作安排》（APEC Cross-border Privacy Enforcement Arrangement，CEPA）的决定；2011 年 11 月 13 日 APEC 第 19 次领导人非正式会议发表《檀香山宣言》（Honolulu Declaration），决定实施由国际商会和美国、墨西哥、韩国、澳大利亚和新加坡等国家或地区经济体组成的跨境隐私研究小组制订的跨境隐私规则体系。2017 年 11 月，APEC 会议又批准《APEC 互联网和数字经济路线图》（APEC Internet and Digital Economy Roadmap，AIDER）和《APEC 跨境电子商务便利化框架》（APEC Cross-Border E-commerce Facilitation Framework）。总的来说，APEC 为了推进跨境电子商务在各成员经济体之间的稳定发展，不断完善规范电子商务各方面的法律法规，取得显著成效。

（三）经合组织的电子商务规则

OECD 在跨境电子商务的许多方面，例如消费者保护、争议解决、消费者隐私、加密和信息安全、税收等，提出了一些颇有参考价值的报告和建议。早在 1998 年，经合组织渥太华部长会议召开之后，《有关国际组织和地区组织的报告：电子商务的活动和计划》（International and Regional Bodies: Activities and Initiatives in Electronic Commerce）、《工商界全球电子商务行动计划》（Global Action Plan for Electronic Commerce Prepared by Business with Recommendations for Governments）、《OECD 电子商务行动计划》（OECD Action Plan for Electronic Commerce）和《电子商务税收政策框架条件》（Electronic Commerce: Taxation Framework Conditions）等文件先后发布；1999 年 OECD 又通过了《经合组织关于电子商务中消费者保护指南的建议》（The Guidelines for Consumer Protection in the Context of Electronic Commerce）。进入 21 世纪以来，许多 OECD 国家相继出台数字经济发展战略，都将发展数字经济作为其基本国策之一。

（四）美国的电子商务与数字贸易规则

美国是当今世界跨境电子商务发展较快的国家之一，非常重视电子商务规则的制定。为了使电子商务在法律的保护和规范下健康发展，美国早在 20 世纪 90 年代中期就开始着手电子商务相关的立法工作。《统一商典法》（Uniform Commercial Code，UCC）是美国制定商业交易规范的主要法律依据，由于电子商务与传统商贸有着完全不同的特性，美国有关的法律研究机构已经在 UCC 中加入了有关调整电子商务的法律规则，并在此基础上于 1999 年形成《统一计算机信息交易法》(Uniform Computer Information Transactions Act，UCITA)。《统一商典法》和《统一计算机信息交易法》都属于法律范本，不具备法律约束力。

美国在形成本国电子商务法律的同时，也在积极地推动制定多边的国际电子商务规则。首先是在双边自由贸易协定中加入电子商务条款，并逐步提升为数字贸易规则。迄今为止，美国已先后与 20 多个国家签订自由贸易协定，在与其中 12 个国家和地区签订的自由贸易协定中加入了电子商务贸易的相关条款，包括约旦（2001 年）、新加坡（2004 年）、多米尼加共和国与中美洲自由贸易区（2004 年）、智利（2004 年）、澳大利亚（2005 年）、巴林（2006 年）、摩洛哥（2006 年）、哥伦比亚（2006 年）、秘鲁（2009 年）、阿曼（2009 年）、巴拿马（2011 年）、韩国（2012 年）、墨西哥和加拿大（2018 年）。①

美国奥巴马政府积极推动并于 2016 年签署《跨太平洋伙伴关系协定》（TPP），该协定共有 30 章，其中第 14 章就是电子商务，专门讨论有关跨境电子商务的规则，重点是确保全球信息和数据的自由流动、免征关税、保护消费者、推动无纸化贸易，并鼓励 TPP 成员围绕信息保护、网络安全和网络安全能力建设等方面开展政策合作。其后的 CPTPP 也完整地保留了原TPP 的条款，包括"电子商务"的章节。特朗普政府退出 TPP，于 2019 年11 月与墨西哥和加拿大签署《美墨加三国协议》，取代了《北美自由贸易协定》（North American Free Trade Agreement，NAFTA），并于 2020 年 7 月1 日正式生效。《美墨加三国协议》共 35 章，将电子商务规则提升为数字贸易规则。

我们从美国与其他国家签订的跨境电子商务或数字贸易条款中，发现值得研究关注的以下明显特征。

第一，在美国自由贸易协定的电子商务条款中，虽然对于"电子商务"

---

① USTR.Free Trade Agreements[EB/OL]. [2023-01-26]. https://ustr.gov/trade-agreements/free-trade-agreements.

这一概念没有明确的界定，但是采取了列举和参照的方式，对电子商务的内涵还是具备很明确的理解。美国的电子商务也囊括电子传输的范围，具体来说，电子传输一般包括两大类，即数字产品（Digital Products）和以电子方式提供的服务（Electronic Supply of Service）。其中数字产品又包括计算机程序、文本、视频、图像、音频和其他数字编码的产品；以电子方式提供的服务则包含了投资、跨境服务贸易和金融服务等领域内以电子方式和手段提供的相关服务；此外，这些贸易协定还对电子认证和电子签名的效力和承认等问题进行了规定。

第二，美国自由贸易协定电子商务条款中还对电子商务贸易的待遇问题做了具体说明。在 WTO 的服务贸易和货物贸易中，贸易待遇原则根据贸易种类的不同而有所区别。因此，规范电子商务所属的贸易种类将影响到其所遵循的贸易待遇原则类别。具体来说，从相关条款规定可以看出，美国在电子商务贸易的待遇问题上，将其条款提升至 WTO 非歧视待遇的使用水平和范围，模糊了电子商务的具体贸易种类归属。这种条款做法，使电子商务贸易既是货物贸易又是服务贸易。由于目前 WTO 并没有制定出关于电子商务的明确条款，美国的电子商务贸易待遇相关条款也就成了当前电子商务贸易的准则。

第三，美国自由贸易协定电子商务条款的核心内容之一是免除关税。电子商务作为新型的产品流通方式，其货物来源地界定的模糊使传统的关税征收面临着严峻挑战。对此各国也都提出了自己的解决方案。对于电子传输的关税征收，美国政府提出了免税建议并在 1998 年 10 月使其成为正式的法律条款。根据此条款，美国在与各国签署的自由贸易协定电子商务条款中都提出了免除双方电子传输进出口关税的相关约定。

第四，在电子商务的新模式下，消费者个人数据信息的保护也是电子商务相关规定中需要着重予以规范说明的一个要点。美国也注意到了这个问题，在与澳大利亚、秘鲁、韩国等国家签订的自由贸易协定的条款中都做出了相关规定。经仔细研究相关规定，可知这些规定的约束力仍然不足。

第五，美国自由贸易协定中的电子商务条款对电子商务的国际合作问题也做了相关规定。对电子商务领域国际合作规则的完善，有助于世界各国的电子商务发展与进步。美国在相关的国际合作条款中还提出了一些发展中国家电子商务发展所需的合作内容，但是这些内容只是作为一种意愿出现在协定中，未能对发展中国家电子商务的发展提供具有实际意义的帮助。

第六，在 USMCA 协定将 TPP 中的电子商务规则升级为数字贸易规则之前，美国已经和日本签订了《美日数字贸易协定》（U.S.-Japan Digital Trade Agreement）。数字贸易规则的核心有以下几个方面：①非歧视原则，对于所有的数字产品都应该平等对待；②零关税，对于以电子方式传输的数字产品的进出口一律免征关税；③采取透明有效的措施保护线上消费者的利益；④建立完整的法律体系确保个人信息安全；⑤推动无纸贸易的发展；⑥确保电子信息跨境传输的自由和畅通，任何成员方都不能禁止或限制信息的跨境传输；⑦促进交互式计算机服务、保护源代码、开放政府数据、确保网络安全等规则的完善。①目前美国正在与巴西进行自由贸易协定的谈判，可以预期美巴之间的自由贸易协定将出现更高层次的数字贸易规则。

（五）欧盟的电子商务与数字贸易规则

相较于美国电子商务和数字贸易产业与规则的前瞻性，欧盟在数字经济产业和数字贸易规则领域都相对落后。为了发展数字经济产业，欧盟于2010 年发布《欧洲信息社会：促进增长和就业》（i2010 -A European Information Society for Growth and Employment）报告，提出"数字贸易议程"；2015 年提出建立"单一数字市场计划"（EU Digital Single Market Strategy），2017 年推出发展"数字贸易战略"（EU Digital Trade Strategy）。在数据管理与隐私保护立法方面，欧盟于 2018 年通过并实施《基本数据保护条例》（General Data Protection Regulation，GDPR），并与美国先后达成《安全港协议》（Safe Harbor）和《欧盟—美国隐私盾协议》（EU-US Privacy Shield）。

早在 2002 年，欧盟首先与智利签署了包含电子商务合作条款的自由贸易协定，随后又与 10 多个国家签订含有电子商务规则的自由贸易协定。2015 年，欧盟在与韩国签署的自由贸易协定中，确认 WTO 规则对数字贸易的适用性。2016 年，《欧盟—加拿大全面经济贸易协定》（EU-Canada Comprehensive Economic and Trade Agreement，CETA）首次专列电子商务的章节。从此以后，在 2019 年实施的日本—欧盟《经济伙伴关系协定》（EPA）和 2020 年实施的《欧盟—越南自由贸易协定》（European Union-Vietnam Free Trade Agreement，EVFTA）中都包含有电子商务的有关条款。数字贸易规则的欧式模板，更加强调个人隐私信息的保护，但是与美式数字贸易模板相比，

---

① USTR.Agreement between the United States of America, the United Mexican States, and Canada[EB/OL].（2020-07-01）[2022-12-28]. https://ustr.gov/trade-agreements/free-trade-agreements/united-states-mexico-canada-agreement/agreement-between.

欧盟规则还缺乏系统完整的体系，所做出的承诺也相对较为保守。

二、跨境电子商务规则新特点新趋势

（一）从产品到服务：界定边界的开放

数字贸易规则不仅回应了全球价值链的发展对规则制度创新的需要，也充分考虑到了跨境电子商务的快速发展和变革。全球价值链增进了货物贸易、服务贸易和跨国投资的联系，跨国投资成为促进国际贸易发展的主要动力，中间产品成为国际贸易发展的重要部分，服务贸易具有投入品和产出品的双重身份，在全球价值链的各个环节都发挥着重要作用。数字贸易规则不再把适用协议的电子产品和电子服务类型、范围的定义作为重点，而是采取更富弹性的"列举＋参照"的方式，界定适用协议的内涵，为容纳后续发展涌现出的更多的产品和服务类型提供了操作的便利性，适应了当前电子商务和数字经济不断变革、快速发展的趋势，以及随之而来的新商品、新服务和新业态。同时，这些改变也有助于规则执行的延续性，突破了因创新导致的规则覆盖面不足而需要寻求制定新规则这一被动局面。

（二）从区域到全球：更加有效的突破

经过几十年的努力，以世界贸易组织为核心的多边贸易体制得以建立，贸易体系由此从区域迈向全球。然而，由于成员之间、区域之间经济社会发展存在差异，多边贸易机制面临严峻挑战，区域贸易协定却异常地活跃。区域贸易协定一方面有利于促进区域内部成员在经济、政治和社会等领域的深入合作，促进区域整体社会经济的发展，提升区域在全球体系中的地位和作用；另一方面，随着区域内部电子商务的健康快速发展，自然会获得协议外其他经济体的认可，并吸收其加入，进而扩大协议区域的范围和影响力，有助于带动多边规则的重构和创新。

（三）数字贸易关税：新一轮贸易自由化的焦点

新的贸易规则特别强调消除关税和其他贸易壁垒，鼓励创设自由便利的电子商务环境，为参与方创造更多的机会。传统的多边体制更倾向于货物贸易自由化，相较而言，新贸易规则覆盖了货物贸易、服务贸易，以及投资等更为广阔的领域和范围，因而也就愈加全面地反映了新时期世界经济发展的内在要求。而且新贸易规则更倾向于通过建立相关的制度和机制，解决新时期所面临的挑战和问题，如国际规制问题、电子商务问题和中小企业的发展问题等。关于数字贸易关税问题，目前在 WTO 框架下的多边谈判仍然存在不同的声音。美国等发达国家作为全球电子商务的净出口国，积极推动数字贸易的自由化，不仅符合美国的经济利益，而且也有助于促进世界各国信息技术产品和服务的进出口。可以预见，数字贸易的自由化、永久化和多边化，将成为新一轮贸易自由化的焦点。

（四）保护个人信息：对信息安全与知识产权的重视

新的贸易规则特别重视在更加多样、更加复杂、更加电子化的消费环境中，如何保护消费者与企业的信息安全。随着贸易电子化趋势的愈发明显，交易数据的电子化存储与交换都存在着个人数据泄露的风险。在目前相关的电子商务规则中，都特别强调世界各国要采取透明和有效的措施，保护消费者信息，限制过分采集或乱用个人信息。鼓励世界各国相关机构之间的合作和协作，保护消费者的利益，增进消费者的福祉，国际社会必须通力协作，尤其要在立法和执法方面展开密切合作。另外，新的跨境电子商务贸易规则使得知识产权保护的国际水平得到了进一步提升，特别是在美国签订的涉及电子商务的新规则中，逐渐形成一套超越世界贸易组织《与贸易有关的知识产权协议》标准的 TRIPS-plus 体系。

（五）边境后规制合作：广泛深入一体化

跨境电子商务的发展一定程度上进一步打破了国家治理的边界，促进了国家之间在制度建设和政策法规制定方面的沟通和合作。新的国际贸易规则不仅强调世界各国法律规则协调联动，而且开始推动在政策法规的制定过程、落实执行过程，监管机构制度等方面全方位的协调和合作，以便进一步提升世界各国国内经济社会政策规则的国际协调能力和一致性，实现更高水平的贸易自由化。这就是所谓的国际规制合作或协调，详见本书第八章"国际规制合作"。总之，新规则不仅关注国家之间经济往来边境制度的建设和管理，而且开始深入研究并影响到参与方国内规则制度的建设和管理。

（六）争取多方参与：关注发展中国家的利益

世界贸易组织重视跨境电子商务规则的制定，通过消除贸易壁垒、促进贸易自由化等举措，在一定程度上推动了电子商务在国际贸易中的迅速增长。但是无论是 ITA 还是 GATS，都还未能建立起一套系统、完整的跨境电子商务的规则体系。西方部分发达国家作为推动电子商务发展的引领者，借助自由贸易协定的形式，在国际舞台上继续主导着当前电子商务规则的制定，体现的是发达国家的发展需要和价值观念。CPTPP 虽然在规则谈判上与 WTO 决策机制中的协商一致原则不同，但是仍然规定后来加入的成员必须无条件地接受协定内现有成员已经达成的条款，申请加入的成员还需要与已经加入的成员分别进行谈判，只有经过所有成员方一致同意后才能正式加入。近年来发展中国家电子商务经济快速发展，在全球数字贸易中占据的份额越来越大，在未来的规则制定中，发展中国家的话语权将逐步加大，其利益与诉求需要得到更多实际的体现。

（七）从跨境电子商务到数字贸易：不仅仅是概念的升级

2013 年 7 月，美国国际贸易委员会（United States International Trade Commission，USITC）发表《美国和全球经济中的数字贸易》（Digital Trade in the U.S. and Global Economies）报告，提出了数字贸易的概念，并将数字贸易定义为通过互联网传输而实现的产品和服务的商务。该报告研究的数字贸易既包括美国国内通过互联网传输产品和提供服务的商业活动，也包括通过互联网传输产品和提供服务的国际贸易。[①]在 USMCA 协定中美国将原来在 TPP 中的电子商务章升级为数字贸易章，拉开了跨境电子商务规则向国际数字贸易规则转型升级的序幕。2019 年 7 月，美中日欧等 20 国集团成员在 G20 大阪峰会期间发布《大阪数字经济宣言》（Osaka Declaration on the Digital Economy）。2019 年 10 月，美国与日本签订《美日数字贸易协定》。2020 年 6 月，新西兰、新加坡和智利正式签署了《数字经济伙伴关系协定》，这是全球第一个以数字经济为名的区域贸易协定，标志着全球电子商务规则实现了向更高级别的数字贸易、数字经济规则等的飞跃。相较于跨境电子商务模式，数字贸易以多边数字化平台为载体，进一步涵盖数字产品与服务、数字化知识与信息，并加强了对消费者行为的关注，也将有效、精准地反映消费者偏好。

---

① USITC.Digital Trade in the U.S. and Global Economies,Part 1[R/OL]. USITC Publication 4415, (2013-07) [2022-12-28].https://usitc.gov/publications/332/pub4415.pdf.

（八）机遇挑战并存：新冠疫情的催化

2020 年新冠疫情全球蔓延，进一步加速数字经济全球化的进程，凸显了跨境电子商务、数字贸易和数字经济的重要地位。突如其来的新冠疫情引起的全球恐慌，导致供应链和需求链的中断，使得跨境电子商务面临交货被迫延迟或者订单被迫取消的困境，同时还涌现了诸如价格欺诈、产品安全和网络安全受到威胁等亟待解决的问题。但是，WTO《电子商务、贸易和新冠肺炎疫情大流行》（E-Commerce, Trade and the COVID-19 Pandemic）报告显示，世界各国实施的保持社交距离、封锁隔离以及其他应对新冠病毒感染的措施导致网络消费、网络办公和网络会议的频率激增，使得 B2C 和 B2B 模式的电子商务大幅增长，尤其在医疗用品、家庭用品和食物的在线销售中表现得尤为突出。①总的来说，挑战与机遇并存，新冠疫情的全球扩散，一方面延缓了国际社会参与多边贸易规则谈判的进程，另一方面也在激励着世界各国加快发展电子商务的决心，迎来新一轮制定跨境电子商务和国际数字贸易规则的高峰期。同时，跨境电子商务和数字贸易也有助于促进中小企业的发展，为其创造新的就业机会，使其成为后疫情时代世界经济复苏的重要驱动力。

第四节　中国与跨境电子商务和数字贸易规则

中国拥有世界上最大规模的互联网用户，近年来，随着城镇化、工业化和信息化的快速发展，跨境电子商务市场持续快速增长，呈现出巨大的发展潜力。在积极推进跨境电子商务发展的过程中，中国同样高度重视跨境电子商务规则的构建，不仅制定完善了国内的电子商务规则，而且积极参与制定国际跨境电子商务和数字贸易规则，为完善跨境电子商务和数字贸易规则贡献中国智慧和中国力量。

一、中国构建跨境电子商务和数字贸易规则的发展历程

数字贸易是数字经济的重要组成部分，数字经济是以数字化知识和信

---

① WTO.E-Commerce, Trade and the COVID-19 Pandemic [EB/OL].（2020-05-04）[2022-12-28]. https://www.wto.org/english//tratop_e/covid19_e/ecommerce_report_e.pdf.

息作为关键生产要素，通过数字技术与实体经济的深度融合，不断提高经济社会的数字化、网络化和智能化水平的经济模式。[①]电子商务是中国数字贸易和数字经济的重要组成部分，而且是发展最快的部分。2008 年中国电子商务交易总额仅为 3.4 万亿元人民币，到了 2013 年中国电子商务交易总额就突破了 10 万亿元人民币。根据中国商务部最新发布的《中国电子商务报告（2021）》，2021 年全国电子商务交易额达 42.3 万亿元，同比增长 19.6%，比 2008 年增加了 11 倍多。2021 年，中国跨境电子商务进出口总额达 1.92 万亿元，5 年增长近 10 倍。[②]

　　从 20 世纪 90 年代起步，中国跨境电子商务的发展大致经历了以下六个阶段。第一阶段是起步期（1990—1997 年）：中国电子商务的起步，正值电子数据交换的大时代；在此期间国家启动了一系列与电子商务相关的建设工程，如"三金工程"，为电子商务的后续发展打下坚实基础。第二阶段是萌芽与酝酿期（1997—2000 年）：在这一时期，电子商务作为经济活动的热点吸引了大量风险投资，获得飞速发展，并开始出现帮助中小企业出口商品的外贸网站。第三阶段是调整与蓄势期（2000—2003 年）：在这一时期，由于前一阶段飞速发展的副作用开始显现，当时存在的各种问题逐渐暴露，电子商务遭遇重创，进入发展的低谷期。第四阶段是复苏与回暖期（2003—2005 年）：这一阶段电商在市场的锤炼下，基础越来越牢固，发展开始重新加速。第五阶段是跨境电子商务创新发展期（2006—2015 年）：随着互联网应用的普及，跨境物流和支付水平的提高，大量中小企业直接参与，行业开始呈现爆发态势，人们甚至把 2014 年称为中国跨境电子商务飞跃的元年。第六阶段是跨境电子商务的规范和调整期（2016—2019 年）：在快速发展中进行不断规范和调整，适者生存、强者更强，行业发展更加稳健。经过 2020 年新冠疫情的洗礼和锤炼，中国跨境电子商务和数字贸易业务已经不再是传统互联网企业的天下，更多的投资开始流入跨境电子商务和数字贸易领域，成为推动中国经济乃至世界经济发展的重要力量。

---

① 中国信息通信研究院. 中国数字经济发展白皮书 (2020)[EB/OL]. (2020-07)[2022-12-28]. http://www.caict.ac.cn/kxyj/qwfb/bps/202007/P020200703318256637020.pdf.

② 商务部电子商务和信息化司. 中国电子商务报告 (2021)[EB/OL]. (2022-11-16)[2022-12-28]. http://images.mofcom.gov.cn/dzsws/202211/20221118180137127.pdf.

二、中国促进跨境电子商务和数字贸易发展的法律法规

随着电子商务交易额和跨境电子商务进出口总额的快速增长，中国在电子商务和跨境电子商务相关法律法规的发展建设上取得了飞速进步。早在 2000 年 12 月，中国第九届全国人民代表大会常务委员会就审议通过了《关于维护互联网安全的决定》。2004 年 8 月，第十届全国人民代表大会常务委员会通过《中华人民共和国电子签名法》，对电子签名的适用范围、认证、合法性做出了明确规定。《电子签名法》的制定，是中国在电子商务活动中维护消费者权利和加强消费者保护的有力表现，标志着中国电子商务规则的进一步完善。

根据相关的法律法规，中国国务院于 2005 年发布《关于加快电子商务发展的若干意见》，2006 年发布《2006—2020 年国家信息化发展战略》。2012 年，中国工业和信息化部制定《电子商务"十二五"发展规划》。2016 年，中国商务部、中央网信办、国家发展和改革委员会联合发布《电子商务"十三五"发展规划》。这些政策文件的发布，不仅反映了中国政府高度重视国内电子商务相关法律法规的建设，也标志着中国积极参与国际组织的相关活动，开展跨境电子商务和数字贸易国际法律标准的研究和制定等战略目标的形成。

2016 年 11 月，中华人民共和国第十二届全国人民代表大会常务委员会发布《中华人民共和国网络安全法》，并于 2017 年 6 月 1 日起正式施行。《网络安全法》以总体国家安全观为指导，就网络数据和信息安全的保障等问题制定具体规则，其相关规定构成中国现行有关互联网信息和数据流动公共政策的重要依据。2018 年 8 月，中国第十三届全国人民代表大会常务委员会第五次会议通过《中华人民共和国电子商务法》，并于 2019 年 1 月 1 日起正式施行。[①]作为中国第一部完整、全面规范电子商务的法律，《中华人民共和国电子商务法》为电子商务的有序健康发展提供了有力的法律保障。

三、中国参与跨境电子商务与数字贸易国际规则的进程

中国作为电子商务、跨境电子商务和数字贸易大国，不仅高度重视国内相关法律法规的建设，而且积极参与世界贸易组织电子商务谈判和数字

---

① 中华人民共和国电子商务法 [EB/OL]. (2018-08-31)[2022-12-28]. http://www.npc.gov.cn/npc/c30834/201808/5f7ac8879fa44f2aa0d52626757371bf.shtml.

贸易国际规则的构建和完善工作，最近几年已经向 WTO 提交了多份提案，希望能够为 WTO 电子商务谈判提供中国方案、贡献中国力量。[①]

在中国电子商务提案中，中国坚持 WTO 电子商务谈判的目标应该致力于发掘电子商务的潜力，帮助发展中成员和最不发达成员弥合数字鸿沟，从数字贸易包容性的发展中受益。中国认为应厘清电子商务、电子传输的相关定义，建立良好的电子商务交易环境，包括促进跨境电子商务、无纸贸易、电子签名和电子身份认证、电子合同、暂停电子传输关税等；为电子商务提供一个安全和值得信赖的市场环境，包括在线消费者保护、个人信息保护、电子商业消息管理、网络安全和透明度等；促进务实和包容的发展合作，弥合数字鸿沟、加强研究培训和交流、实施电子商务发展促进计划等。

在双边自由贸易协定方面，中国—韩国自由贸易协定、中国—澳大利亚自由贸易协定、中国—新加坡自由贸易协定（升级）都包含了单独的电子商务章节。中国—韩国自由贸易协定仅涉及海关关税、电子认证和电子签名、个人信息保护、无纸贸易和合作等内容，中国—新加坡自由贸易协定（升级）、中国—澳大利亚自由贸易协定增加了透明度和国内监管框架规定。中国自由贸易协定中的电子商务规则主要是关于跨境货物贸易以及相关的支付和物流服务，未涉及跨境数据流动、源代码、知识产权等关键问题。

在自由贸易试验区方面，中国政府不断赋予自由贸易试验区更大的改革和创新自主权，建立完善促进跨境电子商务发展的政策。2019 年 8 月 6 日，《中国（上海）自由贸易试验区临港新片区总体方案》发布，该方案提出要在集成电路、人工智能、生物医药等关键领域试点开展数据跨境流动的安全评估，建立数据保护能力认证、数据流通备份审查、跨境数据流通和交易风险评估等数据安全管理机制，进一步提高中国在电子商务和数字贸易领域的开放程度。

---

① WTO Document online, JOB/GC/110/Rev.1, November 16, 2016; JOB/GC/142，October 19, 2017; INF/ECOM/19, April 24, 2019; INF/ECOM/40, September 23, 2019.

第六章　投资者与东道国争端解决机制

随着经济全球化和投资便利化的深入发展，国际资本自由流动总体呈上升趋势。根据联合国贸易和发展会议（UNCTAD）发布的有关报告，2019 年的全球外商直接投资（FDI）总额为 1.5 万亿美元[1]，但在新冠疫情的影响下，2020 年这个数值骤减至 8590 亿美元[2]，自 2005 年以来首次跌破万亿美元。在国际资本跨国流动不断增加的同时，投资者与东道国（Host Country）之间的投资争端无法避免，投资者与东道国争端解决机制（ISDS）已经成为投资者与东道国之间解决投资争端的重要方式。截至 2021 年 12 月 31 日，ISDS 机制累计接受案例 1190 件，涉及 145 个国家和地区，诉讼标的总额超过 1 万亿美元。[3]

全球疫情的蔓延从供给、需求和政策等层面都给跨国投资带来巨大冲击，也给投资争端解决机制的运行增加了很多的不确定性。得益于对疫情的有效防控，中国在 2020 年吸引外资额逆势增长 4%，超越美国成为世界最大的外资流入国。与此同时，中国的对外投资额也在逐年稳步上升。伴随着产业升级和资本双向流动加快，作为对外跨国投资的中国投资者和作为东道国的中国政府，其涉诉案件的数量也在不断上升。在这个背景下，本章从 ISDS 机制的现状与演变出发，研究如何完善投资争端解决制度，指出目前 ISDS 机制所面临的挑战，探究如何把握其发展现状及未来改革的走向，最后提出中国的应对策略，这对于后疫情时代中国掌握 ISDS 机制的主动权具有非常重要的意义。

第一节　ISDS 机制的现状与演变

一、ISDS 机制的概念

ISDS 机制是指外国投资者同东道国政府之间因投资关系而产生的争端

---

[1] UNCTAD. World Investment Report 2020[R]. Geneva: United Nations Publication, 2020: iii.

[2] UNCTAD. Global Investment Trend Monitor, No. 38 [EB/OL]. (2021-01-24) [2022-12-28]. https://unctad. org/webflyer/global-investment-trend-monitor-no-38.

[3] UNCTAD. Investment Dispute Settlement Navigator[EB/OL]. [2022-11-18]. https://investmentpolicy. unctad.org/investment-dispute-settlement.

解决机制。外国投资者可以是公司法人或自然人，东道国政府包括中央政府和地方政府及其所属机构。在实践中，ISDS 机制多致力于解决东道国行使主权政策或实施反危机措施等可能导致外国投资者利益受到影响所产生的争端。具体来说，主要包括以下四个方面：第一，东道国采取国有化政策或行政征收引起的争议，这里的征收包括直接征收和间接征收（Indirect Expropriation），特别是"间接征收"容易成为引发 ISDS 争端的根源；第二，东道国行使行政管理权引起的争议，如调整发展规划、实施外汇管制和调整税收政策等；第三，东道国政府行为可能影响企业经营活动而引起的争议；第四，东道国国内因政局变动、发生战争或其他原因等引起投资者利益的损失。

ISDS 争端的基本点在于其所涉及的争议根源不仅仅是私法契约的权利义务关系本身，也并非投资者因投资风险或者其他基于投资协议而造成的损失，而主要是国家基于主权行为或其行政管理行为而产生的国家责任给投资者造成的损失。

二、ISDS 机制的变迁

在国际投资争端解决的实践中，价值取向的演变具有阶段性特征，因此 ISDS 机制的发展大致分为两个基本阶段：国家本位阶段和投资者本位阶段。

（一）国家本位阶段

国际投资争端解决中心（International Centre for Settlement of Investment Disputes，ICSID）公约诞生之前，国际投资争端解决符合一般国际法特性，强调国家的主体性，即投资者具有国内法的诉讼主体资格，却不具有国际法的诉讼主体资格。此时，投资者必须依附母国维护权益，通过母国的外交手段或者在国际仲裁庭申诉解决投资争端。这一阶段，投资者与国家间投资争端解决呈现出两大弊端：第一，投资者自我救济能力受到极大的限制，投资权益无法得到及时、有效保护；第二，母国通过外交手段介入投资争端容易影响母国与东道国的政治关系。

（二）投资者本位阶段

1965 年《解决国家与他国国民之间投资争议公约》（Convention on

Settlement of Investment Disputes between States and Nationals of Other States，以下简称《华盛顿公约》）的签署以及次年 ICSID 的成立，标志着投资者与国家间投资争端解决在法理上步入投资者本位阶段。ICSID 为缔约国（东道国政府）和其他缔约国国民（外国投资者）的投资争议提供救济程序，投资者获得了以自己或者自己所投资公司的名义起诉东道国并要求赔偿的权利。然而，由于投资者获得仲裁请求权的法理基础不同，这一阶段又可以分为两个时期。

（1）第一个时期（1965—1994 年）。投资者主要根据与东道国政府直接签署的投资协议，或国家间协定中的 ICSID 条款，对东道国发起仲裁申请。根据 ICSID 规定，投资者"用尽东道国当地救济"或者"与东道国协商一致"成为提交 ICSID 仲裁的前置条件。

（2）第二个时期（1995 年至今）。投资者依据国家之间缔结的双边投资协定（Bilateral Investment Treaty，BIT）直接对东道国政府提起仲裁，仲裁请求权和内容均在 BIT 中有明确约定。1995 年之后，投资者依据国际条约或协定直接起诉东道国政府的权利明确受到国际协定的保护。

由于投资保护协定能够较好地降低国际投资者的投资风险，保护投资者在东道国的资产安全，因此广受投资者的欢迎。在各国政府和投资者的共同推动下，全球投资保护协定的数量大增，截至 2022 年 10 月，全球投资保护协定已经达到 3282 个[①]，ISDS 机制也逐渐被更多的投资协定所采纳。

三、ISDS 机制的现状

根据 ICSID 统计，截至 2020 年底全球有超过 3000 个投资协定明确包含了 ISDS 条款，其中发展中国家仍是最重要的被诉国。[②]目前，ISDS 机制的运行平台主要有以下几个。

（1）国际投资争端解决中心（ICSID）。ICSID 是 ISDS 机制下最重要的投资争端解决机构，1966 年依据《华盛顿公约》而设立，是世界上第一个专门为解决国际投资争端而设立的机构，争端解决方式包括调解和仲裁，目前该公约共有缔结、签署国 163 个。1990 年 2 月 9 日中国正

---

① UNCTAD. International Investment Agreements Navigator[EB/OL]. [2022-11-18]. https://investmentpolicy. unctad.org/international-investment-agreements.

② UNCTAD. World Investment Report 2020[R]. Geneva: United Nations Publication, 2020: 112.

式签署该公约，该公约于 1991 年 2 月 9 日正式生效。ICSID 作为全球最大的投资争端解决机构，不仅受理以《华盛顿公约》缔结的案件，还同时接受以其他公约缔结的投资争端案件。截至 2022 年 10 月，ICSID 共受理投资争端案件 925 个，其中 621 个案件已经部分或者全部结案，以中国籍投资者为申请人的案件共 11 起，以中国作为东道国被申请人的案件共 5 起。①

（2）联合国国际贸易法委员会（UNCITRAL）。UNCITRAL 于 1966 年根据联合国大会（General Assembly of the United Nations，UNGA）决议设立，目的是协调和统一国际贸易法律。此外，UNCITRAL 在国际商业仲裁方面也开始发挥作用，自 1985 年来相继起草了《国际商事仲裁示范法》（Model Law on International Commercial Arbitration）、《UNCITRAL 仲裁规则》（UNCITRAL Arbitration Rules）、《UNCITRAL 调解规则》（UNCITRAL Conciliation Rules）及《UNCITRAL 仲裁程序事项》等。

（3）斯德哥尔摩商会仲裁院（Arbitration Institute of the Stockholm Chamber of Commerce，SCC）。SCC 成立于 1917 年，是瑞典最重要的常设国际商事仲裁机构，目前实施 2017 年 1 月 1 日生效的《SCC 仲裁规则》（Arbitration Rules）和《SCC 快速仲裁规则》（Rules for Expedited Arbitration）。鉴于瑞典商事仲裁历史悠久、仲裁体制完善及瑞典的中立国身份，SCC 得以成为国际商事仲裁领域的重要组织。

（4）国际商会（ICC）。ICC 成立于 1919 年，现有成员来自 130 多个国家的公司和协会。ICC 下设的国际商会仲裁院是解决国际商事争议的重要组织，受理各类有关投资争端的国际仲裁，也成为 ISDS 机制的重要平台。

上述 ISDS 运行平台中，最重要的当属 ICSID。截至 2021 年 12 月，ISDS 机制共受理案件 1190 件，其中依据 ICSID 公约及其附加规则进行仲裁的有 710 件②，依据 UNCITRAL 规则进行仲裁的有 368 件，依据 SCC 规则进行仲裁的有 53 件，依据 ICC 规则进行仲裁的有 22 件，另有 37 件根据其他不同的条约进行仲裁（见图 6.1）。

---

① ICSID website [EB/OL]. [2022-12-28]. https://icsid.worldbank.org/en/Pages/cases/AdvancedSearch.aspx.

② ICSID 公约适用于申请方与被申请方均为《华盛顿公约》缔约国的情形；ICSID 附加规则适用于申请方与被申请方中仅有一方是《华盛顿公约》缔约国的情形。

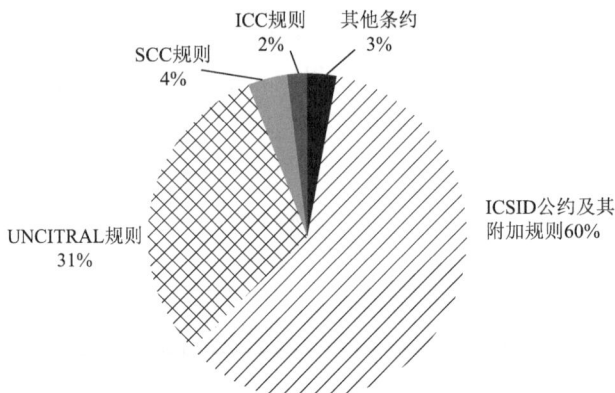

图 6.1　各公约缔结的投资争端案件所占百分比

资料来源：UNCTAD, Investment Dispute Settlement Navigator

四、现行 ISDS 机制的主要特点

（一）ISDS 机制的特殊性

国家与国家间的争端解决机制（State-State Dispute Settlement，SSDS）及私人投资者之间的投资纠纷解决方式不同，ISDS 机制有其特殊性。

（1）争端主体不平等。早期的 ISDS 争端中，因涉诉一方为主权国家，所以争端解决主要依赖于东道国的司法救济和投资者母国的外交保护。直到 1966 年 ICSID 成立，投资者开始获得独立的仲裁请求权，"穷尽东道国司法救济"也不再是 ISDS 争端解决的必经程序。

（2）争端内容的特殊性。在实践中，ISDS 争端主要是因东道国政府的主权和行政管理行为而产生，例如国有化、征收及税收管理等行为皆源于东道国的主权行为，这种行为的后果在本质上属于东道国的国家责任。因此，争端的内容往往并非源于投资协议中的商业条款，所以涉诉内容具有特殊性。

（3）ISDS 机制涉诉案由的扩展。2008 年以来，ISDS 机制管辖的涉诉案由已经从传统的国有化、征收、税收措施等领域，扩展到许可的撤回、公开招标中的违规、国内规章制度的质疑、先前补贴的撤回等。①

（4）国际仲裁成为 ISDS 机制的主要手段。ICSID 的成立，化解了传统

---

① 金中夏. 全球化向何处去——重建中的世界贸易投资规则与格局[M]. 北京：中国金融出版社，2015：150.

上投资者与国家争端解决主要依赖东道国国内司法救济和投资者母国的外交手段解决的困境。相较于传统解决方式，国际投资仲裁在程序上对投资者的权益保障规则更详细、保护力度更强。此外，根据国际商事程序解决投资者与国家之间的投资争端消除了经济问题政治化的弊端。

（5）ICSID 成为国际投资争端解决的主要场所。ICSID 依据《国际投资争端解决中心调解程序规则》（ICSID Rules of Procedure for Conciliation Proceedings）和《国际投资争端解决中心仲裁程序规则》（ICSID Rules of Procedure for Arbitration Proceedings），运用调解和仲裁两种手段解决国际投资纠纷。ICSID 争端解决的发展呈现如下特点：第一，受理案件数量明显上升，据 ICSID 统计，1959 年至 2002 年，ICSID 的收案量总数不及 100 件，2002 年至 2020 年底骤增至 821 件；第二，发展中经济体和转型经济体作为应诉方的比例偏高，截至 2020 年底，ICSID 所有的仲裁案件中，应诉方为发展中经济体或转型经济体的占 86%。[1]

（二）ICSID 机制与非 ICSID 机制的比较

ICSID 是当前世界上最重要的投资争端仲裁机构，承担着解决投资争端的主要力量，而在非 ICSID 机制中，又以联合国国际贸易法委员会为主要的仲裁机构。ICSID 机制与非 ICSID 机制最根本的不同在于其适用的国际法不同，ICSID 所依据的国际法为《华盛顿公约》，而 UNCITRAL、ICC、SCC 等仲裁机构所依据的国际法为 1958 年联合国国际商事仲裁会议上签署的《承认与执行外国仲裁裁决公约》（United Nations Convention on the Recognition and Enforcement of Foreign Arbitral Awards，以下简称《纽约公约》），这就导致了这两种机制在仲裁实践上有所不同，如表 6.1 所示。

表 6.1　ICSID 机制与非 ICSID 机制仲裁的主要不同点对比

	ICSID 机制	非 ICSID 机制 （UNCITRAL、ICC、SCC 等）
适用国际法	《华盛顿公约》	《纽约公约》
应用对象	《华盛顿公约》缔约国，有一方为缔约国即可适用	不须为任何公约缔约国，但须在投资合同中提前指定适用的仲裁规则和仲裁机构
仲裁提请	投资者可跨过东道国法庭，直接提起国际仲裁，东道国法庭无管辖权	东道国有权力要求投资者在提交国际仲裁前"穷尽东道国司法救济"

---

[1] The World Bank Group. ICSID 2020 annual report[R]. Washington D. C. : World bank publications, 2020.

	ICSID 机制	非 ICSID 机制 （UNCITRAL、ICC、SCC 等）
裁决结果 的执行	任何当事方不得以任何理由对 裁决进行审查和拒绝承认与执行	满足《纽约公约》第五条所规定的理由时，东 道国法院有权搁置裁决结果，不予执行

资料来源：根据《华盛顿公约》与《纽约公约》整理

表 6.1 列举了两种机制的主要不同点，将这些不同点进行进一步总结，可以归纳为以下三个方面。

（1）ICSID 机制的应用比非 ICSID 机制的更广。全球有 163 个国家都是《华盛顿公约》缔约国，因此各国间的投资争端大多可以直接适用 ICSID 调解及仲裁机制；当其中一方为非《华盛顿公约》缔约国时，其投资争端仍可在双方协商一致的前提下，依据 ICSID 附加规则进行调解及仲裁。只有当两国均为非《华盛顿公约》缔约国时，或者两国在双边投资协定中对争端解决的适用规则有特别规定时，才可能涉及非 ICSID 机制的应用。

（2）ICSID 机制更注重对投资者的保护，而非 ICSID 机制更注重对东道国具体政策环境的考量。首先，在仲裁的申请方面，《华盛顿公约》规定投资者不受东道国法庭的司法管辖限制，可直接提请国际仲裁；而《纽约公约》则支持东道国对投资者提起国际仲裁前"穷尽东道国司法救济"的要求。其次，在对裁决结果的审查方面，《华盛顿公约》规定每一缔约国都应把 ICSID 裁决结果等同于本国法院的最终判决加以承认与执行，不得对裁决进行审查和拒绝承认与执行。对于任何不公的裁决，当事方只能通过提请诸如 ICSID 的特设委员会等监督机制以寻求撤销仲裁裁决[1]，因此，ICSID 更具有仲裁的司法性与权威性。《纽约公约》则更加尊重东道国的主权，规定在特定的情况下，例如出现仲裁庭组成中的违规行为、仲裁程序严重欠缺、缺乏司法管辖权，以及裁决结果与公共政策不可兼容等情况，一国执法法院可以基于《纽约公约》第五条，拒绝承认和执行仲裁裁决结果。[2]因此，《纽约公约》更加具有尊重东道国具体政策的灵活性。[3]

（3）ICSID 机制的执行效力比非 ICSID 机制更强。ICSID 是世界银行

---

[1] 对于当事方不满裁决结果的情况，ICSID 将形成由三名专家组成的特设委员会，对裁决结果的程序合法性和公平性进行审查，参见 ICSID Convention, supra note 5, article 52。

[2] Fox H. State Immunity and the New York Convention[M]. Oxford:Oxford University Press, 2002: 829-832.

[3] Chen M. Embracing Non-ICSID Investment Arbitration? The Chinese Perspective[J]. Northwestern Journal of International Law & Business, 2018, 39（3）: 249-270.

的一个分支机构，其执行效力得到了世界银行的背书。由于大多数国家都是世界银行成员国，都有向世界银行贷款或与其他世界银行成员开展合作的需求，因此一般不愿意承担违反《华盛顿公约》的后果，基本都自愿执行裁决结果。而尽管《纽约公约》也是权威的国际法，但是由于它缺乏一个强有力的组织载体，缺乏一套政治机器作为其执行的后盾，也就相对缺乏对裁决结果强制执行的约束手段；另外，由于《纽约公约》第五条允许被寻求执行裁决的当事国对执行裁决提出异议，这就使一些被执行国想方设法钻空子、找理由不对裁决结果予以执行，导致了非 ICSID 机制执行效力的欠缺。

五、现行 ISDS 仲裁的一般流程

尽管当前世界有 ICSID、UNCITRAL、SCC、ICC 等不同的 ISDS 仲裁平台，各自仲裁细节略有不同，但各机构的仲裁流程大致都包括以下几个步骤（其中某些步骤可能重叠或同时发生），如图 6.2 所示。

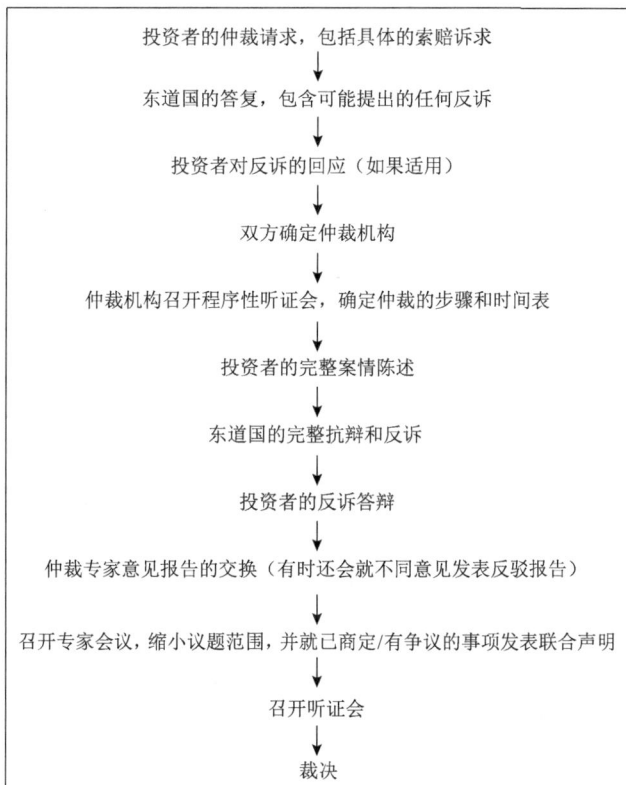

投资者的仲裁请求，包括具体的索赔诉求

↓

东道国的答复，包含可能提出的任何反诉

↓

投资者对反诉的回应（如果适用）

↓

双方确定仲裁机构

↓

仲裁机构召开程序性听证会，确定仲裁的步骤和时间表

↓

投资者的完整案情陈述

↓

东道国的完整抗辩和反诉

↓

投资者的反诉答辩

↓

仲裁专家意见报告的交换（有时还会就不同意见发表反驳报告）

↓

召开专家会议，缩小议题范围，并就已商定/有争议的事项发表联合声明

↓

召开听证会

↓

裁决

图 6.2 现行 ISDS 仲裁的一般流程

资料来源：根据 ICSID 网站资料整理

第二节　ISDS 机制面临严峻挑战

在国际投资争端实践中，受限于无政府状态下国际秩序的匮乏、国际经贸格局的差异、国家间经济发展水平的不同等因素，ISDS 机制呈现"双刃剑"效应：一方面，它督促缔约国遵守国际规则和投资协议，捍卫投资者合法权益，提升了国际资本的配置效率；另一方面，它限制东道国的反危机政策举措及其有效实施公共政策的能力，导致投资争端诉讼给东道国带来重大经济损失。本节针对两个典型案例进行对比分析，总结 ISDS 机制存在的主要问题。

一、美国 CMS 天然气运输公司诉阿根廷政府案①

（一）案件基本情况

（1）基本案情：TGN 是阿根廷的一家天然气运输公司，该公司曾获准以美元计价，根据当时比索对美元 1∶1 的固定汇率以比索向消费者收费，且 TGN 公司以美元计价的使用费可以根据美国生产商价格指数每半年调整一次。CMS 是美国的一家天然气运输公司，于 1995 年以 1.75 亿美元购买了 TGN 公司的部分股份。2001 年底，阿根廷陷入全面经济危机。为了应对这种局面，阿根廷颁布了《紧急状态法》，规定公用事业单位收取的使用费不再以美元计价，开始实行幅度汇率，终止每半年根据美国生产商价格指数调整使用费。之后，比索对美元开始大幅贬值，其汇率一度跌至 4∶1。由于 TGN 公司收取的使用费不得再基于通货膨胀等因素予以调整，且以 1∶1 的汇率被强行转换成以比索计价，CMS 公司收入大减，遂根据美国与阿根廷所签投资条约向 ICSID 提出仲裁申请。

（2）仲裁请求与理由：CMS 公司认为，其对阿根廷天然气运输部门进行重大投资主要是基于该国政府的承诺与保证。稳定、可预见的投资环境是决定投资的关键因素，而阿根廷政府的措施深刻地改变了投资环境的稳定性和可预见性，因而违反了双边投资条约规定的公平与公正待遇标准及保

---

① International Centre for Settlement of Investment Disputes: CMS Gas Transmission Company vs The Argentina Republic（ICSID Case No. ARB/01/8）[J/OL]. International Legal Materials, 2005, 44（5）: 1205-1263 [2022-11-18]. https://doi.org/10.1017/S0020782900007014.

证外国投资享有充分保护与安全的承诺。

（二）本案争议焦点及双方主张

（1）争议焦点及法律问题：首先是阿根廷反危机措施是否违反了美阿 BIT 关于"给予外国投资者公平公正待遇"的承诺？其次是阿根廷立法权是否应受到美阿 BIT 的制约？《公共紧急状态法》是否属于阿根廷行使正常立法权的行为？最后是经济危机是否属于"重大安全"的范畴，阿根廷基于"避免危机扩大"所采取的措施是否可以援引根本安全例外条款？

（2）双方的主张：CMS 公司诉称，稳定、可预见的投资环境是外国投资者选择东道国的首要标准，2001 年底阿根廷政府推出的经济管制措施破坏了投资环境的稳定性和可预见性。因此，阿根廷政府制定的《公共紧急状态法》违反了美阿 BIT 关于公平与公正待遇标准和保证投资者享有充分投资安全的承诺，并给 CMS 公司造成了巨额经济损失。

但是阿根廷政府辩称，美阿 BIT 所涉"公平与公正待遇标准"，在任何情形下都只能理解为东道国法律规定的普遍待遇，且符合国际最低待遇标准。而且，该项标准的适用应将东道国故意违反条约义务或恶意作为设为前提条件。

此外，美阿 BIT 所涉及的"投资环境的稳定性"并不等同于投资环境"恒定不变"。行使立法权属于阿根廷的主权行为，不受美阿 BIT 条款的约束，制定颁布《紧急状态法》属于阿根廷行使立法权的表现。阿根廷依据该法采取的限制银行提现、冻结账户、改革汇率制度等措施属于经济危机背景下保护公共利益、避免损失扩大、重建社会秩序的必然选择，应适用于"根本安全例外条款"。

（三）裁决结果

2015 年 5 月 12 日 ICSID 仲裁庭做出终审裁决：阿根廷政府赔偿 CMS 公司 1.332 亿美元，并支付相应的利息。[①]理由如下：仲裁庭认为，虽然美阿 BIT 协议文本没有对"公平与公正待遇标准"做出精确的规定，但是在

---

① International Centre for Settlement of Investment Disputes: CMS Gas Transmission Company vs The Argentina Republic（ICSID Case No. ARB/01/8）[J/OL]. International Legal Materials, 2005, 44（5）: 1205-1263 [2022-11-18]. https://doi.org/10.1017/S0020782900007014.

文本的序言中，明确地说明了"为了给投资创建一个稳定的环境，最大化促进经济资源的有效利用，双方同意给予投资者以'公平公正待遇（Fair and Equitable Treatment Standard）'"。由此可见，"公平公正待遇"无疑是稳定的法律及商业环境的核心因素。然而阿根廷政府在经济危机后采取的管制行为，显然已经破坏了原本稳定的投资法律与商业环境。本案事实表明，与 CMS 公司商业运作相关的费用体制、美元标准、汇率政策等对于 CMS 公司的投资决策至关重要。[①]

（四）案例启示

（1）阿根廷全面接受美式 BIT，属于自卸"安全阀"。为了吸引外资，阿根廷过度强调对外国投资者的保护，却未附加必要的限制和安全例外条款，这就限制了危机时期阿根廷行使管理经济、社会事务的必要权力，也为投资争端埋下了伏笔。

（2）阿根廷给予外国投资者的仲裁请求权过于宽松。美阿 BIT 文本中明确赋予投资者独立的仲裁请求权，且对请求权的行使未附加任何限定条款，如"与东道国协商解决"优先。如此，等于鼓励投资者针对东道国政府的经济管控措施提出仲裁。

（3）文本序言与文本条款具有同等的效力。本案中，仲裁庭认为，尽管条款中没有对"公平与公正待遇标准"做出详细说明，但在文本序言关于"缔约目的"的声明中已经强调给予投资者"公平与公正"的保护，序言的效力应等同于条款的效力。相反，阿根廷签订的大多数双边投资条约在序言中未提及东道国享有的主权权利及投资者负有遵守东道国法律义务的内容。

（4）投资协定对"关键条款"的内涵和外延未作界定或界定模糊不清。阿根廷签订的大多数 BITs 对那些于投资者和东道国而言均具有重大意义的"公平与公正待遇标准"的含义、"间接征收条款"的认定标准、"根本安全例外条款"等构成要件均未做出明确的界定。如此，在投资仲裁中就等于授权国际投资仲裁庭对上述关键性条款做出其认为恰当的解释。

---

① International Centre for Settlement of Investment Disputes: CMS Gas Transmission Company vs The Argentina Republic（ICSID Case No. ARB/01/8）[J/OL]. International Legal Materials, 2005, 44（5）: 1205-1263 [2022-11-18]. https://doi.org/10.1017/S0020782900007014.

二、中国平安保险公司诉比利时政府案①

（一）案件基本情况

（1）基本案情：2007年中国平安保险公司（以下简称平安公司）以240亿元人民币收购比利时富通集团部分股权，并成为富通集团最大的单一股东。2007年美国次贷危机爆发后，富通集团股价暴跌，比利时政府随后对富通集团及其附属企业执行半强制国有化救助方案和拆解出售，此举造成平安公司的投资权益损失惨重。2008年10月和2009年10月，平安公司就比利时政府的不当干预两次向比利时政府发送了争议通知，并于2012年9月向ICSID提起仲裁。

（2）仲裁请求与理由：平安公司要求比利时政府赔偿9.04亿至10.97亿欧元损失。理由是平安公司认为，比利时政府对富通集团国有化并分解出售的行为达到间接征收的认定标准：行为具有东道国政府背景和目的；行为达到对财产权利的干涉程度；行为后果的非补偿性。

（二）本案的争议焦点及法律问题

（1）争议焦点及法律问题：第一，比利时政府收购并出售富通集团部分股权的行为属于"间接征收"还是"非补偿性政府管制措施"？第二，比利时政府拆解并出售富通银行的行为是否可以认定为出于"维护公共利益的目的"？该行为与平安公司的损失是否存在因果联系？第三，ICSID对本案是否有管辖权？

（2）双方的主张：平安公司诉称，比利时政府将富通集团拆分出售之后，富通集团的残存股权价值不及拆分前的20%，这种对法人财产权的任意性干预已经构成间接征收，况且至今未对平安公司做出任何补偿。此外，对"非补偿性政府管制措施"的认定必须衡量其实施效果，且效果应符合公平、公正的原则，不能以维护公共利益为借口损害投资者的利益。综上，平安公司认为，比利时政府的收购、拆分和出售富通集团股权的行为构成间接征收，侵犯了投资者合法的权益，应承担相应的赔偿责任。

比利时政府辩称，在金融危机背景下，政府有义务及时采取有效措施保障富通集团继续经营，从而保障投资者和普通公众的合法利益。为达到

---

① ANDRIOTIS G. Ping An Life Insurance Company of China, Limited and Ping An Insurance (Group) Company of China, Limited v. Kingdom of Belgium (Ping An v. Belgium) [J]. World Trade Review, 2016: 532-534.

此目的，比利时政府对富通集团进行收购并分割出售是一项解决危机的有效措施，从长远看是符合投资者利益的。比利时政府进一步辩解称，购买富通集团股权后，将富通银行75%的股份出售给法国巴黎银行是为了保障比利时存款人和客户的利益，同时保障其在比利时境内所有员工的就业，因此购买并转售富通银行股权的行为是出于维护比利时公共利益的目的，构成"非补偿性政府管制措施"而非"间接征收"。

（三）仲裁结果

2012年9月，平安公司在多次与比利时政府沟通磋商无效以后，选择依据中国和比利时签订的双边投资保护协定，提请ICSID进行仲裁。遗憾的是中国和比利时签订的双边投资保护协定有两个版本，一个是1986年生效的旧版本，另一个是2009年生效的新版本。新版本包括ISDS条款，但是，平安公司的投资和争议均发生在新版本协议生效之前，结果仲裁庭以"无管辖权"为由，驳回平安公司的仲裁请求。

（四）案例启示

（1）平安公司对仲裁前置程序缺乏了解，庭前准备不足。首先，对中比BIT1986和中比BIT2009的承继关系没有厘清，尤其是2008年10月发送的争议通知没有满足6个月的磋商前置条件；其次，对"争议通知"的重要性认识不足，以致2008年向比利时政府发送的争议通知所依据的法律文本存在错误；最后，庭前没有组成经验丰富的专家团队，未能形成完善的仲裁策略。

（2）仲裁员指定过于随意，风险意识不足。首席仲裁员Lord Collins和比利时指定的仲裁员Philippe Sands同为英国国籍，平安公司对此未提出异议。[①]平安公司选择的仲裁员David Williams为新西兰国籍。从文化背景上看，三个仲裁员都比较"亲欧"，且其法学背景同属于英美法系。综上，平安公司在仲裁员选任方面，忽略了出于具备相似文化背景，仲裁员可能会更倾向于认同欧洲政府的政策的可能性。

三、ISDS机制存在的问题

我们对个案的关注无非是想从中分析总结出具有普遍意义的因果联系。

---

① 王生长，彭禧雯. 从败诉中吸取教训：平安诉比利时投资仲裁案评析[EB/OL]. (2015-06-12)[2022-12-28]. http://victory.itslaw.cn/victory/api/v1/articles/article/deca6831-648f-4d08-a095-3870a54b86bc?downloadLink=2&source=ios.

通过对上述两起案例的解剖和比较，我们不难发现 ISDS 仲裁机制在实际运行过程中，无论在程序正义方面还是在结果正义方面均存在诸多不足。

（1）裁决结果缺乏一致性，不承认先例的指导作用。"相同情况相同对待"，保持裁决的一致性关系到裁决的公平性和权威性，影响着规则的稳定和可预期性，其前提是裁判尺度、裁判程序及裁判人员素质的相对一致。目前 ISDS 仲裁中对适用法律和程序的规定不够详尽，导致在裁决相似法律或事实问题时适用规则不统一。此外，ISDS 机制仲裁员选任比较随意，缺乏一整套客观的选任和评价标准，客观上也造成同等或相似案件"同案不同判"的现象。例如就在 CMS 案发生后一年，2003 年美国投资者 LG&E 公司"以同样的理由"在 ICSID 提起仲裁。两案的仲裁庭都否定阿根廷有权自行决定其本国是否面临严重迫切的危险，但考察了阿根廷的经济危机后二者得出不同的结论：LG&E 案仲裁庭认为，尽管阿根廷危机并没有达到令阿根廷经济和社会完全崩溃的程度，而且也不存在令阿根廷政府失去其他选择的不可抗力因素，但除了经济上的困难之外，政局不稳定、社会持续动荡已经使得阿根廷人民的其他根本利益受到威胁，因此阿根廷所受损的利益属于根本利益，并据此裁定"阿根廷不必对 LG&E 公司在经济危机期间因阿根廷政策的改变遭受的损失承担赔偿责任"。[1]

（2）仲裁程序不够透明，影响裁决公正性。无论是 ICSID 还是 UNCITRAL 都建立在国际商事仲裁机制基础上，对裁决过程高度保密。非经仲裁庭许可，第三方不得参加仲裁庭审，仲裁员对庭审过程严格保密，未经当事双方同意庭审记录不得公开。然而，一个理想的仲裁程序应当将以下内容公之于众并接受监督：一是投资仲裁案件存在的事实；二是投资仲裁案件的涉案资料；三是裁决结果和裁判依据。[2]此外，应允许"法庭之友"（A Friend of the Court）[3]等第三方组织提交意见等。例如，平安公司诉比利时政府案中，相关的案卷材料、仲裁过程、裁决依据都没有适时向外界公开。最终，仲裁庭以没有管辖权为由，驳回平安公司的仲裁申请。过度强调对仲裁过程

---

① Frutos-Peterson C. LG&E Energy Corp. , LG&E Capital Corp. and LG&E International Inc. v. Argentine Republic（ICSID Case No. ARB/02/1）: Introductory Note[J]. ICSID Review-Foreign Investment Law Journal, 2006, 21（1）: 150-154.

② 刘京莲. 阿根廷国际投资仲裁危机的法理与实践研究——兼论对中国的启示[M]. 厦门：厦门大学出版社，2011：77.

③ "法庭之友"是英美法系的一个重要制度，是指"在司法程序中向法庭提交有关案件事实或法律信息，帮助法庭做出正确裁决的非争端当事人的个人或组织"。参见：GARNER B A. Black's Law Dictionary（7th Edition）[M]. Thomson Reuters, 1999:83.

的保密，引发了外界对仲裁公正性的质疑。

（3）忽视对东道国公共利益的保护。在国际商事仲裁基础上发展起来的 ISDS 仲裁机制深受"私有财产神圣不可侵犯"原则的影响，仲裁庭往往比较关注对投资者利益的保护而忽视对东道国公共利益的保护。实践中，即使东道国基于本国社会稳定、劳工利益等出台改革措施而触及外国投资者的利益，也依然面临被诉的风险。例如，CMS 案中，阿根廷一再声称"出于遏制危机蔓延，避免社会秩序崩溃，制定《紧急状态法》是完全正当的"，但 CMS 仲裁庭坚持认为，"阿根廷所经历的经济危机并不足以令社会经济崩溃"，据此认定，阿根廷反危机措施违反美阿 BIT 给予投资者"投资安全"和"稳定性"的承诺，裁定阿根廷政府败诉。

（4）损害东道国国家主权。ISDS 机制对投资者行使仲裁请求权的规定过于宽泛，实践中极易对东道国的立法、司法及行政管理权构成挑战。例如，20 世纪 90 年代，加拿大政府发现甲基环戊二烯三羰基锰（MMT）对人类的中枢神经系统有潜在危害，加政府为此出台禁令，禁止 MMT 的生产、国内销售和国际贸易。1997 年 4 月，MMT 主要生产商美国埃希尔公司以加拿大的该项立法构成间接征收为由，依据《北美自由贸易协定》（NAFTA）第 1110 条规定，向 NAFTA 仲裁庭提起仲裁，要求加拿大政府取消该项禁令，并赔偿该公司的损失。最终，该案以加拿大政府取消禁令，并赔偿埃希尔公司 1930 万美元经济损失的判决结案。[①]

（5）仲裁后救济程序缺位。正是由于 ISDS 机制在适用法律、仲裁员的选任标准及行为准则、仲裁过程透明度等方面均存在缺陷，导致仲裁结果的公正性备受质疑。特别是与 WTO 争端解决机制不同，国际仲裁尚缺乏对裁决结果的审查纠错机制。尽管在程序上 ICSID 有裁决撤销机制，但该机制启动程序烦琐且也无法达到及时纠错的目的。[②]

第三节　ISDS 机制改革主要动向

　　当前的 ISDS 机制饱受诟病，已经不能适应时代发展的需要，各大投资争端仲裁平台在各方压力下，也开始求新求变，展现出了新的运行思维和改革

---

① NAFTA. North American Free Trade Agreement[EB/OL]. [2022-11-18]. https://www.trade.gov/north-american-free-trade-agreement-nafta.

② 苏贝迪. 国际投资法政策与原则的协调(第二版)[M]. 张磊，译. 北京：法律出版社，2015：109.

方向。目前世界上关于 ISDS 机制改革主要有四种模式：ICSID 所倡导的新规则、UNCITRAL 所讨论的新机制、欧盟所推崇的"国际投资法庭体系"（Investment Court System，ICS），以及巴西的混合式投资争端解决模式。

一、ICSID 新规则的改革提案

2016 年开始，ICSID 秘书处开始组织商讨关于其投资争端解决的规则改革问题，并于 2019 年 1 月发布了一份 458 页的《关于改革的公众意见摘要》（Compendium of State and Public Comments on Proposed Amendments to the ICSID Rules），该摘要录入了 34 个国家，26 个相关组织以及欧盟（European Union，EU）和非洲联盟（African Union，AU）关于 ICSID 机制改革的书面意见和评论。[①]ICSID 秘书处根据这份摘要发布了拟议的仲裁新规则的工作文件，新规则的主要落脚点在于节约 ICSID 仲裁程序的时间和成本。为了全面弥补当前 ICSID 的缺陷，使其适应新的投资需求，拟议的修正案触及了当前机制的许多问题，涉及仲裁过程的透明性、仲裁员资格的保障、仲裁程序的简化等（见表 6.2）。

表 6.2　ICSID 仲裁规则的改革提案

议题	新规则相关文本
第三方资金*	各方有义务披露是否有第三方资金的支持，若有则需说明资金来源
仲裁员资格	修改指定仲裁员的流程，简化仲裁庭的成立手续，要求仲裁员事前提交其具备独立性和公正性的声明
讼费保证金*	明确允许被诉方要求诉讼方为仲裁庭提供讼费保证金（Security of Costs）的请求
审理程序	明确允许分流审理（Bifurcation）*，并要求仲裁庭提供审理流程相关时间表
裁决期限	引入裁决期限的时间表，例如规定在正式听证会后的 240 天内须做出裁决
裁决结果公布	所有仲裁裁决结果文本将被公开（除非当事人提出书面反对）； 不论当事方是否反对，裁决结果的法律摘录都将公开
加急仲裁	新规则允许当事方选择加急程序的仲裁

*"第三方资金"是仲裁中出现的第三方为某一当事方提供诉讼资金的情况，其目的是换取在争端仲裁结果中的回报或其他财务利益

"讼费保证金"是一笔确保胜诉方能得到败诉方赔偿的担保资金，仲裁庭通常要求当事双方留出一笔资金项（一般是通过账户或银行担保），为败诉后赔偿对方的仲裁费用提供担保

"分流审理"即将问题分为若干分支，每一位仲裁员都承担分支问题的仲裁职责，同时推进其仲裁程序，确认已经达成共识的部分，同时努力解决引发分歧的遗留问题，应用该方式可避免谈判陷入僵局，加快调解或仲裁流程

资料来源：根据 ICSID 拟议提案整理而成

---

① ICSID. Compendium of State and Public Comments on Proposed Amendments to the ICSID Rules[EB/OL]. (2019-01-18) [2022-11-18]. https://icsid.worldbank.org/en/Pages/News.aspx?CID=311.

除了关于仲裁方面的规则，ICSID 提出的新规则还包括其他一些值得注意的要点。

（1）扩大了对 ICSID 附加规则的涵盖范围：允许使用 ICSID 附加规则审理双方均为非 ICSID 缔约方的案件。

（2）纳入区域经济一体化组织（Regional Economic Integration Organizations, REIO），为区域经济一体化组织提供依据附加规则解决投资争端的途径。

（3）新的调解规则：设立了一套全新的争端调解规则。

（4）修订了事实调查规则，使事实调查过程更加灵活、简便、省时和高效。

ICSID 于 2022 年 1 月 20 日向 ICSID 行政理事会提交了该修正案。2022 年 3 月 21 日，ICSID 成员国批准了 ICSID 新规则的改革提案（通过该议案需要获得至少三分之二 ICSID 成员的批准），新规则于 2022 年 7 月 1 日生效。

二、UNCITRAL 对 ISDS 机制改革的讨论

2017 年 7 月，UNCITRAL 成立了第三工作组（UNCITRAL Working Group Ⅲ），专门探讨 ISDS 机制改革的可能性。第三工作组的主要任务：一是查明当前的 UNCITRAL 争端解决机制存在的缺陷；二是研究是否需要对争端解决机制进行改革；三是在研究结果表明改革是必需的情况下，着手制订相关的改革方案，然后报送联合国贸易法委员会审议。

第三工作组成立以来，已经组织各成员及相关机构开展工作，截至 2022 年 10 月共召开了 12 次会议，并就上述三项任务达成了一定程度的共识。[①]

事实上，工作组从一开始，就确定了当前 ISDS 机制面临的三大问题：一是 ISDS 仲裁缺乏一致性、连贯性和可预测性，对于不当仲裁结果缺乏纠正机制；二是缺乏一套机制阻隔仲裁员与当事方的利益输送问题，难以确保裁决的公正性；三是 ISDS 案件裁决的费用过高，期限过长，且胜诉方常常面临无法向败诉方索回成本的情况。

随后，工作组秘书处向 UNCITRAL 概述了 ISDS 机制改革的必要性，并讨论了框架中每个问题的可能改革方案，通过了备选方案表（表 6.3）。

---

① UNCITRAL. Working Group III: Investor-State Dispute Settlement Reform[EB/OL]. [2022-11-18]. https://uncitral.un.org/en/working_groups/3/investor-state.

表 6.3　**UNCITRAL 争端解决机制的主要问题及备选改革方案**

ISDS 机制主要问题	备选改革方案
仲裁的一致性、连贯性、可预测性	建立条约解释的相关机制
	建立约束性先例制度
仲裁员的独立性与公正性；仲裁判决的公允性	赋予当事方发表具有约束力的解释的权利
	保障当事方对裁决草案进行审查和评论的权利
	设立审查仲裁员利益冲突的规则
仲裁的时间和费用问题	加强对胜诉方索赔权保障
	设立仲裁成本（Arbitration Costs）分担的规则

资料来源：根据第三工作组会议文本整理

首先，联合国贸易法委员会指出，裁决的不一致性问题的根本原因在于不同仲裁庭对相关法律文本（如东道国政策文本等）的解释不同，由此导致了相似案情的迥异诠释。对于这个问题，其框架附件列出了一种改革的可能方式，即通过建立条约解释的相关机制来加强仲裁庭对缔约方文书的解读的一致性。[①]工作组考虑的另一个解决方案是采用英美法系的"约束性先例制度"（A System of Binding Precedents），即建立一个完整的案例库，这个案例库将不仅包括 UNCITRAL 历史上的投资争端仲裁案例，还将纳入其他具有参照意义的案例（例如其他国际法庭或国内法院的裁决），使得仲裁庭在未来的裁决中具有一套完整的参照标准。[②]

其次，针对仲裁员资质和裁决公允性问题，工作组讨论的方案包括赋予当事方发表具有约束力解释的权利，保障当事方对裁决草案进行审查和评论的权利，以及设立审查仲裁员利益冲突的规则。

最后，对于仲裁的时间和成本问题，工作组考虑的方案主要是完善对胜诉方索赔权的保障规则（Rules on Consolidation of Claims），例如规定败诉方必须承担胜诉方的所有时间成本及仲裁成本。

在之后的工作中，工作组的讨论也已经取得了更深一步的进展。包括欧盟、巴西、中国、印度尼西亚、泰国在内的多个国家和地区向第三工作组提交了针对 ISDS 可能改革的意见书，表达各国对于 ISDS 改革的建议与期待。同时，工作组开始审议下列改革方案：争端预防和缓解以

---

① UNCITRAL. Possible Reform of Investor-State Dispute Settlement（ISDS）[EB/OL].（2018-09-05）[2022-11-18]. https://documents-dds-ny.un.org/doc/UNDOC/LTD/V18/064/96/PDF/V1806496. pdf?OpenElement.

② UNCITRAL. Report of Working Group III on the Work of its Thirty-sixth Session[R/OL].（2018-11-06）[2022-11-18]. https://documents-dds-ny.un.org/doc/UNDOC/GEN/V18/075/12/PDF/V1807512. pdf?OpenElement.

及替代性争端解决方面的其他手段；反射性损失和股东索赔；包括反诉在内的多重程序；费用担保和处理无意义索赔的方法；缔约国解释条约；关于投资争端解决制度改革的多边文书等一系列具体机制设置的问题。此外，欧盟的积极提议，也让其成员国所倡导的"建立国际投资法庭体系"成为工作组改革的一系列备选方案之一。[①]在联合国贸易法委员会的支持下，欧盟成员国正在为建立一个国际投资法庭与各方进行积极磋商，积极推进各方达成建设国际投资法庭的国际公约。如果该方案被采纳，将对争端解决机制产生最深远的影响。

三、欧盟的倡议：成立"国际投资法庭"

欧盟于 2015 年首次提出应建立一个两级式的国际投资法庭（International Investment Court）体系，第一级为一审法庭，第二级为上诉法庭。该法庭具有以下三个特点：第一，具备对不公裁决的纠正机制。上诉法庭可以审查一审判决的漏洞（包括对事实理解的错误，法理应用的错误，严重的程序缺陷等），并将案件退回一审。第二，拥有高度的独立性。裁决投资争端案件的法官不再由当事方指定，而是在缔约国直接任命的"法官池"中随机抽取若干法官，轮流分配到具体案件中。第三，确保裁决的一致性。投资法庭将遵循"判例法"的原则，每一个案件的裁决都将对下一个案件形成约束作用。

当前，欧盟已经在以下双边投资协定中纳入了关于设立国际投资法庭的条款。

《加拿大—欧盟区域全面经济伙伴关系协定》（Canada-EU Regional Comprehensive Economic Partnership），于 2016 年签署。

《欧盟—新加坡投资保护协定》（EU-Singapore Investment Protection Agreement），于 2018 年签署。

《欧盟—越南投资保护协定》（EU-Vietnam Investment Protection Agreement），于 2019 年签署。

上述协议生效以后，新的投资法庭体系将取代欧盟成员国与相关国家之间任何现有双边投资协定中的 ISDS 机制（如表 6.4 所示）。

---

① Council of the European Union. Negotiating directives for a Convention establishing a multilateral court for the settlement of investment disputes[EB/OL]. (2018-03-20) [2022-11-18]. http://data.consilium.europa. eu/doc/document/ST-12981-2017-ADD-1-DCL-1/en/pdf.

表 6.4　　"国际投资法庭"有关协定涉及的谈判方、谈判进程及其影响

谈判双方	谈判进程	预期将被新的投资协定替代的现有投资协定数
加拿大–欧盟	2016 年签署	7 个
欧盟–新加坡	2018 年签署	12 个
欧盟–越南	2019 年签署	21 个
欧盟–日本	2018 年签署	1 个
中国–欧盟	谈判搁置	26 个
欧盟–墨西哥	谈判中，即将达成共识	15 个
欧盟–缅甸	谈判中	0 个
欧盟–美国	谈判搁置	9 个

资料来源：根据 UNCTAD 网站资料整理

欧盟与美国的《跨大西洋贸易与投资伙伴关系协定》（Transatlantic Trade and Investment Partnership，TTIP）的谈判文本中就包含有设立投资法庭的内容，但是 TTIP 谈判自 2017 年美国特朗普政府以后就被搁置，美国拜登政府有可能重新恢复。2020 年 12 月 30 日，中欧领导人共同宣布，如期完成了《中国—欧盟全面投资协定》（EU-China Comprehensive Agreement on Investment，CAI）谈判，提交双方的立法机构审议，以便正式签署后生效。然而，2021 年 5 月 20 日，欧洲议会以压倒性的票数通过了冻结中欧投资协定的议案。与此同时，欧盟与墨西哥、缅甸的投资协定谈判也在分别进行中，有望在未来达成建设国际投资法庭的相关共识。在与不同国家进行双边谈判的同时，欧盟也正在尝试将双边谈判拓展至多边，建立多边的国际投资法庭。

四、巴西的方案：创建混合式投资争端解决模式

巴西是中国在拉丁美洲最重要的战略合作伙伴国家，也是全球重要的投资目标国家。然而在国际投资规则体系内，巴西却一直扮演着"局外人"的角色。多年来，巴西并未通过有效的 BIT，具体原因比较复杂，主要包括：对主权和民族国家平等原则的考量；传统 BIT 对吸引外资是否有实质作用并不明确，而且 BIT 里面的争端解决机制涉嫌歧视国内投资者；阿根廷卡尔沃主义（Calvo Doctrine）的影响；等等。然而就在 2015 年，巴西转变了之前对 BIT 的观望态度，颁布了《合作与促进投资协定》（Cooperation and Facilitation Investment Agreement，CFIA）模式范本，与莫桑比克签订

了第一个 CFIA。截至 2020 年底，巴西已经与 13 个国家成功签订了 CFIA，其中包括与其同为金砖国家的印度。CFIA 模式相比于传统 BIT 模式更加侧重于合作和便利与风险化解，以促进和平协商解决争端为核心，为国际投资争端解决模式改革提出自己的方案。

具体来说，巴西从投资便利化的角度出发，在不牺牲国家监管自主权的情况下，设计了一套侧重于争端缓解和争端预防的纠纷解决模式，并且最后将投资仲裁限制在国家与国家之间。其中包括由两个机构通过双边协定开展的机构治理，其一是国家联络点（National Focal Points，也称为监察员），其二是联合委员会。国家联络点为政府内机构，负责解决投资者关注的问题；联合委员会由双方政府代表组成，共同负责管理 CFIA。建立这两个机构的主要目的是通过监督 CFIA 的实施来强化机构治理、改善缔约国双方之间的沟通、为私营部门提供咨询以及必要信息，并且争取以和平方式解决投资投诉与摩擦问题，避免未来升级为仲裁争端。当国家联络点和联合委员会都无法消除投资纠纷时，双方当事人才能适用最终的国家间投资仲裁机制。这种混合式的争端解决模式的目标是恢复投资者在东道国的投资价值并确保继续推进投资项目落地，而不仅仅是为受害投资者提供一个法律工具以便让他们从东道国撤回投资。它主要的手段是通过有效的行政程序提高透明度和信息可用性，以确保投资政策环境的可预测性，将因信息不对称而引起投资摩擦的可能性降到最低。特别是通过机构治理在投资者与东道国之间建立了一条信息链，提高了信息的流动性和质量来促进投资者与东道国间的对话，以期获得有效解决双方争议的机会。

综上所述，随着经济全球化的深入发展，ISDS 机制改革已成为国际社会关注的焦点，ICSID、UNCITRAL 和欧盟都提出自己的改革路径。ICSID 和 UNCITRAL 的改革重点是对现有程序的改进和优化，而欧盟所倡导的则是对现有机制进行大刀阔斧的变革，该变革将可能形成一个全新的争端解决机制，覆盖现有机制所未触及的领域以及弥补其功能缺失。巴西的方案是将争端解决的侧重点转移到争端缓解和预防上来，从投资便利化的角度出发，期望以双方对话的形式就投资活动过程中所产生的任何问题进行磋商以及谈判，倾听对方的声音，以达成快速化解争议的效果。

不同的改革方案对于国际投资的参与主体具有不同的含义，并将产生不同的影响。虽然全面评估有关改革方案的具体影响尚为时过早，但是探讨对于争端解决机制改革的影响时，我们可以重点关注以下三个方面。

首先，投资争端解决机制的改革不能被孤立地看待。实际上，ISDS 机制与国际投资协定中所有的实质性投资保护规则相辅相成，争端解决与投资保护相互呼应，两者之间任何一方的变动必然会影响到另一方。如果没有一个能够同时解决实质性投资保护规则和 ISDS 机制的综合方案，那么任何改革的尝试都难以带来根本性的投资环境变化，反而有可能形成新的投资规则碎片化现象，增加投资争端仲裁的不确定性。

其次，实质性投资保护规则和争端解决机制的改革都应该以实现联合国可持续发展目标为宗旨，建立稳定有效的国际投资体系，引导国际投资促进世界各国的经济发展和社会繁荣。投资争端解决机制的设计应该包括社会价值的考量，将东道国和投资者的社会责任纳入评价范畴。另外，还要注意改革过程中的透明度和包容性，确保与其他改革进程之间的相互协调和促进。

最后，重视"合作"与"对话"在投资争端解决过程中的作用。投资者、东道国以及投资者母国之间的合作与对话机制对于初期的投资争端解决意义非凡，因为信息的及时共享是避免投资者与东道国之间产生误会与纠纷的重要方式。设置治理机构在投资者与东道国之间进行协调与磨合，为投资者就投资纠纷提供一个官方、高效、友好的沟通平台。而投资者母国政府的适当介入促使争端解决模式聚焦于"对话"而非"对抗"，能够及时为投资者解决问题，避免纠纷升级。

第四节 中国与 ISDS 争端解决机制

2019 年全球跨国直接投资额为 1.54 万亿美元，但在新冠疫情的影响下，2020 年这个数值骤减到了约 8590 亿美元，自 2005 年以来首次跌破万亿美元。[①]全球跨国直接投资额被视为私营经济领域跨境投资的重要指标。由于俄乌冲突、通货膨胀和利率上升等多重危机，以及对即将到来的衰退的担忧，2022 年全球跨国直接投资仍然黯淡。全球疫情、地缘政治与经济危机从供应、需求和政策层面都给跨国投资带来了巨大冲击，也为 ISDS 机制的实践带来了很大的不确定性。本节将探讨这种不确定性对中国在投资争端解决改革中的影响以及中国的应对策略。

---

① UNCTAD. Global Investment Trend Monitor, No. 38[EB/OL]. [2022-12-28]. https://unctad.org/webflyer/global-investment-trend-monitor-no-38.

一、ISDS 机制在中国的实践

（一）中国参与国际 ISDS 机制的历史沿革

1990 年 2 月 9 日中国政府正式签署加入《华盛顿公约》（以下简称《公约》）。1993 年 1 月 7 日，全国人民代表大会常务委员会审议通过后，中国政府向《公约》世界银行总部正式递交批准书，其中明确表示仅考虑把由于征收和国有化而产生的有关补偿的争端提交 ICSID 管辖。1993 年 2 月 6 日起，中国正式成为《公约》缔约国。

迄今为止，中国投资仲裁事宜仍然主要规定在 BIT 中。根据联合国国际贸易和发展会议统计数据，继 1982 年 3 月中国与瑞典签署首个 BIT 以来，中国陆续与其他国家签署了共计 145 项 BIT，其中有 109 项 BIT 仍处于有效期，13 项 BIT 被新的 BIT 所替代，20 项 BIT 已签署但尚未生效。中国—印度尼西亚（1994）、中国—厄瓜多尔（1994）和中国—印度（2006）的 BIT 已经分别于 2015 年 3 月 31 日、2018 年 5 月 19 日和 2018 年 10 月 3 日，经过双边一致同意而宣告终止。

中国 BIT 大致可以分为两个阶段。第一阶段的中国 BIT 是指在中国签署《华盛顿公约》以前的双边投资协定，其特征主要体现在，对可提交国际仲裁的投资争议范围设置了限制条件，即"投资者只能将与征收或国有化赔偿金额相关的投资争议提交国际仲裁"。1998 年，中国在《中国—巴巴多斯双边投资协定》中首次明确投资者可将一切投资争议都提交国际仲裁，标志着中国 BIT 进入第二阶段。在第二阶段的中国 BIT 中，具有代表性的还有中国—德国 BIT，它提出了更广泛的实体保护，其实体保护条款也成为中国 BIT 的标准文本。

（二）ISDS 机制在中国的发展和实践

2017 年 10 月，中国国际经济贸易仲裁委员会（以下简称"贸仲委"）出台了中国首部《国际投资争端仲裁规则》（以下简称《规则》）。2018 年 9 月，贸仲委制定了国际投资仲裁员名册，聘请了来自 36 个国家和地区的 79 名具有丰富国际投资仲裁经验和较高国际声望的仲裁员。贸仲委出台的《规则》填补了中国在国际投资仲裁领域的空白，为完善中国投资仲裁制度、提高中国仲裁机构在投资仲裁领域的参与度做出了巨大贡献。

2018 年 1 月 23 日，中央全面深化改革领导小组会议审议通过了《关于建立"一带一路"国际商事争端解决机制和机构的意见》（以下简称《意见》）。《意见》计划打造诉讼、仲裁、调解相衔接的"一站式"争端解决中心。在构建诉讼与调解、仲裁相衔接的多元化纠纷解决机制的框架下，除了设立国际商事审判机构、组建国际商事专家委员会外，促进仲裁的发展也是该框架的重点。

与此同时，中国亦开始愈加重视国际投资仲裁智库的建设。2019 年 2 月 23 日，"中国国际投资仲裁常设论坛"（China International Investment Arbitration Forum，以下简称"常设论坛"）创始机构联席会议在西安召开。常设论坛是中国仲裁界首个国际投资仲裁领域的专业性研究平台，旨在促进中国学界和实务界对国际投资法律与仲裁的研究，服务于"一带一路"倡议，推动构建中国开放新格局，满足更加积极主动参与全球经济治理的需要。

除上述一系列突破性的举措之外，近年来各种与投资仲裁相关的研讨活动也如雨后春笋般在中国相继展开。这些具有广泛影响力的研讨活动促进了专家学者及投资仲裁的从业者们对国际投资仲裁的进一步了解和研究，也让理论界和实践界一致认识到，推进国际投资仲裁在中国的发展、提高中国在国际投资仲裁中的参与度，任重而道远。

二、后疫情时代国际投资争端发展趋势及其影响

（一）后疫情时代国际投资争端将愈演愈烈

新冠疫情的肆虐不仅导致全球投资的下降，也增加了投资者和东道国争端发生的可能性，在后疫情时代，投资争端将会呈现出以下特点。

（1）国际投资争端数量增加。各国政府采取防控及救助措施将可能引发各种类型的国际投资争端，争端类型不仅有直接征收，还有可能更为普遍的间接征收；政府提供给本国企业的减免与补助是否可惠及同类外商投资企业（Foreign-funded Enterprises）也可能引发公平与公正待遇问题；政府对疫情是否做到充分披露可能涉及充分保护与安全义务，等等。[①]目前随着新冠疫情产生的经济不景气情况加剧，投资争端在未来 3～5 年时间里可能会大幅增加。[②]

---

① 中国法学网. 第七届社科仲裁圆桌会议成功举行[EB/OL]. (2020-05-08)[2022-12-28]. http://iolaw.cssn. cn/xshy/202005/t20200511_5126407. shtml.

② 中国法学网. 第七届社科仲裁圆桌会议成功举行[EB/OL]. (2020-05-08)[2022-12-28]. http://iolaw.cssn. cn/xshy/202005/t20200511_5126407. shtml.

（2）投资者获得索赔更加困难。以中资企业为例，目前中资企业的海外工程项目要么处于全面停工状态，要么工期拖延情况十分严重。有些外国政府颁布了不能以新冠疫情作为基础设施行业工期延误的不可抗力事由的规定，导致中国企业工期索赔更加困难。一些中方施工场地还被设置了特殊防疫限制，作为项目业主的外国政府直接拒绝疫情期间相关工期和费用索赔的情形也时有发生。

（3）国际投资争端所涉及的利益冲突更加复杂。新冠疫情在经济、物流和运营等方面给投资者带来了巨大的困难。在危机期间为了保护公众健康和国家安全，东道国可能会采取专门针对卫生健康产业的投资政策和措施，以确保提供公共卫生保护所需的商品和服务，甚至授权政府迫使其他行业的私营公司将生产转移到与疫情相关的产品上[①]，又或是授权政府干预、暂时占领甚至征用私人财产，强制提供个人服务，以充分保障公众健康[②]；投资者可能会受到东道国出于公共利益而采用医疗设备和药品出口禁令的影响；投资者母国亦有可能鼓励投资者从受新冠疫情严重影响的东道国撤资。后疫情时代下，全球经济的衰退、世界格局的转变使得各方利益之间的冲突变得更加复杂。

（二）后疫情时代投资争端对中国的挑战

（1）对中国 BIT "缔约能力" 的挑战。缔约能力是指缔约国在缔结 BIT 时的谈判水准及议程设置能力。由于国际条约是提起投资仲裁的重要基础之一，而中国政府目前签订的 BIT 大多是第一代的双边投资保护条约（对于可仲裁事项有限制），以及一些到期后没有延续的双边投资协定（如与南非签订的双边投资协定），这就使得在海外投资的中资企业遭遇索赔困难的困境。BIT 直接关系到国家总体发展战略，缔约能力的强弱对中国经济发展的正面带动作用至关重要，而 ISDS 机制要求中国必须具备高素质的 "缔约能力"，缔结高质量的 BIT 以最大可能规避投资争端风险。具体来说，一个国家的缔约能力应该涵盖以下部分。

缔约国对所缔结 BIT 所包含价值的评估能力及详尽程度。

缔约国对所缔结 BIT 的获益与损失的科学评估。

---

① 例如美国政府根据 1950 年《国防生产法》发布命令，迫使汽车制造商(通用汽车)将其生产转向医疗呼吸机。

② 又如 2020 年 3 月 14 日西班牙颁布《Real Decreto 463/2020》法令，其中第 13 条授权西班牙政府干预并暂时占领工厂、生产单位和私人保健设施，暂时征用所有类型的商品。

缔约国对缔约国之间的 BIT 议程设置分歧的熟悉程度，如"议程优先性"。

缔约国对缔约风险的把控能力：如缔约国内部利益集团的反对、缔约失败的后果等。

缔约国谈判代表的职业素质及对本国的忠诚度。

缔约国谈判代表对条款所涉及内涵及术语定义的精确把握：如"投资""争端"及"管辖权"等关键概念的内涵与外延。

谈判代表的谈判水平。

总体来说，缔约能力的增强是一个复杂的系统性工程，不仅包括缔约国学术界的理论探讨，而且涵盖专门人才的培养与储备等。缔约能力的提升是 ISDS 机制对中国的第一大挑战。

（2）对国内立法水平的挑战。如果说高素质的"缔约能力"是规避 ISDS 诉讼风险的"矛"，那么国内法规的完善就是规避 ISDS 诉讼风险的"盾"。外国投资者有可能利用国内法律法规在立法基础、法理依据等方面的漏洞，对中国提起仲裁。长期以来，中国经贸方面的法律更多是借鉴西方成文法规之后再改造、吸收的结果，对这些法规法理依据的解释权仍掌握在西方手里，中国对于部分法规"舶来品"的立法基础、法理依据的研究不成熟、不深入，一旦陷入诉讼，便往往处于被动境地。

（3）对国内执法行为的挑战。作为主权国家，政府有执行行政管理、维护社会公共利益的职能。经研究发现，ICSID 受理的仲裁案件中，案由居前三位的分别是"公共利益保护""间接征收""公平与公正待遇"。为了控制疫情，中国政府自 2020 年年初以来实施了很多非常规治理措施，有效地遏制了病毒的传播。在这个过程中部分企业的营利必然会受到影响，其他国家投资者有可能针对政府采取的特别措施对中国政府提起仲裁。因此，中国要把握好"公平与公正待遇标准"的应用策略，明确"间接征收条款"的认定标准，掌握好"根本安全例外条款"的解释权等，提前做好应对准备。

三、后疫情时代中国完善 ISDS 机制的政策建议

ISDS 机制不仅是中国 BIT 的重要组成部分，也是国际投资领域最主要的争端解决机制。后疫情时代，国际投资争端不断增多，掌握 ISDS 机制的主动权变得更加重要。一方面，中国要趋利避害，利用 ISDS 机制对投

资者的高标准保护，帮助和保护海外中资企业，避免出现因为疫情而被东道国间接征收的情形；另一方面，也要未雨绸缪，针对 ISDS 机制的弊端制定合理的应对策略，尽力规避不必要的诉讼风险，同时也要积极开展对除 ISDS 以外的其他替代性争端解决机制的研究。

（一）宏观战略

在宏观上，中国应从管控中美冲突、统筹推动中欧 BIT 谈判、注重培养非政府组织（Non-Governmental Organization，NGO）这三个维度来做好应对工作。

（1）管控中美冲突。近年来，随着美国对中兴、华为等中资企业的打压力度加大，中美冲突愈演愈烈。后疫情时代，美国更是炮制了与中国完全脱钩的战略图谋。然而在当今世界，多边主义、全球化是大势所趋，全球合作是人心所向，各国利益相互交融，试图排除中国搞"平行体系"，人为分割两个市场、两个产业链，实属开历史倒车。针对中国搞小集团、逼迫他国选边站队，更不得人心，引起许多国家的反感情绪。因此，中国要通过对话合作管控分歧，照顾彼此核心利益和关切，重启中美原有的沟通对话机制，更要创造新的对话方式和渠道。能合作的尽量合作，一时不能合作的也要尽量管控，建立各种预警、应急、磋商机制，确保中美关系不失控、不脱轨。[①]

（2）统筹推动《中国—欧盟全面投资协定》（CAI）签署工作。利用欧盟对 CAI 的较大需求，以及 ISDS 机制在美欧的 TTIP 谈判中暂无进一步发展等优势条件，中国可以继续积极推进 CAI 的正式签署。2020 年 12 月，中欧双方原则上已经完成了 CAI 谈判。[②]根据欧盟于 2021 年 1 月 22 日公布的 CAI"原则上的协议"，CAI 适用的是国家间的仲裁机制来解决争端，即摒弃了投资者-国家仲裁机制，也没有适用多边投资法院。根据欧盟委员会的新闻稿，欧盟和中国同意在签署 CAI 的两年内完成有关投资保护和投资争端解决的谈判。[③]以欧盟目前对投资者-国家仲裁机制的排斥程

---

① 乐玉成. 中美走向合作的大势是挡不住的——在外交学会与美国亚洲协会共同举办的中美关系视频对话上的致辞[EB/OL]. （2020-07-08）[2023-01-24]. https://www.mfa.gov.cn/web/ziliao_674904/zyjh_674906/202007/t20200708_9870624. shtml.

② European Commission. EU and China reach agreement in principle on investment[EB/OL]. （2020-12-30）[2022-12-28]. https://ec.europa.eu/commission/presscorner/detail/en/ip_20_2541.

③ European Commission. EU and China reach agreement in principle on investment[EB/OL]. （2020-12-30）[2022-12-28]. https://ec.europa.eu/commission/presscorner/detail/en/ip_20_2541.

度，CAI 中将投资者—国家仲裁机制用作争端投资解决机制的可能性极低。但是如果完全适用欧盟提出的多边投资法院机制，盲目地接受欧盟主导的改革条款，势必令中国在新一轮国际投资法律体系改革过程中失去主导权与话语权。因此，中国应当把握好自己的节奏，寻求对中国最有利的争端解决模式。

（3）注重培养非政府组织参与公共事务谈判的能力。鉴于"法庭之友"等第三方组织参与 ISDS 仲裁程序已经是大势所趋，中国应抓紧提升国内非政府组织的国际知名度，同时也要重视增强其参与公共事务的能力。

（二）微观措施

在微观上，国家与投资者应建立专门的国际投资"咨询、应诉机构"和工作流程，为中国政府及中国投资者提供风险预警、争端识别与评估、争端处理及部门协调等服务；同时，政府应与投资者共同培养国际商务谈判高端人才。

（1）设立专门的 ISDS "咨询及应诉机构"。鉴于国际投资及争端处理的复杂性，国家应该设立专门的国际投资"咨询及应诉机构"（以下简称"机构"），并承担如下职能：第一，投资前为中国投资者提供与投资有关的东道国政治、经济、文化及法律信息，特别是东道国的投资政策和经贸法规；第二，一旦中国投资者与东道国发生投资争端，第一时间获得该机构的法律咨询建议，包括仲裁策略的制定、法律咨询及律师委托服务、仲裁员选任注意事项，必要时提请中国政府机构提供协助等；第三，外国投资者针对中国政府提起仲裁时，上述机构即可代为参加仲裁。上述机构的人员构成包括但不限于：国际关系、国际贸易、国际法及文化传播等方面的资深专家，前政府官员或外交人员，资深律师等，这些人员能够确保提供专业化的咨询与诉讼服务。

此外，该机构应建立一套专业化、系统化的争端咨询和处理工作流程，包括：投资项目开展前，为投资者提供东道国与投资相关的政治、经济、文化及法律方面的信息；投资争端产生后，投资者如何寻求机构的法律帮助；专家团队的联系方式；中国政府作为被诉方时，机构如何代替政府出庭应诉。具体内容包括以下几个方面。

第一，风险预警机制。机构应该设立"投资争端风险预警中心"，聘请具备投资争端处理经验的资深专家为投资者提供投资争端规避和应急处置的事前培训；定期对国际投资领域及国别投资环境进行风险评估，并发表评估报告；对国际投资争端实践领域出现的新现象、新问题及时进行研究并适时向投资者通报研究结果，为投资决策提供参考意见。

第二，争端识别与评估机制。一旦产生投资争端，机构的"争端识别与评估"中心应首先对争端进行识别，判断其"是否属于 ISDS 机制下的投资争端"；对争端做出基本评估，如胜诉率、成本收益比①等，建议中国政府或中国投资者采取不同的争端处置策略，坚持仲裁或通过双方友好协商化解争端。

第三，部门协调机制。一般而言，ISDS 争端中的中国投资者完全可以借助 ISDS 平台，以仲裁和调解的方式解决争端。但鉴于国际投资数额巨大，有时投资者需要借助中国政府与东道国政府协商来保障其投资权益，这就需要国内相关部门之间的有效协调。"部门协调中心"的职能在于，当中国投资者需要政府给予协助时，其能协助投资者联络国内外事、商务及司法等相关部门，并协调相关事务，为投资者与国内相关部门共同应对投资者与东道国政府之间的争端提供服务。

（2）培养高素质的国际商务谈判人才。国际投资谈判、争端解决及出庭应诉均需要跨专业的复合型人才，其专业领域需要涵盖国际政治、国际贸易、法律及外语等。高端谈判人才的培养是一个系统的过程，需要政府和投资企业的共同参与。鉴于这种培养是有意识、有针对性的，政府需要提供学习条件和早期的费用支出，如海外交流学习等。政府的支持和投资者的需求是产生高素质投资谈判队伍的必备条件。

（三）机制研究

除此之外，国家应当加强替代性争端解决机制的研究，在国际投资协定改革进程中拓展除 ISDS 机制之外的投资争端解决渠道。

ISDS 机制本身是以保护投资者权益为目的而建立的，帮助投资者避开东道国国内司法途径以抵御东道国主权或政治风险，确保他们的权益得到充分的保障，但从一定程度上说，ISDS 机制忽视了东道国主权利益特别是管制权，并可能导致"监管寒意"（Regulation Chill）。国际社会越来越多的国家对 ISDS 机制的负面影响有所顾虑，玻利维亚、厄瓜多尔、委内

---

① 胜诉率和成本收益比可供投资者和政府衡量不同的争端处理策略并做出选择，以尽可能为其减少经济损失。

瑞拉相继退出 ICSID，澳大利亚曾经发布的贸易政策声明称，将不再在双边和区域贸易协定中纳入关于投资者与国家争端解决的规定[①]，印度开始审查其现有的双边投资协定，并暂停所有双边投资条约谈判[②]，南非也决定停止谈判新的双边投资协定并重新谈判现有双边投资协定。[③]

在这样的发展趋势下，中国应当积极搭建 ISDS 之外的争端投资解决渠道与平台，包括调解与和解渠道。调解与和解需要建立在双方完全合意的基础上，并就存在争议的各个方面都做出安排并达成协议，这样的争端解决模式往往更能满足当事人的商业需求，更符合长远利益以及投资的可持续发展要求，并且在调解或和解失败的情况下，可以后续申请仲裁。而调解与和解比仲裁更灵活、更快速也更经济。2019 年 8 月，包括中国、美国、印度、韩国以及多个东盟国家在内的 46 个国家在新加坡签署《联合国关于调解所产生的国际和解协议公约》（Singapore Convention on Mediation，以下简称《新加坡调解公约》）。《新加坡调解公约》在全球范围内为调解奠定了作为投资经贸争端解决路径的制度性基础，在推动形成友好型的争议解决，为促进形成和谐的商事关系保驾护航的同时，补充了现行的国际调解规则框架，更凸显了多边主义的价值，有助于发展和谐的国际经济关系。

此外，中国在未来的 BIT 谈判中，还可以将投资争端预防机制作为投资争端解决的主要手段，将谈判重心从争议发生后救济手段的使用转移至纠纷发生前的事前预防上来。以中欧 CAI 为例，CAI 目前公布的文本适用的是国家之间的仲裁机制，但在适用仲裁程序之前，还规定了协商和调解的程序。虽然是非必经程序，但也体现出中国对争端预防程序的重视。事

---

① 参见澳大利亚政府外交和贸易部（Australian Government Department of Foreign Affairs and Trade）2011 年 4 月发布的《吉拉德政府贸易政策声明：贸易是我们获得更多就业和繁荣的途径》（Gillard Government Trade Policy Statement: Trading Our Way To More Jobs And Prosperity）。但是由于之后主要的双边自由贸易协定谈判停滞不前，2013 年 9 月阿伯特政府上台执政后，对于 ISDS 的态度有所缓和，宣布废除上述政策声明，对于在双边条约中是否纳入 ISDS 条款继续实行个案评估的办法。另见 NOTTAGE L. Investor-State Arbitration Policy and Practice in Australia[J/OL]. CIGI Investor-State Arbitration Series, 2016, 6: 22 [2023-01-26]. https://www.cigionline.org/publications/investor-state-arbitration-policy-and-practice-australia/.

② SINGH K, ILGE B. India Overhauls Its Investment Treaty Regime[N/OL]. Financial Times, 2016-07-16[2023-01-28]. https://www.ft.com/content/53bd355c-8203-34af-9c27-7bf990a447dc.

③ Public Citizen. Termination of Bilateral Investment Treaties Has not Negatively Affected Countries' Foreign Direct Investment Inflows[EB/OL]. (2018-04-16) [2023-01-28]. https://www.citizen.org/article/termination-of-bilateral-investment-treaties-has-not-negatively-affected-countries-foreign-direct-investment-inflows/.

实上，争端预防机制于缔约国双方而言都是互利共赢的模式。这是因为如果存在过多国际投资争端，势必影响东道国作为资本输入国的声誉，此外在投资者合法权益不能得到保障的情况下，投资者母国也有可能出手，导致投资争端政治化。[①]预防正式投资争端的可行路径还包括建立投资冲突管理机制和争端早期预防、预警系统；政府相关职能部门在争端出现端倪之时就做出反应并参与其中采取适当行动；地方政府能及时向中央政府反馈与外国投资之间遇到的困难和问题并寻求中央政府的介入。

① 漆彤. 论"一带一路"国际投资争议的预防机制[J]. 法学评论，2018，36(3)：79-87.

第七章　国际投资协定与多边投资规则

经济全球化深入发展促进国际资本的跨国流动，国际贸易与国际投资相互促进、相得益彰。但是国际投资规则与国际贸易规则不同，一直没能形成统一的多边投资协定，目前大行其道的却是一些双边投资协定或包含与投资条款有关的其他协定，导致国际投资规则碎片化严重，国际投资争端持续上升，国际投资治理面临严峻挑战。现行的国际投资协定不仅缺乏一个完整的多边规则体系，而且还存在过度偏向投资保护（Investment Protection）、忽视东道国可持续发展利益等缺陷，不利于国际投资的有效促进和保护，不利于全球治理以及国际投资治理目标的实现。本章全面回顾一个多世纪以来国际投资规则的发展历程和国际投资协定的发展趋势，系统剖析投资定义、市场准入、投资保护、投资促进、投资管理和争端解决等多边投资规则的核心议题，为构建公平、公正、合理的投资环境与多边投资规则提出建议；在梳理总结国际社会构建多边投资协定历程的基础上，研究探讨在 WTO 框架下推进多边投资协定的路径；最后介绍中国从国际投资引进国到国际投资输出国的转变，及其为推动构建多边投资协定提出的理念和做出的贡献。

第一节　国际投资协定面临的问题

国际贸易仍然是世界各国参与全球经济、促进国内经济发展的重要途径。国际贸易包括货物贸易、服务贸易、与贸易有关的知识产品和投资等，而服务贸易中的重要部分就是跨国投资。在全球价值链时代，国际投资成为带动国际贸易的重要引擎。目前，国际贸易规则相对完善，从《关税与贸易总协定》（GATT）到世界贸易组织，而且逐渐从边境措施转向境内措施，国内规则的作用日益显著。但是国际投资规则缺乏一个统一的、全面的多边投资协定，更多体现为现有的一些多边、区域和双边协定中相关国际投资条款所形成的国际投资协定。

无论是国际投资规则，还是国际贸易规则，最早都来自于《友好通商航海条约》。[①]18 世纪末，国与国之间往往会签署《友好通商航海条约》，通过一项同时涵盖贸易和投资内容的双边协定以保障其公民在东道国从事贸易和投资活动的安全。二战结束后，国际社会对当时盛行的国际贸易保护主义行为以及二战的根源进行了深刻反省与思考，普遍希望建立一个全球范围的、自由的国际经贸体系，即国际贸易组织。1948 年，由于美国国会认为《哈瓦那宪章》（Havana Charter）中有关国际投资的规则有可能影响美国国内立法的自由，没有批准该协定，导致国际投资规则与国际贸易规则发展出现分化。[②]

一、国际投资协定的内涵及构成

经过早期国际投资规则的发展与实践，国际投资规则与国际贸易规则出现分化，国际贸易在多边层面形成了国际通行的规则，而投资规则更多停留在双边层面。尤其是在 GATT 时期，投资规则在双边层面迅速发展，却在多边层面停滞不前。到了 WTO 时期，参与方越来越多，因各成员利益诉求存在差异，协商一致越来越困难，国际投资规则的发展止步不前。但是随着投资的增多，贸易和投资越来越难以区分，所以许多区域贸易协定在推动国际经贸规则发展的同时，都涵盖了投资章节的规定。

在过去的近 40 年中，大量的国际投资协定开始形成，包括双边投资协定（Bilateral Investment Treaties，BITs）、含有投资条款的其他协定（Treaties with Investment Provisions，TIPs）、世界贸易组织《与贸易有关的投资措施协定》（Agreement on Trade-Related Investment Measures，TRIMS）和《与贸易有关的知识产权协定》（TRIPS）等，但是始终未能达成一个统一的多边投资协定（MAI），而这不利于国际投资的稳定和持续发展。

目前的国际投资协定包括以下三类：首先是双边投资协定，这是非常重要的一类国际投资协定。在 1980—2021 年间已签订的国际协定中，80% 以上都是双边投资协定，而大部分双边投资协定沿用了美国的 BIT 版本。

---

① 友好通商航海协定往往根据协定涵盖内容的不同有不同称谓：1782—1785 年美国与法国、挪威、瑞典和普鲁士签署的名称为 "Friendship Commerce Navigation Treaty"，随后与其他国家签署的名称有 "Treaty of Peace and Friendship" "Treaty of Amity, Commerce and Navigation" "Treaty of Friendship, Limits and Navigation" "General Convention of Peace, Amity, Navigation and Commerce" 等。

② 霍建国，庞超然. 国际投资规则的发展与启示[J]. 国际经贸探索，2017，33(8)：71.

其次是除了双边投资协定以外的，包含有关投资条款的其他协定。目前在许多贸易协定中，如双边贸易协定、区域贸易协定都包含有关投资的条款，相关的此类协定也越来越多。在 WTO 框架下，有三个协定与投资有关。一是《与贸易有关的投资措施协定》，二是《与贸易有关的知识产权协定》，三是 WTO 的《服务贸易总协定》（GATS）。如上所述，其中一部分服务贸易本身就属于跨国投资。

最后就是经济伙伴关系协定、自由贸易协定和区域经济一体化协定中的有关投资章节所形成的目前国际上通行的国际投资协定，覆盖了一些与投资相关的文件（Investment Related Instruments，IRIs），包括双边、区域性以及一些所谓的"君子协定"，如经济合作与发展组织（OECD）中的《跨国企业准则》（Guidelines for Multinational Enterprises）等。

世界各国不断加大对国际投资协定的调整，每年也有一些国际投资协定被终止。据统计，2011—2021 年期间形成的国际投资协定的数量，相较于 1991—2000 年期间形成的国际投资协定的数量，降幅超 75%。根据联合国贸易和发展会议（UNCTAD）的统计，截至 2022 年 4 月，仍然生效的国际投资协定有 2558 个。[①]

二、国际投资协定的发展趋势

国际投资是全球经济增长的重要拉动力，但当前国际投资协定规则处于高度"碎片化"状态。[②]由于国际社会长期以来并未在全球层面达成一项类似贸易协定的国际投资协定，在全球化和地区主义的推动下，各国纷纷签订地区性投资协定以及双边投资协定。2009 年 12 月，随着《里斯本条约》（Treaty of Lisbon）的正式生效，欧盟成员国就将其关于外国直接投资协定的谈判权全部移交给欧盟。在亚太地区，《全面与进步跨太平洋伙伴关系协定》（CPTPP）和《区域全面经济伙伴关系协定》（RCEP）在一定程度上也发挥了投资协定的作用。在北美地区，美国、墨西哥和加拿大三国签订《美墨加三国协议》（USMCA），包括有关于投资的专门章节。所以双边投资协定和包含投资条款的自由贸易协定（Free Trade Agreement，

---

① UNCTAD. World Investment Report 2022[EB/OL]. (2022-06-09) [2022-12-28]. https://unctad.org/system/files/official-document/wir2022_en.pdf.

② 陈伟光，王燕. 全球投资治理下的国际投资协定多边谈判与中国对策[J]. 天津社会科学，2017(3)：99-104.

FTA），已经成为世界各国用于鼓励国际投资的重要手段。①近年来，伴随着国际投资结构的变化，在发达国家和地区主导超区域协议（Mega-regional Agreement）的同时，发展中经济体也更加积极地参与到全球投资治理中。区域协议数量的急剧增加，加剧了现有投资规则碎片化的问题，此外，在推进高标准自由化便利化的同时，也带来了一些新的问题，具体如下。

（一）"意大利面碗"效应加剧

"意大利面碗"效应（Spaghetti Bowl Phenomenon）是指在双边自由贸易协定和区域贸易协定（Regional Trade Agreement，RTA）急剧膨胀的情况下，各协议不同的优惠待遇和原产地规则等就像碗里的意大利面条，剪不断理还乱。双边和区域协议的不断增加，在削减关税与非关税壁垒、促进贸易投资自由化的同时，也加剧了"意大利面碗"效应。根据联合国贸易和发展会议的统计，截至 2022 年 4 月，已生效的国际投资协定共计 2558 项，其中双边投资协定 2227 项，其他投资协定 331 项，涉及 234 个国家或地区。其中德国签署并仍然生效的双边投资协定有 115 项，其他投资协定 57 项；中国签署并仍然生效的双边投资协定有 106 项，其他投资协定 21 项；瑞士双边投资协定有 110 项，其他投资协定 35 项；美国双边投资协定有 39 项，其他投资协定 50 项。②

（二）高标准自由化便利化继续推进

进入新世纪以来，虽然"贸易保护主义"有所回潮，但世界各国的投资政策措施仍然以促进投资自由化和便利化发展为主导。2019 年，在 54 个国家和地区经济体获批的 107 项影响国际投资的政策措施中，与促进投资自由化和便利化相关的措施有 66 项，其中 21 项措施涉及新的投资约束和监管。在新冠疫情暴发的 2020 年，在 67 个国家和地区经济体推出的 152 项国际投资政策措施中，促进投资自由化和便利化相关措施仍然保持相对稳定，达到 72 项，限制性或管理性措施有 50 项，创造历史最高水平（详见表 7.1）。

---

① 王正毅. 物质利益与价值观念：全球疫情下的国际冲突与合作[J]. 国际政治研究，2020，41（3）：184-197，259.

② UNCTAD. Investment Policy Hub[EB/OL]. [2022-12-28]. https://investmentpolicy.unctad.org/international-investment-agreements/by-economy.

表 7.1　2004—2020 年国别投资政策措施数量变化

年份	引用变化的国家数量	监管变化的数量	自由化/促进	约束/监管	中立/未明确
2004	79	164	142	20	2
2005	77	144	118	25	1
2006	70	126	104	22	-
2007	49	79	58	19	2
2008	40	68	51	15	2
2009	46	88	61	24	4
2010	54	116	77	33	6
2011	51	86	62	21	3
2012	57	92	65	21	6
2013	60	87	63	21	3
2014	41	74	52	12	10
2015	49	100	75	14	11
2016	59	125	84	22	19
2017	65	144	98	23	23
2018	55	112	65	31	16
2019	54	107	66	21	20
2020	67	152	72	50	30

资料来源：UNCTAD, World Investment Report 2021 (overview), June 2021, p.109

高标准、自由化、便利化国际投资规则的一个显著特征就是采用"准入前国民待遇（Pre-establishment National Treatment）和负面清单"管理模式。近年来，越来越多的国际投资协定采用"负面清单"外资管理模式。根据 UNCTAD 的数据，在全球 417 个包含投资条款的国际协定中，有 28% 将覆盖范围扩大到投资设立前阶段，即包括自由化承诺。[①]

（三）横向议题进入国际投资协定

USMCA 和 CPTPP 等超区域经济贸易协定，涵盖了更为广泛的议题，包含知识产权保护、劳工标准、环境保护、竞争促进政策、国有企业条款、经济立法、市场透明度、中小企业发展、金融监管等与投资相关的内容。除了传统纵向议题之外，横向议题（Cross-cutting Issues）也尤其值得关注。目前以欧美为主导的区域或超区域贸易协定主要涉及以下几个横向议题，

---

① UNCTAD. World Investment Report 2021: Investing in Sustainable Recovery[R]. United Nations Publication, 2021: 147.

包括国际规制合作（IRC）、竞争中立（Competitive Neutrality）和数字经济规则等，这些横向议题突破了边界规则的限定，向国内法律法规方向转移。

首先是国际规制合作。该议题的设定目标包括但不限于"完善监管实践、消除不必要的壁垒、降低标准的区域差异、提高透明度、以更有利于贸易的方式施措、减少在审查和认证方面的冗余程序以及加强在具体监管议题方面的规制合作"。USMCA 和 CPTPP 参与方认为，国际规制合作不是干涉政府规制的权力，而是扩大各谈判国之间与现有新议题有关的内部规则的一致性。与规制一致相关的议题还在"卫生与植物检疫措施""技术性贸易壁垒"等 WTO 协定中有所体现。此外，该议题还鼓励各方对拟实施的监管措施的影响进行评价，并设立专门的委员会进行信息分享以深化合作。

其次是关于竞争中立的问题。CPTPP 和 USMCA 中都设立了专门章节讨论国有企业问题，包括对国有企业的界定和约束。欧美等发达国家认为，政府扶持使得国有企业的竞争优势从母国市场延伸至海外市场，加上政府监管措施的优惠以及政府采购政策和金融支持扭曲了市场竞争，削弱了欧美企业的竞争力。所以 CPTPP 和 USMCA 都强调缔约方不得对国有企业提供直接或者间接的非商业援助，从而对其他缔约方利益和产业造成影响。①

最后是关于数字经济的问题。在全球经济一体化的背景下，数字经济迅猛发展，而各国在关税、数据环境、电子交易认证、消费者保护和本土化要求方面存在阻碍数字经济发展的因素。CPTPP 和 USMCA 出于对促进信息流动、保护消费者隐私等方面的考虑，明确禁止对电子传输附加关税，同意制定并维持执行有关在线欺诈或虚构商业行为的消费者保护法。

第二节　多边投资规则的核心议题

目前，国际投资规则的核心议题和争议焦点主要集中在投资定义、市场准入、投资保护、投资促进、投资管理和争端解决等方面。首先是投资的定义主要涉及的是投资主体和投资资格问题；投资的市场准入涉及投资待遇和面临的投资条件，目前对于市场准入主要有两个通行举措，即负面

---

① 陈德铭. 经济危机与规则重构[M]. 北京：商务印书馆，2014：484-486.

清单和准入前国民待遇。此外，外商投资过程中涉及的投资保护、投资促进、投资管理以及投资争端解决等问题，构成了多边投资体系的核心问题，也成为当前投资便利化举措中争论的热点问题。《中华人民共和国外商投资法实施条例》指出，国家鼓励和促进外商投资，保护外商投资合法权益，规范外商投资管理，持续优化外商投资环境，推进更高水平对外开放。①

一、投资定义

对于外商投资的定义，中国和美国作为世界上最大的两个经济体，侧重点各有不同。就中国而言，中国的外商投资主体主要有两块，一个是"外商投资"，另外一个是"外商投资企业"（Foreign-invested Enterprises）。所谓"外商投资"是指来自外国的自然人、企业或者其他组织直接或者间接在中国境内进行的投资活动，主要包括以下四类情形：一是外国投资者单独或者与其他投资者共同在中国境内设立外商投资企业；二是外国投资者取得中国境内企业的股份、股权、财产份额或者其他类似权益；三是外国投资者单独或者与其他投资者共同在中国境内投资新建项目；四是法律、行政法规或者国务院规定的其他形式的投资活动。②外商投资企业是指全部或者部分由外国投资者投资，依照中国法律在中国境内经登记注册设立的企业，可以是外商在国内单独申请成立外商投资企业，也可以是几个外商联合起来在中国申请设立企业，或是外商和国内企业联合申请组成外商投资企业。③

就美国而言，美国双边投资协定 2012 年范本基本沿用了双边投资协定 2004 年范本对于投资的规定④，强调投资不再局限于投资者是否直接拥有或者控制某项资产，即不再局限于基本资产定义，而是扩大范围，不仅要求具有投资特征，还包括有形或者无形价值资源的投入、存在利润或者收入预期和风险预估与承担等。⑤相比而言，这将受保护的投资对象范围进一

---

① 中华人民共和国外商投资法实施条例(国令第 723 号)[EB/OL]. (2019-12-31)[2022-12-28]. http://www.gov.cn/zhengce/content/2019/12/31/content_5465449. htm.

② 中华人民共和国外商投资法[EB/OL]. (2019-03-20)[2022-12-28]. http://www.gov.cn/xinwen/2019-03/20/content_5375360. htm.

③ 中华人民共和国外商投资法[EB/OL]. (2019-03-20)[2022-12-28]. http://www.gov.cn/xinwen/2019-03/20/content_5375360. htm.

④ USTR. 2012 U. S model bilateral investment treaty[EB/OL]. [2022-12-28]. https://ustr.gov/archive/Trade_Sectors/Investment/Model_BIT/Section_Index. html.

⑤ Kong Q. U. S. -China Bilateral Investment Treaty Negotiations: Context, Focus, and Implications (March 30, 2012)[J]. Asian Journal of WTO & International Health Law and Policy, 2012, 7(1): 181-194.

步扩大至无形资产及投资活动预期等各个方面，几乎涵盖资本可流通的所有行业与领域。美式 BIT 和 FTA 负面清单具有很强的关联性，在市场准入方面，主张在投资的整个过程中，除了"负面清单"规则外，还要遵循"国民待遇"与"最惠国待遇"原则，从而使本国企业在海外投资之初就享有不低于东道国投资者所拥有的待遇，包括投资权益保护、税收减免等权益。以资产为基础的美式 BIT 使投资者享有标准高和范围广的投资保护，也更有利于投资自由化目标的实现。相比之下，中国的外商投资法对于投资主体以及投资行为的规范更为具体，而美国双边投资协定中有关投资的具体内容更为开放。

二、市场准入

目前市场准入方面的管理实际上是依据美国的 BIT 系统开展的，其核心问题主要包括以下两个方面。

第一，国民待遇问题，即当一个商品或者企业进入一国境内后，是否可以享受与东道国国内商品或者企业同等的待遇。美国 BIT 提出了准入前国民待遇，即企业在投资准入阶段能否享受不低于东道国投资者及其投资的待遇。[①]

第二，负面清单问题。"负面清单"也被称为"不符措施列表"制度，是指仅列举法律法规禁止的事项，对于法律没有明确禁止的事项，都属于法律允许的事项。[②]与正面清单模式相比，负面清单模式代表了更高水平的投资自由化。中国模式的"负面清单"对于激发市场主体的活力、扩大市场的准入自由、减少政府管制、改善一国的营商环境，具有重要的现实意义。双边投资协议和自由贸易区（Free Trade Area）中的投资协定条款作为最常见的国际投资协定，也越来越多地采用负面清单模式。

早在第二次世界大战后的《友好通商航海条约》中，美国就已经出现了负面清单模式的萌芽，负面清单模式得以成形并在实践中大量运用则是在 20 世纪 80 年代以后。1980 年与巴拿马签署第一个 BIT 后，几乎所有的美国 BIT 都采用了负面清单模式，美国还专门制作了 BIT 的范本作为谈判的基础。随后，加拿大、日本、韩国、秘鲁等国家也开始在 BIT 中采用负

---

① 中华人民共和国外商投资法[EB/OL]. (2019-03-20) [2022-12-28]. http://www.gov.cn/xinwen/2019-03/20/content_5375360.htm.

② 王利明. 负面清单管理模式与私法自治[J]. 中国法学，2014(5)：26-40.

面清单模式。

中国最早于 2013 年采用负面清单制度,当时中国首个自由贸易试验区在上海挂牌成立,国务院印发《中国(上海)自由贸易试验区总体方案》,明确提出要探索建立投资准入前国民待遇和负面清单管理模式①,这是中国对于引入负面清单制度的首次尝试。2015 年,中国国务院印发《关于实行市场准入负面清单制度的意见》,并在沪粤津闽四个自贸试验区所在省市先行试点。2018 年起正式实行全国统一的市场准入负面清单制度,负面清单数量也从最早的两百多条减少至 2019 年的 40 条,2020 年又进一步压缩到 33 条②,自由贸易试验区负面清单也由 37 条减至 2020 年的 30 条。③而且中国负面清单限制的投资领域还在不断调整,不断压缩。

2020 年 1 月 1 日,《中华人民共和国外商投资法》(Foreign Investment Law of the People's Republic of China)正式生效,其第一章第四条条款指出,中国对外商投资采取准入前国民待遇加负面清单的管理制度。④国际领域涉及的国民待遇,一般是指准入以后享受国民待遇,但中国新外商投资法的规定却是在外资准入阶段就对外国投资者及其投资给予不低于本国投资者及其投资的待遇,将国民待遇从准入后调整迁延到准入阶段,体现了中国正在充分运用负面清单的动态调节机制,构建更加开放、包容的投资环境。

三、投资保护

在国际投资的过程和各种关系中,投资者将面临多种风险,较为常见的是由于东道国社会领域、政治领域、经济领域发生动荡或改革而产生的外汇管制、国有化甚至没收等风险。东道国的投资保护措施能够在一定程度上降低外商的投资风险,营造更加开放稳定的投资环境。

外商投资保护是构成国际投资法律制度的重要部分。所谓外商投资保护制度,指的就是保护外商投资的法律制度,这种制度既可以基于国内法也可以基于国际法。2020 年 1 月 1 日生效的《中华人民共和国外商投资法》,

---

① 国务院关于印发中国(上海)自由贸易试验区总体方案的通知(国发〔2013〕38 号)[EB/OL]. (2013-09-27) [2022-12-28]. http://www.gov.cn/zwgk/2013-09/27/content_2496147. htm.

② 外商投资准入特别管理措施(负面清单)(2020 年版)[EB/OL]. (2020-06-24) [2022-12-28]. http://www. gov.cn/zhengce/zhengceku/2020-06/24/5521520/files/be781ea640f445b3bb13ac3ad08604b1. pdf.

③ 自由贸易试验区外商投资准入特别管理措施(负面清单)(2020 年版)[EB/OL]. (2020-06-24) [2022-12-28]. http://www.gov.cn/zhengce/zhengceku/2020-06/24/5521523/files/ce68ccaa3ab445b0abb9f6ddf1b445ba. pdf.

④ 中华人民共和国外商投资法[EB/OL]. (2019-03-20) [2022-12-28]. http://www.gov.cn/xinwen/2019-03/20/content_5375360. htm.

是新形势下中国利用外资的基础性法律，是深入推进制度型开放的重要工具。《中华人民共和国宪法》第十八条规定外商投资企业"合法的权利和利益受中华人民共和国法律的保护"。《中华人民共和国外商投资法》在第五条中明确指出，"国家依法保护外国投资者在中国境内的投资、收益和其他合法权益"。《中华人民共和国外商投资法实施条例》从第二十一条到第三十二条，对外商投资保护的具体内容进行了进一步细化和规范。

　　《中华人民共和国外商投资法》的投资保护主要体现在资本转移等相关规范。①资本转移包括外国投资者在中国境内的出资、利润、资本收益、资产处置所得（Assets Disposal Income）、知识产权许可使用费、依法获得的补偿或者赔偿、清算所得（Liquidation Proceeds）等，可以依法以人民币或者外汇自由汇入与汇出。②外商投资保护主要有以下两个方面。一方面是关于资本转移的限制，主要是外商在中国境内投资时，其在中国境内的外汇或者资本汇入与汇出是否方便的问题。《中华人民共和国外商投资法实施条例》中规定"外国投资者在中国境内的出资、利润、资本收益、资产处置所得、取得的知识产权许可使用费、依法获得的补偿或者赔偿和清算所得等，可以依法以人民币或者外汇自由汇入与汇出"③。这些事项中既包含了经常项目，也涵盖了资本项目。关于汇入和汇出的币种、数额、汇入汇出频次等问题，任何单位和个人不得违法进行限制，外国投资者以及外商投资企业依法享有充分的汇兑自由。另一方面的保护体现在征收补偿方面，即国家对外国投资者的投资不实行征收。也就是说国家除特殊情况外，不能以任何的理由征收、征用外商的投资。对于特殊情况下的征收，比如为了满足公共利益的需要，必须依照法定程序进行，并需要及时给予公平、合理的补偿。实际上，在一些法制不健全的国家，存在政府随意征收或征用外商投资者的投资和资产的现象，在这方面形成的纠纷和争端，在国际社会上屡见不鲜。因此公平合理的补偿是对外直接投资需要特别关注的一个因素。目前中国新的外商投资法提出了征收补偿标准，一般情况下国家对外国投资不征收、征用，且在特殊情况下的征收征用必须执行法定程序，

---

① 中华人民共和国外商投资法实施条例[EB/OL]. (2019-12-31) [2022-12-28]. http://www.gov.cn/zhengce/content/2019-12/31/content_5465449. htm.

② 中华人民共和国外商投资法[EB/OL]. (2019-03-20) [2022-12-28]. http://www.gov.cn/xinwen/2019-03/20/content_5375360. htm.

③ 中华人民共和国外商投资法[EB/OL]. (2019-03-20) [2022-12-28]. http://www.gov.cn/xinwen/2019-03/20/content_5375360. htm.

并给予合理的补偿。

美国双边投资条约要求，投资者及其"受保投资"（即一方的国家或公司在另一方境内的投资）应得到与东道国对待其自身投资者和投资或来自任何第三国的投资者和投资一样的优待。双边投资条约通常在投资的整个生命周期内提供更好的国民待遇或最惠国待遇，从设立或收购，到管理、运营和扩张，再到处置层面确立了对于外商投资企业及外国投资者知识产权的保护。①对于资金流动问题，美国则要求与投资有关的资金可以毫不拖延地使用市场汇率进出东道国。中美两个大国在投资保护具体内容上存在立场差异，这为达成一致的多边投资协议增加了难度。

四、投资促进

投资促进的相关规定和措施涉及平等待遇、透明度和咨询服务等。平等待遇是指外商投资企业可平等适用国家出台的支持企业发展的各项政策；透明度主要指依法及时公布与外商投资有关的规范性文件以及裁判文书等；咨询服务指为外国投资者和外商投资企业提供咨询和服务，包括法律法规咨询、政策措施咨询、投资项目信息咨询等。②

投资促进（Investment Promotion）主要表现在三个方面：一是透明度，要不断地提高透明度，在制定以及发布与外商投资有关的法律规章的时候，要征询外商投资企业的意见和建议。③一旦形成与外商投资有关的法律法规文本，就需要及时依法公布。公平竞争的营商环境是实现投资促进最有力的手段和最主要的方式，提高营商环境的透明度可以有效改善营商环境。二是公平待遇问题，中国在制定政策时要推动外商投资企业与国内企业享受同等的待遇。《中华人民共和国外商投资法》规定："外商投资企业依法平等适用国家支持企业发展的各项政策，国家保障外商投资企业依法平等参与标准制定工作。"三是提供咨询服务。国家将建立和健全外商投资服务体系，为外国投资者和外商投资企业提供法律法规、政策措施、投资项目信息等方面的咨询和服务。中国不仅要及时公布法律法规、给予外商

---

① USTR. Bilateral Investment Treaties[EB/OL]. [2022-12-28]. https://ustr.gov/trade-agreements/bilateral-investment-treaties.

② 中华人民共和国外商投资法[EB/OL].（2019-03-20）[2022-12-28]. http://www.gov.cn/xinwen/2019-03/20/content_5375360. htm.

③ 中华人民共和国外商投资法[EB/OL].（2019-03-20）[2022-12-28]. http://www.gov.cn/xinwen/2019-03/20/content_5375360. htm.

投资企业公平待遇，还要建立起一个完善合理的外商投资服务体系，为外国投资者或者外商投资企业搭建一个咨询和服务平台，通过为其提供咨询和服务方便其充分深入了解中国国内有关法律法规、政策措施、投资项目等方面信息。[1]只有营造一个透明、平等的投资环境，才能促进国际资本在全球范围内自由流动。

除了 2020 年中国颁布实施的《中华人民共和国外商投资法》之外，2020年 12 月 30 日，中欧领导人共同宣布如期完成中欧投资协定谈判。[2]这一协定为投资促进和保护、发挥多双边投资促进机制、落实投诉办法和加大外商合法权益保护力度提供依据，进一步拓宽了投资促进的使用范围。中欧作为世界上举足轻重的经济体，不论是中国的外商投资法还是中欧之间的BIT，都为中国与欧盟进一步深入双边投资合作铺平了道路，也为新冠疫情影响下的世界经济注入了新的动力。

五、投资管理

投资管理（Investment Management）包括外商投资安全审查制度（System of Security Review for Foreign Investment）、外商投资信息报告制度（System for Foreign Investment Information Reporting）和依法监督检查制度（Supervision and Inspection in Accordance with the Law）。其中，美国是全球范围内最早对外国投资实施国家安全审查制度的国家，其国会于1988 年通过《1988 年综合贸易与竞争法》（Omnibus Trade and Competitive Act of 1988），授权美国总统可以从国家安全的角度调查外国收购、兼并、接管或入股美国企业等事件。[3]

外商投资国家安全审查制度设立的初衷是扩大海外市场，在享受外商投资带来的资金效益的同时保护本国的国家安全。然而当前，安全审查制度的滥用一定程度上限制了国际资本的流动。[4]比如，当中国企业到美国进行投资时，出于贸易保护考虑，美国安全审查委员往往会凭借其在安全审

---

① 中华人民共和国外商投资法[EB/OL]. (2019-03-20) [2022-12-28]. http://www.gov.cn/xinwen/2019-03/20/content_5375360. htm.

② 中华人民共和国商务部. 中欧投资协定谈判完成[EB/OL]. (2021-01-04) [2022-12-28]. http://www.mofcom.gov.cn/article/i/dxfw/jlyd/202101/20210103028412. shtml.

③ Joelson M R, Lindsey J C, Griffin J. US Omnibus Trade and Competitiveness Act of 1988[J]. intlbus. law, 1988(16).

④ Feng Y. We Wouldn't Transfer Title to the Devil: Consequences of the Congressional Politicization of Foreign Direct Investment on National Security Grounds[J]. N. y. u. j. intl L. & Pol. , 2009.

查制度方面的丰富经验与对制度漏洞的了解，以国家安全为由对中国企业进行审查，并给予不公平的审查结果，以限制中国企业在美国的投资。自疫情发生以来，世界多国在安全审查方面做出了更加严格的规定。如在疫情防控期间，部分企业的估值下降给外国资本收购提供了机会，有些国家就以国家安全为由防止一些具有高新技术、加工技术等优势的企业被外国资本收购。由此可见，安全审查制度往往被各国当作实施贸易保护主义的借口。

信息报告制度是外商投资法律体系下针对外商投资管理制定的一项重要举措，外商投资主体应当通过企业登记系统（Enterprise Registration System）以及企业信用信息公示系统（Enterprise Credit Information Publicity System）向商务主管部门报送投资信息。①外商投资信息报告制度的建立可以用国家主权理论来解释。二战后，主权原则在国际关系中开始发挥实质性作用。为了警惕外国投资以资本扩张形式侵犯国内的经济主权，平衡好利用外资和保护国家主权之间的关系，东道国开始在外商投资法中引入外商投资信息报告制度。这一制度不仅在中国的外商投资法中有所体现，也成为国际社会通用的标准。

依法监督制度要求外商投资企业在开展生产经营活动时，必须遵守有关劳动保护、社会保险方面的规定，依照当地法律、行政法规和国家有关规定办理税收、会计、外汇等事宜，并接受相关主管部门依法实施的监督检查。②外商投资企业需要遵守依法监督制度，中国的企业也必须依法办理、依法经营。

六、争端解决

投资者与东道国争端解决机制（ISDS）是指外国投资者同东道国政府因投资关系而产生的争端的解决机制。其争议根源主要是东道国行使主权权利或实施反危机措施导致投资者利益受损，而非投资者因投资风险或者签订投资协议造成的损失。具体来说，主要包括以下四个方面：东道国采取国有化政策或行政征收引起的争议；东道国行使行政管理权引起的争议，如外汇管制、增加税收；东道国干预企业经营活动引起的争议；东道国国

---

① 中华人民共和国外商投资法[EB/OL]. (2019-03-20) [2022-12-28]. http://www.gov.cn/xinwen/2019-03/20/content_5375360. htm.

② 中华人民共和国外商投资法[EB/OL]. (2019-03-20) [2022-12-28]. http://www.gov.cn/xinwen/2019-03/20/content_5375360. htm.

内政治动乱、革命、战争等引起的投资者利益受损。①

美国在国际争端解决方面具有丰富的经验。一方面，美国最早主导的《北美自由贸易协定》（NAFTA）中有关投资争端解决机制的规定为 ISDS 向国际多边立法领域迈进开辟了道路；另一方面，20 世纪 80 年代以来，美国制定的 BIT 范本都向各方投资者赋予了将与另一方政府的投资争端提交至国际仲裁机构的权利，避免了投资争端上升为国家之间的争端。②根据这种方式，投资争端的任何一方（主要是指企业、外商投资的法人或者自然人）若认为磋商或者谈判不能解决争端，则可以采用 ISDS 方式。目前全球超过 3000 项经济协议包含此类 ISDS 机制。

国际投资争端解决中心（ICSID）是投资者与国家间争端解决机制下最重要的投资争端解决机构，它作为第一个解决外商投资者与东道国之间争端的仲裁机构在国际投资中发挥着重要的作用。ICSID 在 2016 年启动了仲裁规则的第四次修订工作，并分别于 2018 年、2019 年和 2020 年就提高仲裁效率、改进仲裁员回避制度、增加透明度等问题提出建议并进行更新。作为 ICSID 的一员，在 20 世纪 90 年代初中国只接受 ICSID 的部分仲裁，但从 2003 年开始正式接受 ICSID 的全面管辖，在中国的外商投资者可以将"因投资产生的任何争议"或者"有关投资的任何法律争议"交由 ICSID 仲裁。③

除了 ICSID 之外，目前 ISDS 机制的运行平台还包括联合国国际贸易法委员会（UNCITRAL）、国际商会（ICC）、斯德哥尔摩商会仲裁院（SCC）。就争端解决的方式而言，国际仲裁成为 ISDS 机制的主要手段。

投资争端解决机制是构建多边投资体系的重要环节，为保护外商投资合法权利提供了救济工具。但当前争端解决机制在透明度、自由裁量权、连贯性、仲裁员资格等方面存在的诸多问题，为其有效运行和多边投资协定的建立蒙上阴影。各国亟须通过共同努力，对此进行改革完善，以充分保障世界最大多数国家的共同利益。

第三节　构建多边投资协定的历程

当前国际投资治理体制面临三大挑战，分别是国际投资协定体系日益

① 赵龙跃. 制度性权力[M]. 北京：人民出版社，2016：261.
② 池漫郊，任清. 中国国际投资仲裁年度观察（2020）[J]. 北京仲裁，2020（2）：1-47.
③ 余茜. 中国企业试水国际投资仲裁[J]. 中国外汇，2015（3）：58-60.

碎片化、东道国与投资者之间权利与义务的失衡、可持续发展要素的缺失。①构建一个全球的、兼顾多方利益的多边投资协定,既能最大限度地释放国际投资潜力,又能进一步推动全球治理以及国际投资治理目标的实现。事实上,20 世纪 60 年代以来,联合国、WTO、OECD 等国际组织都曾试图构建多边投资协定,但多边投资协定在谈判过程中面临参与主体诉求多元、协商过程复杂、争端解决机制被滥用、东道国正当监管能力遭受挑战等问题,使得多边投资协定的构建面临困境。

尽管多边投资协定谈判历程比较坎坷,但它为后续多边投资协定的发展提供了参考经验。基于此,下文将通过梳理国际组织构建多边投资协定的历程,理清构建多边投资协定的历史逻辑,为中国参与多边投资协定的构建提供思路。从整体上看,多边投资协定缘起于发达国家跨国公司的扩张,此举带来对海外投资的保护与投资自由化的诉求。但迫于时代的局限性与当时各成员国尤其是发展中国家面临的现实困境,多边投资协定谈判最后以失败告终。总体来说,根据多边投资协定谈判平台以及侧重点的不同,国际组织构建多边投资协定的历程可以划分为以下五个阶段。

一、联合国系统(1960—1990 年)

多边投资协定谈判的历史可以视为发展中国家与发达国家之间为了争取平等,试图通过谈判建立国际经济新秩序的过程。对于多边投资协定的谈判,发展中国家希望为本国争取更多的国外资本,从而促进国内经济的发展,而发达国家则是出于对外投资利益保护的考虑。发展中国家与发达国家之间不同的利益诉求导致多边投资协定的谈判之路十分坎坷。

20 世纪 60 年代,发展中国家普遍赢得了政治上的独立,这之后,摆在他们面前的重要问题就是如何发展本国的民族经济。当时不公平的国际经济秩序,使发展中国家处于极其不利的境地。发展中国家出口的产品大部分都是初级产品,贸易条件不断恶化,国际收支逆差不断扩大。因此,发展中国家渴望得到国际社会的关注,不仅希望在国际贸易领域得到公平的对待,也希望能够引进更多国外资本以推动本国经济的发展。

1963 年,发展中国家呼吁召开一次全面的大会,探讨发展中国家在世界贸易中所面临的处境,并要求通过采取国际联合行动来解决发展中国家

---

① 詹晓宁. 全球投资治理新路径——解读《G20 全球投资政策指导原则》[J]. 世界经济与政治,2016(10): 18.

所面临的问题。1964 年 3 月，第一届联合国贸易和发展会议在日内瓦召开，会议提出把贸易和发展会议作为联合国的一个常设机构的建议。该提议在1964 年第十九届联合国大会上得到认可，大会批准设立联合国贸易和发展会议，总部设在瑞士日内瓦。其宗旨是促进发展中国家的国际贸易和经济发展，推动发展中国家和发达国家就经济、贸易、投资等领域的相关问题开展谈判和协调。

1970 年，UNCTAD 争取到一个官方援助资金标准，即发达国家每年必须拿出 0.7% 的国内生产总值作为官方援助资金用于援助发展中国家。在发展中国家的共同努力下，1974 年，联合国大会第六届特别会议通过了《关于建立国际经济新秩序的宣言》；1982 年，联合国提出了《跨国公司行为守则》，重点在于规范跨国公司的活动。在这之后，由于发展中国家和发达国家之间的差距无法消除，加上发达国家的反对，20 世纪 90 年代，联合国系统推动多边投资协定谈判的工作陷入了停滞。

二、GATT 乌拉圭回合（1986—1995 年）

第二个阶段进入了关贸总协定乌拉圭回合（Uruguay Round）。20 世纪 90 年代，跨国公司在全球范围内进行扩张，国际投资尤其是国际并购迅速增长，甚至超过了世界经济和国际贸易的增长速度。为了进一步削减投资壁垒、放松投资所在国对跨国企业的管理，发达国家呼吁在关贸总协定的框架下制定统一的多边投资规则，但遭到了大多数发展中国家的反对。因此，虽然关贸总协定的缔约国一直希望能够就国际投资形成一个多边协定，但是各国间存在错综复杂的矛盾，导致多边投资协定难以达成一致。

1986 年，关贸总协定部长级会议在乌拉圭埃斯特角城举行，会议启动了第八轮多边贸易谈判，亦称"乌拉圭回合"谈判。这是迄今为止最大的一次贸易谈判，谈判历时 7 年半，于 1994 年在摩洛哥的马拉喀什结束。这次谈判涉及的议题十分广泛，除了传统的货物贸易议题外，还加入了服务贸易、投资、知识产权等议题。在投资谈判过程中，发展中国家与发达国家之间存在较多分歧，导致乌拉圭回合最终没能形成一个多边投资协定，仅达成了《与贸易有关的投资措施协定》（TRIMs）。该协定的目的不是要禁止所有的投资措施，而是要审查那些对货物贸易有限制和扭曲作用的投资措施，即维护货物贸易的国民待遇原则和取消数量限制原则。

尽管乌拉圭回合没有完成建立一个多边投资协定的历史使命，但诚如关贸总协定总干事邓克尔（Arthur Dunkel）先生所言，乌拉圭回合的意义远远超过了传统的贸易谈判，它为重建经济关系、构建多边协定奠定了重要基础。乌拉圭回合谈判中签订的协定如《服务贸易总协定》和《与贸易有关的知识产权协定》（TRIPs）都对国际投资发展有一定的促进作用。此外，乌拉圭回合谈判还有一个重大成果，即建立世界贸易组织，以取代关贸总协定在世界贸易中的地位。

三、OECD 的多边投资协定谈判（1995—1998 年）

发达国家在 GATT 乌拉圭回合谈判中提出的多边投资协定遭到发展中国家反对以后，欧美等发达国家决定将视线转向经济合作与发展组织以继续推进多边投资协定的达成。1995 年，OECD 正式开始多边投资协定（MAI）谈判，其中 OECD 的 29 个国家以及阿根廷、巴西、智利等国家，欧共体、中国香港等地区参与了谈判，斯洛伐克、爱沙尼亚、拉脱维亚、立陶宛被列为观察员国。从参与谈判的国家和地区来看，此次谈判不仅仅局限于OECD 内部，而且纳入了发展中国家。OECD 希望在达成多边投资协定后，会有更多的非成员国纳入多边投资协定中，最终形成一个全球性的多边投资协定谈判。

OECD 多边投资协定谈判的内容主要包括以下几个部分：明确界定投资的概念并采用广义的投资定义和投资范围；将国民待遇延伸至准入前阶段即准入前国民待遇，并采取"负面清单"管理模式；外国投资者可以任意雇佣自然人且不受国籍和公民身份限制；禁止扭曲投资的业绩要求；不得降低环境、健康和安全等标准吸引外资；缔约国不能限制私人投资者将投资争端提交至 ICSID 等。

OECD 自 1995 年发起谈判到 1997 年期间，共举行了 11 轮谈判与 4 次成员国会谈。直至 1998 年，MAI 谈判依然没有达成任何成果。1998 年 4月，在高级官员会议和部长会议上展开的 MAI 谈判因各成员在协议条款上存在意见分歧而宣告失败。同年 12 月，OECD 负责投资政策的高级官员在巴黎召开非正式会议，决定不再进行多边投资协定谈判，一度沸沸扬扬的OECD 多边投资谈判也因此告一段落。

总体上看，参与 OECD 多边投资协定谈判的国家多为发达国家，导致在谈判过程中较少地考虑到发展中国家的利益诉求，同时更侧重于维护投资者的利益而忽视了东道国的利益，谈判失败的原因不言而喻。

四、WTO 框架下的努力（1995—2004 年）

OECD 多边投资协定谈判的失败并不意味着国际社会不需要一套统一的国际投资规则，尽管各国之间存在较大的利益分歧，但国际社会仍希望尽快达成共识，构建多边投资协定。为了找寻突破点，多边投资协定谈判从 OECD 转向 WTO，各国开始努力在世界贸易组织的框架下推动多边投资协定谈判。1996 年，世界贸易组织在新加坡召开第一次部长级会议，会议提出四个新议题（亦称为"新加坡议题"），包括投资、竞争政策、政府采购透明度和贸易便利化。在投资方面，与会各国希望 WTO 将下一轮的谈判重点放在投资上。1999 年，WTO 在美国西雅图举行第三次部长级会议，主要目的是发起新一轮多边贸易投资谈判，但非政府组织的示威游行和干扰以及成员之间在一系列问题上的重大分歧，导致这次谈判以失败告终。

2001 年，世界贸易组织在多哈举行第四次部长级会议，WTO 框架下多边投资协定谈判在经历了上述曲折的过程后，又发起了新一轮多边贸易谈判[该谈判被称为"多哈发展议程"又称为"多哈回合贸易谈判"（DDA）]。发展中国家表示，希望新一轮谈判可以更多地考虑发展问题。虽然美国贸易代表办公室同意了发展中国家提出的这一议程，但在 2003 年世界贸易组织于坎昆举行的第五次部长级会议上，发达国家并没有回应发展中国家的诉求，而是把投资、服务贸易以及非农产品的市场开放等议题置于优先考虑的位置。面对发达国家把新加坡议题列入多哈回合贸易谈判中的行为，巴西、印度等发展中国家表示，在没有弄清楚新加坡议题的真正含义之前，拒绝启动针对新加坡议题的谈判。最后，世界贸易组织坎昆会议在未发表宣言的情况下以失败告终。

2004 年 8 月在 WTO 总理事会会议上，各成员方经过为期两周的艰苦努力，达成《多哈回合贸易谈判框架协议》，明确表示将根据附件 D 所列模式进行贸易便利化谈判。[①]"新加坡议题"中仅贸易便利化问题被保留下来并得以继续谈判，其他三个议题的谈判已被发展中国家否决并从多哈发展议程中移除，而投资作为多哈回合的重要议题，一直未能在谈判中取得实质性进展。

---

① 匡增杰. WTO 贸易便利化议题谈判进程回顾与前景展望[J]. 世界贸易组织动态与研究，2007(5)：1-6.

五、投资便利化促进发展谈判（2017 年以来）

事实上，国际投资协定的多边谈判一直为发达国家所高度关注，但因发达国家在谈判中提供的文本罔顾发展中国家利益，故多次谈判均无法达成南北共识。①虽然在世界贸易组织框架下的多边谈判中未涵盖投资等议题，但其成员仍不断为达成一个多边投资协定而努力，世界贸易组织也开启了关于投资便利化促进发展的新一轮谈判并持续至今。

2013 年 12 月，在印度尼西亚巴厘岛举行的第九届部长级会议上，贸易便利化谈判达成一致，这是世界贸易组织成立以来达成的第一个多边贸易协定。从 2013 年到 2017 年，经过四年的努力，有 112 个成员接受了世界贸易组织的《贸易便利化协定》（TFA）。

2017 年，TFA 的正式生效在很大程度上提振了 WTO 成员对在 WTO 框架下能够形成多边协定的信心。部分专家和学者想参考达成贸易便利化协定的思路，在不触及多边投资协定内争议较大的内容的情况下，提出一个投资便利化协定。毕竟，促进发展中国家的经济增长和可持续发展不仅需要贸易便利化协定，还需要投资便利化协定。因此，促进世贸组织投资便利化的谈判在实际操作上与达成贸易便利化协定的思路类似。

2016 年初，联合国贸易和发展会议发布了《投资便利化全球行动手册》（Global Action Menu for Investment Facilitation）。同年，在 G20 杭州峰会上，《G20 全球投资指导原则》（G20 Global Investment Guiding Principles）获得批准，它是国际社会首次在多边机制内就全球投资规则达成的共识。

G20 杭州峰会期间，中国将投资便利化提案列入 G20 峰会公报的建议没有得到认可。2017 年，作为 G20 主席国的德国曾尝试把全球投资便利化纳入峰会宣言中，但是也失败了。在这种趋势下，中国联合 12 个世贸组织成员成立了一个名为"促进发展的投资便利化之友"（Friends of Investment Facilitation for Development，FIFD）的组织，借此开展一系列非正式对话和高层研讨活动，为投资便利化议题的多边讨论营造良好氛围。②

前文中曾提到世界贸易组织在乌拉圭回合形成了一个 TRIMs。但值得

①　陈伟光，王燕. 全球投资治理下的国际投资协定多边谈判与中国对策[J]. 天津社会科学，2017（3）：99-104.

②　中华人民共和国商务部. 坚定维护多边贸易体制，积极参与全球经济治理（"砥砺奋进的五年"综述稿件）[EB/OL].（2017-10-17）[2022-12-28]. http://www.mofcom.gov.cn/article/ae/ai/201710/20171002656808. shtml.

注意的是，TRIMs 以及前述的《G20 全球投资指导原则》还不是真正的投资措施协定。根据《马拉喀什建立世界贸易组织协定》(Marrakech Agreement Establishing the World Trade Organization，WTO Agreement)，在世界贸易组织法律体系中，其法律文本的附件 1A 是关于货物贸易多边协定，里面有非常完善的法律文本。附件 1B 是关于服务贸易总协定，虽然不够完善，但还是具有一定的分量。附件 1C 是与贸易有关的知识产权协定。而与多边投资协定相关的附件 1D 还处于缺失的状态，当把它也补充完整时，世界贸易组织的法律体系才算比较完善。因此，现在亟须构建一个多边投资协定，形成附件 1D，完善世界贸易组织的法律体系。除此之外，还需要成立一个多边投资协定"理事会"。可见，建立多边投资协定还任重道远。

目前，WTO 的投资规则主要体现在《与贸易相关的投资措施协议》及《服务贸易总协定》中。在 WTO 内虽然存在关于建立多边投资框架的讨论，但更侧重于投资便利化问题。2018 年 3 月，一些成员对建立投资便利化多边框架展开了系统性讨论。经合组织、贸发会议和 G20 也针对类似议题进行了商讨。

在多哈回合贸易谈判后，关于多边投资协定的 WTO 谈判停滞不前，从而掀起了新一轮区域合作的浪潮。在由发达国家主导和推进大型区域一体化协定谈判的同时，发展中国家尤其是亚洲发展中经济体，在国际投资方面迅速发展，参与全球经济治理与规则制定的诉求也日益增长。在新的时代背景下，各国呼吁国际社会重新关注多边框架下的投资协定。

第四节　中国与构建多边投资协定

一、关于多边投资协定的认识

近年来，双边、区域和大型区域三个不同层面的国际投资协定（International Investment Agreement，IIA）数量不断增长体现了包括中国在内的各国政府制定国际投资规则的强烈意愿，尤其是一些正在进行和已经完成的重要谈判，成为未来建立更为协调的国际投资规则框架的强大推动力。

随着中国成为净对外投资国，中国政府签订国际投资协定的目标也有了重大改变。目前中国签订了 129 个双边投资协定，19 个其他国际投资协定，原本都是以保护流入的 FDI 和东道国利益为主要目的，现在逐渐朝着保护企业的海外投资，以及实现投资自由化、便利化的方向转变。在此转变下，中美曾于 2013 年 7 月达成一个具有重要意义的协议，双方同意以准入前国民待遇和负面清单的管理模式为基础，推进两国的 BIT 谈判，可惜到现在也没有结果。[①]

2016 年，中国作为 G20 轮值主席国，专门成立了 G20 贸易投资工作组，并在此框架下推进改善国际投资体制的讨论，重点集中在以下三个方面。

首先是国际投资制度的目标。传统国际投资协定的主要目标是保护外国投资者，但是近年来也更注重当地运营的便利化，以寻求更多 FDI，并获取相关利益。目前需要拓宽这一目标，各国也必须意识到可持续发展的需要，以吸引更多可持续的 FDI。此外，拓宽投资制度保护的目标还包括明确承认相关管制权利，以及清晰界定 IIA 中的关键概念等，因为这类事项往往是引发投资者责任纠纷的主要事项。

其次是国际投资争端解决机制。即使拓宽了国际投资制度目标，投资者和东道国之间的争议也不可避免。在国际层面预防和处理这些争议需要构建高效的国际投资争端解决机制。目前对于如何改革现有国际投资争端解决制度仍然存在较大争议。欧盟委员会提议建立一个带有上诉机制的世界投资法院。虽然建立过程中会面临困难，但其建成将有助于提升投资争端解决的制度化水平，并维护国际投资体制的合法性。事实上，任何不能为投资争议双方提供公平竞争环境的争端处理程序，都会破坏其自身乃至整个国际投资体制的合法性。

最后是国际多边投资框架。目前为止，相关讨论较多涉及投资制度的个体层面。但各国政府也可以协商出一个全面、多边的国际投资框架，以推动国际投资的综合治理。一方面，各国政府在双边及区域协定谈判中对国际投资协定表现出强烈兴趣，特别是大型区域协定（如 RCEP）已经推动国际投资法律在实质性和程序性层面趋同。另一方面，近十年来投资国利益构成发生了深刻变化，为达成多边投资共识提供了基础。[②]历史上，尽管多边投资规则的谈判屡次受挫，但其谈判内容为双边投资协定的发展提供了重要的指导，形成多边投资协定是未来国际投资规则的发展方向。

---

① 萨旺，葛顺奇，蒲红霞，等. 中国与 G20：为诸边或多边投资协定奠定基础[J]. 国际经济合作，2016(9)：14-19.

② 萨旺，葛顺奇，蒲红霞，等. 中国与 G20：为诸边或多边投资协定奠定基础[J]. 国际经济合作，2016(9)：14-19.

二、构建多边投资协定的贡献

随着国际经济地位的提升，中国已经从一个投资协定的参与者转变为可以影响国际投资规则的积极贡献者，已成为名副其实的国际投资大国。UNCTAD 数据显示，2018 年，中国 FDI 流入总量达到 1390 亿美元，较 2017 年上升 3.6%。与此同时，中国 FDI 流出量达 1310 亿美元，位居世界第二。[①]到 2021 年，中国 FDI 流入总量达到 1810 亿美元，FDI 流出量达 1450 亿美元。[②]UNCTAD 发布的《全球投资趋势监测》（Global Investment Trend Monitor）报告显示，2022 年上半年，中国对外资仍保持强劲吸引力，吸引外资量逆势同比增长 18%是全球最大的外资流入国。[③]商务部发布的《中国对外投资合作发展报告》显示，2020 年，中国对外全行业直接投资 1329 亿美元，对外承包工程完成营业额 1559 亿美元，对外投资合作大国地位持续巩固。[④]然而，新的国际投资格局不仅强调中国所具有的强大经济能力，还对中国在全球投资治理中提供公共产品的能力提出新的要求。总体来说，中国对于构建多边投资协定的贡献主要集中在以下几个层面。

（一）二十国集团（G20）

中国在 2016 年 G20 杭州峰会期间，推动通过《G20 全球投资指导原则》，这是国际社会首次在多边机制下就全球投资规则制订达成的共识。在全球多边投资体制缺失的情况下，《G20 全球投资指导原则》的通过，在一定程度上填补了国际经济治理的空白，是多边投资规制的历史性突破。虽然这只是一个指导性的而非强制性的原则，仅包含九项相互联系的原则，但这九项原则涵盖了国际投资体制的所有核心要素及板块（包括投资准入、投资保护及待遇、投资促进与便利化、投资争端解决机制），并纳入了新一代国际投资规则的核心要素，为改革现行国际投资协定体系提供了政策

---

① UNCTAD. World Investment Report 2019: Special Economic Zones[R]. United Nations Publication, 2019: 3-5.

② UNCTAD. World Investment Report 2022[EB/OL]. （2022-06-09）[2022-12-28]. https://unctad.org/system/files/official-document/wir2022_en. pdf.

③ UNCTAD. Global Investment Trends Monitor, No. 42 [EB/OL]. （2022-10-20）[2022-12-28]. https://unctad.org/system/files/official-document/diaeiainf2022d4_en. pdf.

④ 中华人民共和国商务部. 中国对外投资合作发展报告 2020[EB/OL]. （2021-02-03）[2022-12-28]. http://www.gov.cn/xinwen/2021-02/03/5584540/files/924b9a95d0a048daaa8465d56051aca4. pdf.

指引，也为构建一个更加平衡、更有利于可持续发展的全球投资体制提供了基本框架。作为首个由发展中国家主导提出的投资指导原则，这九项原则虽然与具有约束力的多边投资协定尚有较大距离，但其代表了发展中国家的呼声，为未来国际投资协定的多边谈判奠定了坚实的基础。G20 峰会之后，推动《G20 全球投资指导原则》向多边协定转化，便成为中国建设性参与全球经济治理，维护和延续 G20 杭州峰会成果的重要目标。[①]

（二）世界贸易组织（WTO）

中国积极参与 WTO 就投资便利化议题开展的相关讨论。2017 年，中国与其他 13 个发展中国家和最不发达国家成员组成了"促进发展的投资便利化之友"，并作为发起人率先提出投资便利化议题，向 WTO 提交了《关于发展投资便利化的非正式对话的提案》。该提案认为，鉴于贸易与投资之间的相互联系日益增加，并在促进全球发展和包容性增长等方面发挥明显的作用，建议 WTO 进一步推进关于 WTO 如何促进跨境投资的讨论，最终目标是使其成员国（尤其是发展中国家和最不发达国家）的贸易和增长更具包容性。各国可以通过非正式对话的形式在以下领域寻求合作：提高监管透明度和可预测性；精简行政程序，提高运行效率；加强国际合作，满足发展中成员的需求，并且将市场准入、投资保护以及投资者-国家争端解决问题排除在讨论范围之外。

同年，为了倡议 WTO 在第 11 届世贸组织部长级会议于阿根廷布宜诺斯艾利斯举行期间启动关于"投资便利化"（Investment Facilitation Action，IFA）协议的谈判，中国向 WTO 提出了一个《投资便利化的可能要素》的提案，对于"投资便利化"政策的探讨更落到实处，提出一系列可能在 WTO 谈判中达成共识的要素。主要包括：提高投资政策框架透明度的方案、提高与投资有关的行政程序效率的备选方案以及关于发展中和最不发达成员国的需求等。

在中国与其他发展中国家的努力下，WTO 对投资便利化议题的讨论稳步推进。在 2019 年 11 月 22 日发布的第二份投资促进发展联合声明中，98 个成员表示支持 2017 年的联合部长级声明。在 2020 年 10 月举行的关于"制定投资便利化促进发展多边协定"的第二轮正式谈判中，共有 105 个

---

① 陈伟光，王燕. 全球投资治理下的国际投资协定多边谈判与中国对策[J]. 天津社会科学，2017（3）：99-104.

与会成员国高度参与了建设性的讨论。各成员国起草的提案有很多共同点，以期在 WTO 第十二届部长级会议（MC12）上推动"投资便利化促进发展"谈判取得具体成果。①在 2021 年 10 月 4 日至 5 日举行的最新一轮会议上，参与关于"投资促进发展"讨论的 WTO 成员在谈判未来协定方面取得了稳步进展，基于一系列指导性问题，就将未来投资便利化发展（Investment Facilitation for Development，IFD）协议纳入 WTO 法律结构进行概念性讨论。与会成员表示，他们的首选方案是就"投资便利化"达成一个有利于所有 WTO 成员的"多边结果"，因此，现阶段的首要任务是尽可能推进协议文本的完善。②

（三）自由贸易协定（FTA）

中国积极参与到新一轮国际投资协定谈判中。在 FTAs 层面，最重要的进展有中日韩 FTA、RCEP 以及亚太自由贸易区（FTAAP）谈判。中日韩自贸区谈判是中国参与的经济体量最大、占中国外贸比重最高的自贸区谈判之一。2015 年 11 月，中日韩三国重启 FTA 谈判。2019 年 4 月 12 日，中日韩自贸区第十五轮谈判首席谈判代表会议在日本举行。在三方共同参与的《区域全面经济伙伴关系协定》已取得共识的基础上，此次谈判使三方就货物贸易、服务贸易、投资、规则等重要议题深入交换意见，将进一步提高贸易和投资自由化水平，纳入高标准规则，打造"RCEP+"的自贸协定。③2019 年 12 月 22 日，第 12 次中日韩经贸部长会议在北京举行，三方重申，将积极推动 2020 年如期签署《区域全面经济伙伴关系协定》，并在此基础上共同加快推进中日韩自贸协定谈判。三方将继续加强在 APEC、G20 等框架下的经贸合作，共同维护以 WTO 为核心的多边贸易体制，推动经济全球化朝着更加开放、包容、普惠、平衡、共赢的方向发展，推动构建开放型世界经济。④

RCEP（"10+6"）的目标则是消除内部贸易壁垒、创造和完善自由投

---

① WTO. Negotiations on an investment facilitation agreement show high level of engagement[EB/OL]. (2020-10-09) [2022-12-28]. https://www.wto.org/english/news_e/news20_e/infac_09oct20_e. htm.

② WTO. Investment facilitation talks explore future Agreement integration into WTO legal structure[EB/OL]. (2021-10-05) [2022-12-28]. https://www.wto.org/english/news_e/news21_e/infac_05oct21_e. htm.

③ 中华人民共和国商务部. 中日韩自贸区第十五轮谈判在日本举行[EB/OL]. (2019-04-12) [2022-12-28]. http://fta.mofcom.gov.cn/article/chinarihan/chinarhnews/201904/40290_1. html.

④ 中华人民共和国商务部. 第 12 次中日韩经贸部长会议在京举行[EB/OL]. (2019-12-23) [2022-12-28]. http://fta.mofcom.gov.cn/article/zhengwugk/201912/42059_1. html.

资环境以及扩大服务贸易，提高自由化程度。2014 年北京 APEC 会议重启了 FTAAP 谈判进程，目的在于整合 APEC 内部的区域、双边自由贸易区，增强 APEC 的发展动力。上述谈判都涉及了知识产权保护、环境保护、政府采购和技术标准等议题，做到了传统货物贸易谈判与服务贸易和投资并举，符合国际贸易投资规则高标准。2019 年 11 月 4 日，第三次 RCEP 领导人会议在泰国曼谷召开并发表联合声明，完成了 20 个章节的文本谈判以及实质上有关市场准入问题的谈判。会议决定启动法律文本审核工作，以便在 2020 年正式签署协定。①2020 年 6 月 23 日，东盟（ASEAN）10 国，以及澳大利亚、中国、日本、韩国和新西兰政府的贸易部长，以视频方式召开《区域全面经济伙伴关系协定》第 10 次部长级会议，并发布《区域全面经济伙伴关系协定》第 10 次部长级会议联合声明。②2020 年 11 月 15 日，15 个成员国经贸部长再次以视频方式，正式签署《区域全面经济伙伴关系协定》。该协定的签署，标志着世界上人口数量最多、成员结构最多元、发展潜力最大的东亚自贸区建设成功启动。

（四）双边投资协定（BIT）

在 BITs 层面主要包括中美 BIT 和中欧 BIT 谈判。中美 BIT 谈判中，中国已同意在准入前阶段给予美国投资者以国民待遇，并以负面清单模式作为谈判基础。中欧 BIT 则于 2013 年 11 月正式启动，中欧双方经过 7 年多的共同努力，先后经历 8 阶段 35 轮谈判，终于在 2020 年底达成一项全面、平衡和高水平的投资协定。欧盟希望，就国民待遇和负面清单进行谈判。事实上，在 2015 年签订的中韩 FTA 中，中国已经承诺在协定生效后两年内，启动服务贸易的负面清单模式谈判和基于准入前国民待遇和负面清单模式的投资谈判。③准入前国民待遇和负面清单模式相对于中国以往参与的国际投资协定而言是一个重大突破。这不仅会极大促进国内政府投资管理体制的改革和转型，还将为中国今后参与双边和多边投资治理定下基调并带来广阔的发展前景。有学者认为，中国与美国和欧盟分别展开的 BIT

---

① 中华人民共和国商务部. 《区域全面经济伙伴关系协定》（RCEP）第三次领导人会议联合声明 [EB/OL]. (2019-11-05) [2022-12-28]. http://fta.mofcom.gov.cn/article/rcep/rcepnews/201911/41745_1.html.

② 中华人民共和国商务部. 《区域全面经济伙伴关系协定》（RCEP）第 10 次部长级会间会联合媒体声明[EB/OL]. (2020-06-23) [2022-12-28]. http://fta.mofcom.gov.cn/article/zhengwugk/202006/42579_1.html.

③ 中华人民共和国商务部. 中韩自贸区结束实质性谈判[EB/OL]. (2014-11-13) [2022-12-28]. http://fta.mofcom.gov.cn/article//zhengwugk/201411/18914_1.html.

谈判，尤其是中欧双方已达成的平衡、高水平、互利共赢的投资协定，必然会对国际投资法的发展方向产生重要影响。中欧、中美的 BIT 谈判将带来明显的示范作用，并有助于推动全球投资领域中多边协定的达成。[①]未来中国应加快双边和区域谈判并升级已有的协定文本，为更高标准的多边投资协定达成提供现实基础。同时，为推动后疫情时期世界经济复苏、构建开放型世界经济做出重要贡献，增强国际社会对经济全球化和自由贸易的信心。[②]

三、推进多边投资协定的路径

新一轮国际投资规则亟待完善，建立多边投资规则任重道远。在国际投资领域，中国应该充分发挥负责任大国的重要作用，积极推动缔结一个全球性的多边投资协定。目前南北国家投资保护理念仍有差异，加之国际社会逆全球化思潮兴起，导致多边投资协定谈判面临诸多障碍。

根据对主要资本输出国和输入国国际投资协定的文本分析，未来国际投资协定多边谈判的焦点主要在于投资准入、投资竞争、投资争议等条款。为减少谈判障碍，化解制度分歧，中国在推动多边投资协定谈判时，应选择能兼顾南北国家利益的谈判路径，以"共同发展"为导向，提供有助于提升发展中国家对外投资能力，可以兼容南北国家不同发展模式和发展阶段，并能灵活应对南北国家制度分歧的谈判文本。[③]对此，中国一方面要继续推动 WTO 框架下多边投资协定谈判，另一方面要积极为全球投资治理贡献中国元素、中国智慧和中国经验。作为世界上最大的发展中国家，中国声音和中国方案可在一定程度上打破发达国家对全球治理规则的"垄断"，使这一套规则朝着更为公平、合理、均衡、和谐的方向发展。

（一）推动 WTO 框架下多边投资协定谈判

当前 WTO 多边谈判陷于停滞，欧美等发达国家另起炉灶，在 WTO 内部通过"定向邀请"的方式，选择部分国家开展国际服务贸易协定谈判，内容涉及服务业跨境投资问题。中国可联合发展中国家尤其是金砖国家，在

① 单文华. 更加积极地参与全球经济治理[EB/OL]. (2014-12-01)[2022-12-28]. http://views.ce.cn/view/ent/201412/01/t20141201_4013972. shtml.

② 张丹. 为新形势下中欧全面战略伙伴关系注入发展强劲动力[EB/OL]. （2021-02-07）[2022-12-28]. https://m.gmw.cn/baijia/2021/02/07/1302097621. html.

③ 陈伟光，王燕. 全球投资治理下的国际投资协定多边谈判与中国对策[J]. 天津社会科学，2017（3）：99-104.

WTO 的总理事会或部长级会议上要求国际服务贸易协定谈判维持开放性[①]，允许发展中国家自愿加入谈判，在南北充分协商的基础上形成缔约文本。

全球贸易投资治理领域的竞争集中体现为规则竞争，即围绕"协议谈判"和"标准提出"展开的制度性话语权之争。随着中国成为全球范围内新的增长引擎，中国也将因此走向全球贸易投资治理的前沿，成为全球治理的深度参与者、主要建设者以及共同改善者。正如中国坚持主张以 WTO 为代表的多边贸易体制是全球贸易规则的主渠道，在 WTO 框架内推进多边投资协定谈判可以确保中国对全球投资治理的参与和贡献不局限于某一区域或某一群体，而是为新的南南合作和南北对话所共享，因而对此应持积极态度。

但同时也需看到，多边投资协定谈判绝不能一蹴而就。尽管国际社会看待多边投资协定的共识有所增进，但欧美发达国家通过区域和双边手段达成投资规则的趋势还将延续，多边主义并不是其目前的政策重点。[②]如前文所述，中国此前的国际投资协定实践多局限于双边和区域层面，且在投资规则的标准提出与议程设置方面几乎没有成功先例，因此也应更为务实稳健地扮演 WTO 框架下多边投资协定谈判的推动者角色。简而言之，在 WTO 框架下多边投资协定谈判方面，中国目前可以在以下三个方面采取行动。

一是以具体议题为引领，提升中国在 WTO 框架下议程设置的能力，为多边投资协定谈判创造氛围并凝聚共识。以"国有企业"议题为例，中国和越南、马来西亚、新加坡等国家均存在大量国有企业，而 CPTPP 等协议以及美式 BITs 倾向于基于影响力判断企业所有权，必然施压于现有体制下相关国家的企业海外运作。中国对美国直接投资已面临严苛的"国家安全审查"，在 2015—2017 年，中国企业进入美国外资委员会（Committee on Foreign Investment in the United States，CFIUS）"国家安全审查"程序的案件高达 143 件，这一数字在同期审查案件总数（552 件）中所占比例超过 25%，居国别排行的首位。[③]

① 陈伟光，王燕. 全球投资治理下的国际投资协定多边谈判与中国对策[J]. 天津社会科学，2017（3）：99-104.

② 桑百川，靳朝晖. 国际直接投资规则变迁与对策[M]. 北京：对外经济贸易大学出版社，2015：91-95.

③ CFIUS. Annual Report to Congress for CY 2015[EB/OL]. [2023-01-27]. https://home.treasury.gov/system/files/206/Unclassified-CFIUS-Annual-Report-report-period-CY-2015. pdf.

与此不同，WTO 中的国企纪律并不以所有制为标准，而是判断政府行为是否通过国有企业扭曲了市场资源配置。因此，以 WTO 为平台探讨"国有企业"议题时，在确保透明度、商业化和公平竞争的前提下，即在强调"竞争中立"的同时，更有利于在此类议题上与具有共同利益的国家同步推进"所有制中立"，以确保国有企业不会因为其所有权属性而在国际市场受到不应有的歧视，导致差异化审查和区别待遇。

二是继续推进双边和区域谈判，为达成多边投资协定提供现实基础。2015 年 12 月，国务院印发《关于加快实施自由贸易区战略的若干意见》，指出加快实施自由贸易区战略是中国新一轮对外开放的重要内容，并提出进一步加快自贸区建设布局的规划具体分为以下三个层次：一是加快构建周边自贸区，力争和所有与中国毗邻的国家和地区建立自贸区；二是积极同"一带一路"沿线国家商建自贸区，形成"一带一路"大市场；三是逐步形成全球自贸区网络。近期目标则包括加快现有自由贸易区谈判进程，在条件具备的情况下逐步提升已有自由贸易区的自由化水平，以及积极推动与中国周边大部分国家和地区建立自由贸易区。

三是以"投资便利化"议题为突破口。与"投资自由化"不同，"投资便利化"在不改变本国自由化水平的前提下，通过提高投资政策透明度以及行政程序效率，维持投资措施的稳定性与一致性，优化东道国投资环境以提高对外资的吸引力。提高政策透明度与行政效率看似简单，却是很多外国投资者在东道国进行投资时所遇到的最大阻碍。在实践中，由于东道国的相关程序过于烦琐且要求颇多，既耗时又低效，投资者常将大量精力浪费在形式化的工作程序中。中国正是意识到这一问题，在 WTO 率先发起"投资便利化"议题的讨论，强化国际合作，进一步完善外商直接投资便利化框架，关注发展中和最不发达成员国的需求，以确保未来的框架有助于解决其投资便利化的优先事项和需求，并争取在 WTO 第十二届部长级会议（MC12）上推动"投资便利化促进发展"谈判取得具体成果。

目前，中国正与美国、日本、韩国等国家开展国际投资协定谈判，与此同时，与新加坡、智利的 FTAs 已完成新一轮升级。因此，可以顺应国际趋势和国家实际需要，在稳步推进"负面清单和准入前国民待遇"等 BITs 自由化便利化谈判的同时，将 FTAs 谈判重点向非关税措施转移，尤其是通过引入环境保护、电子商务、国有企业等新型议题实现 FTAs 质的提升，从而为未来 WTO 框架下的多边投资协定高标准谈判夯实基础并积累经验。

（二）为多边投资规则贡献中国元素、中国智慧和中国经验

面对构建多边投资协定的困难与挑战，中国应抓住有利的战略机遇期，坚定支持多边主义，反对保护主义，积极为全球投资治理贡献中国元素、中国智慧和中国经验。一方面推动新一轮国际投资体制改革，加强多边投资政策协调；另一方面不断积累共识，以分板块、分阶段的方式逐步建立全球多边投资体制，即以"双轨渐进模式"①建立新一代全球投资治理体系。

首先，将《G20 全球投资指导原则》落实到具体行动上，引领国际投资体系改革。《G20 全球投资指导原则》是全球第一个国际投资多边协定框架，其在未来能否发挥作用，还取决于其能否落实为具体有效的实际行动。作为负责任的大国，中国应积极凝聚各方力量，把该指导原则落实到具体行动上，在全球范围内设立投资领域的长效工作机制，为构建多边投资协定贡献力量。②

其次，在双边层面健全国际投资体系，推动与"一带一路"沿线国家商签较高标准的投资协定。在推进"一带一路"倡议建设的同时，不仅要注重基础设施的硬件建设，还要注重投资规则方面的软件建设，推动与"一带一路"沿线国家商签较高标准的投资协定，落实《G20 全球投资指导原则》，充分发挥亚洲基础设施投资银行（AIIB）的特别地位和作用，引领国际投资规则和全球投资治理体系的建设。

再次，在国际投资的重要领域，加大与发展中国家的合作，关注国际基础设施融资中呈现的新模式。随着经济社会的快速发展，发展中国家基础设施建设的需求和投资金额增长较快，在国际基础设施融资中出现了一些新的模式，中国应发挥对外投资方面的引领和带动作用，为参与全球投资治理，扩大国际影响力提供经验和借鉴。

最后，坚定支持多边主义，继续推动多边合作。中欧投资协定与此前签署的 RCEP 同为中国促进与世界经贸联结的重要标志，展示了中国不断扩大开放的包容姿态。今后中国应继续推动贸易自由化与投资便利化，加强与欧盟等主要经济体在联合国、G20、世界贸易组织等框架内的协调和合作，积极落实 G20 缓债倡议，支持非洲发展，共同促进世界的繁荣发展。

---

① 詹晓宁. 全球投资治理新路径——解读《G20 全球投资政策指导原则》[J]. 世界经济与政治，2016（10）：18.

② 霍建国，庞超然. 国际投资规则的发展与启示[J]. 国际经贸探索，2017，33（8）：79.

第八章 国际规制合作

国际规制合作（IRC）并不是一个新概念，在《关税与贸易总协定》（GATT）谈判的早期就已经被提出。随着关税、非关税边境措施的消减和下降，不同的规则体系、规制标准和执行部门正逐渐成为一种新的"边境后"（Behind-the-border）贸易壁垒，成为影响国际商品和服务高效流通的新型障碍。早在1996年，联合国欧洲经济委员会（United Nations Economic Commission for Europe，UNECE）就曾提出国际规制一致（International Regulatory Consistence，IRC）的概念，但是国际经贸的实际情况是，由于采用不同的规制体制和规制标准，对于同样的商品贸易，不同国家在规制上往往难以形成一致意见。随着国际经贸实践的发展，国际社会从希望达成"规制一致"而逐渐转向争取实现"规制协调"（International Regulatory Coherence，IRC），后者旨在强调虽然规制一致难以实现，但是通过政策机制的协调，国际社会也可以在一定程度上降低贸易壁垒、减少贸易摩擦、促进贸易发展。2013年，经济合作与发展组织（OECD）发布《国际规制合作：应对全球挑战》（International Regulatory Co-operation: Addressing Global Challenges）研究报告，详细剖析了国际经贸领域规制合作机制的优势与缺陷，提出加强国际规制合作是应对全球挑战的重要途径。美国等12个国家于2016年达成的《跨太平洋伙伴关系协定》（TPP）不仅将"规制协调"列为其专门的一章，而且在协定的其他多项条款中都涉及了规制合作的内容，旨在强化成员之间在贸易政策和相关法律法规方面的规制合作，并建立规制协调委员会（Committee on Regulatory Coherence），负责审议解决成员国在推进规制合作方面可能出现的问题。美国退出TPP以后，日本等11国于2018年签署了《全面与进步跨太平洋伙伴关系协定》（CPTPP），该协定保留了TPP中规制协调的全部内容。2020年1月，美国、墨西哥和加拿大签订《美墨加三国协议》（USMCA），专门增加关于"良好规制实践"（Good Regulatory Practices，GRP）的章节，设立良好规制实践委员会，提出良好规制实践是实现良好规制合作的基础。

随着时间的推移，规制合作与贸易政策之间的联系日益紧密，区域贸易协定中包含规制合作章节或条款的情况越来越多，推进国际规制合作势将成为新一轮国际经贸规则重构与创新的核心。在后疫情时代，中国坚定不移扩大对外开放，对标高水平国际经贸规则，加强宏观政策协调，推动国际规则、标准和规制合作，建设更高水平的开放型经济新体制。本章重点梳理国际规制合作的内涵、形式、主要特征及其发展演变过程，分析国际规制合作在 OECD 国家的实践情况，以及中国参与国际规制合作的现状和问题，并提出中国参与国际规制合作的路径与对策。

第一节 国际规制合作的概念与形式

一、国际规制合作的概念内涵

国际规制合作的概念目前还未得到清晰的界定（有文献将其译为"国际监管合作"），也还缺乏理论层面的定义，但我们仍然可以从国际经贸的实务出发，研究讨论国际规制合作的有关问题。国际规制合作主要是指在不同国家之间围绕其国内的标准、规则，制定标准、规则的机构和程序，标准、规则的执行及其监督的机构和程序等，进行一定程度的协商、沟通，以达成共识并使其得到尽可能广泛的认可。我们可以从狭义和广义两个方面来理解国际规制合作的内涵。从狭义上讲，在全球价值链时代，一种产品的设计、生产和组装可能是由不同国家完成，而不同国家相关产品的质量、标准、安全和环保认证体系存在差异，将导致相同产品在不同国家内的合格性、安全性和环保性的不同，而且在不同的规制体系下，同一产品往往需要经过多次的检测，因此增加了经营成本，降低了经济效益，影响了国际贸易的持续增长。[①]从广义上讲，规制不仅仅是规则标准，而且还包括制定、执行规则标准的机构和程序，以及监督规则标准执行的机构和程序等。随着国家间经济相互依存程度的提高，在全球价值链不同阶段，产品的质量、安全和环境规则标准及其执行的机构和程序，都可能成为一种新的非关税贸易壁垒。因此，国内规制已经不是单纯的技术指标，而成为限制贸易自由化的"边境后"措施。

实际上，不仅仅是标准和规则，执行规则的管理机构、审批程序等的

---

① Organization for Economic Cooperation and Development（OECD）[EB/OL]. [2022-12-28]. https://www.apec.org/Publications/2005/09/APEC-OECD-Integrated-Checklist-on-Regulatory-Reform.

制度设计对生产贸易产生的影响同样重要。世界经济论坛（The World Economic Forum）曾与世界银行（World Bank）展开合作，研究发表《有助于贸易价值增长的机会》（Opportunities to Contribute to the Growth of Trade Value）报告。该报告还就农产品、纺织品、医药、化工、半导体和计算机等行业进行了具体的分析，不同的行业、不同的产品面临不同的规制壁垒，在不同的国家，还将面临许多不同管理机构的审批和监管。例如，在化工行业，化学产品涉及食品药品、纺织业、建筑机械和国防等领域，受到质量、安全、环境保护和国家安全等多重规制监管。出口至美国的化工产品，因其用途有可能受到三到五个不同机构的监管，例如美国食品药品监督管理局（Food and Drug Administration，FDA）、司法部下属的缉毒局（Drug Enforcement Administration，DEA）、国土安全部（Department of Homeland Security，DHS）和商务部工业和安全局（Bureau of Industry and Security，BIS）等联邦政府机构。这些政府机构审批程序复杂，相互之间的协调困难，给生产商和贸易企业带来沉重负担。[①]推动国际规制合作，可以显著地减轻生产商和贸易企业的负担，提升国际贸易的效率和效益，促进世界经济的增长。

国际规制合作的范围比较广，在货物贸易方面主要涉及货物的质量安全标准、动物植物检验检疫措施、环境保护标准和可持续发展目标等内容；在服务贸易方面，主要涉及投资和金融合作的部分内容。关于国际规制合作问题，发达国家关注得比较早，例如经济合作与发展组织成员国已经设计出一个规制协调和相互认可的合作体系[②]，在《欧盟—加拿大全面经济贸易协定》《美国墨西哥加拿大三国协议》《全面与进步跨太平洋伙伴关系协定》等自由贸易协定中，都包含有国际规制合作的条款。在新一轮国际经贸规则的重构和创新中，发达国家正在探索如何制定出更为严格的国际规制合作框架，发展中国家也应该积极参与，做好相关的准备工作。

二、国际规制合作的主要方式

传统的国际规制合作方式有两种，一是规则标准政策的沟通协调

---

① World Economic Forum. Enabling Trade Valuing Growth Opportunities[EB/OL]. （2013-01-07）[2022-12-28]. https://www.weforum.org/reports/enabling-trade-valuing-growth-opportunities.

② OECD. Facilitating Trade through Regulatory Cooperation[EB/OL]. [2022-12-28]. http://www.oecd. org/gov/facilitating-trade-through-regulatory-co-operation-ad3c655f-en. htm.

（Harmonization），二是规则标准政策的相互认可（Mutual Recognition）。[①]
沟通协调是指两个或两个以上的参与方协调并适应于同样的规则标准；
相互认可是指虽然两个或两个以上的参与方各自使用的规则体系不同，
但是他们之间相互承认彼此的规制体系，确保产品可以在不同国家间自
由流通。

　　显而易见，相互认可需要一定的政策协调。以食品安全标准为例，如
果两个国家的规则标准相互认可，则一种食品在一国达到标准就意味着其
在另一国也达到标准，反之亦然。但是，如果两国的标准不同，相互认可
就无从谈起。即使已经有所协调，但如果两国在相互进口产品时，进口国
质疑对方产品的规制标准，那么产品也难以流通，只有两国相互承认他们
各自的规制标准是等效的，协调或认可才能达成，贸易成本才能降低。

　　由于规制的协调和相互认可往往比较困难，为了解决这些困难，另一
种替代方案应运而生，称为规制等效（Regulatory Equivalence）。规制等
效是指在两个或更多国家之间可以采用不同的规制体系，但是其对于同一
种产品的规制标准是相同的，而且相互认可规制机制的效果，这种方案可
被视为规制政策协调和规制相互认可的高级版本。在规制等效的体系下，
所有参与方都承认彼此的规制体系是相互认可的，并且规制合作的目标、
过程和机制都是对等且统一的。

　　抽象的国际规制合作是可以实现的，但问题是如何找到实现国际规制合
作的路径。WTO 及其前身《关税与贸易总协定》为增进其成员之间的经贸
合作提供了很好的平台。但是在世界贸易组织和《关贸总协定》的框架下，
由于涉及的成员比较多，而且利益诉求差别很大，推进国际规制合作还是比
较困难。有效的国际规制合作需要超越单一国家法律的约束力，达成可以强
制执行的国家之间的条约。随着时间的推移，规制体系的现代化和自动化水
平越来越高，国际社会中采用趋于相同的规制体系、规制标准和执行方式的
国家也将越来越多。早在 2013 年，经济合作与发展组织就曾在其发表的《国
际规制合作：应对全球挑战》报告中，对现已施行的国际规制合作机制进行
了比较全面的总结（如表 8.1 所示）。[②]

---

　　① Hoekman B. Trade Agreements and International Regulatory Cooperation in a Supply Chain World[J].
Robert Schuman Centre for Advanced Studies Research Paper No. RSCAS, 2015（4）.

　　② OECD. International Regulatory Co-operation: Addressing Global Challenges[EB/OL]. （2013-04-24）
[2022-12-28]. http://dx.doi.org/10.1787/9789264200463-en.

表 8.1　国际规制合作机制的形式、界定及其相关示例

形式	界定	相关示例
整合协调机制	主要是通过跨国机制或联合机构制定相同的法律、法规，推进国际规制合作	欧盟的机制和法令 澳大利亚—新西兰联合食品标准局 澳大利亚—新西兰医疗物品管理局
谈判达成的特别协定、条约和公约	参与国家针对某些议题或领域正式签署，且在国际法上具有约束力的协定、条约或议定书	蒙特利尔议定书 OECD 税收协定范本
国家间规制合作伙伴关系	国家之间通过设立官方机构或签订正式协议提高规制合作效率，降低规制合作分歧	跨大西洋经济伙伴关系 美国—加拿大规制合作委员会 美国—墨西哥高级规制合作委员会
政府间国际组织	通过谈判达成条约进而建立相关的国际组织，促进国际规制合作	国际劳工组织 世界贸易组织 亚太经合组织
涉及规制合作条款的区域协定	含有规制合作条款的区域贸易协定和经济合作协定	区域贸易协定 亚太经合组织
相互认可协定	通过签署协定相互认可各自的国际法原则和法律法规	欧盟技术协调和标准化 澳—新泛塔斯曼相互认可协定
跨政府网络	基于同行业间对等灵活的频繁互动而不是正式谈判发展起来的合作关系	国际竞争网络 巴塞尔银行监管委员会
国际规制的合规性要求	在采取国内规制措施时要求政府行业主管部门考虑相关规制合作的国际标准和框架	澳大利亚政府委员会 最佳规制实践条例
认可国际标准	在起草国内法律法规时统一使用国际行业标准	引用或采用 ISO 和 其他国际标准制定机构的标准
软法	基于不具有约束力或约束力略弱于传统法律法规的规制合作，如行为规范、指导原则、路线图和同行评审等	许多 OECD 制定的准则和原则，并与同行审查机制相结合
对话和非正式的信息交流平台	有关讨论国际规制合作的会议、论坛和研讨会等	跨大西洋商业对话 跨大西洋消费者对话

资料来源：根据 OECD《国际规制合作：应对全球挑战》整理

注：本表部分术语英文参见附录

　　需要指出的是，国际规制合作的范围比较广泛，国际社会尚未就规制合作机制达成共识。OECD 的报告只是对现存的合作机制作了一个初步的梳理，实际施行的规制合作机制肯定不限于表 8.1 所列的 11 种形式。而且表中国际规制合作机制的分类也不一定准确，许多实际案例可能适宜采用两种或更多种机制进行解释。另外，由于执行机构不同，或者是覆盖范围不同，例如政府间国际组织与区域间政府组织或自由贸易协定，不同规制

合作机制的主要差别表现为适用范围的不同。

三、国际规制合作的法理基础

国际规制合作的法理基础是国家主权的部分分享或让渡。传统的威斯特伐利亚主权具有绝对权力、边境控制、政策自治和不受干涉四个构成要素：第一是在其领域内具有至高无上的绝对权威，第二是跨越其国境的管理权，第三是国内政策的自主制定权，第四是不受外部干涉的自由权。[①]随着人类社会的进步和全球化的深入发展，全球性问题越来越多，国际合作越来越重要，传统的国家主权理念受到严峻挑战。全球化的时代，全球性合作的重要性愈发凸显，许多问题仅仅依靠单一主权国家的力量已经难以解决，国家主权以某种形式进行分享或让渡成为必然。

通过国际合作和共同努力解决经济全球化所带来的全球性问题离不开一种超国家机制。这些全球性的问题越来越多，比较典型的可分为以下的四类：第一类是全球安全问题，按照经典的国际关系理论，国家都是自助（Self-help）的行为体，没有一国可以确保另一国的安全，国家安全都必须依赖于自身的经济实力和军事实力。但是随着全球化的发展，一些非传统安全问题（Non-traditional Security Issues）使得任何一国都难以独善其身，比如国际恐怖主义、核武器扩散问题等，应对这些问题都需要国际合作。第二类是全球化带来的经济问题，随着全球化的深入发展，许多全球性的经济问题也并非主权国家可以单独应对，比如国际金融危机、国际贸易争端和全球经济结构失衡等，解决这些问题需要国际合作，更需要良好的国际规制合作。第三类是环境保护和气候变化问题，例如使用清洁能源、控制温室气体排放、保护国际水资源等。这些都是典型的国际性或全球性问题，任何单一主权国家都无法独自应对，需要密切的国际合作以增进全球的生态平衡和资源共享。第四类是公共卫生和健康问题，2020年暴发的新冠疫情再一次证明，公共卫生安全是全人类面临的共同挑战，重大传染性疾病是全人类的敌人，需要世界各国人民精诚合作、携手应对。

随着人类社会文明的进步，在维护国家主权的基础上，各国不断探索能够应对解决国际问题的有效机制，形成了一系列关于国际制度和国际组织的理论和实践。国际制度理论是国际关系学研究的核心问题，传统的国际制度

[①] 杰克逊. 国家主权与 WTO：变化中的国际法基础[M]. 赵龙跃，左海聪，盛建明，译. 北京：社会科学文献出版社，2009：73-84.

理论关注的是制度的设计与形成、制度的选择与变迁以及制度的影响和效应。现代的国际制度理论，更多关注的是持续的、相互关联的、正式与非正式的国际规则体系，这些规则体系可以界定行为规范、制约行为体活动、帮助行为体实现期望值趋同。国际制度因其权威性、制约性和关联性而能够更加有效地解决国际合作中出现的问题，成为国际合作的有效保障，上文所总结的 11 种国际规制合作机制，都可以划归为某种类型的国际制度。

四、国际规制合作的综合效益

尽管推动国际规制合作并非易事，但世界各国对其可能取得的成效已经有了一个比较明确的共识，因此国际社会在贸易规则谈判中将会越来越关注国际规制的协调与合作。早在 2013 年，OECD 的研究已经显示，国际规制合作不仅有助于管控国际贸易风险、促进公共资源共享，而且有助于提升监管效益、降低生产成本、促进国际贸易。总体而言，国际规制合作的综合效益主要体现在提升经济效益、管控跨境风险、提高管理效率和促进信息传播等四个方面。①

（一）提升经济效益

国际规制合作可以改善市场准入，增加贸易和投资流动，通过降低交易成本，促进规模经济，带来经济收益。规制趋同将允许企业利用标准化的合同、文件和程序实现规模经济，降低搜索和交易成本，简化谈判程序。相同的规制利于企业采用单一生产流程，而不是采用多个流程以适应多个标准体系，从而有助于降低生产成本。促进规制合作还可以降低企业的边际成本，进而增加消费者剩余和社会福利，诸如更多的产品选择、更低的价格和更快地获得新产品等。加强合作带来的信息共享，可以减少用于重复性科学和政策研究的资金，有助于提升资源利用的效益。

（二）管控跨境风险

随着全球非经济挑战的增加，诸如环境污染、人类健康和安全等问题层出不穷，强化国际规制合作的需求更加迫切。依照传统，若市场未能对这些挑战做出回应，则需要采取规制行动。面对全球性的问题，规制机构

---

① OECD. International Regulatory Co-operation: Addressing Global Challenges[EB/OL]. (2013-04-24) [2022-12-28]. https://doi.org/10.1787/9789264200463-en.

将无法仅凭一国之力化解危机，想要充分监管工业污染、危险化学品贸易、传染病、气候变化，有效管理跨界风险，就需要国家之间的良好协调，以确保规制措施的有效性。另外，在全球化深入发展的新时代，一国所采取的政策措施很容易产生一定的外部影响，如果不考虑国际环境，则可能无法实现某些国家的政策目标。

（三）提高管理效率

国际规制合作可以通过利用各级政府监管机构的共性，减少解决新议题所需要的"学习曲线"（Learning Curve），提高跨境规制行动的速度和有效性，促进高效使用有限的信息和分析资源，从而大大地降低管理成本，同时通过简化和协同各国的管理程序等手段提高政策透明度，也为与其他国家建立更加高效的管理联系创造机会。这种管理效率的提高有时是非常具体和可量化的，有时也会通过间接的方式呈现，如能更好地理解多重政策目标之间复杂的相互作用等，可以为国家决策和政策协调提供便利。

（四）促进信息传播

众多国际规制合作的案例研究都强调了转移良好规制实践的重要性，其中化学品安全、消费品安全和银行的审慎监管案例研究都提到了国际规制合作作为一种重要的机制，能够让拥有不同政策环境的国家就规制实践进行信息互换，从而开拓了能够获取良好规制实践的渠道，因而被视为一种能力建设工具。欧盟委员会与美国管理和预算办公室（US Office of Management and Budget）之间通过对话，促进了双方就标准设定和影响评估等规制的协调和趋同。这种横向对话包括学习（交流最佳做法）和促进（减少贸易障碍和改善特定部门的规制）两个方面。同样地，跨政府网络也使"规制出口"（Regulatory Export）成为可能，比如可以对规制规则和实践进行输出，通过"网络效应"（Network Effects）来促进不同国家之间的规制趋同，这种效应还能帮助规制能力较弱的国家提高行政管理能力，从而改善其国内规制，并为规制合作提供支持。

第二节 国际组织推动国际规制合作

国际规制合作并不是一个新议题，早在《关税与贸易总协定》谈判的初期就已经提出。如果从广义的政策协调方面来讲，在第二次世界大战之后达成的《关税与贸易总协定》中，就已经可以发现部分国际规制合作的存在。世界贸易组织成立以后，国际规制合作引起更多的关注和重视，也取得了一些进展，但是其实践与发展仍然步履维艰。世界贸易组织、经济合作与发展组织、亚太经合组织和联合国欧洲经济委员会等国际组织都是推动国际规制合作的重要力量。在新冠疫情过后的"后疫情时代"，国际社会必将更加重视国际规制合作的理论研究与实践行动，呼唤世界各国推进更广范围和更深层次的国际规制合作。

一、世界贸易组织

长期以来，推动国际规制合作的主要机制是世界贸易组织及其前身《关税与贸易总协定》。早在 20 世纪 30 年代初，由于经济大萧条，美国、英国等世界主要大国为了转嫁经济危机、保护国内产业、提高就业率，纷纷采取"以邻为壑"的贸易保护主义措施，如提高关税、限制进口、鼓励出口和实行外汇贬值等措施。这些措施直接导致国际贸易的严重萎缩，世界经济大幅度下滑，政治社会危机加重，最终成为引爆第二次世界大战的导火线。

深刻的教训使世界各国认识到建立国际经济贸易协调和合作机制的紧迫性和重要性，因此，在二战结束之后，联合国货币金融会议（United Nations Monetary and Financial Conference，亦称"布雷顿森林会议"）通过《国际货币基金组织宪章》，国际货币基金组织（IMF）和国际复兴开发银行（International Bank for Reconstruction and Development）相继成立，成为调控各国货币汇率政策和促进世界经济恢复增长的重要国际经济组织。

布雷顿森林会议以后，在美国和英国的倡议下，联合国经济社会理事会成立了"联合国贸易与就业会议筹备委员会"，研究起草《联合国国际贸易组织宪章》（Charter of International Trade Organization）与《关税与贸易总协定》。筹备委员会在美英两国前期工作的基础上，在英国伦敦和瑞士日内瓦先后召开会议，形成了《联合国国际贸易组织宪章》与《关税与贸易总协定》的最后文本，准备交由联合国贸易与就业会议讨论通过。参加谈判的有关成员还同意《关税与贸易总协定》于 1948 年 1 月 1 日起临时生效，待《联合国国际贸易组织宪章》通过后最终生效。

1947 年 11 月至 1948 年 3 月，联合国贸易与就业会议在古巴哈瓦那举行，会议通过了《联合国国际贸易组织宪章》（亦称《哈瓦那宪章》）和《关税与贸易总协定》（GATT）。但是由于美国国会拒绝批准《哈瓦那宪章》，联合国试图建立国际贸易组织的意图未能实现。《关税与贸易总协定》却根据《临时适应议定书》的条款，临时生效了47年，直到1995年1月1日世界贸易组织成立。[①]《关税与贸易总协定》作为人类历史上第一个调控和规制各国国际贸易政策的多边协定，历经八轮谈判，在降低和消除关税和非关税壁垒方面发挥重要作用。GATT前五轮谈判主要聚焦于关税的减让，从第六轮谈判（肯尼迪回合）起开始涉及非关税贸易壁垒的相关议题，制定了反倾销协定。第七轮谈判（东京回合）成果丰硕，在减让关税和限制非关税壁垒方面都取得重大突破，达成进口许可证、海关估价、补贴与反补贴、政府采购、贸易技术壁垒等多个协定。第八轮谈判（乌拉圭回合）不仅将知识产权和服务贸易纳入多边贸易体系的管辖之中，而且最终达成建立世界贸易组织的协定，弥补了多边贸易治理体系中缺少国际组织的空白。[②]

国际规制合作关注的重点是消减边境后的贸易壁垒，目前在GATT/WTO框架下涉及规制合作的主要协定有两个：《技术性贸易壁垒协定》（TBT）和《实施卫生与动植物检疫措施协定》（Agreement on the Application of Sanitary and Phytosanitary Measures，SPS）。从广义上讲，几乎所有的非关税壁垒在一定程度上都可以归纳为规制合作问题，但是在执行TBT和SPS的过程中存在许多较为典型的规制问题。

技术性贸易壁垒是指强制性或非强制性制定的产品技术法规或技术标准，若产品达不到进口国技术标准，则不能进口。事实上，技术标准本身并非贸易壁垒，但是技术标准的不同或者认证程序的不统一就会导致贸易壁垒的形成，因此技术贸易壁垒是一种典型的规制问题。在GATT（1994）中，技术性贸易壁垒得到重视，《技术贸易壁垒协定》得以通过，对各类产品的技术法规、标准和认证程序做出了比较明确的规定，在一定程度上提高了规制标准的一致性。

卫生与动植物检疫措施是为了防范人类或动物之间出现的流行病传染所采取的技术标准，这些标准如果存在规制不协调的问题，不仅仅会形成国际贸易的壁垒，还可能给人类社会带来巨大的威胁或灾难。为了消除这

---

① 欧文，马弗罗迪斯，塞克斯.GATT的起源[M].王琛，译.上海：上海人民出版社，2020.

② 杰克逊.国家主权与WTO：变化中的国际法基础[M].赵龙跃，左海聪，盛建明，译.北京：社会科学文献出版社，2009.

些威胁，乌拉圭回合达成了《实施卫生与动植物检疫措施协定》，成为
WTO 协定的重要法律文件。该协定容许世界贸易组织成员为了人类、动物
或植物的生命和健康安全采取必需的保护措施，但是期望通过多边的体系
和规则，指导卫生与动植物检疫措施的制定、采用和实施，以减少对国际
贸易的消极影响，而且提倡各成员优先采纳已经通行的国际标准、准则和
建议。

二、经济合作与发展组织

经济合作与发展组织是推动国际规制合作的重要国际组织之一，早在
20 世纪 90 年代就开始探索推动国际规制合作的路径。1995 年，OECD 公
共治理委员会起草并通过《提高政府规制质量建议》，提出规制决策的清
单和说明，开始探索如何提高政府规制的质量。2009 年，OECD 发布《规
制影响分析报告：政策协调的工具》，系统地研究规制影响分析（Regulatory
Impact Analysis，RIA）。规制影响分析是规制质量管理的一个重要部分，
为规制决策者提供具体系统的分析框架，以评估制定新规制可能带来的影
响和实现预期目标的情况。该报告综合了有关规制研究的成果，充实了有
关的分析方法，为规制决策者和制定者在提高规制质量、增加规制协调方面
提供实用的指南。[①]

2009 年，OECD 设置了专门的规制政策委员会（Regulatory Policy
Committee），开始对其成员国的国际规制合作情况进行持续的跟踪研究，
而且在其发布的《理事会关于规制政策和治理的建议》中，首次把国际规
制合作纳入规制质量的重要指标。为了落实和推进国际规制合作，2013 年
OECD 发布《国际规制合作：应对全球挑战》报告，在报告中首先明确了
IRC 的概念和定义，总结了世界各国已经采取的 11 种规制合作方式（见表
8.1），并分析了国际规制合作的综合效益和成本。同时，报告还总结提出
比较容易推进规制合作的几个领域。

第一是基本由科学驱动并基于无可辩驳事实的标准和检验（如化学测
试）、应用共同方法进行技术评估或检测的领域。

第二是涉及全球性的问题、任何单一国家都难以独善其身的领域，例
如气候变暖、臭氧层破坏和流动性金融风险等。

---

① OECD. Regulatory Impact Analysis: A Tool for Policy Coherence[EB/OL]. (2009-09-04) [2022-12-28].
https://read.oecd-ilibrary.org/governance/regulatory-impact-analysis_9789264067110-en#page5.

第三是具有强烈合作动机的领域,例如具有明确的商业或经济利益(通常是国际贸易和投资),或者是国家通过信息共享很容易受益的领域,例如健康卫生和安全等。[①]

为了有效推进国际规制合作,世界各国还需要形成比较统一的规制体系,建立机制化的合作模式,更重要的是具备推动规制合作的意愿和能力。OECD 在研究总结国际规制合作成功案例的基础上,提出国家政府间成功实现国际规制合作的十项关键要素[②]:第一是确保高级别协调、领导和监管的政治承诺;第二是在强化规制政策和治理方面,更多地考虑使用相关的国际标准和合作框架;第三是建立公开的咨询机制,广泛争取利益相关者的支持,并确保履行国际规制合作机制的职责;第四是在规制合作方之间建立相互信任关系;第五是通过数据信息的分类建立共同语言和定义,构造良好合作的基础;第六是克服信息交流障碍,共建信息交流平台;第七是建立相关机制,推动规制合作成果的有效实施和落实;第八是共同分担成本、共享收益;第九是建立评估机制,确保规制合作机制的有效运行;第十是形成灵活的调节机制,以应对新问题、适应不断变化的市场结构。

2013 年以来,OECD 从以下两个方面对推进国际规制合作开展了进一步的探索。一方面是跟踪调查有关国家规制制定者在国内采取的方法,提高国际规制合作系统化水平。此项研究成果体现为《2018 年规制政策展望》报告以及分别针对墨西哥和英国开展的国别调研。这项工作体现了构建共通语言、促进不同规制制定者(政府规制部门、贸易政策制定者等)加入国际规制合作的重要性。另一方面是调查国际组织作为国际规制合作平台所发挥的作用。这部分工作研究了国际组织在制定协定方面的做法,同时分析国际组织秘书处及其成员在确保落实这些协定的方面发挥的作用。[③]《国际组织与国际规制合作:相互关系探索》报告指出,国际组织在促进国际规制合作方面发挥重要作用,主要体现在三个方面:一是国际组织为国际规制合作提供平台,二是国际组织制定和管理各种合作程序,三是国际

---

① OECD. International Regulatory Co-operation: Addressing Global Challenges[EB/OL]. (2013-04-24) [2022-12-28]. https://doi.org/10.1787/9789264200463-en.

② OECD. International Regulatory Co-operation: Addressing Global Challenges[EB/OL]. (2013-04-24) [2022-12-28]. https://doi.org/10.1787/9789264200463-en.

③ OECD. Best Practice Principles on International Regulatory Cooperation[EB/OL]. [2022-12-28]. https://doi.org/10.1787/a2507c21-en.

组织可以把商定的合作内容纳入各种多边协定中。[①]

在新冠疫情的冲击下，国际组织和世界各国进一步意识到国际规制合作的重要性。2020年，OECD 发布《没有决策者生活在孤岛上：应对 COVID-19 危机的国际规制合作》报告，进一步强调了国际规制合作在应对跨境风险、促进公共信息资源的汇集和共享方面发挥的重要作用，呼吁提高规制合作的有效性，降低生产成本，促进大众商品的贸易。针对新冠疫情，报告指出：在时间紧迫时，信息交流和规制合作对话对于应急法规的制定尤为重要；为了促进医疗产品和防护用品等基本商品的获取和贸易，要借鉴国际标准，并提高国家法规、合格评定程序通则和指南的透明度；国际规制合作对于确保电信和运输等重要公共服务的正常运作十分关键。[②]

三、亚太经合组织

亚太经合组织是推动国际规制合作的先驱之一，早在 1989 年，亚太经合组织就提出了良好规制实践的理念，并为推动国际规制合作做出重要贡献。

在 1999 年的领导人宣言中，亚太经合组织提出推动国际规制一致性的一系列基本原则，包括非歧视性原则（Non-discrimination），要求公平适用规制，不能因企业和产品来源不同采取不同的适用方式；综合性原则（Comprehensiveness），要求涵盖货物、服务贸易、投资等众多领域，覆盖私营企业和公共企业；透明度原则（Transparency），要求在制定和执行政策、规则时必须提高透明度；可问责原则（Accountability），要求政府机构职责分明，在制定、执行政策和规则时承担清晰的责任；有效性原则（Efficiency），要求卫生、安全和环境等领域的相关规则对正常贸易造成的影响或扭曲趋于最小化。[③]

2000 年，APEC 与 OECD 共同签署《规制改革合作倡议》（APEC-OECD Co-operative Initiative on Regulatory Reform），旨在通过良好规制实践建立公平、开放的市场竞争环境，并在 2005 年发布规制改革综合清单（APEC-OECD Integrated Checklist on Regulatory Reform），用于对规制质

---

① OECD. International Organisations and International Regulatory Cooperation: Exploring the links[EB/OL]. [2022-12-28]. https://doi.org/10.1787/9789264225756-5-en.

② OECD. No policy maker is an island: The international regulatory cooperation response to the COVID-19 crisis[EB/OL]. [2022-12-28]. https://doi.org/10.1787/3011ccd0-en.

③ 陈志阳，安佰生. 多双边贸易谈判中的国内规制问题[J]. 国际贸易，2014（10）：15.

量、竞争政策和市场开放程度进行评估。这份清单列出了成员在规制的制定和实施过程中需要关注的关键性问题。综合清单在使用上也较灵活，兼顾了成员之间经济、社会和政治等的差异。

在过去的 20 多年里，亚太经合组织多次针对贸易和投资议题召开良好规制实践大会（Conference on Good Regulatory Practices，GRP），多方成员代表、专家、学者通过大会共同探讨规制合作问题并寻求改善方法，只有通过透明、公开的磋商才能在规制合作问题上取得成果。2011 年，第六届良好规制实践大会在美国首都华盛顿举行。大会针对规制合作中存在的挑战提出了三项建议：①需要通过良好规制实践强化 TBT 协定中特定义务和目标的落实；②尽管规制合作受到国家间差异的制约，但是应该加快推进国家间相近领域的规制合作；③应加强 APEC 成员内部的机制合作，提高规制合作透明度、协商程度，促进内部协调。①受疫情影响，2020 年第 13 届良好规制实践大会在线上举行，会议探讨了数字经济如何影响规制合作，并建议通过调整规制影响分析来解决新兴技术的规制问题，加强与非政府部门的合作，在促进新兴技术发展的同时，制定先进的、可预期的规制干预措施等。②

四、联合国欧洲经济委员会

联合国欧洲经济委员会（UNECE），是联合国经济及社会理事会下属的五个地区委员会之一，委员会拥有 56 个成员，除了欧洲国家以外，还包括美国、加拿大和亚洲的一些国家。联合国欧洲经济委员会在其贸易工作部专门设立"规制合作与标准化政策工作组"（WP6: The Working Party on Regulatory Cooperation and Standardization Policies）。作为一个信息共享和政策沟通的平台，该工作组研究总结国家、地区和全球性的技术标准、法规、检测评定和相关活动的经验和教训，探讨良好的规制实践方式和推进国际规制合作的路径，致力于建立一个开放、公平、以规则为基础、可预测和非歧视性的多边贸易和金融体系。

21 世纪以来，联合国欧洲经济委员会首先提出"基于良好规制实践的国际规制合作模式建议"，提倡负责规制合作的机构需设立公共卫生、安全和

---

① 6th Conference on Good Regulatory Practice: Summary Report[R/OL].（2013-08）[2022-12-28]. https://www.apec.org/Publications/2013/08/6th-Conference-on-Good-Regulatory-Practice-Summary-Report.

② 13th Conference on Good Regulatory Practices（GRP13）[EB/OL].（2021-04）[2022-12-28]. https://www.apec.org/Publications/2021/04/13th-Conference-on-Good-Regulatory-Practices.

环境保护等方面的规制合作目标；尽量采用适当的国际标准，包括系统、流程、产品和服务等相关要求；采取具体措施保证规制合作目标的实现等。

在这些建议的基础上，联合国欧洲经济委员会最近几年还在网络安全、管道安全、环境设备和电信等特殊领域，提出多方面规制合作的倡议，并通过主办各种活动，推动经济合作与一体化、环境政策、林业与木材、住房与土地管理、人口（以老龄化为重点）、可持续能源、贸易、农产品质量标准和交通运输等领域的国际规制合作。此外，还通过采用事前成本效益分析和事后评估等措施，确保成员国之间国际规制合作的质量。①

第三节　区域协定重视国际规制合作

随着国际政治经济格局的变化，以世界贸易组织为核心的多边贸易机制面临严峻挑战，多边贸易规则谈判举步维艰，欧美等发达国家纷纷转向区域和超区域自由贸易协定的谈判，试图绕过 WTO，继续掌控新一轮国际经贸规则重构和创新的主导权和制高点。国际规制合作和国际贸易政策之间的联系日益密切，这些区域和超区域自由贸易协定基本上都包括了国际规制合作的条款。

一、《欧盟—加拿大全面经济贸易协定》

《欧盟—加拿大全面经济贸易协定》（CETA）是区域贸易协定中含有国际规制合作的一个典型案例。该协定于 2013 年 10 月签署，几乎涉及了当前所有的贸易自由化及规则重构议题，是美欧《跨大西洋贸易与投资伙伴关系协定》（TTIP）的主要蓝本。在国际规制合作方面，该协定设立专门完整的章节对不同层面的规制合作进行说明，且涵盖了商品、服务、贸易以及投资等广泛领域。CETA 第 21 章是规制合作章，该章节详细列举了双方加强规制合作的主要目标，如通过减少不必要的规制差异以促进双方贸易和投资发展，尽可能减少行政成本以提高行业的竞争性和有效性，以及通过采用良好规制实践来改进双方的规制合作等。②针对双方规制合作的

---

① OECD. United Nations Economic Commission for Europe (UNECE) [EB/OL]. (2016-11-02) [2022-12-28]. https://doi.org/10.1787/9789264244047-52-en.

② European Commission. CETA Chapter 21[EB/OL]. [2022-12-28]. https://policy.trade.ec.europa.eu/eu-trade-relationships-country-and-region/countries-and-regions/canada/eu-canada-agreement/ceta-chapter-chapter_en.

相关领域，协定还列出详细的清单，并且明确提出推进规制合作的核心机制是对双方规制等同性的相互认可，进一步明确了双方开展和加强规制合作的原则和路径。

在这些目标和原则的指导下，该协定对于技术性贸易壁垒、卫生和动植物检疫措施等都做出了更加详细具体的规定，在认证标准和认证程序上采取了相互认可的规则，特别关注国内规则的外溢效应（Spillover）。同时在其规制合作章节中建议成立规制合作论坛（Regulatory Cooperation Forum，RCF），使其作为规制信息的交流平台促进规制目标的实现。2021年2月，欧加第三届规制合作论坛特别提出在新冠疫情期间推进国际规制合作的重要意义，涵盖司法管辖区当前规制合作趋势等内容，涉及绿色和数字转型和碳边界调整机制合作等议题，并确定可能的合作领域，以提高各自管辖范围内市场消费品的安全性。①

除了建立规制合作论坛，该协定还设立了七个专业委员会（Specialized Committee）以协助应对规制合作中所涉及的问题和挑战，如货物贸易委员会（Committee on Trade in Goods）、服务和投资委员会（Committee on Services and Investment）、卫生与动植物检疫措施共同管理委员会（Joint Management Committee for Sanitary and Phytosanitary Measures）、金融服务委员会（Financial Services Committee）和政府采购委员会（Committee on Government Procurement）等。这些专业委员会都需要向最高决策机构共同委员会（Joint Committee）汇报工作和提交决定草案（draft decision），获得授权之后方可执行，同时共同委员会也可在合作过程中视具体情况增设新的专业委员会，以应对可能出现的新问题。

二、《欧盟—日本经济伙伴关系协定》

《欧盟—日本经济伙伴关系协定》（EU-Japan Economic Partnership Agreement，EUJEPA）签署于2018年7月17日，并于2019年2月1日正式生效。与众多区域自由贸易协定相比，《欧盟—日本经济伙伴关系协定》规定的标准更高，涉及的议题范围更广，共分为23个章节，包括货物贸易、服务贸易、投资自由化、知识产权、电子商务、公司治理和可持续发展等领

---

① Government of Canada. 3rd Meeting of the CETA Regulatory Cooperation Forum[EB/OL]. [2022-12-28]. https://www.international.gc.ca/trade-commerce/trade-agreements-accords-commerciaux/agr-acc/ceta-aecg/2021 -03-26_CETA_Reg_Coop-AECG_coop_reg. aspx?lang=eng.

域的相关内容。在国际规制合作方面，该协定从卫生和动植物检疫措施、技术性贸易壁垒和透明度三个方面做出详细规定，并提出要全面强化欧盟与日本之间的规制合作与互认，大幅度地降低日本和欧盟在国际贸易中存在的双重检测或过度检测的比例，解决在资质要求和行业规制方面的不一致问题。①

如在卫生与动植物检疫方面，欧日双方同意简化审批和许可流程，确保能够顺利启用进口程序，并克服日本过多的官僚主义给欧洲出口商带来的障碍。②在技术性贸易壁垒方面，欧日双方就进口汽车的产品安全和环境保护如何适用于相同的国际标准达成了协议，这意味着欧洲汽车只要在国内达到了这一相关技术要求，出口到日本时便无须再次就相关技术标准进行检测和认证，将大大简化欧洲汽车出口至日本的流程。除此之外，在医疗设备领域，日本还接受了质量管理体系（Quality Management System，QMS）国际标准，而欧盟的医疗器械质量管理体系就是建立在这份标准基础上，在纺织品标签上也同意采用与欧洲相同的国际纺织品标签认证体系。而在扩大规制合作透明度方面，双方也做了许多创新性的尝试，如为了给中小企业提供便利，协议要求缔约方应在另一缔约方网站中建立和维护自己的专门网站，允许公开访问，从而让出口商更容易了解对方国内哪些规则适用于他们的产品，使双方国内法律法规更加透明，海关手续简化。③

除了以上对 TBT、SPS 以及透明度等方面规制合作进行的规定外，《欧盟—日本经济伙伴关系协定》④还设有一个独立章节对良好规制实践和加强规制合作进行说明，并成立了规制合作委员会（Regulatory Cooperation Committee，RCC），旨在加强双方在国际标准设置的合作以及促进良好规制实践和计划监管措施方面的信息共享，同时鼓励双方规制机构采取如公共咨询、影响评估和对执行中的措施进行周期性反思评估等良好规制行动。⑤

该协定的创新之处还体现在对环境保护、气候变化和可持续发展等更

① OECD. Good regulatory practices and cooperation in trade agreements A historical perspective and stocktaking[EB/OL]. (2021-01-20) [2022-12-28]. https://www.oecd-ilibrary.org/docserver/cf520646-en.pdf?expires =1649637226&id=id&accname=guest&checksum=7C771D5AA8E41BAAD74F16D651279AA6.

② European Commission. Key Elements of the EU-Japan Economic Partnership Agreement[EB/OL]. (2018-04-18). [2022-12-28]. http://europa.eu/rapid/press-release_MEMO-18-3326_en. htm.

③ 宋锡祥，张贻博. 《欧盟—日本经济伙伴关系协定》透视及中国的应对之策[J]. 国际商务研究，2019，40（3）：60.

④ European Parliament. The EU-Japan Economic Partnership Agreement[EB/OL]. (2017-12-08) [2022-12-28]. https://trade.ec.europa. eu/doclib/press/index. cfm?id=1684.

⑤ European Parliament. Key elements of the EU-Japan Economic Partnership Agreement[EB/OL]. (2018-04-18) [2022-12-28]. https://ec.europa.eu/commission/presscorner/detail/en/MEMO_18_3326.

加广泛议题的关注，其中对执行《联合国气候变化框架公约》（United Nations Framework Convention on Climate Change，UNFCCC）和《巴黎气候变化协定》（The Paris Agreement on Climate Change）的承诺更是使该协定成为首个以及目前唯一明确承诺应对气候变化和支持《巴黎气候变化协定》的国际贸易协定[①]，而第 15 章有关公司治理的讨论也很好地强调了一个运作良好的市场和金融体系对推动双方合作的重要性，这些都对加强双方的规制合作发挥重要作用。

《欧盟—日本经济伙伴关系协定》的高标准和创新性将大力增强双方贸易的便利性和开放性，尽管该合作将给中日以及中欧之间的经贸往来带来一定的负面影响，但是其中很多关于促进双方规制合作的条款都值得中国在将来签订和制定高水准的自贸协定时参考和借鉴，同时还需要结合自身的特点来补充和完善，以力争形成全面、高水平、互惠且具有自身价值的自贸协定。

三、《全面与进步跨太平洋伙伴关系协定》

《跨太平洋伙伴关系协定》（TPP）于 2016 年 2 月 4 日正式签署，包括美国在内共有 12 个成员，其前身是文莱、智利、新西兰和新加坡四国签订的《跨太平洋战略经济伙伴关系协议》（Trans-Pacific Strategic Economic Partnership Agreement，P4）。TPP 是最早包含规制合作条款的区域性自由贸易协定，相关的内容主要存在于以下四个方面：①提高透明度和促进利益攸关方的参与，在同时考虑每个国家合理政策目标的前提下改善治理；②建立促进政府各部门之间的规制协调机制，从而防止发生冲突或形成重复规定；③推进核心良好规制实践（Implementation of Core Good Regulatory Practices）和鼓励规制影响评估（Regulatory Impact Assessments）；④缔约方之间开展合作以促进规制协调的实施，建立规制协调委员会，负责协调相关议题的实施和运行事务。[②]

2017 年美国特朗普政府宣布退出 TPP 以后，其余的 11 个国家在 TPP 的基础上略作调整，达成了《全面与进步跨太平洋伙伴关系协定》（CPTPP）。CPTPP 于 2018 年 3 月 8 日签署，并于 2018 年 12 月 30 日正式生效。CPTPP

---

① 宋锡祥，张贻博. 《欧盟—日本经济伙伴关系协定》透视及中国的应对之策[J]. 国际商务研究，2019，40（3）：61.

② Trans-pacific Partnership（TPP）Regulatory Coherence[EB/OL]. （2010-03-04）[2022-12-28]. https://www.citizenstrade.org/ctc/wp-content/uploads/2011/10/TransPacificRegulatoryCoherence. pdf.

延续和发展了 TPP 中对国际规制合作的有关规定,对中国参与全球规则的制定和完善提出了更高的挑战。作为一个全方位严格的贸易协定,其在劳动和环境规则、竞争政策、国有企业、知识产权监管、互联网规则和数字经济等方面均设定了高标准,且确保发展中国家适用与发达国家同样的高标准贸易规则。

CPTPP 第 25 章是"规制协调",对各成员国内规则的配套和改革都提出了较高的要求。规制协调是指在规划、设计、发布、实施和审查规制措施的各个环节,都需要强化协调规范,以促进实现国内政策目标,并努力促进政府间实现国际贸易、国际投资、经济增长和就业的规制合作;建立和维持一个专门的"国家或中央协调机构"是其明显特征,即这个专门的规制机构可参与制定和协商规制措施的有关程序,每一缔约方应努力确保其能有效促进规制机构间的协调与审查。[①]

四、《美墨加三国协议》

《美墨加三国协议》(USMCA)签署于 2018 年 11 月 30 日,替代了之前美墨加三国实行了 24 年的《北美自由贸易协定》(NAFTA)。《美墨加三国协议》包含了 34 个章节,保留了 NAFTA 里的大部分内容和关于市场开放的措施,同时也对汽车的原产地规则、争端解决条款、政府采购、投资、知识产权保护等方面的内容做了大幅修改,以及对服务、劳工和环境方面的条款进行了更新,涵盖了数字贸易、国有企业、反腐败等新贸易议题。[②]在修订的 USMCA 中新增了关于"良好规制实践"的新章节,其中明确提出良好规制实践是有效规制合作的根本。第 28 项条款"良好规制实践"包括了与以下方面有关的承诺:规制机构的中央协调,就条例草案进行公开协商,鼓励提高规制兼容性和规制合作的技术水平,提高规制合作的透明度,内部协商、协调和审查等内容。[③]通过对这些良好规制实践进行推广,美墨加三方能很好地支撑兼容性规制措施实施,也能减少或者消除一些不必要的、繁杂的、重复的或者有分歧的规制要求,从而在实现本国

---

① Consolidated TPP Text-Chapter 25-Regulatory Coherence[EB/OL]. (2016-12-07) [2022-12-28]. https://www.international.gc.ca/trade-commerce/trade-agreements-accords-commerciaux/agr-acc/tpp-ptp/text-texte/25.aspx?lang=eng.

② Congressional Research Service. NAFTA Renegotiation and the Proposed United States-Mexico-Canada Agreement (USMCA) [EB/OL]. (2019-02-26) [2022-12-28]. https://crsreports.congress.gov/product/pdf/R/R4 4981/14.

③ USMCA. GOOD REGULATORY PRACTICES-USMCA CHAPTER 28[EB/OL]. [2022-12-28]. https://usmca.com/good-regulatory-practices-usmca-chapter-28/.

医疗、安全和环境等公共政策目标的同时，促进贸易和经济发展。

此外，加拿大和美国的"加拿大—美国规制合作委员会"（Canada-United States Regulatory Cooperation Council）保护了公民和环境的健康和安全，为两国的规制机构提供了合作的机会，以减少利益相关者（包括行业、消费者和非政府组织）不必要的规制负担，同时为利益相关者提供了一个可供交流的论坛，主要用来讨论规制障碍的相关议题并寻求国际规制合作的机会。如加拿大卫生部健康产品和食品局（Health Canada's，Health Products and Food Branch）与美国食品药品监督管理局（Food and Drug Administration，FDA）在 2019—2020 年 RCC 工作计划中就双方规制合作发表的声明称，双方将通过国际医疗设备监管管理论坛（International Medical Devices Regulators Forum，IMDRF）共同处理市场前和市场后的规制一致性问题，IMDRF 主要致力于帮助世界各国的监管机构和利益相关者加快实现国际医疗设备的规制协调和趋同。[①]

USMCA 在规制合作章节中还强调了信息质量的重要性，即承认规制合作的需求是建立在可靠和高质量信息基础之上，因此要求缔约方应该寻求获取可合理取得的最佳信息，以及以透明的方式来确定信息的来源；而对于规制措施的语言风格，该协定也表明应该使用简明、清晰和易懂的语言，以确保公众能更好地理解规制措施的内容。[②]这些针对规制合作条款细节的规定表明 USMCA 协定下的规制措施更明确，同时也更具可操作性，因而将大大减少缔约方规制合作的成本。

第四节　中国积极参与国际规制合作

推进国际规制合作将是新一轮国际经贸规则重构与创新的核心，欧美等西方发达国家正在探索提出更为严格的合作框架，广大发展中国家也在积极参与研究。党的十八大以来，习近平总书记高度重视这项工作，反复强调世界各国要加强宏观经济政策协调、共同参与国际议程制定、建设更

① Government of Canada. 2019-2020 RCC Work Plan: Medical Devices[EB/OL]. [2022-12-28]. https://www.canada.ca/en/health-canada/corporate/about-health-canada/legislation-guidelines/acts-regulations/canada-united-states-regulatory-cooperation-council/work-plan-medical-devices-2019-2020. html.

② USMCA. GOOD REGULATORY PRACTICES-USMCA CHAPTER 28[EB/OL]. [2022-12-28]. https://usmca.com/good-regulatory-practices-usmca-chapter-28/.

加紧密的互联互通伙伴关系，加强基础设施建设的"硬联通"以及规则标准建设的"软联通"；中国要适应新形势、把握新特点，推动商品和要素流动型开放向规则等制度型开放转变；着力推进规则、规制、管理、标准等制度型开放，建设更高水平的开放型经济新体制；维护多边主义，更加积极地参与全球经济治理，推动经济全球化朝着更加开放、包容、普惠、平衡、共赢的方向发展，推动国际秩序和国际体系朝着更加公正合理的方向发展，为中国参与推动国际规制合作指明方向。本节将在回顾总结中国参与和推动国际规制合作的基础上，重点分析提出推进规则、规制、管理、标准等制度型开放的政策措施和路径。

一、中国参与国际规制合作的现状

中国参与国际规制合作最早可以追溯到 20 世纪 80 年代，中国全程参与了 GATT 乌拉圭回合谈判，并全盘接受了乌拉圭回合谈判达成的所有协定。2001 年加入 WTO 以后，中国及时调整和修订国内的法律法规，完善国内的政策体系，积极参与国际规制合作，推动完善世界贸易组织 TBT 和 SPS 协定，参加服务贸易国内规制合作谈判等，为进一步推动全面的国际规制合作做出应有的贡献。

（一）推动完善 TBT 和 SPS 协定

在设置技术性贸易壁垒时，由于其具有较强的隐蔽性，各国努力通过颁布法律、法令、条例、规定，建立技术标准、认证制度、检验制度等方式，对外国进口商品制定过分严格的技术、卫生检疫、商品包装和标签标准，以达到限制外国商品进口的目的。各国在采取这种措施时，往往打着保证产品质量、保护人类和动植物生命安全健康、阻止欺诈、保护环境以及其他安全利益等旗号，通过披上合法的外衣巧妙地把其内在的非法性隐蔽了起来。中国作为贸易大国，每年都有大量的出口企业不同程度地遭受国外技术性贸易措施带来的影响。加入 WTO 之后，中国积极参与 TBT/SPS 协定的完善以及 TBT/SPS 委员会的工作，促进 WTO 成员之间的国际规制合作，减少规制分歧的复杂程度以及贸易成本。为促进各成员在技术性规制方面开展合作，TBT/SPS 委员会创建了"特定贸易问题"（Specific Trade Concerns）机制，在特定审议环境中为成员提供政策交流的信息和机会，使贸易、标准和监管专家之间针对具体问题的交流互动朝着制度化方向发展。根据 WTO 与 OECD 的报告，1995 年至 2008 年，中国向 TBT 委员会提交了 64 份针对特定贸易问题的讨论，排在所有国家或地区的第 7 位。[①]

（二）参与服务贸易国内规制合作谈判

WTO 成立以后，其专业服务工作组（WTO Working Party on Professional Services）启动了有关会计行业国内规制纪律的谈判，通过了会计行业相互承认协议（Mutual Recognition Agreements in the Accountancy Sector）。随后专门成立国内规制工作组（Working Party on Domestic Regulation，WPDR），希望通过谈判制定普遍适用的法规，然而 WTO 成员更愿意专注于围绕适用于 GATS 范围内具体服务部门的国内规制规则展开谈判。2021 年，包括中国在内的 63 个 WTO 成员组成一个诸边谈判小组，希望就减少与资格要求、程序、技术标准和许可要求相关的国内规制措施对服务贸易产生的不必要壁垒达成共识。通过这些规则，参与者寻求设计出明确、可预测和透明的服务贸易程序，同时保证灵活性，帮助政府在国内实施这些措施并根据其国家政策目标进行监管。

2021 年 6 月，中国曾与巴西、哥斯达黎加和英国召开网络会议，分享各自国家在实施国内服务规制方面的规则。中国介绍了其国内对提交和处理申请、发布信息和收取授权费的部分要求，这些要求相较于国内服务监管透明度规则草案的要求已更为严格。中国立法旨在提高行政效率并加快申请的处理速度，行政许可申请可采用电子方式提交，所有要求和程序均在相关网站上公布，以确保透明度。

（三）参与区域贸易协定谈判

2020 年 11 月，东盟 10 国，以及中国、日本、韩国、澳大利亚、新西兰等共 15 个亚太国家正式签署《区域全面经济伙伴关系协定》（RCEP），标志着当前世界上人口最多、经贸规模最大和最具发展潜力的自由贸易区正式成立。RCEP 在国际规制合作相关条款的制定上具有较大的创新性，主要表现在消除技术性贸易壁垒，即规范卫生与植物卫生措施以及标准、技术法规和合格评定程序的两个章节，在世界贸易组织 TBT 协定和 SPS

---

① WTO, OECD. Facilitating trade through regulatory cooperation, the case of the WTO's TBT/SPS Agreements and Committees[EB/OL]. (2017-07-14) [2022-12-28]. https://www.wto.org/english/res_e/booksp_e/tbtsps19_e.pdf. 前六位依次是欧盟、美国、加拿大、墨西哥、日本和澳大利亚。

协定的基础上对技术性贸易措施这一非关税壁垒的约束规制作了进一步的加强与创新。

在执行 TBT 的具体措施上，RCEP 首先鼓励各成员的标准化机构加强标准、技术法规以及合格评定程序方面的信息交流与合作；其次，任何成员需为提出请求的其他成员提供其国内标准与国际标准之间的差异分析，在费用上不得差别对待，使得成员之间的标准差异更加透明；再次，RCEP还减少了成员采纳国际标准的例外情形，进一步促进各成员的国内标准衔接国际标准，以此保证不对贸易形成不必要的障碍；最后，RCEP 进一步明确了 TBT 信息交流合作的具体内容。成员国的出口贸易企业可以更便捷地获取进口贸易国的标准化信息，确保 TBT 信息交流更加顺畅。①

在 SPS 措施方面，RCEP 对各成员国制定和实施动物卫生、植物卫生、食品安全等 SPS 措施做出约束性规定，以期 RCEP 成员国合理保护人类、动物或植物的生命安全健康，同时尽可能地减少贸易的消极影响而促进贸易的便利化；首先是确立了风险分析机制，RCEP 将 SPS 协定的"风险评估"概念拓展为"风险分析"。SPS 协定要求各成员基于风险评估制定实施 SPS 措施，但对风险评估的实施并未做出详细规定，导致该机制的适用具有较大随意性，极易导致一国以风险评估为由阻碍相关产品的市场准入，使得风险评估机制成为保护本国利益的工具。RCEP 通过引入"风险分析"新规则，为进口国风险评估工作提供信息窗口，使得出口国更易获取风险评估过程信息并参与其中，从而可以及时规避进口国随意以风险评估为由阻碍产品进口的风险。其次是 RCEP 将 SPS 协定中紧急情况下采取 SPS 措施的例外情形凝练为"紧急措施"，特设一节对其进行专门规制，SPS 协定允许成员国在面临健康保护威胁等紧急情形下直接采取 SPS 措施，无须通报其他成员国、接受评议，但现实中，该例外情形往往成为各成员国实施贸易保护的政策工具，RCEP 专门针对紧急措施，通过信息通报、措施评估审查、实施理由说明等方式对其进行规制，使紧急措施实施形成闭环，参与主体的多元化打破了之前由进口国占据主动的形势，更有利于实现贸易自由化与便利化；最后，RCEP 对进口检查的具体程序进行了更具操作性的规制，RCEP 不仅沿用 SPS 协定中进口检查"优先考虑 SPS 委员会相关决定以及国际标准、指南和建议"的要求，更强调进口检查要基于风险

---

① RCEP Agreement Chapter 6: Standards, Technical Regulations, and Conformity Assessment Procedures [EB/OL]. [2022-12-28]. http://fta.mofcom.gov.cn/rcep/rceppdf/d6z_en. pdf.

评估的结果，在检查出不合格商品时对违规处置形成闭环，避免进口国依据违规结果单边无限扩大禁限范围、阻碍贸易发展，促进利益相关成员国共同解决违规问题。①

二、中国参与国际规制合作的问题

与欧美等发达国家相比，中国在参与国际规制合作方面的实践与经验相对不足。随着国际规制合作的重要意义愈发凸显，中国及其他广大的发展中国家需要进一步梳理在推进国际规制合作过程中可能遇到的问题与挑战，制定并选择适合于不同发展阶段的措施和路径。

参与国际规制合作面临的首要问题是主权让渡问题。为了达成一定程度的国际合作，一国不得不与其他国家的政策进行协调，以此降低了国家独立制定、执行政策的绝对排他性；一般而言，合作的程度越深、机制化程度越高，意味着越需要国家主权的让渡。国家主权让渡带来的一个严重后果便是国家身份和认同感的降低，这种情况可能会给参与国民众带来认同困境。其次是国际规制合作尚缺乏灵活性和充分的信息交流机制。不同国家有不同的政治架构和规制体系，若不能达到充分的信息交流，双方传递的信息缺乏可信度，或者两国本身就缺乏相互信任，规制合作就难以达成。最后，国际规制合作具有复杂性，并非仅凭单一的积极意愿就可以达成，而任何单一的消极意愿都会使其难以实现。正是由于国际合作的收益存在不平衡，有些国家往往不愿意承担风险却期望获得收益。

后疫情时代给国际规制合作提出了更高的要求，与疫情相关的产品往往受到严格监管，并需遵循严格的认证和许可证要求，以保证其质量。不同司法管辖区的不同规制要求的累积，可能会使它们在各国之间的贸易中造成摩擦甚至壁垒。此外，提供新疫苗的规制合作还可能涉及透明度提高和进一步的知识产权信息共享，以促进世界人民平等地获得疫苗。尽管国际规制合作存在一定的成本、面临很多挑战，但从整体效益来看，国际规制合作的收益还是远远大于成本。经济发展、贸易和投资的增长，风险管控和信息交流都是重要收益，即使不进行规制合作，经济全球化所带来的风险与挑战也依然存在，并且可能会更大。

纵观中国参与国际规制合作的实践，其首先面临的问题就是参与程度

---

① RCEP Agreement Chapter 5: Sanitary and Phytosanitary Measures[EB/OL]. [2022-12-28]. http://fta. mofcom.gov.cn/rcep/rceppdf/d5z_en. pdf.

不深、创新点比较少，因此亟须进一步提升参与的深度和广度。过去主要是研究借鉴国际规则，改革完善国内规则，缺乏自主创新。在推进双边和区域贸易协定方面，中国虽然取得重大突破，但是与发达国家已经签署或正在谈判的区域、超区域贸易协定相比还存在一定的差距。其次是规制合作部门之间缺乏协调和统一。由于中国国内的各种规制体制也大多具有多重性，尚未成立中央级别的规制协调机构，比如针对国际贸易政策的规制，商务部和海关总署都承担一定的职责。这样的设置使之缺乏独立性和专门性，权力界限模糊，职能定位不清，从而弱化规制能力，降低规制质量，而对于各产业部门的产品质量，也有不同的认证体系。再次是产品质量标准还有待提高。据统计，在生产和出口产品上，仅有约 30%的中国国家标准采用了国际标准化组织颁布的标准，而中国的产品标准达不到国际标准，更难以实现由中国主导参与和建立新的国际标准体系，在国际规制合作中，也难以参与设计更加合理的规制机制。最后是参与国际规制合作的主体主要为国家，民间团体和行业协会的发展还相对滞后。当前国际规制合作发展非常重视产业和企业的自主性规制，且向其赋予国际规制合作参与者的重要地位。总的来说，中国仍然缺乏参与国际规制合作的经验，对国际规制合作的研究也不够，更缺乏熟悉国际规制合作的专业人才。

三、中国参与国际规制合作的建议

2020 年新冠疫情的冲击印证了应对复杂、相互关联且快速变化的全球性问题挑战需要国际规制合作。近年来，欧美发达国家在其引领制定的区域和超区域自由贸易协定中引入规制合作规则的核心条款，致力于推广发达国家国内的"良好规制实践"，形成国际规制合作的新范式。在构建开放型世界经济的新时代，中国需要更加积极参与和推动国际规制合作，高度重视国际规制合作理论、实践和路径的研究，准确把握当前 CPTPP、USMCA 等超区域自由贸易协定关于国际规制合作的最新发展趋势，统筹国际国内规则，建设更高水平的开放型经济新体制，强化国际规制合作机制，推动经济全球化朝着更加开放、包容、普惠、平衡、共赢的方向发展。

（一）准确把握国际规制合作的演变特征和发展趋势

准确把握国际规制合作的演变特征和发展趋势，是推进国际规制合作，推动经济全球化朝着更加开放、包容、普惠、平衡、共赢的方向发展的关键。纵观国际组织的有关研究和欧美区域、超区域贸易协定关于国际规制合作的章节,不难发现国际规制合作的几个演变特征和发展趋势。

第一,国际规制合作早期所涉及的内容主要是非关税贸易壁垒,以TBT 和 SPS 作为其最为关注的核心内容,但是近几年的区域性贸易协定已经将国际规制合作的议题扩展到劳工标准、环境保护、气候变化和可持续发展等领域,规制合作议题的范围越来越广。

第二,国际规制合作是一种超国家的合作机制,需要主权国家进行一定程度的主权让渡。国际规制合作不仅仅是针对相关国家国内政策、标准和规则的沟通协调,而且也包括在制定、执行和监督政策标准规则的程序和机构等方面,进行必要的沟通协商和认可。

第三,国际规制合作越来越机制化、复杂化,其涉及的制度设计也越来越精密和具体,单一的政策协调已经转变为更加复杂的机制设计。

第四,多数区域贸易协定规定争端解决机制不适用于调解目前国际规制合作中出现的争端,保障机制效力偏弱。

第五,国际规制合作的参与方已经包括了国家行为体和非国家行为体,CPTPP 关于规制合作的章节特别强调了企业和行业团体的重要地位,除了国家行为体的参与之外,更加重视亚国家行为体和非国家行为体的广泛参与。

在经济全球化发展的新时代,国际规制合作将成为新一轮国际贸易规则重构与创新的重要议题,作为世界最大的发展中国家,中国可以在以下几个方面做好准备,为推动国际规制合作做出应有的贡献:首先是适应国际规制合作议题范围不断扩大的趋势,进一步推动国内与国际产品和服务贸易标准规则的衔接和体系的对接,提高国内政策制定、执行和监督的透明度与可预期性;其次是深入研究各种行业的国际标准,积极参与国际标准和规则的制定,提高引领制定国际标准规则的能力,国际标准是国际社会成员共同遵守的基本准则,国际标准的制定符合消除技术性壁垒,推动贸易自由化便利化的需要;最后是积极携手国际组织推动规制合作,与国际社会分享中国的实践与经验,全面提升中国的话语权与参与度。

(二)建设更高水平的开放型经济新体制

随着国际经贸规则的重构与创新,中国的改革开放也进入了一个新的阶段。2018 年中央经济工作会议首次提出"要适应新形势、把握新特点,推动由商品和要素流动型开放向规则等制度型开放转变"。2019 年党的十九届四中全会进一步明确提出建设更高水平开放型经济新体制，"推动规则、规制、管理、标准等制度型开放"。制度型开放不仅是中国建设更高水平开放型经济新体制的要求，也是推动国际规制合作、构建开放型世界经济的需要。

首先，在设计国内规制机制、制定国内规制措施时，可以积极借鉴现存的比较成熟的国际规制机制，考虑相关国际标准和合作框架，汲取其有利部分并将其嵌入国内规制机制，提高中国与其他国家在推进规制合作方面的相互信任程度及可信度，这将确保各国政府在制定规制建议时考虑到相关的国际环境，以更低的成本实现相同的公共利益目标，规避规制活动中的重复性工作。目前提高国内规制可信度的途径主要包括：一是提高规制体系的合法性，二是提高规制程序的透明度，三是完善规制过程的机制保障。

其次，努力提高国内规制信息标准透明度，确保信息得到及时披露。信息共享作为国际规制合作的首要步骤，良好和充分的信息交流可以极大程度地促进规制合作深入发展。不管是早期的规制合作机制还是 OECD、EU 和 CPTPP 等组织或协定，都将信息交流作为一个非常重要的合作路径。中国在完善相应的法律法规时，研究构建系统性、广泛性的透明度规则，贯穿规制合作的全过程，拓宽了公众参与的渠道和范围，为利益相关者参与规制合作提供了保障，提升了被规制者参与规制体系的价值。

最后，建立高效有序的协调咨询机制和精准及时的规制合作评估机制。咨询机制是促进规制各方之间相互交流和参与者信息共享的平台，以监督各项贸易政策的落实、增强透明度、定期审议国内规制政策，及时向企业、个人公开各种规则信息。建立协调咨询机制有助于加强规制协调，提高规制措施及规制过程的透明度，推动提高国内规制的一致性与协调性。合作评估机制是确保规制合作机制有效运行的制度保障。合作评估机制通过运用合理的分析工具、准确的数据和信息，并考虑对环境、社会以及中小企业的影响等，使规制建立在理性及客观经验证据的基础上，科学、审慎地参与决策。完善规制影响评估体系，有利于克服主观臆断和盲目决策等非理性行为，不断提高规制决策的科学性和有效性。

（三）强化国际规制合作机制建设

强化国际规制合作机制建设，协调统领相关部门工作，是应对各种挑战、推动规制合作的关键。规制合作机制要突出国际化和全局性，根据国际环境的变化，不断改革完善。科学技术的快速进步推动产品标准的提高，规制规则因此需要不断完善；全球治理的参与者由国家和政府间国际组织向非政府组织和亚国家行为体扩展，规制合作的主体也需要增加；新议题的出现更需要规制合作机制的创新。

在推动国际规制合作的进程中，中国可以从自贸区谈判、国际组织和专业人才培养等方面提出方案、贡献力量。

首先是要在自贸区谈判中规避因规制体系不一致而产生的经济成本，在自贸协定中设立专门的国际规制合作委员会，定期发布参与方贸易与投资的规制标准、规制目标和规制程序，搭建信息共享平台，邀请成熟的产业部门和典型企业参与规制体系的构建。

其次是继续支持和引领多边贸易谈判取得新进展，坚持循序渐进、集聚优势、实现突破的原则，建设符合广大发展中国家实际情况的国际规制合作体系。特别是加速推进发展中国家之间的国际规制合作，促进发展中国家的国际贸易发展，服务于南南合作，实现合作共赢，促进共同发展，也有助于南北合作，推动形成全球范围内的国际规制合作。

再次是加快培养参与国际规制合作的综合型、复合型高端专业人才。一方面是积极参与相关的国际组织工作，为国际组织培养输送基础技术人才和高端专业人才；另一方面是拓宽国内国际人才的培养和使用渠道，积极引进具有国际组织工作经验的高端专业人才，充实国内的相关机构，为中国参与国际规制合作创建规制机制储备人才库。

最后，中国需要主动承担国际规制合作可能带来的风险，适当让渡国际规制合作的收益。国际规制合作既有收益也有风险，但是总体收益大于风险，且两者具有不平衡性，小国承担风险的能力较弱，而大国获得收益的能力较强。作为负责任的大国，中国在国际规制合作中应坚持将积极承担风险与适当让渡收益相结合，致力于建设更加透明和稳健的国际经济环境，为推动更加开放、包容、普惠、平衡和共赢的经济全球化，贡献中国力量。

第九章　中国参与国际经贸规则重构的理论创新

随着国际政治经济格局的不断变化，世界进入全球化和全球治理变革的新时代，中国日益走近世界舞台中央，国际社会对中国的期盼也越来越高。中国如何发挥负责任大国的作用，如何在全球治理和国际经贸规则体系改革中贡献中国智慧和中国力量，是目前中国社会各界需要研究思考的重要问题。本章从和平发展合作共赢的新型国际关系、共商共建共享的全球治理观、开放包容普惠平衡共赢的经济全球化新理念、构建人类命运共同体、维护和完善以联合国（United Nations，UN）为核心的国际体系以及改革和创新以 WTO 为中心的多边贸易体制六个层面出发，系统梳理面对逆全球化浪潮，中国对破解全球治理和国际规则重构难题、推动世界发展进步的理念创新和立场。

第一节　和平发展合作共赢新型国际关系

一、新型国际关系理论的提出背景

2013 年 3 月，习近平在访问莫斯科时，提出建立以合作共赢为核心的新型国际关系。在 2014 年 11 月的中央外事工作会议上，习近平再次强调："我们要坚持合作共赢，推动建立以合作共赢为核心的新型国际关系，坚持互利共赢的开放战略，把合作共赢理念体现到政治、经济、安全、文化等对外合作的方方面面。"[①]在国家最高层级的外事工作会议上明确提出了"新型国际关系"这一概念。2015 年 9 月，习近平在纽约联合国总部出席第七十届联合国人会一般性辩论并发表题为《携手构建合作共赢新伙伴　同心打造人类命运共同体》（Join Hands to Build New Partners For Win-win Cooperation and Build a Community with a Shared Future for Mankind with One Heart）的重要讲话，强调"要继承和弘扬联合国宪章的宗旨和原则，

---

① 习近平出席中央外事工作会议并发表重要讲话[EB/OL]. (2014-11-29) [2022-12-28]. http://www. xinhuanet.com/politics/2014-11/29/c_1113457723. htm.

构建以合作共赢为核心的新型国际关系，打造人类命运共同体"①。

党的十九大报告对新型国际关系做出新的界定：从"推动建设以合作共赢为核心的新型国际关系"转变为"高举和平、发展、合作、共赢的旗帜，推动建设相互尊重、公平正义、合作共赢的新型国际关系"。这一论述反映了和平与发展的时代主题，为破解人类面临的挑战提供了指引，是新时代中国对当今国际关系走向的重要主张，体现了中国外交政策宗旨，符合各国人民意愿和时代发展潮流，符合推动构建人类命运共同体的大方向。

二、新型国际关系理论的内涵诠释

相互尊重是建设新型国际关系的基础。习近平指出，世界各国一律平等，坚决反对以大欺小，以强凌弱、以富欺贫。②国家主权的独立性和完整性不仅仅体现在各国领土完整不容侵犯、国家内政不容干涉方面，更体现在各国对于社会制度和发展道路的自主选择权方面。各个国家要相互尊重彼此自主选择发展道路、推动社会经济向前发展、改善人民生活的实践；反之则会妨碍地区和平甚至造成国际危机。如欧美等发达资本主义国家以"民主化"和"反独裁"为幌子，在国际事务中粗暴干涉别国内政，引发了2010年的"阿拉伯之春"（Arab Spring）事件，并最终引发二战之后欧洲最大的难民危机。欧洲难民危机彻底戳穿了西方民主话语的谎言，也深刻说明了国与国之间的关系建设必须以相互尊重为基础。

建国伊始，新中国坚持和平共处五项原则，坚定支持多边主义，将协商民主作为现代国际治理的重要方法，致力于走出一条"对话而不对抗，结伴而不结盟"的国家间交往新路。"大国之间相处，要不冲突、不对抗、相互尊重、合作共赢。大国与小国相处，要平等相待，践行正确义利观，义利相兼，义重于利。"③只有坚持平等和相互尊重原则，世界的和平繁荣发展才有保障，新型国际关系才能进一步构建。

公平正义是建设新型国际关系的保障。冷战结束以后，世界局势从"两级对峙"向"一超多强"演变，霸权主义和强权政治依然存在。归根结底

① 习近平在第七十届联合国大会一般性辩论上的讲话[EB/OL]. (2015-09-29)[2022-12-28]. http://news. xinhuanet.com/world/2015/09/29/c_1116703645. htm.

② 习近平总书记系列重要讲话读本: 关于国际关系和我国外交战略[EB/OL]. (2014-10-13)[2022-12-28]. http://www.xinhuanet.com/politics/2014/10/13/c_127090941_12. htm.

③ 习近平在第七十届联合国大会一般性辩论时的讲话[EB/OL]. (2015-09-29)[2022-12-28]. http://www. xinhuanet.com/world/2015/09/29/c_1116703645. htm.

是一些西方国家抱持西方优越论和欧洲中心论，置国际公平和正义于不顾。全球金融危机以后，欧美发达国家纷纷陷入了难以自拔的困境，在国际政治、经济、军事等领域采取各种手段，软硬兼施、转嫁危机，使得发展失衡、治理困境、数字鸿沟、公平赤字等问题日益突出，弱小国家的国际国内形势雪上加霜。但是当前世界日益成为一个你中有我、我中有你的命运共同体，所有单边主义和"以邻为壑"的举措最终只能搬石砸脚、损人不利己。习近平在党的十九大报告中指出，各国要同舟共济，推动经济全球化朝着更加开放、包容、普惠、平衡、共赢的方向发展。中国秉持共商共建共享的全球治理观，倡导国际关系民主化，支持扩大发展中国家在国际事务中的代表性和发言权。在"一带一路"国际合作框架下，中国与沿线国家建立起"六廊六路""多港多国"的国际合作平台，促成亚洲经济圈和欧洲经济圈的深入融合，为世界经济发展增添动力。此外，中国不断加大对发展中国家尤其是最不发达国家的援助，推动建设开放型世界经济。中国正在通过实实在在的努力，积极维护世界公平与正义，推动新型国际关系落到实处。

合作共赢是建设新型国际关系的目标。在全球化大背景下，世界各国利益日益融合，国家之间也许政治制度不同、经济发展水平不同、文化信仰不同，但合作共赢却是最大公约数，以对立、施压和对抗方式解决全球性挑战是没有出路的。中国倡导各个国家建立平等相待、互商互谅的伙伴关系；营造公平正义、共建共享的安全格局；谋求开放创新、包容互惠的发展前景，共商共建，合作共赢，协力推进世界经济不断向前，共享世界经济发展硕果。

三、新型国际关系理论的中国实践

中国一直是新型国际关系的倡导者、推动者、建设者。中华人民共和国成立 70 余年来，始终讲公道、守中道、走正道，才能在世界上站起来、站得住、站得牢。

新中国成立之初，中国就积极声援支持半殖民地国家的独立解放运动，主张改革不合理的国际旧秩序。中国提出和平共处五项原则，获得广泛赞同，并为国际关系民主化做出贡献。20 世纪 80 年代以来，和平发展成为国际形势发展的主流和基本趋势。中国抓住机会，一方面致力于国内发展与改革，另一方面积极发展与发展中国家的关系，推动南南合作。中国一贯反对霸权主义和强权政治，致力于促进世界和平与发展。

随着世界多极化形势不断加强，世界经济和贸易模式发生深刻变化，现存的国际组织和国际规则落后于迅速发展的政治经济需要。中国在遵守现行规则的前提下，倡导共商共建共享的全球治理观，主张构建新型国际关系理论，推动国际组织和规则的变革，为解决国际治理难题提供中国方案。以"一带一路"为例，"一带一路"沿线大多为发展中国家，基础设施相对落后。"一带一路"提出的互联互通为沿线国家的基础设施建设提供了资金支持和技术援助，成为发展中国家参与经济全球化的纽带，带动更多国家参与到经济全球化进程之中，分享中国开放经济带来的发展红利。

第二节　践行共商共建共享的全球治理观

一、共商共建共享理念的提出背景

全球化的深入发展推动世界经济进入全球价值链时代。一方面，生产过程呈现精细化，国际生产呈现扩散化；另一方面，专业化分工从商品层面向生产环节层面转移，部分产业和生产部门集聚在某个地区或国家，国际生产出现集聚化，每个国家或领袖企业都是全球价值链中的一个构成环节，世界经济俨然成为一个"你中有我，我中有你"的综合体。伴随经济交往日益密切，"世界各国在国际经贸领域的关注重点从关税减让逐渐转移到规则重构，主要表现为以下三个方面：一是多边贸易谈判日趋复杂，多哈回合贸易谈判（DDA）步履维艰，迟迟难以取得建设性进展，WTO多边谈判功能面临严峻挑战；二是欧美大国越来越热衷于区域和超区域的自由贸易协定谈判，企图绕开 WTO 多边机制，抢占新一轮全球经贸规则制定的制高点和主导权；三是主要发展大国也逐渐参与到规则重构的浪潮，几乎每个 WTO 成员都参与了一个以上的自由贸易协定谈判"[1]。现存的全球治理理念与治理体系已经落后于时代，国际规则重构是大势所趋。

2015 年 10 月 12 日，习近平在十八届中共中央政治局第二十七次集体学习时首次提出了共商共建共享的全球治理理念，指出"要推动全球治理理念创新发展，积极发掘中华文化中积极的处世之道和治理理念同当今时代

---

① 赵龙跃. 制度性权力：国际规则重构与中国策略[M]. 北京：人民出版社，2016：10.

的共鸣点，继续丰富打造人类命运共同体等主张，弘扬共商共建共享的全球治理理念"①。共商共建共享理念是一个完整的综合体，具有丰富的文化和政策内涵。共商共建共享的理念包括以下三个方面的主张：首先是全球所有国家都有权参与治理，各方需共同商议、献计献策；其次是各方要积极合作、共同建设，各自施展自己的才华，发挥自己的优势；最后是保证参与全球经济治理的各方都能分享发展的成果，且要公平公正地惠及每一个参与方。②

在共商共建共享的理念基础上，中国加强对全球治理的思考并积极参与全球治理体系的构建和改革进程。习近平在 G20 工商峰会开幕式讲话时指出，落实共商共建共享的新理念应该坚持平等、开放、合作和共享的四点原则，将全球经济治理体制概括为"共同构建公正高效的全球金融治理格局，维护世界经济稳定大局；共同构建开放透明的全球贸易和投资治理格局，巩固多边贸易体制，释放全球经贸投资合作潜力；共同构建绿色低碳的全球能源治理格局，推动全球绿色发展合作；共同构建包容联动的全球发展治理格局，以落实联合国 2030 年可持续发展议程为目标，共同增进全人类福祉"③。

近年来，习近平先后在世界经济论坛 2017 年年会、"一带一路"国际合作高峰论坛等多个国际场合发表重要演讲，深入阐述了关于正确处理国际政治经济关系的新构想。2019 年 6 月 15 日在亚洲相互协作与信任措施会议第五次峰会上，习近平再次提出中国将坚定地践行多边主义，维护以国际法为基础的国际秩序。当前，共商共建共享的理念正逐渐被国际社会广泛接受，成为全球治理的一项重要共识。

党的十九大报告指出，中国秉持共商、共建、共享的全球治理观，将继续发挥负责任大国作用，积极参与全球治理体系的改革和建设，不断为全球治理体系和经贸规则重构贡献中国智慧和力量。这为破解当今人类社会面临的共同难题提供了新原则和新思路，为构建人类命运共同体注入了新动力和新活力，具有深远历史意义与重大现实意义。④中国愿同各国一道，

---

① 习近平. 推动全球治理体制更加公正更加合理[EB/OL]. (2015-10-13) [2022-12-28]. http://jhsjk.people. cn/article/27693518.

② 习近平. 共创中韩合作未来，同襄亚洲振兴繁荣[EB/OL]. (2014-07-04) [2022-12-28]. http://www. xinhuanet.com/world/2014-07/04/c_1111468087. htm.

③ 王德蓉. 十八大以来习近平对我国积极参与全球经济治理的战略谋划[J]. 党的文献，2016(5)：18-24、34.

④ 陈建中. 共商共建共享的全球治理理念具有深远意义[EB/OL]. (2017-09-12) [2022-12-28]. http:// theory.people.com.cn/n1/2017/0912/c40531-29529079. html.

秉持共商共建共享的全球治理观，坚定维护以联合国为核心的国际体系，坚定维护以世界贸易组织为核心的多边贸易体制。共商共建共享的全球治理理念凝聚了新的国际共识，产生了越来越广泛的国际影响。

二、共商共建共享理念的深刻内涵

共商就是"大家的事大家商量着办"①，在平等自愿的基础上，无论领土大小，无论实力强弱，每个国家都拥有国际事务的平等参与权，协商解决国际政治纷争和经济矛盾。共商体现了国际社会的政治民主和经济民主，有利于打破西方社会垄断国际规则制定权的局面，有利于发展中国家在国际舞台发出自己的声音，有利于推动国际治理朝着权利平等、机会平等和规则平等的方向迈进。中国作为世界上最大的发展中国家，始终尊重各国主权，倡导国家不分大小、强弱、贫富，一律平等，通过协商和对话建立合作共赢的新型国际关系。

共建强调"各方都是平等的参与者、建设者和贡献者，也是责任和风险的共同承担者"②。全球化的发展推动世界成为一个"你中有我，我中有你"的利益共同体，一荣俱荣，一损俱损的发展格局正逐渐形成，没有一个国家可以摆脱其他国家的影响而独自存在。世界经济发展中面临的困境和挑战，是全人类面临的共同挑战，各国加强合作、共同面对挑战才是其解决之道。以"一带一路"倡议为例，"一带一路"倡议提出以来，截至2022年1月，中国与147个国家和32个国际组织签订的合作文件超过200份③，建成多个经济走廊，其中包括中巴经济走廊、新亚欧大陆桥经济走廊、中蒙俄经济走廊、中国—中南半岛经济走廊、中国—中亚—西亚经济走廊和孟中印缅经济走廊，促进亚洲经济圈和欧洲经济圈融合。这一系列成绩的取得源于沿线国家的共同参与、优势互补。不论大小强弱，每个参与国都是"一带一路"建设的平等参与者和贡献者，这种经济民主不仅维护了各个国家的政治独立，而且能促进经济要素更好地在世界范围内流通、提高资源配置的效率。每个国家都可以凭借自身优势，自愿、独立、平等地参

① 共建"一带一路"倡议：进展、贡献与展望[EB/OL]. (2019-04-22) [2023-01-26]. http://www.xinhuanet.com/world/2019-04/22/c_1124400071.htm.

② 共建"一带一路"倡议：进展、贡献与展望[EB/OL]. (2019-04-22) [2023-01-26]. http://www.xinhuanet.com/world/2019-04/22/c_1124400071.htm.

③ 谢希瑶，闫依琳. 中国已与147个国家、32个国际组织签署200多份共建"一带一路"合作文件[EB/OL]. (2022-01-19) [2023-01-27]. https://www.yidaiyilu.gov.cn/xwzx/gnxw/215896.htm.

与到"一带一路"的建设中来。各国共同参与、合作共建，是实现互利共赢的必由之路，同时也是构建人类命运共同体的必要条件。

共享是共商共建共享理念的目标，是指在共商和共建的基础上，各个国家平等享有经济发展的机会、享有分享世界经济发展成果的机会。"世界的命运应该由各国人民共同掌握，国际规则应该由各国人民共同书写，全球事务应该由各国人民共同治理，发展成果应该由各国人民共同分享。"[①]共享的内涵可以从不同角度阐述：经济意义上的共享，主要体现为经济发展成果的共享，世界各国可以在国际规则框架下，寻求最大化的利益公约数与经济契合点，实现经济发展的互利共赢；文化意义上的共享主要体现为不同文明的交流互鉴，通过文化、科技、教育、旅游等活动，促进不同文明之间的相互了解、包容和繁荣，为各国文化的沟通和碰撞搭建桥梁，为构建人类命运共同体打下思想基础。

三、共商共建共享理念的重要意义

在世界经济增长动能不足、单边主义抬头，全球经济治理体系面临困局的背景下，以习近平同志为核心的党中央深入分析国际形势的演变规律，顺应互联互通的世界大势，提出共商共建共享的全球治理观。

共商共建共享理念的提出有着深刻长远的意义。首先，共商共建共享理念是对发达国家主导的霸权主义和利己主义势力的有力反击。每一个独立的主权国家，都拥有平等参与国家事务的权利以及参与国际规则重构的义务。传统国际规则的制定基本被发达国家垄断，规则的制定以发达国家的利益为导向，不利于发展中国家的正常发展。共商共建共享理念的提出，为发展中国家平等参与国际事务、参与国际规则重构提供契机。其次，共商共建共享理念为世界经济注入新的活力。世界是一个密切联系的有机体，经济全球化和贸易自由化是大势所趋，是经济发展的必然趋势，在个别西方国家实行孤立主义和单边主义情况下，中国倡导的共商共建共享的理念顺应了历史发展规律，展示了中国一如既往扩大开放的决心和魄力。最后，共商共建共享的理念是中国新时代大国外交的重要组成部分，体现了中国互利共赢的义利观，是推动全球治理体系向更加公正合理方向发展的务实举措，同时也为全球治理难题贡献了中国智慧。

---

① 陈建中. 共商共建共享的全球治理理念具有深远意义[EB/OL]. (2017-09-12) [2022-12-28]. http://theory.people.com.cn/n1/2017/0912/c40531-29529079. html.

第三节　开放包容普惠平衡共赢经济全球化新理念

一、新型经济全球化理念的提出背景

2008 年全球金融危机给经济全球化带来负面影响，加剧了全球经济治理的失衡，由于发达国家政策的"负溢出效应"，发展中经济体的金融稳定受到威胁，经济普遍遭受"二次冲击"，全球化趋势由强转弱，导致原来累积的问题和矛盾愈加突出。①美国不仅推卸应承担的国际责任，长期拒绝缴纳联合国等国际组织的会费，而且还单方面退出联合国教育、科学及文化组织（United Nations Educational，Scientific and Cultural Organization，UNESCO）和《巴黎气候变化协定》（The Paris Agreement on Climate Change）。美国的这些不负责的行为，进一步加剧了国际社会关于全球化和全球经济治理的忧虑。当前世界经济面临增长动能不足、国际贸易保护主义持续抬头、全球利益格局出现巨大失衡和国际经济治理规则趋于碎片化等问题，新型经济全球化理念的提出迫在眉睫。

中国作为世界格局中的重要力量，是新一轮经济全球化的坚定倡导者和践行者。2016 年，习近平在 G20 杭州峰会上提出"构建创新、活力、联动、包容的世界经济"，把谋求共同发展作为国际经济合作的核心议题，开启了全球经济增长和可持续发展的新时代。②此后，习近平在世界经济论坛等国际场合多次就"经济全球化"做出重要论述，指出"经济全球化是历史潮流"；2019 年国务院新闻办公室发布《新时代的中国与世界》（China and the World in the New Era）白皮书，再次强调"各国应携起手来，总结历史经验与教训，加强协调、完善治理，推动开放、包容、普惠、平衡、共赢的新型经济全球化"③，并指出"新型经济全球化，应由世界上各个国家共同参与、共同主导；应继续坚持和维护已经被实践充分证明是正确有效的贸易自由化、多边贸易体制等规则体制，并不断创新、完善和发展；

---

① 梁国勇. 中国方案推动全球经济治理变革[N]. 经济参考报，2018-02-14（7）.

② 习近平. 构建创新、活力、联动、包容的世界经济[EB/OL].（2016-09-05）[2022-12-28]. http://cpc. people.com.cn/n1/2016/0905/c64094-28690353. html.

③《新时代的中国与世界》白皮书（全文）[EB/OL].（2019-09-27）[2022-12-28]. http://www.scio.gov. cn/zfbps/ndhf/39911/Document/1665428/1665428. htm.

应消除霸权主义与强权政治、丛林法则与零和博弈，秉持共商共建共享理念，真正实现民主、平等、公正、合理；应有利于建设开放型世界经济，有利于促进世界和平稳定，实现共同发展、共同繁荣、共同富裕"①。

二、引领新型经济全球化的中国智慧

突如其来的新冠疫情一方面阻断了国家间的正常往来，加大了全球产业链、价值链运转的难度，给世界各国的经济带来严重威胁，另一方面引爆了国际社会长期存在的发展不均衡问题，揭示了国际合作的脆弱性和国际规则的缺失，凸显了可持续发展的重要性，为重塑经济全球化、完善全球经济治理带来了新的机遇。②

面对逆全球化浪潮以及新冠疫情的巨大冲击，中国从构建人类命运共同体的战略高度出发，统筹考虑和综合运用国际国内两个市场，提出破解全球治理难题、推动世界发展进步的中国智慧，推动全球化朝着更加开放、包容、普惠、平衡、共赢的方向演进，为全球化的进一步发展指明了新的前进方向。

一是着力推动国际规则重构。长期以来，国际规则主要由欧美国家主导制定和操纵，优先满足其自身的利益和需要。这些规则不仅没有客观充分地考虑发展中国家的实际情况，还专门针对甚至限制具有后发优势的发展中国家③，国际规则制度的不均衡导致全球化的非均衡性，进而带来国家之间经济发展和分配不均衡、资源消耗和环境保护不均衡等问题。随着世界经济发展和政治格局不断演变，以中国为首的发展中国家与国际社会的互联互动空前紧密，要求变革现行国际规则的呼声日益高涨；此外，国际经济领域出现了一系列新业态、新模式，当前某些行业的国际贸易规则已经落后，还有一些新行业的国际规则尚未形成，国际社会呼吁中国在国际规则重构和国际治理领域有所作为。中国积极响应国际社会呼吁，为解决国际规则制度滞后与失衡等问题提供中国方案。在 G20 杭州峰会上，中国推动 G20 机制从危机应对向长效治理、从协调短期政策向制定中长期政策转型；在联合国成立 75 周年纪念峰会上，中国就联合国如何更好发挥作用

①《新时代的中国与世界》白皮书（全文）[EB/OL]. (2019-09-27) [2022-12-28]. http://www.scio.gov.cn/zfbps/ndhf/39911/Document/1665428/1665428. htm.

② 赵龙跃. 新冠肺炎疫情下的经济全球化与中国的引领作用[J]. 当代世界，2020(11)：17-22.

③ 赵龙跃. 新冠肺炎疫情下的经济全球化与中国的引领作用[J]. 当代世界，2020(11)：17-22.

提出四点建议；在《中国关于世界贸易组织改革的立场文件》中，中国对世界贸易组织改革提出三项基本原则和五点主张。国际规则重构与创新是新一轮经济全球化的核心，中国正以实际行动引领新一轮经济全球化战略路径的科学决策，推动新一轮经济全球化向前发展。

二是不断深化改革，持续开放国内市场。改革开放是奠定中国引领新型经济全球化的国内基础。作为世界第二大经济体，中国对世界经济增长的贡献率超过 30%，仅 2021 年，中国 GDP 占世界比重就达 18.5%。[①]中国是世界货物贸易第一大国，也是世界外资流入和对外投资的第二大国。由此，中国已成为世界经济增长的重要引擎。近年来，中国不断深化改革开放，为国内国际经济发展创造良好氛围。一方面，不断改善国内的营商环境，加大公共产品供给力度，完善利益补偿和转移机制，提高国家竞争力；另一方面，中国坚持合作共赢，构建"一带一路"，为沿线国家提供平等参与全球化的机会。当前国际政治经济形势正经历巨变，为应对危机，稳定发展，2020 年以来党中央提出"加快构建以国内大循环为主体、国内国际双循环相互促进的新发展格局"的重大战略，在新发展格局下，中国开放的大门将进一步敞开，同世界各国共享发展机遇。[②]中国深化改革、坚持开放的举措将为推动新一轮均衡包容的经济全球化构筑广阔的发展空间。

三是正确认识全球化，继续深入推动经济全球化进程。回顾经济全球化过去几十年的发展可以发现，全球化是一个在历史潮流推动下不断演变的过程，世界经济深度融合是其必然结果[③]，作为经济全球化重要部分的贸易全球化依然是世界各国参与全球经济、促进国内经济增长的重要途径。总体而言，经济全球化符合经济规律，符合各方利益。全球化是不可阻挡的历史潮流，国际社会应顺应历史发展规律，努力寻找全球化利益的最大公约数，坚持共商共建共享，推动国际规则的重构和创新，共同掌握世界命运，通过对话协商解决全球化中存在的问题，为后疫情时代加速推进新一轮经济全球化提供动力。

在推动经济全球化深入发展的进程中，中国要统筹考虑和综合运用国内国际两个市场、国际国内两种资源、国际国内两类规则，以身作则，不

---

① 2013—2021 年,对世界经济增长平均贡献率达 38.6%——我国成世界经济增长第一动力[EB/OL]. (2022-10-02) [2023-01-26]. http://www.gov.cn/xinwen/2022/10/02/content_5715614. htm.

② 习近平. 构建新发展格局、实现互利共赢——在亚太经合组织工商领导人对话会上的主旨演讲 [EB/OL]. (2020-11-19) [2022-12-28]. http://www.gov.cn/gongbao/content/2020/content_5565810. htm.

③ 赵龙跃. 新冠肺炎疫情下的经济全球化与中国的引领作用[J]. 当代世界，2020(11)：17-22 .

断推动开放、包容、普惠、平衡、共赢的新型经济全球化。在推动国际治理变革的过程中，中国不断补充完善现存的国际规则，努力探索创设新的国际机制，加强各类机制之间的衔接整合，以更好地造福世界各国人民，构建开放、包容、普惠、平衡、共赢的新型经济全球化。

三、全球化理念得到国际社会肯定

当今世界正处于大发展、大变革、大调整时期。滚滚前行的经济全球化先后遭到金融危机和新冠疫情的冲击，伴随而来的贸易保护主义和单边主义给世界经济增长蒙上阴影，全球治理体系落后于新科技革命和产业变革。中国在全球经济治理体系中始终保持进取状态，积极参与国际经贸规则的创新和重构，为推动世界经济的不断发展和国际规则体系改革贡献中国方案与中国智慧。

在经济合作领域，中国秉持互联互通、合作共赢的重要理念，稳步推进"一带一路"建设，将"一带一路"打造成为全球最大的公共产品合作平台，为沿线国家发展带来红利，为世界经济增长提供动力。在国际规则重构与全球经济治理方面，中国始终坚持开放包容、求同存异的价值理念；坚持不论大国小国、发达落后，各国一律平等的原则；坚持维护多边机制，支持联合国、世界贸易组织等国际组织发挥积极作用，得到了国际社会的高度认可。在科学技术创新领域，中国全面实施创新驱动发展战略；在量子技术、5G 通信等领域处于世界第一梯队；在新冠疫情的应对中，中国的检测试剂、药物和疫苗研发与生产均走在世界前列，彰显了中国科技创新的强大力量和国际引领力，创新型国家建设取得重要成果。

中国将主动承担起负责任大国的角色，以推进实现开放、包容、普惠、平衡、共赢的新型经济全球化理念为支撑，在推动世界经济增长、维护世界秩序稳定等方面发挥重要作用。国际货币基金组织（IMF）前总裁、德国前总统霍斯特·科勒（Horst Kohler）曾高度评价中国方案，认为中国发挥贸易和投资大国优势，以开放胸怀持续向世界释放发展正能量。[①]英国财政部前副大臣利亚姆·伯恩（Liam Byrne）也指出，中国"一带一路"倡议将是未来十年经济全球化的最重要推动力，将为包容性增长和全球治理

---

① 曹培强. "一带一路"是全球经济包容性增长成功范例[EB/OL]. (2019-02-12) [2022-12-28]. http://www.qstheory.cn/dukan/hqwg/2019-02/12/c_1124100749. htm.

体系变革增添新的更大动力。①国际社会认为中国推动建设开放、包容、普惠、平衡、共赢的新型经济全球化理念，有助于实现世界各国合作共赢的目标，为促进世界经济增长以及实现可持续发展目标发挥重要作用。

第四节　推动构建人类命运共同体

一、人类命运共同体理念的提出背景

人类命运共同体思想是一个完整的世界观，反映了中国对当今世界的看法。2013 年 3 月，习近平在莫斯科国际关系学院发表名为"顺应时代前进潮流　促进世界和平发展"的演讲，在演讲时习近平指出，"这个世界，各国相互联系、相互依存的程度空前加深，人类生活在同一个地球村里，生活在历史和现实交汇的同一个时空里，越来越成为你中有我、我中有你的命运共同体"②。随后，习近平在坦桑尼亚尼雷尔国际会议中心③、第七十届联合国大会一般性辩论④、日内瓦联合国总部等多个外交场合，数十次阐述人类命运共同体。2017 年 2 月 10 日，联合国社会发展委员会（Commission for Social Development，CSocD）第五十五届会议呼吁国际社会本着合作共赢和构建人类命运共同体的精神，加强对非洲经济社会发展的支持，这是人类命运共同体理念首次写入联合国决议。

二、人类命运共同体理念的内涵诠释

党的十九大报告把坚持推动构建人类命运共同体作为新时代坚持和发展中国特色社会主义的基本方略之一。报告进一步明确提出，构建人类命运共同体，就是要"建设持久和平、普遍安全、共同繁荣、开放包容、清

① 利亚姆·伯恩. "一带一路"是未来十年最重要的全球化动力[EB/OL]. (2016-11-24)[2022-12-28]. http://www.xinhuanet.com//world/2016-11/24/c_1119985475. htm.

② 习近平. 顺应时代前进潮流　促进世界和平发展——在莫斯科国际关系学院的演讲[EB/OL]. (2013-03-24)[2022-12-28]. http://jhsjk.people.cn/article/20893328.

③ 习近平. 习近平在坦桑尼亚尼雷尔国际会议中心的演讲[EB/OL]. (2013-03-25)[2022-12-28]. http://www.gov.cn/ldhd/2013-03/25/content_2362201. htm.

④ 习近平. 习近平在第七十届联合国大会一般性辩论上的讲话[EB/OL]. (2015-09-29)[2022-12-28]. http://news.xinhuanet.com/world/2015-09/29/c_1116703645. htm.

洁美丽的世界"①。实现持久和平，关键是在政治上相互尊重、平等协商，坚决摒弃冷战思维和强权政治，走对话而不对抗、结伴而不结盟的国家间交往新路；确保普遍安全，是指在面对分歧和争端时，要坚持对话、通过协商统筹应对传统和非传统安全威胁，反对一切形式的恐怖主义；实现共同繁荣，就是要在经济上同舟共济，共同推动经济全球化朝着更加开放、包容、普惠、平衡、共赢的方向发展；坚持开放包容，就要尊重文明的多样性，通过文化交流、文明互鉴拉近不同文明的距离；守护清洁美丽，必须坚持生态友好型发展，共同守护人类赖以生存的地球家园。

人类命运共同体理念超越了民族国家和意识形态限制，从人类历史进程的高度勾勒了世界未来的发展方向，表达了中国追求和平发展的愿望，体现了中国与世界各国合作共赢的理念。2018 年 3 月，联合国人权理事会（United Nations Human Rights Council，UNHRC）第三十七届会议通过了中国提出的"在人权领域促进合作共赢"决议。这是 2017 年联合国社会发展委员会会议之后，中国提出的构建人类命运共同体理念再一次出现在国际组织的文件中，彰显了人类命运共同体理念在世界上的影响力和感召力。

推动构建人类命运共同体，是习近平新时代中国特色社会主义思想的重要组成部分，是新时代中国外交树立起来的一面旗帜。近年来，为了实现人类共同繁荣发展的美好愿望，中国在推动全球治理体系和国际秩序变革的进程中不断努力，使构建人类命运共同体理念逐步变为现实。

首先是立足国际组织，推动发挥更大建设性作用。在 2016 年 G20 领导人杭州峰会上，中国提出建设创新、开放、联动、包容型世界经济的倡议，致力于让增长和发展惠及所有国家和人民。在之后的 2017 年二十国集团领导人峰会、2019 年金砖领导人峰会、2020 年世界卫生大会（World Health Assembly，WHA）和亚洲基础设施投资银行（AIIB）年会开幕式等多个国际平台，习近平主席又提出建设开放型世界经济，使世界经济增长更加包容以及共同构建人类卫生健康共同体、人与自然生命共同体等推动世界经济和平发展的中国主张。

其次是不断推动全球治理创新。当前的世界面临着全球治理赤字、经济发展赤字、国际公平赤字等一系列问题，贸易保护主义和逆全球化为世界经济治理带来全新挑战。作为发展中国家的一员，随着国际影响力不断

---

① 习近平. 决胜全面建成小康社会　夺取新时代中国特色社会主义伟大胜利——在中国共产党第十九次全国代表大会上的报告[EB/OL]. (2017-10-27) [2022-12-28]. http://www.xinhuanet.com/politics/19cpcnc/2017-10/27/c_1121867529. htm.

增强，中国在世界经济下行、单边主义抬头的情况下坚持推进全球治理的理念创新、制度创新、机制创新、组织创新，建设相互尊重、公平正义、合作共赢的新型国际关系，既符合全球治理应该顺应历史发展合作共赢的必然趋势，也为当前国际治理体系和治理理念注入新力量、提供新活力。

最后是不断完善相关国际规则。中国在全球经济治理体系变革和国际规则重构的大背景下，从构建人类命运共同体的需要出发，深度参与国际规则制定，提升国际规则制定话语权，推动形成有利于构建人类命运共同体的国际规则体系。新的国际规则体系不仅涉及经济领域，而且涉及文化、能源、环境、卫生、安全、反恐等人类共同面临的问题；不仅包含成文的国际规则，还包含不成文的国际习惯；不仅包含全球性制度，还包含区域性制度。

三、人类命运共同体理念的深远影响

在全球抗疫的宏大图景中，人类命运共同体理念的深刻意蕴得到了立体化、具象化呈现：人类命运共同体理念的价值意蕴更加丰富、利益意蕴全面呈现、责任意蕴充分彰显、发展意蕴愈加明晰。[①]在突如其来的新冠疫情面前，中国的理念和行动有目共睹、有口皆碑。中国不仅坚持人民至上、生命至上的原则，对14亿多中国人民负责，也将守望相助、同舟共济的理念付诸实践，对全球公共卫生事业尽责。从毫无保留地同国际社会分享防控经验和诊疗方案，到承诺待中国新冠疫苗研发完成并投入使用后将作为全球公共产品；从建立30个中非对口医院合作机制，到落实"暂缓最贫困国家债务偿付倡议"，中国始终秉持人类命运共同体理念，与世界各国并肩作战、共克时艰，始终为国际组织和其他国家提供力所能及的帮助，为全球抗疫贡献中国智慧、中国力量。

病毒不分国界，抗击疫情需要世界各个国家协同合作。2020年4月2日，中国同世界上100多个国家230多个政党联合就加强国际抗疫合作发出共同呼吁，表达携手合作、共克时艰的政治意愿。共同呼吁从提出想法到最后发表，用时不到10天，创造了政党交往史上的一个纪录。2020年11月10日，习近平以视频方式出席上海合作组织成员国元首理事会第二十次会议并发表重要讲话，强调要加强抗疫合作、维护安全和稳定、深化

---

① 徐艳玲. 大变局下的价值、利益、责任、发展：人类命运共同体理念丰富意蕴的立体化呈现[J]. 人民论坛，2020（22）：52-55.

务实合作、促进民心相通，携手构建卫生健康共同体、安全共同体、发展共同体、人文共同体，为推动构建人类命运共同体做出更多实践探索。[①]不论从抗击疫情的全球物资供应，还是从保护人民健康安全的国际合作倡议，中国始终秉持人类命运共同体理念，为疫情冲击下的世界和平与发展提供强大助力，彰显了一个泱泱大国的世界胸怀。

人类命运共同体理念是科学社会主义的最新理论成果，契合世界各国人民求和平、谋发展、促合作、要进步的愿望和时代要求。构建人类命运共同体的伟大实践，正在深刻地改变着世界政治、经济、文化、生态发展格局，将为全球治理体系变革和国际规则的重构做出重大贡献。

第五节 维护完善以联合国为核心的国际治理体系

一、坚定维护联合国地位的中国态度

联合国是多边主义的基石，凝聚了各国的共同心血，汇集了人类的集体智慧，承载着世界各国人民对和平与发展的向往。成立 78 年以来，联合国扮演着国际社会的"大家长"角色，在解放和发展生产力、促进多边主义、推动争端的和平解决以及人类社会的发展等领域的重要作用有目共睹。当前，世界正经历百年未有之大变局，保护主义、单边主义和霸凌行径抬头，个别国家和政治势力急于"甩锅""脱钩""退群"，经济全球化遭遇逆流，全球治理体系和以联合国为代表的多边机制受到严重冲击。面临多边还是单边、开放还是封闭、合作还是对抗等多重选择的人类社会走到了新的十字路口。

中国是联合国创始会员国和安理会常任理事国，是最大的发展中国家和世界第二大经济体。作为世界舞台上不可或缺的组成部分，中国坚定维护以联合国为核心的全球治理体系，坚定维护联合国在国际事务中的核心作用。2015 年，习近平出席第 70 届联合国代表大会一般性辩论，强调要继承和弘扬《联合国宪章》宗旨和原则，构建以合作共赢为核心的新型国际关系，打造人类命运共同体。2017 年，习近平在联合国日内瓦总部发表

---

① 习近平. 在上海合作组织成员国元首理事会第二十次会议上的讲话[EB/OL]. (2020-11-11) [2022-12-28]. http://jhsjk.people.cn/article/31926265.

《共同构建人类命运共同体》的主旨演讲，表示"中国将坚定维护以联合国为核心的国际体系，坚定维护以联合国宪章宗旨和原则为基石的国际关系基本准则，坚定维护联合国权威和地位，坚定维护联合国在国际事务中的核心作用"①。2019 年中国发布《新时代的中国与世界》白皮书，对联合国的重要作用和核心地位做出了深刻阐释，指出以《联合国宪章》宗旨和原则为核心的国际秩序，符合绝大多数国家利益，促进了世界和平与发展。②2020 年是联合国成立 75 周年，习近平在纪念峰会上再次强调"中国坚定维护以联合国为核心的国际体系""坚定维护联合国在国际事务中的核心作用"③。

联合国是世界上最大的、最具代表性的政府间国际组织。在气候变化、可持续发展、缓和国际冲突、恐怖主义等一系列全球性重大问题上，联合国发挥着不可替代的作用。中国坚定维护以联合国为核心的多边主义体制，坚持协商对话、开放合作，是联合国事业的主要参与者，是多边主义的重要支柱。

二、更好发挥联合国作用的中国方案

2020 年，在联合国成立 75 周年之际，中国外交部于 9 月 10 日发布《中国关于联合国成立 75 周年立场文件》（China's Position Paper on the 75th Anniversary of the Founding of the United Nations），阐述了中国关于联合国作用、国际形势、可持续发展和抗疫合作等问题的立场和主张，并做出"发展中国家振兴的大势没有改变，世界走向多极化的大势没有改变，经济全球化在曲折中前行的大势也没有改变"④等重要判断，厘清了一系列重大问题，为勾画人类未来的美好蓝图发出了中国声音。

面对新形势、新挑战，2020 年 9 月 21 日，在联合国成立 75 周年纪念峰会上，习近平发表重要讲话，总结回顾联合国 75 年的风雨兼程与国际社会走过的不平凡历程，深刻把握当前世界形势，针对后疫情时代世界需要一个什么样的联合国、联合国应该如何发挥作用提出了主持公道、厉行法

---

① 习近平. 共同构建人类命运共同体——在联合国日内瓦总部的演讲[EB/OL]. （2017-01-20）[2022-12-28]. http://jhsjk.people.cn/article/29037658.

② 《新时代的中国与世界》白皮书（全文）[EB/OL]. （2019-09-27）[2022-12-28]. http://www.scio.gov.cn/zfbps/ndhf/39911/Document/1665428/1665428. htm.

③ 习近平. 习近平在联合国成立 75 周年纪念峰会上的讲话[EB/OL]. （2020-09-22）[2022-12-28]. http://jhsjk.people.cn/article/31869865.

④ 中国关于联合国成立 75 周年立场文件[EB/OL]. （2020-09-10）[2023-01-26]. http://www.xinhuanet.com/world/2020-09/10/c_1126479553. htm.

治、促进合作和聚焦行动的 4 点建议，为联合国顺应世界经济形势、促进国际治理体系变革提供中国方案。

首先，联合国在后疫情时代要主持公道。世界上各个国家领土面积有大有小，经济发展有快有慢，国防力量有强有弱，但各个主权国家相互尊重、一律平等是时代进步的要求，在国际事务中要坚持共商共建共享理念，共同参与国际事务协商，共同分享世界经济发展成果，尤其要切实保障发展中国家参与国际治理的权利，更加平衡地反映大多数国家的利益和愿望。

其次，要厉行法治。《联合国宪章》的宗旨和原则是稳定国际秩序的重要基石，是处理国际关系的根本遵循。各国要在《联合国宪章》宗旨和原则的制度和规则内协调关系与利益，而大国则更应该带头做国际法治的倡导者和维护者，不欺凌、不霸权、不双标，不以法治之名侵害他国正当权益、破坏国际和平稳定。

再次，要促进合作。经济全球化深入发展的今天，没有一个国家可以完全独立于外部世界，合作是新形势下实现共同发展的必由之路，也是《联合国宪章》的重要宗旨。面对疫情冲击和经济下行的挑战，搞冷战思维和污名化只会消耗自己的国际信誉，对解决国内问题和国际挑战毫无意义。各国应以对话代替冲突，以协商代替胁迫，以共赢代替零和，积极应对挑战，努力扩大各国共同利益汇合点，共同增进人类社会的福祉。

最后，要聚焦行动。要积极践行多边主义，以可视化成果为导向，落实《联合国 2030 年可持续发展议程》，优先应对以新冠疫情为代表的公共卫生等非传统安全挑战，把发展问题置于全球宏观框架突出位置，更加重视促进和保护生存权和发展权，继续发挥在经济社会发展、人权进步、和平与安全等领域的重要作用。

中国对于更好发挥联合国作用的一系列创新理念和建议，展现了中国在全球发展新时代背景下审时度势、深谋远虑的智慧洞见，也彰显了中国坚定站在多边主义一边、站在联合国一边、站在历史正确一边的大国担当。①

三、推进世界和平与发展的中国经验

2019 年底，新冠疫情的骤然暴发给中国的经济发展按下了暂停键。中

---

① 习近平. 习近平在联合国成立 75 周年纪念峰会上的讲话[EB/OL]. （2020-09-22）[2022-12-28]. http://jhsjk.people.cn/article/31869865.

国政府和中国人民以极大的魄力和勇气，打赢了疫情阻击战，率先实现复工复产、恢复经济增长。2020 年 11 月，习近平以视频连线方式相继出席上合组织峰会、金砖国家领导人第十二次会晤、亚太经合组织第二十七次领导人非正式会议、二十国集团领导人第十五次峰会，并发表一系列重要讲话。会议就加强国际社会抗疫合作、重塑后疫情时代的经济秩序、完善全球经济治理等方面凝聚共识、开展合作，习近平提出的一系列重大理念和倡议为国际社会摆脱当前危机提供了思路，为重塑后疫情时代的世界秩序指明了方向。

首先要坚持开放发展。合作开放是世界发展的大势所趋，符合人类历史发展的客观规律。国际社会要坚持开放合作、对话协商，坚定不移维护以世界贸易组织为核心的多边贸易体制，助推全球产业链和供应链畅通，推动全球化进程向前发展。其次要坚持创新发展。创新是经济腾飞的翅膀。新冠疫情催生了以数字技术为代表的新业态、新模式，各国要加大加快对数字基础设施的投入和建设，开展数字技术规则制定与协商，助力不同发展阶段的国家消除数字鸿沟，以科技创新和数字化变革催生新的发展动能。再次要坚持包容发展。各国的发展道路和发展阶段各有差异。中国呼吁国际社会积极落实《联合国 2030 年可持续发展议程》，将消除贫困作为首要目标，让世界经济发展成果惠及更多人民；同时为发展中国家提供必要融资支持，推动发展中国家的基础设施建设，带动更多发展中国家参与到经济全球化进程中。最后要坚持绿色发展。全球变暖和极端天气为人类敲响警钟，对此中国呼吁各方落实好《巴黎气候变化协定》来应对气候变化，减少碳排放，保护生物多样性，共同建设清洁美丽的世界，实现人与自然和谐共存。习近平主席的讲话，不仅有推动各国加强合作的倡议，也有中国采取的务实举措，反映了中国深化改革开放推动经济高质量发展的决心，顺应了世界经济发展趋势，为世界经济发展注入新动能，契合各国人民共同利益。

新冠疫情加速了全球经济形势的周期性变化，为推动新一轮全球化提供了机遇。疫情发生以来，中国统筹推进疫情防控和经济社会发展工作，取得显著成效，彰显了中国特色社会主义制度和国家治理体系的优越性。中国凭借强大的物质基础、完善的产业体系格局以及坚持互利互惠合作、维护多边主义体制、构建人类命运共同体的决心和信心，在维护多边主义、促进世界发展方面发挥着重要作用。[①]2020 年，中国 GDP 突破百万亿的大

---

① 赵龙跃. 新冠肺炎疫情下的经济全球化与中国的引领作用[J]. 当代世界，2020(11)：17-22.

关，成为全球主要经济体中唯一一个实现经济正增长的国家，中国抗击疫情的巨大成功和在经济发展领域取得的成绩，为世界经济复苏注入了信心和动力。

第六节　改革创新以 WTO 为核心的多边贸易体制

一、WTO 机制改革的中国主张

"长期以来，以世界贸易组织为核心的多边贸易机制在维护国际贸易秩序、促进世界经济增长方面发挥了重要作用，但是在国际规则的重构和创新方面相对滞后。"[①]尤其是近年来，随着世界经济下行和全球贸易萎缩，单边主义和保护主义势力抬头，个别国家滥用国家安全例外措施，单方面破坏以规则为基础，自由、开放的国际贸易程序，严重损害以 WTO 为核心的多边贸易体制的权威性和有效性。

2018 年 11 月 23 日，《中国关于世界贸易组织改革的立场文件》发布，阐述了世界贸易组织改革三项基本原则、五点主张。在此基础上，中国于 2019 年向 WTO 提交了《中国关于世界贸易组织改革的建议文件》，旨在为推动 WTO 改革进程、维护多边贸易体制做出中国贡献。

中国对 WTO 的改革坚持三项基本原则。首先，世界贸易组织改革必须坚持多边贸易体系的核心价值。作为多边贸易体系最重要的核心价值，非歧视与开放对在多边规则框架下处理 WTO 成员与其他国家之间的经贸关系至关重要。多边贸易体系的核心价值应作为改革首要关注的问题之一，才能发挥世界贸易组织在全球经济治理中的重要作用。其次，世界贸易组织改革应保护发展中国家的发展利益。推动改革成为世界贸易组织活动的核心，以解决将发展成员纳入经济全球化、为发展成员提供实现经济发展所必需的灵活性和政策空间的难题，以帮助联合国实现 2030 年可持续发展的目标和缩小南北之间的差距为目的。最后，世界贸易组织改革应遵循协商一致决策机制。改革与多边贸易体系的未来息息相关，重点改革议题的选择和最终结果应通过协商确定。改革过程应确保成员，特别是发展中成员的共同参与，不应当成为个别成员国的"一言堂"和"小圈子"。此外，

---

① 赵龙跃. 新冠肺炎疫情下的经济全球化与中国的引领作用[J]. 当代世界，2020(11)：18.

中国商务部在第二届中国国际进口博览会（China International Import Expo，CIIE）举办期间提出 WTO 改革应坚持"三个不变"的原则，即"WTO 的核心价值不能变，开放、透明、包容、非歧视的基本原则不能变，坚持自由贸易和多边主义、实现互利共赢的总体目标不能变"①。

中国对于 WTO 改革坚持五点主张：第一，世界贸易组织改革应维护多边贸易体制的主渠道地位。世界贸易组织的改革是在现有规则下的改革，严禁个别国家以改革为幌子"偷换概念""另起炉灶"，混淆并否定多边贸易体制的权威性。世界贸易组织的改革应维护多边贸易体制在全球贸易自由化、便利化进程中的主渠道地位。第二，世界贸易组织改革应优先处理危及世界贸易组织生存的关键问题。WTO 争端解决机制（DSB）被誉为"皇冠上的明珠"，而 WTO 争端解决机制的成功很大程度上要归功于 WTO 上诉机构的独立性和高效运作。在当今国际力量比较悬殊的情况下，个别国家为了维护其一贯的优势地位，滥用国家安全例外条款，罔顾发展中国家利益，一意孤行阻挠启动上诉机构成员遴选程序，频频挑战多边贸易体制规则。中国认为，世界贸易组织的改革应尽快着手解决上诉机构成员遴选问题，恢复世界贸易组织的正常运转，以在世界贸易组织框架内解决其他规则改革问题。第三，世界贸易组织改革应解决贸易规则的公平问题并回应时代需要。"现行的国际经贸规则体系，基本上是在美欧发达国家主导之下建立起来的，反映的首先是这些国家的需求和利益。"②中国反对某些成员国利用现有规则漏洞行贸易保护主义之实、损害发展中国家利益的行为。譬如发达国家给予农产品的高额补贴，对国际农产品贸易造成长期严重扭曲。在改革中，世界贸易组织应该与时俱进，关注当前世界贸易中广泛存在的投资便利化、中小微企业发展等议题。第四，世界贸易组织改革应保证发展中国家成员享有特殊与差别待遇。发展中国家不论是在社会经济发展、教育文化，还是在社会保障体系、国际治理能力等领域都与发达国家存在全方位差距。中国反对某些国家把经济问题政治化、政治问题经济化的做法，反对某些国家利用世界贸易组织改革之机质疑甚至剥夺一些发展中国家享受特殊与差别待遇的权利。第五，世界贸易组织改革应尊重成员各自的发展模式。每个国家都拥有自主选择发展模式和发展道路的权利。目前，个别成员国一方面动辄指责别国的国有企业和合规的产业补

---

① 李晓喻. 商务部：WTO 改革应坚持"三个不变"[EB/OL]. (2019-11-06)[2022-12-28]. https://www.chinanews.com.cn/cj/2019/11-06/8999480. shtml.

② 赵龙跃，李家胜. WTO 与中国参与全球经济治理[J]. 国际贸易，2016（2）：19.

贴，另一方面，其国家自身却出台一系列限制正常科技创新成果交流的规定，以期维护自身的垄断地位，中国对此予以坚决反对。一直以来，中国反对借世界贸易组织改革对国有企业设立特殊的、歧视性纪律，也不同意将没有事实依据的指责列为世界贸易组织改革议题。

中国对于WTO改革的一系列创新理念和建议既是对以WTO为核心的多边贸易机制的坚决拥护，又是其作为成员国为多边贸易体制改革提供的建设性方案，这有利于帮助世界贸易组织适应经济全球化发展趋势、解决当前危机、维护多边贸易体制，推动建设开放型世界经济。

二、多边投资规则的中国理念

投资便利化国际合作是当前国际发展政策制定中的热点议题，也是中国特色社会主义进入新时代后，中国作为引领者参与全球经贸规则重构面临的首个多边层面的议题。[①]跨境投资是经济增长的重要动力，但是现有国际投资规则多为双边和区域协议，具有碎片化、复杂化的特点。近年来，国际社会积极推进多边投资规则制定的趋势正逐步形成。对于中国来说，在 WTO 框架下推进多边投资规则的谈判可以确保中国对全球经济治理的参与和贡献不局限于某一区域或某一群体，而是为新的南南合作和南北对话所共享。

2016 年 9 月，在中国的主持下，G20 领导人杭州峰会达成《G20 全球投资指导原则》，"这是全球首个多边投资规则框架，填补了国际投资领域空白"[②]。2016 年 10 月，中国率先在世界贸易组织提出投资便利化议题，聚焦讨论提升投资政策透明度、提高行政审批效率和增进国际能力建设合作等领域，并就世界贸易组织如何通过制定投资便利化规则框架，以更好提升组织成员的贸易能力和实现发展目标展开讨论。中国的这一提议打破了 WTO 十余年来未曾讨论投资议题的禁锢，向制定国际多边投资规则的目标迈出了重要一步。

2017 年 12 月 10 日，中国商务部部长钟山在世界贸易组织第十一届部长级会议中专门召集了包括欧盟、日本、加拿大、柬埔寨等在内的 66 个世贸成员参加投资便利化早餐会。钟山介绍了中国实行高标准的促进贸易和

① 黄志瑾. 中国引领投资便利化国际合作的证立与实现[J]. 武大国际法评论，2019，3(4)：39-56.
② G20 峰会上，习近平这样纵论开放共赢[EB/OL]. (2019-06-26)[2022-12-28]. http://www.ce.cn/xw zx/gnsz/szyw/201906/26/t20190626_32452727.shtml.

投资自由化、便利化的政策，呼吁参会成员共同在世界贸易组织推动这一重要议题，建立包容、公平、共赢的世界贸易组织投资便利化框架。

目前，虽然仍有部分世界贸易组织成员对投资便利化议题保持观望的态度，立即取得多边成果的难度依然较大，但中国积极参与推动，已经凝聚了来自发达国家成员、发展中国家成员和最不发达国家成员的广泛共识，向全体世贸成员发出强有力的信号，终将推动世界贸易组织关于投资便利化的讨论进入新的高度，为达成多边规则框架奠定了良好基础、贡献了中国智慧。

三、新兴经济领域的中国声音

当前，以信息技术革命为代表的新兴领域日新月异，5G 技术和大数据迅猛发展，新技术的到来为当前的国际治理体系带来挑战，与此同时，伴随着新技术的兴起，各国在知识产权领域的利益诉求不断分化。谁能掌握新一轮国际规则的制定权，谁就能在新一轮的国际经济治理中占得先机。中国作为发展中国家的代表，在 5G 技术、数字经济领域处于世界发展的第一梯队。世界呼吁中国在国际治理新兴领域发出声音。

中国在 5G 技术、标准和产业等方面取得了举世公认和令人瞩目的成就。中国 5G 发展坚持开放、包容、合作、共赢的理念，各国企业是中国 5G 发展的共同参与者。[①]然而，某些国家以"国家安全"为理由限制中国企业开展正常信息通信技术的发展与合作，企图遏制中国高端科技产业的发展，垄断相关技术领域的规则制定权。[②]对此，《中国关于联合国成立 75 周年立场文件》指出，"5G 网络安全是技术问题，应根据事实做出科学的分析判断。5G 市场准入应由市场和企业作出决定，各国应对 5G 企业采取非歧视性做法，坚持自由贸易和市场竞争原则，为所有企业提供一个开放、公平、公正、非歧视的营商环境，而不应将 5G 问题政治化，不应滥用国家安全排除、限制特定企业。5G 技术和其他科学技术一样，属于全人类，也应该让它造福全人类"[③]。

在知识产权领域，中国一直秉持开放的态度加强知识产权保护。"知

①　黄鑫. 中国 5G 发展将惠及全球[EB/OL]. https://baijiahao.baidu.com/s?id=1635456961331744085&wfr=spider&for=pc.

②　赵龙跃. 统筹国际国内规则：中国参与全球经济治理 70 年[J]. 太平洋学报，2019，27(10)：47-62.

③　中国关于联合国成立 75 周年立场文件[EB/OL]. (2020-09-10)[2023-01-26]. http://www.xinhuanet.com/world/2020/09/10/c_1126479553.htm.

识产权保护工作关系国家治理体系和治理能力现代化，关系高质量发展，关系人民生活幸福，关系国家对外开放大局，关系国家安全。"①2020 年，在《中国关于联合国成立 75 周年立场文件》中，中国强调"中方支持国际知识产权事业发展，致力于不断完善知识产权全球治理体系，推动构建共商共建共享的知识产权全球治理格局。中国将永远做知识产权国际合作的积极倡导者、推动者、实践者，做知识产权国际规则的坚定维护者、参与者和建设者"②。2020 年，随着《区域全面经济伙伴关系协定》（RCEP）的签署，中国在知识产权国际合作领域又迈出了一大步。作为亚太地区最大的经济体和世界经济中不可或缺的一部分，中国坚持开放、包容、普惠、平衡、共赢的原则，推动开放向更宽领域、更高领域发展，深度参与世界知识产权组织框架下的全球知识产权治理，推动全球知识产权治理体制向着更加公正合理方向发展。

　　大数据战略的发展，为全球经济治理注入了新动能，也为中国经济发展提供了新动力。中国特有的海量大数据资源奠定了中国在发展数字经济、改善社会治理结构方面雄厚的基础。将大数据作为国家重要的战略资源进行管理和应用，是提高国家竞争力的战略制高点之一。随着中国数字经济发展动能的增强，坚定地捍卫国家的数字主权，掌控网络空间安全的主动权、社会舆论的主导权，也已成为中国在全球经济治理机制变革中担当大国责任的目标。利用大数据将体量大、发展步伐缓慢的传统产业与互联网、大数据、人工智能等新兴产业融合发展，更是实体经济数字化转型升级的重要举措。同时，在将大数据进一步转化为宏观经济治理红利、利用大数据提升宏观经济治理能力的浪潮中，也需要促进大数据安全高效开发，推动大数据标准规范建设，构建大数据系统治理体系，避免其成为制约大数据发展的重要短板。2020 年 9 月 21 日，中国发布《大数据标准化白皮书》(Big Data Standardization White Paper)，从政策、技术、产业等多个角度，勾勒出当前大数据发展的整体脉络，完善了新时期的大数据标准体系，并提出了绘制大数据标准化的建议，以配合大数据战略的进一步推进。大数据的出现带来的数据安全方面的风险和挑战日益突出，各国亟须为这一新的经济模式建立全球性规则。为此，中国提出《全球数据安全倡议》(Global Data Security Initiative)，旨在与各国共同打造和平、安全、开放、合作的国际网络空间。

① 全面加强知识产权保护工作　激发创新活力推动构建新发展格局[EB/OL]. (2020-12-02)[2022-12-28]. http://cpc.people.com.cn/n1/2020/1202/c64094-31951686. html.

② 中国关于联合国成立 75 周年立场文件[EB/OL]. (2020-09-10) [2023-01-26]. http://www.xinhuanet. com/world/2020/09/10/c_1126479553. htm.

第十章 中国参与国际经贸规则重构的实践贡献

面对新一轮全球化的背景,中国在全面参与全球经济治理和国际经贸规则重构方面不仅提出了一系列新思想、新理念,而且立足于国内发展现状、对接国际标准,展开了构建国际规则新体系的一系列新实践。中国在共商共建共享全球治理观引领下,秉持人类命运共同体理念,支持以WTO为核心的全球化进程,坚定维护和践行多边主义发展理念,打造和平发展合作共赢的新型国际关系,为进一步改革全球经济治理、重构国际规则体系,建设更加开放、包容、普惠、平衡、共赢的世界经济做出中国贡献。本章从高质量落实"一带一路"倡议,深化全球经济合作;坚定维护和践行真正的多边主义,推动经济全球化发展;深化制度型高水平开放,促进经济高质量发展;推动构建人类命运共同体,引领国际规则重构四个维度,具体论述新时代中国在参与全球经济治理和国际规则重构方面的实践贡献。

第一节 高质量落实"一带一路"倡议成果丰硕

2020 年以来,新冠疫情全球蔓延,世界经济发展受到严重影响。但是,中国高质量落实"一带一路"倡议,国际经贸合作不仅没有停止,反而在严峻的经济环境中展现出较强的韧性,取得丰硕成果。数据显示,2020 年中国货物贸易进出口总值 32.2 万亿元人民币,比 2019 年增长 1.9%。其中对"一带一路"沿线国家进出口总值 9.37 万亿元,2021 年中国货物贸易进出口总值 39.1 万亿元人民币,比 2020 年增长 21.4%,其中对"一带一路"沿线国家进出口总值 11.6 万亿元,增长 23.6%。中国企业在"一带一路"沿线国家的非金融类直接投资持续增加,在中国对外投资总额的比重不断上升,2019 年占比为 13.6%,2020 年上升到 16.2%,2021 年提高到 18.1%。在 2013 到 2020 年,中国对"一带一路"沿线国家累计直接投资流量超过 1400 亿美元,年均增长 8.6%,比同期中国对外直接投资年均增长率高出

3.4 个百分点。①

　　"一带一路"倡议的核心是"五通"，即政策沟通、贸易畅通、设施联通、资金融通和民心相通。"五通"是一个科学的整体，既是平行的，又是有序的。落实"一带一路"倡议是一项长期的系统工程，既要注重基础设施和经济合作等"硬件"方面的建设，又要进行观念更新和相应规则构建的"软件"建设。②

一、多措并举深化政策沟通

　　政策沟通是"一带一路"建设的制度保障。"一带一路"倡议提出以来，共建"一带一路"倡议被载入多个国际组织重要文件，截至 2022 年 1 月，中国与 147 个国家和 32 个国际组织，签订 200 多份"一带一路"合作文件③，其核心理念被纳入联合国、上合组织、二十国集团等国际机制成果文件。"一带一路"的朋友圈不断扩大，影响力日益凸显。

　　为了深化"一带一路"的政策沟通，中国通过项目研修、派遣专家顾问等方式，促进与共建国双向交流和了解，推动"一带一路"沿线国家同心发力，协同增效。项目研修方面，围绕共建"一带一路"相关主题，中国为相关国家的政府官员启动 4000 余期培训研修项目，不仅为各国政策沟通与交流搭建平台，而且就"一带一路"倡议如何更好对接非盟《2063 年议程》（Agenda 2063）、《东盟互联互通总体规划 2025》（ASEAN Connectivity Master Plan 2025）等区域性发展规划展开战略交流与合作。派遣专家方面，中国主动派遣专家奔赴相关国家，深入了解共建国政策法律和国情民意，为合作发展提出切实可行方案，深化区域经贸融合。以"丝绸之路经济带上的明珠"中国—白俄罗斯工业园为例，在中国—白俄罗斯工业园建设过程中，中方一方面邀请白俄罗斯政府官员和园区管理人员实地参观天津工业园区，另一方面为园区建设提供技术援助，两国专家共同制定园区运营管理机制，中俄双方在园区建设过程中的深入交流和沟通为工业园的顺利建设和成功运营打下了坚实根基。

① 国务院新闻网办公室. 海关总署:2020 年中国对"一带一路"沿线国家进出口 9.37 万亿元[EB/OL]. (2021-01-14) [2023-01-27]. https://www.yidaiyilu.gov.cn/xwzx/gnxw/161548. htm.

② 赵龙跃. 新丝绸之路:从战略构想到现实规则[J]. 人民论坛·学术前沿, 2014(13): 82-89.

③ 谢希瑶, 闫依琳. 中国已与 147 个国家、32 个国际组织签署 200 多份共建"一带一路"合作文件[EB/OL]. (2022-01-19) [2023-01-27]. https://www.yidaiyilu.gov.cn/xwzx/gnxw/215896. htm.

二、协同发展推动设施联通

设施联通是互联互通的基石，以基础设施建设为先行领域，可以加快向贸易自由化和便利化领域扩展、畅通资金投融，进而为投资和贸易注入血液。

（一）打造设施联通

共建"一带一路"倡议提出以来，铁路、公路、港口、航空、能源、通信等重点通道建设全面推进，"六廊六路""一轴两翼"空间发展格局基本形成。2020 年中欧班列（China Railway Express）全年开行数量首次突破 1 万列，达到 1.24 万列、运送 113.5 万标准箱，同比分别增长 50%、56%，综合重箱率达 98.4%。[①]"陆海新通道"铁海联运班列自开通以来，从每月一班到现在每日开行，目的地覆盖全球六大洲 76 个国家和地区的 180 个港口。"一带一路"沿线国家从中获得巨大经济发展红利：巴基斯坦的瓜达尔港开通集装箱定期班轮航线，希腊比雷埃夫斯港成为重要的国际物流中转枢纽，斯里兰卡将汉班托塔港打造为世界级港口。截至 2021 年，中国已与 66 个国家和地区签署了 70 个双边和区域海运协定[②]，"一带一路"沿线"六廊六路多国多港"的互联互通架构基本形成。"一带一路"为构建新发展格局和促进国际防疫合作提供了有力支撑，为沿线国家深入融入全球化、共享经济发展成果带来重大机遇。

（二）深化贸易畅通

贸易畅通方面，中国国家发展改革委、中国外交部、中国商务部 2015 年联合发布的《推动共建丝绸之路经济带和 21 世纪海上丝绸之路的愿景与行动》（Vision and Actions on Jointly Building Silk Road Economic Belt and the 21st Century Maritime Silk Road）指出，贸易畅通的目的在于"拓宽贸易领域，优化贸易结构，挖掘贸易新增长点，促进贸易平衡。创新贸易方式，发展跨境电子商务等新的商业业态"，"把投资和贸易有机结合起来，以投资带动贸易发展。加快投资便利化进程，消除投资壁垒。加强双边投

---

① 2020 年中欧班列开行数量同比增长 50%[EB/OL]. (2021-01-05) [2023-01-29]. http://www.mofcom. gov.cn/article/i/jyjl/e/202101/20210103028723. shtml.

② 交通运输部科学研究院. 中国可持续交通发展报告[EB/OL]. (2021-10-14) [2022-12-28]. https://xxgk. mot.gov.cn/2020/jigou/gjhzs/202112/t20211214_3631113. html.

资保护协定、避免双重征税协定磋商，保护投资者的合法权益"①。2017年，中国发布《推进"一带一路"贸易畅通合作倡议》，83个国家和国际组织积极参与，"一带一路"国际合作高峰论坛逐渐机制化。中国与沿线国家签署100多项合作文件，不断提升贸易与投资自由便利化水平，降低交易成本和营商成本，与沿线国家的自由贸易区网络体系逐步形成。

借助于通信技术的快速发展，中国与沿线国家的贸易模式呈现新业态、新模式，跨境电子商务成为推动贸易畅通的新力量。根据中国海关总署网站数据，2020年通过海关跨境电子商务管理平台验放进出口清单24.5亿票，同比增加63.3%，进出口额1.69万亿，增长31.1%②，"丝路电商"成为"一带一路"合作新亮点。

贸易畅通离不开贸易规则的便利化、公开化和透明化。自加入WTO以来，中国逐步积累规则经验，通过签订双边协定或谅解备忘录，引导海关程序、动植物卫生检疫措施、技术规定和标准、自然人流动、电子商务等领域经贸规则的制定，不断降低阻碍贸易自由化的关税和非关税措施，扩大中国在相关领域规则制定上的影响力和凝聚力，从点到面全面铺开形成完整的规则体系，推动贸易的自由化和便利化进程。

（三）加强资金融通

亚洲国家尤其是发展中国家对基础设施建设有巨大需求。根据亚洲开发银行（Asian Development Bank，ADB）的测算数据，从2010年至2020年，亚洲国家每年需要投资7500亿美元以推进基础设施建设才能支撑当前的经济增长。为了更快推动亚洲区域的互联互通和经济一体化进程，习近平主席于2013年10月倡议提出筹建多边金融机构——亚洲基础设施投资银行（AIIB）。2014年10月24日，包括中国、印度、新加坡等在内21个首批意向创始成员国的财长和授权代表在北京签约，共同决定成立AIIB，2015年12月25日，AIIB正式成立。

"亚投行是亚洲第一个由发展中国家主导筹建的多边开发性金融机

---

① 国家发展和改革委员会，外交部，商务部. 推动共建丝绸之路经济带和21世纪海上丝绸之路的愿景与行动（全文）[EB/OL]. (2017-03-09) [2023-01-27]. http://world.people.com.cn/n1/2017/0309/c411452-29134334. html.

② 中华人民共和国海关总署. 海关总署2020年全年进出口情况新闻发布会[EB/OL]. (2021-01-14) [2023-01-27]. http://www.scio.gov.cn/xwfbh/xwbfbh/wqfbh/44687/44744/wz44746/Document/1696882/1696882. htm.

构"①。成立以来，AIIB 历经多次扩容，截至 2021 年，成员总数从创立之初的 57 个增加至 104 个，为印度、缅甸、巴基斯坦、老挝、菲律宾、孟加拉国等 24 个成员提供资助项目 87 个，累计投资额高达 200 亿美元。②AIIB 主要"通过开发性金融工具，重点推进亚洲区域的基础设施及其互联互通建设，打破各经济体之间投资、贸易和人员往来的屏障，带动投资增长，促使贸易以至于全球经济血脉更加畅通，为构建更加广泛、更高水平、更深层次的开放型区域经济和世界经济提供保障条件"③。

AIIB 成立的宗旨和目的符合当前国际经济治理改革和完善的大方向，它的成立推动了亚洲经济体持续增长，促进了社会民生改善，提高了亚洲在全球经济总量中的比重和应对外部冲击的能力，"显示了中国政府对地区与世界和平发展事业高度负责、勇于担当的态度，同舟共济、荣辱与共的人类命运共同体意识，共商共建、促进世界及经济金融体系不断完善的诚意和能力"④。

除了 AIIB 在"一带一路"建设中发挥着重要的资金融通功能之外，丝路基金（Silk Road Fund）在股权融资方面也发挥着举足轻重的作用。丝路基金秉承开放包容、互利共赢的理念，通过中长期股权投资，以市场化、国际化、专业化运作方式，为境外投资项目提供丰富的融资选择，促进资金融通与发挥协同效应，实现互利共赢与可持续发展。丝路基金出资 20 亿美元成立中哈产能合作基金（China-Kazakhstan Production Capacity Cooperation Fund）、投资俄罗斯亚马尔液化天然气一体化项目、向乌兹别克斯坦对外经济银行提供人民币贷款，展现了丝路资金的市场化和国际化，是中国与沿线国家开展股权合作、实现合作共赢的典范。

除了政府性和专业化金融机构的融资支持，中国企业作为民间资本来源，对"一带一路"沿线国家的投资规模也不断上升。2021 年，中国企业对"一带一路"沿线 57 个国家非金融类直接投资 203 亿元美元，同比增长 6.7%，较上年同期提升 1.7 个百分点；与"一带一路"沿线 60 个国家新签对外承包合同，合同金额总计 1340.4 亿美元。⑤

---

① 赵龙跃. 制度性权力：国际规则重构与中国策略[M]. 北京：人民出版社，2016：397.

② 许苏培. 财经观察：亚投行助力全球多边经贸合作[EB/OL]. (2020-07-30) [2023-01-27]. http://www.gov.cn/xinwen/2020/07/30/content_5531250.htm.

③ 赵龙跃. 制度性权力：国际规则重构与中国策略[M]. 北京：人民出版社，2016：397.

④ 赵龙跃. 制度性权力：国际规则重构与中国策略[M]. 北京：人民出版社，2016：398.

⑤ 中华人民共和国商务部对外投资和经济合作司. 2021 年我对"一带一路"沿线国家投资合作情况 [EB/OL]. (2022-01-24) [2023-01-27]. http://hzs.mofcom.gov.cn/article/date/202201/20220103239000.shtml.

从 AIIB 的基础设施投资到丝路基金的股权融资,再到中国企业对沿线国家的直接投资,中国秉持合作共赢理念,不断推动"一带一路"沿线资金融通实现高效率和便利化运作,打破不同政治制度、不同经济体制和不同文化之间的屏障,为构建更加广泛、更加高水平、更深层次的开放性区域经济提供资金支持和规则保障,彰显了中国对于"一带一路"沿线国家经济发展的重大关切,体现了在国际金融治理体系改革中的中国智慧。

三、文化共鉴促进民心相通

民心相通是"一带一路"建设的最终落脚点,也是影响"一带一路"建设的根本和关键。2016 年 1 月 21 日,习近平主席在阿拉伯国家联盟总部发表重要演讲时指出,"'一带一路'建设,倡导不同民族、不同文化要'交而通',而不是'交而恶',彼此要多拆墙、少筑墙,把对话当作'黄金法则'用起来,大家一起做有来有往的邻居"①。2017 年 1 月 17 日,习近平主席在世界经济论坛 2017 年年会开幕式上的主旨演讲中指出,"一带一路"的"朋友圈"正在不断扩大。②

中国多措并举,开展与"一带一路"沿线国家的文化交流与互鉴。中国文化和旅游部陆续发布《动漫游戏产业"一带一路"国际合作行动计划》《2018 年文化部"一带一路"文化贸易与投资重点项目名单》,建立健全丝绸之路国际剧院、美术馆联盟和艺术节等一系列"一带一路"文化交流机制,推动与沿线国家的文化交流和贸易。中国影视作品和文学作品被译配成多种海外语言出口,在沿线国家受到广泛好评,数据显示,中国电视剧作品已经出口到全球 200 多个国家和地区③,拉近了当地观众与中国的距离。教育是文化交流的重要支撑,中国教育部发布《推进共建"一带一路"教育行动》,实施"丝绸之路"留学推进计划、合作办学推进计划、师资培训推进计划和人才联合培养推进计划,为来自不同国家的留学生提供互学互鉴的平台。

通过人文交流,中国持续推动沿线国家文学、艺术、教育、卫生、体

---

① 习近平. 共同开创中阿关系的美好未来——在阿拉伯国家联盟总部的演讲[EB/OL]. (2016-01-22) [2023-01-27]. http://www.xinhuanet.com/world/2016-01/22/c_1117855467. htm.

② 习近平. 共担时代责任共促全球发展——在世界经济论坛 2017 年年会开幕式上的主旨演讲[EB/OL]. (2017-01-18) [2023-01-27]. http://politics.people.com.cn/GB/n1/2017/0118/c1001-29030932. html.

③ 刘阳. 中国电视剧已出口到 200 多个国家和地区[EB/OL]. (2019-11-15) [2023-01-27]. http://media. people.com.cn/n1/2019/1115/c14677-31457665. html.

育、旅游事业交流合作，促进各国文化交融、引导各国人民相知相亲、建立理念协同、兼收并蓄国际关系网络，为建立人类命运共同体奠定扎实的思想文化基础。

第二节　践行真正多边主义推动经济全球化发展

经济全球化背景下，各国经济彼此依存，利益交融前所未有，以诚相待、普惠共享是根本之计。作为全球多边经济治理的重要平台，以 WTO 为核心的多边贸易体制正面临严峻的贸易保护主义和孤立主义挑战。"经济全球化仍将在调整中向前发展，谋求和平发展、促进开放合作符合各国根本利益，仍是人心所向、大势所趋。"①作为世界上最大的发展中国家，中国始终倡导国际合作，支持多边主义发展。中国秉持共商共建共享全球治理观，主动扩大市场开放，积极搭建合作平台，在个别国家倒行逆施背景下，坚定支持以 WTO 为核心的经济全球化，坚定维护多边主义发展理念，先后签订了《区域全面经济伙伴关系协定》（RCEP）、《中国—欧盟全面投资协定》（CAI），积极与世界上其他国家签订双边、多边合作协议，彰显了中国坚持多边主义和经济全球化的立场，为后疫情时代的全球规则重构夯实基础。

一、RCEP 构筑亚太多边主义新格局

RCEP 由东盟于 2012 年发起。在历经长达 8 年的 31 轮谈判，并克服新冠疫情带来的巨大困难后，最终全面完成市场准入谈判以及 14 000 多页文本法律审核工作。2020 年 11 月 15 日，中国与东盟十国、韩国、新西兰、澳大利亚和日本正式签署了《区域全面经济伙伴关系协定》。RCEP 是亚太地区经济一体化建设的重大成果，将显著提升亚太经济一体化程度。

RCEP 是目前世界体量最大的自贸区。与《美墨加三国协议》（USMCA）、《全面与进步跨太平洋伙伴关系协定》（CPTPP）等国际上有影响力的其他大型自贸区相比，RCEP 成员国 2019 年国内生产总值高达 26.2 万亿美元，在自贸区中独占鳌头；总人口数和出口总额均为各自贸区

---

① 李克强. 在第15届东亚峰会上的讲话（全文）[EB/OL]. （2020-11-15）[2023-01-27]. https://www.mfa.gov.cn/web/gjhdq_676201/gjhdqzz_681964/dyfheas_682566/zyjh_682576/202011/t20201115_9386679.shtml.

之最。美国彼得森国际经济研究所（Peterson Institute for International Economics，PIIE）的测算数据显示，RCEP 的签订将带动自贸区内各成员国 GDP 增加 0.2%，以 2030 年为测算年份，RCEP 有望使全球国民收入增加 1860 亿美元。[①]

区域累积规则（Regional Accumulation Rules）是 RCEP 优越性所在。原产地区域累积包括双边累积和区域累积两种情况。双边累积指的是当商品从 H 国进入自贸伙伴 F 国时，只有达到 H 国的增值标准或生产要求，确认是 H 国原产货物，才能够享受 F 国优惠关税；而区域累积只要确定商品原产资格来自 RCEP 区域内，则在 15 个成员国任一国家的价值成分均计入累积，一旦累积后的原产成分达到标准，该商品即可享受相关成员的关税优惠待遇。例如一件 H 国的商品要进入区域内伙伴国 F 国，则在 H 国这件商品的生产中不仅可以使用 F 国的中间品，也可以使用协定中其他缔约方的中间品，一旦产品达到所要求的增值标准或生产要求，H 国就可以享受 F 国的零关税优惠。根据这一规则，当一国商品出口到其他 RCEP 成员国时，区域内成员国的中间品都可以叠加计入增值标准，这一举措可以显著降低零关税使用门槛，使更多商品获得关税减让的机会。RCEP 区域累积原产地规则的施行，对于区域内产业链、供应链的深化和新型跨境物流的发展有重要推动作用，有望提升投资政策的透明度，促进区域内经贸规则的优化和整合。

作为区域内经贸规则的"整合器"，RCEP 的签订不仅整合了东盟与中国、澳大利亚、新西兰及日本的多个自贸协定，还整合了中、日、澳、韩、新西兰之间的双多边自贸伙伴关系，并帮助中国、韩国和日本建立了新的自贸伙伴关系。除此之外，RCEP 还建立起一系列提升区域内营商环境的措施。在电子商务领域，为有效增进电子商务的政策互信、规制互认和企业互通，对电子认证电子签名、个人信息保护、在线消费者权益保护进行规范；在知识产权领域，加强对专利、外观设计、地理标志、著作权等方面的保护，凸显对知识产权保护的重视；有关政府采购、竞争和贸易救济等规则的制定也有助于区域内的贸易自由化和便利化发展。

新冠疫情的影响仍在持续，世界经济衰退、国际贸易投资萎缩、全球化遭遇逆流。作为 RCEP 中经济规模最大的成员，2020 年，中国对 RCEP

---

① RCEP: Asia-Pacific countries form world's largest trading bloc [EB/OL]. [2022-12-29]. https://rcepsec. org/2020/11/26/rcep-asia-pacific-countries-form-worlds-largest-trading-bloc/.

其他 14 个成员国的进出口增长了 3.5%，总值达到 10.2 万亿元人民币，约占据中国同期进出口总额的 1/3。其中，出口额 4.83 万亿元，增长了 5%；进口额 5.37 万亿元，增长 2.2%。RCEP 成功签署，成员国共同承诺降低关税、减少壁垒、开放市场，既是对自由贸易和多边贸易体制的支持，也是对单边主义和保护主义的有力反击，对亚太地区走出危机阴影、实现常规增长意义重大，对全球复苏与繁荣意义非凡。RCEP 将有力提振各方对经济增长的信心，为国际合作和世界经济复苏注入正能量。

二、中欧投资开辟中欧经贸新局面

中欧投资协定谈判倡议最早可以追溯到 2012 年 2 月中欧峰会，会上双方达成尽快开启中欧投资协定谈判的共识。2013 年 11 月，《中欧合作 2020 战略规划》（China-EU Cooperation 2020 Strategic Plan）发布，中欧双方共同宣布启动中欧投资协定谈判；2014 年谈判正式开启，中欧双方分别就谈判安排、谈判可能涉及的议题展开磋商，并就投资协定的概念性问题进一步交换意见；2015 年中欧双方约定从 2016 年 1 月起，推进实质性文本谈判；2018 年 7 月，中欧双方交换投资协定清单出价，标志着中欧投资协定谈判进入新阶段；同年 11 月，双方对文本中的投资自由化和投资保护部分重要条款达成一致，约定对投资市场准入方面的清单出价展开实质性谈判；2019 年 4 月，中国、欧盟领导人都承诺该年的谈判尤其要在投资自由化承诺方面取得决定性进展；2020 年双方围绕文本和清单剩余问题及遗留问题进行磋商，取得了重要进展。2020 年 12 月 30 日，中欧领导人举行视频会晤，共同宣布如期完成中欧投资协定谈判。

中欧投资协定签订意义重大。2020 年，中国超越美国成为欧盟第一大贸易伙伴，欧盟也成为中国第二大贸易伙伴。中欧双边贸易量快速增长的同时，贸易结构也日趋优化。中国向欧盟出口产品从传统劳动密集型产品向高新技术产品延伸；欧盟对中国出口产品中的机械、电脑、通信设备、电子产品及奢侈品比重不断扩大。在投资领域，截至 2019 年底，欧盟累计对中国直接投资 1379 亿美元，中国累计对欧盟直接投资 1021 亿美元。[①]

相比双边贸易往来，中欧在投资领域合作短板明显。突出表现在两个方面：首先，与持续增长的贸易额相比，中欧之间相互投资额长期处于低水平，相较双方庞大经济体量，中欧投资规模较小；其次，中方投资在欧

① 刘昕，孟妮，晏澜菲. 准入开放有态度，中欧投资合作早迎春[N]. 国际商报，2021-01-11(3).

洲受到一系列限制，欧盟先后发布《关于外国直接投资和资本自由流动、保护欧盟战略性资产收购指南》（Guidance on Foreign Direct Investment and Free Capital Flow，Protection of EU Strategic Asset Acquisition Guidelines）、《针对外国补贴营造公平竞争环境的白皮书》（White Paper on Creating a Level Competitive Environment Against Foreign Subsidies），对中方企业在欧投资设置门槛。逆全球化和贸易保护主义的势力抬头，叠加新冠疫情的影响，也对中欧经贸合作造成一定困扰。

作为中国与欧盟签订的首份全面投资协定，中欧投资协定不仅关注中国与欧盟之间的投资保护，而且涉及市场准入和开放相关内容，将为进一步拓展中欧双边贸易往来、投资便利化发挥重要作用。中欧投资协定涵盖国家数量多，涉及经济总量大，开放水平更高，互补性更强。谈判的完成不仅展示了中欧共同维护多边主义和自由贸易的决心，也将提升世界贸易组织改革和中欧开启自由贸易协定谈判的信心，该协定的落地将深刻影响全球贸易格局和贸易投资自由化进程，为新一轮国际贸易、投资规则构建奠定基础。在全球化遭遇困境的背景下，中欧投资协定为全球化的向前发展注入强心针，为遭受新冠疫情与贸易保护主义重创的世界经济带来巨大动力，对推动多边主义发展和国际规则重构具有深远影响。

三、自贸区战略深化区域经济合作

自由贸易区提升战略是中国开展高水平对外开放的重要载体。2014年习近平在主持加强自由贸易区建设的第十九次集体学习时指出，"加快自由贸易区战略，是我国新一轮对外开放的重要内容"，"加快实施自由贸易区战略，是适应经济全球化新趋势的客观要求，是全面深化改革、构建开放型经济新体制的必然选择，也是我国经济运筹对外关系、实现对外战略目标的重要手段"[①]。目前，中国已与26个国家和地区签署19份自由贸易协定，合作伙伴遍及世界欧洲、亚洲、大洋洲、南美洲和非洲各地。2021年1月1日，由54个国家构成的非洲大陆自由贸易区（African Continental Free Trade Area，AfCFTA）正式启动，中国投资者在向非洲众多国家投资以获取规模效益时，只需向属于非洲自贸区的一个国家投资，就能够进入整个非洲经济价值链和已批准自贸区协议的国家，大大降低了面临不同

---

① 习近平. 加快实施自由贸易区战略　加快构建开放型经济新体制[EB/OL]. (2014-12-08) [2022-12-29]. http://fta.mofcom.gov.cn/article/zhengwugk/201412/19394_1.html.

国家的法律法规时产生的制度成本和政策不确定性。非洲自贸区是非盟《2063 年议程》中最具雄心壮志的项目之一，若成功实施，有望形成覆盖 12 亿人口的巨大市场。这在全球贸易保护主义加强的大背景下难能可贵，也充分显示了非洲人民有信心、有能力团结起来，采取实际行动推动非洲内部贸易。①

日本和韩国是中国的近邻，也是亚太地区重要的经济力量。2010 年，亚太经合组织领导人非正式会议在日本横滨举行，会议围绕"变革与行动"发表《横滨宣言》（Yokohama Declaration），提出建立亚太自由贸易区（FTAAP）的愿景。2014 年亚太经合组织（APEC）北京会议制定《APEC 推动实现亚太自贸区路线图》（Beijing Roadmap for APEC's Contribution to the Realization of the FTAAP），正式启动亚太自由贸易区进程，向亚太自由贸易区方向迈出历史性的一步。2018 年 5 月第七次中日韩领导人会议上，三国领导人重申要进一步深化和拓展在本地区的合作，一致同意开展"中日韩+X"合作，带动本地区可持续发展。2019 年 12 月，值中日韩合作 20 周年之际，中日韩三国领导人在中国成都举行第八次中日韩领导人会议，回顾三国合作历程，展望未来合作前景，并发布《中日韩合作未来十年展望》（China-Japan-Korea Cooperation Prospects for the Next Ten Years）。《亚太贸易协定》（Asia-Pacific Trade Agreement）和《中日韩自贸区协定》（China-Japan-Korea Free Trade Area Agreement）对于促进亚太地区贸易发展，维护开放、包容和基于规则的贸易体制，建设开放型世界经济至关重要。

在现行的 WTO 多边贸易规则下，国家之间贸易往来依然存在较高的协调成本，自由贸易协定的签署可以有效降低成员国直接的贸易壁垒及贸易争端，减少贸易政策不确定性，为中国经济高质量发展营造稳定的贸易环境。习近平指出："面对经济全球化带来的挑战，不应该任由单边主义、保护主义破坏国际秩序和国际规则，而要以建设性姿态改革全球经济治理体系，更好趋利避害。要坚持共商共建共享的全球治理观，维护以世界贸易组织为基石的多边贸易体制，完善全球经济治理规则，推动建设开放型世界经济。"②双多边自由贸易协定与投资协定的接连落地，为中国开启了

① 王曼. 非洲自贸区提升中非经贸合作水平[EB/OL]. (2020-12-31)[2023-01-27]. https://www. chinatradenews.com.cn/content/202012/31/c124898. html.

② 习近平. 在第三届中国国际进口博览会开幕式上的主旨演讲[EB/OL]. (2020-11-05)[2023-01-27]. http://jhsjk.people.cn/article/31919274.

更大范围的国际合作空间，随着自贸网络的拓宽，中国的对外开放将迈向更大范围、更宽领域、更深层次。

第三节　制度型高水平开放促进经济高质量发展

新冠疫情造成的需求冲击和供给冲击使 2020 年的贸易崩溃远超 2008 年和 2009 年[①]，直接导致各国之间供应链、需求链的出现卡链甚至断链风险。新冠疫情的蔓延叠加逆全球化力量和孤立主义的盛行，使得 2020 年的世界经济举步维艰。2021 年 1 月 28 日，美国商务部宣布，受新冠疫情影响，2020 年美国经济萎缩 3.5%[②]，是 2009 年萎缩 2.5%以来首次下跌，同时也是 1946 年美国经济萎缩 11.6%以来最惨重的年度经济倒退。

面对复杂的国际形势和新冠疫情的冲击，中国以极大的决心和勇气阻断了疫情的传播和蔓延，率先取得抗击疫情的巨大成果，有序开展复工复产，落实"六稳""六保"，经济增速从前三季度的-6.8%、3.2%、4.9%到第四季度的 6.5%，实现了 V 形反弹和直线拉升，2020 年 GDP 突破 100 万亿元，成为 2020 年唯一一个保持经济正增长的主要经济体，充分发挥出中国经济潜力足、韧性强、回旋空间大的特性。美国华盛顿智库布鲁金斯学会（Brookings Institution）的高级研究员霍米·哈拉斯（Homi Kharas）表示，如果没有中国的贡献，去年全球经济将萎缩 5.7%，而世界银行现在预计的萎缩幅度约为 4.3%。[③]肯尼亚学者恩德格瓦（Stephen Ndegwa）在《星报》（The Star）上发表评论文章，认为"中国经济迅速恢复，坚定了世界对中国生产能力和经济韧性的信心，当前中国经济形势稳定向好，为推动经济高质量发展奠定了基础，也有力提振全球经济复苏的信心"[④]。

中国逾百万亿的经济总量和巨大的市场潜力，有利于进一步吸引外资和推进对外投资，从而促进国内外市场更好联通，为参与全球治理改革完

① World Trade Organization. World Trade Statistical Review 2021 [EB/OL]. (2021-08-24)[2023-01-27]. August 24, 2021. https://www.wto.org/english/res_e/statis_e/wts2021_e/wts2021chapter02_e. pdf.

② Bureau of Economic Analysis. Gross Domestic Product, Fourth Quarter and Year 2020 (SecondEstimate) [EB/OL]. (2021-02-25)[2022-12-29]. https://www.bea.gov/sites/default/files/2021-02/gdp4q20_2nd_fax. pdf.

③ 经济日报. 提振世界抗疫信心 注入全球复苏动能——国际社会积极评价 2020 中国经济年报 [EB/OL]. (2021-01-21)[2022-12-29]. https://www.ciie.org/zbh/bqxwbd/20210121/25348. html.

④ 人民日报. "有力提振全球经济复苏的信心"——国际社会积极评价中国最新经济数据[EB/OL]. (2021-01-22)[2023-01-27]. http://www.gov.cn/xinwen/2021-01/22/content_5581756. htm.

善、推动构建人类命运共同体贡献更大中国力量。中国始终坚持对外开放态度和支持全球化宗旨，坚定维护以 WTO 为中心的经济全球化，放宽外资市场准入、加快知识产权保护、加强数字经济合作，以实际行动向世界传递中国继续深化改革、进一步扩大开放的态度，为推动构建公正、合理、透明的国际经贸规则体系，促进生产要素有序流动、资源高效配置，全球投资政策进一步走向开放和便利化做出中国贡献。

一、放宽外资市场准入

营商环境是企业生存发展的土壤。根据世界银行发布的《全球营商环境报告 2020》（Doing Business 2020），"十三五"时期中国营商环境国际排名从 46 名上升至 31 名[①]，中国连续两年被世界银行评选为全球营商环境改善幅度最大的 10 个经济体之一。更高水平的对外开放需要实现国内要素市场与全球要素市场的规则对接。为了进一步深化改革开放，推动经济全球化的向前发展，中国在吸引投资、减免税负、改善营商环境等方面切实发力。

2020 年起实施的《中华人民共和国外商投资法》，是从法治角度设立对外商投资的保护屏障。就当前的世界经济发展而言，更高水平的贸易与投资是帮助人类走出衰退的基本且紧迫的手段。外商投资法的颁布和实施是从商品和要素流动型开放向制度型开放转变的一个重要体现，彰显了中国推动建设开放型世界经济的决心与行动。联合国贸易和发展会议（UNCTAD）发布的第 38 份《全球投资趋势监测》（Global Investment Trend Monitor，No. 38）显示，2020 年，全球外商直接投资（FDI）急剧下降，从 2019 年的 15 000 亿美元下降到 8590 亿美元，同比降幅高达 42%。[②]作为世界上最大的发展中国家，在全球经济衰退的情况下，中国 2020 年对外资仍保持强劲吸引力，中国全年实际使用外资 9999.8 亿元人民币，超越美国成为全球最大外资流入国。

在外商投资的产业目录方面，中国国家发展和改革委员会、中国商务部发布《鼓励外商投资产业目录（2020 年版）》[Catalogue of Industries Encouraging Foreign Investment（2020 Edition）]，修订后的总条目 1235 条，

---

① The World Bank. Doing Business 2020 [EB/OL]. (2019-10-24) [2022-12-29]. https://www.doingbusiness.org/en/data/exploreeconomies/china.

② UNCTAD. Investment Trends Monitor, No. 38（Highlights）[EB/OL]. (2021-01) [2022-12-29]. https://unctad.org/system/files/official-document/diaeiainf2021d1_highlight_en. pdf.

比 2019 年版增加 127 条、修改 88 条，该目录已于 2021 年 1 月 27 日起正式施行。美国咨询公司思特沃克（Thought Works）中国区首席执行官张松认为，《鼓励外商投资产业目录（2020 年版）》的发布体现了中国对外资参与制造业高质量发展和生产性服务业的重视，给外国服务型企业带来更多发展机遇。[①]对标国际高标准经贸规则，建立和完善外商投资促进机制（Mechanism for Foreign Investment Promotion），打造市场化、法治化、国际化营商环境，既是创造更有吸引力的投资环境、继续发挥中国对于世界经济的引擎作用的重大举措，也是世界人民的福祉所在。

为了进一步减免税负水平，提升贸易自由化水平，国务院关税税则委员会公布《中华人民共和国进出口税则（2021）》[Import and Export Tariffs of the People's Republic of China（2021）]。从 2021 年 1 月 1 日起，中国对 883 项商品实施低于最惠国税率的进口暂定税率[②]以更好地支持构建以国内大循环为主体、国内国际双循环相互促进的新发展格局。调整进口关税除了持续释放加快扩大开放信号之外，还体现了中国扩大"朋友圈"、促进共享共赢的决心。《中华人民共和国进出口税则（2021）》的发布，彰显了中国履行大国责任、积极为全球发展提供公共产品的责任和担当，有利于继续推动关税政策调整的规范化、透明化，有利于为贸易自由化提供更多便利，有利于推进贸易高质量进一步发展。

二、加强知识产权保护

习近平在 2018 年博鳌亚洲论坛开幕式主旨演讲中强调，加强知识产权保护"是完善产权保护制度最重要的内容，也是提高中国经济竞争力的最大的激励"[③]。2019 年召开的十九届四中全会上，习近平再次强调要"加快建设创新型国家"。知识产权和知识创新的重要性被提到前所未有的高度。

知识产权是国家参与全球竞争的核心要素，是建设创新型国家的重要支撑。世界知识产权组织（World Intellectual Property Organization，WIPO）

---

① 人民日报. 外商投资法全面实施一年来 中国营商环境进一步优化[EB/OL]. (2021-01-06)[2022-12-29]. https://www.ciie.org/zbh/bqxwbd/20210106/25208. html.

② 国务院关税税则委员会. 中华人民共和国进出口税则(2021)[EB/OL]. [2022-12-29]. http://gss.mof.gov.cn/gzdt/zhengcefabu/202012/P020210122622147687825. pdf.

③ 习近平. 开放共创繁荣 创新引领未来——在博鳌亚洲论坛 2018 年年会开幕式上的主旨演讲[EB/OL]. (2018-04-10)[2022-12-29]. http://jhsjk. people.cn/article/29917187.

发布的《2019 年世界知识产权指标报告》（World Intellectual Property Report 2019，WIPR2019）显示，2019 年全球专利申请总量为 322.42 万件，中国的专利申请数量为 140 万件，位居世界第一。[①]该组织同时发布的全球创新指数（Global Innovation Index，GII）显示，中国在全球创新能力和创新产出中位列 12 名，是前三十名中唯一一个中等收入的经济体。[②]中国已经成为一个知识产权大国，但并不是知识产权强国。作为世界工厂，中国虽然拥有最完整的产业体系和最大的世界市场，但是在核心零部件领域频频遭遇"卡脖子"困境，对中国产业链的安全与稳定构成巨大威胁。

知识产权全球治理规则背后是国际政治经济力量的博弈。在经济全球化时代，知识产权全球治理规则已然构成国际法治体系和全球治理体系的重要内容，任何国家的发展都不能超脱这一规则之外。凭借对关键技术的垄断，发达国家掌握了知识产权全球治理的话语权。尤其是以美国为首的发达国家，几乎垄断了知识产权全球治理体系的建立。"后金融危机时代"，美国利用"胡萝卜加大棒政策"和"国家俱乐部模式"，推动知识产权全球治理规则朝着"保护最大化"和"国际规则最大化"方向发展。[③]

中国在历经了法律制度初创、战略纲要实施和强国建设等重要阶段后，逐渐在知识产权领域实现了大跨越、大发展，取得了举世公认的巨大成就。2019 年中国设立了最高人民法院知识产权法庭，为知识产权司法程序保驾护航。在国际合作层面，目前中国已与全球 63 个国家、地区和国际组织签订了多边合同协议和谅解备忘录，与 50 个世界知识产权组织成员国建立正式合作关系[④]，彰显了中国坚决保护外商知识产权的决心。

面对日益失衡的知识产权全球治理格局，中国亟须转变观念，加大对基础科学的研发投入，创设更好的知识产权保护制度，吸引高科技产业和技术落地中国，实现从知识产权大国向知识产权强国的转变，从而逐渐从全球治理规则的遵循者、跟随者向参与者、建设者转变，推动知识产权全

①　世界知识产权组织. 2019 年世界知识产权报告[EB/OL]. [2022-12-29]. https://www.wipo.int/edocs/pubdocs/zh/wipo_pub_944_2019. pdf.

②　World Intellectual Property Organization. Global Innovation Index 2021, 14th Edition: Tracking Innovation through the COVID-19 Crisis [EB/OL]. (2021) [2022-12-29]. https://www.wipo.int/publications/en/details.jsp?id=4560.

③　万勇. 知识产权全球治理体系改革的中国方案[J]. 知识产权，2020（2）：17-25.

④　专家：中国与"一带一路"沿线国家知识产权国际合作已渐入佳境[EB/OL]. (2019-04-30)[2022-12-29]. http://ipr.mofcom.gov.cn/article/ydyl/201904/1935747. html.

球治理的良性互动，提升以发展中国家为代表的国际话语权。

三、加速数字经济发展

数字经济是以数字方式订购和交付的所有贸易，包括数字订购贸易和数字交付贸易①，即数字经济不仅包括软件、音视频、云计算服务等以数字形式交付的产品或服务，也包括制造服务化、跨境电商等依靠数字技术支撑或驱动的贸易形式。在当前的世界经济发展中，数字经济正不断融入传统经济并呈现出取代传统实物贸易之势。联合国贸易和发展会议的测算数据显示，2008 年到 2018 年 10 年间，全球数字服务贸易的出口规模从 18 000 亿美元上升到 29 000 亿美元，年均增幅达 5.8%。②对于中国而言，数字经济规模从 2005 年的 2.6 万亿元扩张到 2020 年的 39.2 万亿元，占 GDP 比重达到 38.6%。③数字经济正通过重塑全球化主体、重构国际竞争格局、重新调整和分配全球收益等方式引领新一轮的全球化，经济全球化模式将从实物经济模式逐渐向数字经济模式转变。数字技术与数据流量成为连接经济全球化的新枢纽。

在新冠疫情对全世界实体经济造成重大冲击时，利用数字技术的企业和行业逆势而上甚至创下新高。借助于信息技术和科技创新，2020 年中国的跨境电商飞速发展，成为稳外贸的重要力量。根据中国海关统计数据，中国 2020 年跨境电商进出口 1.69 万亿元，增长 31.1%；市场采购出口增长 25.2%④，跨境电商正在成为外贸企业开辟新市场的重要渠道。数字经济的数字化、网络化和虚拟化特征为经济发展提供了较大的韧性和发展空间。

数字经济的广阔前景和巨大潜力，掀起新一轮科技革命和产业革命浪潮，世界各主要国家纷纷出台数字经济相关发展战略。2018 年以来，美国国防部陆续发布《国家网络战略》（DoD Cyber Strategy）、《国防部数字现代化战略》（DoD Digital Modernization Strategy）和《国防部数据战略》（DoD Data Strategy），计划通过投资下一代基础设施、建立具有适用性和安全性的技术市场，以保持美国在新兴技术领域的领导地位；疫

---

① 沈玉良，彭羽，高疆等. 数字贸易发展新动力：RTA 数字贸易规则方兴未艾——全球数字贸易促进指数分析报告(2020)[J]. 世界经济研究，2021(1)：3-16，134．

② UNCTAD. 2019 Digital economy report [EB/OL]. [2022-12-29]. https://unctad.org/webflyer/digital-economy-report-2019.

③ 中国信息通讯研究院. 中国数字经济发展白皮书[EB/OL]. (2021-04)[2022-12-29]. http://www.caict.ac.cn/kxyj/qwfb/bps/202104/t20210423_374626.htm.

④ 国常会发话，跨境电商再迎重磅利好！[EB/OL]. (2021-06-24)[2022-12-29]. http://www.gov.cn/xinwen/2021-06/24/content_5620668.htm.

情期间，美国国际数字经济与电信咨询委员会（International Digital Economy and Telecommunication Advisory Committee，IDET）成立，向国务院提供有关数字经济和数字技术方面的战略规划建议。2019 年，欧盟设立"数字欧洲计划"（Digital Europe Programme），对超级计算机、网络安全、人工智能、先进的数字技能和确保数字技术的应用 5 个方面提供资金支持；2020 年，欧盟发布《人工智能白皮书——追求卓越和信任的欧洲方案》（White Paper: On Artificial Intelligence-A European Approach to Excellence and Trust）、《欧洲数据战略》（A European Strategy for Data）和《塑造欧洲的数字未来》（Shaping Europe's Digital Future: Commission Presents Strategies for Data and Artificial Intelligence），谋求"塑造欧洲数字未来"。

数字经济发展突飞猛进，但世界贸易组织对于数字贸易规则的制定远远落后于现实需求，各主要国家加紧争夺数字贸易规则制定的主导权。以美国为首的发达国家企图绕开 WTO 框架，签订《美墨加三国协议》《美日数字贸易协定》，强力推动优先考虑美国利益的"美式模板"，并约定"毒丸条款"，企图孤立和边缘化中国；欧盟在推动数字贸易规则方面不甘落后，推行以欧盟利益为核心的"欧式模板"。中国数字经济的优势主要在于货物贸易，欧美数字经济的优势在于服务贸易，在数字经济规则制定方面，中国亟须制定一套完整且体系健全的数字货物贸易规则，为 WTO 数字贸易规则改革提供以中国为代表的发展中国家智慧，争夺数字经济发展的话语权；在数字服务贸易方面，加大基础设施建设和研发投入，通过多边谈判和合作，参与规则制定，实现从规则学习者到规则制定者、从被动参与者到主动引领者角色的转变。中国正不断以高水平的开放标准，推动全球经济治理和国际规则体系向更公正、合理、透明的方向发展。

四、深度融入国际体系

经济全球化的迅猛发展促使国际规制治理体系从传统的货物贸易、金融投资领域向数字贸易、服务贸易等领域转变。科学技术的快速发展带来的生产方式与贸易方式的变革，同时也为国际经贸规则重构带来契机。中国应抓住机遇，一方面积极参与高标准的国际经贸规则谈判，不断完善国内规则体系的建设；另一方面，不断对标国内法律制度与规则，推动国内规则和国际规则的对接融合。

（一）参与高标准国际经贸规则谈判

国际经贸规则分歧的根源是利益分配。掌握了经贸规则的制定权，就掌握了下一轮技术革命影响下国际利益分配的主导权。以互联网、大数据、人工智能和数字贸易为核心的新一轮技术革命引发了相关领域中对国际经贸规则制定的主导权的争夺。以数字贸易为例，数字技术革命引发"关键生产要素"的变迁，并不断重塑着生产方式和国际经济格局。以美国为首的发达国家凭借先进的技术，签订《美墨加三国协议》《美日数字贸易协定》等高标准的区域性数字贸易协定，欧盟也不断推动"欧式模板"的应用空间。中国在世界数字贸易领域的发展处于第一梯队，但在数字贸易规则制定方面，还需要系统性安排和顶层设计，要在充分衡量国家安全和商业利益的基础上，从国家法律层面就数据的自由流动、数据本地化、源代码等数字贸易领域的核心问题做出明确而清晰的设定，并着力推动国内规则的国际化。

与此同时，区域性贸易协定的快速发展也为以中国为代表的发展中经济体参与国际规则治理提供新途径。中国不断同更多的发展中国家就数字贸易规则签订区域性贸易协定，以开放、合作、包容、共赢理念引领国际经贸规则谈判，以更加务实、开放、合作、共赢的理念引领新一轮数字贸易规则制定，充分反映发展中国家利益诉求，突破以美国为首的发达国家在数字贸易规则层面对发展中国家利益的桎梏，提升发展中国家在新一轮数字规则制定中的话语权。

中国近年来在国际经贸规则谈判方面取得了一系列新进展，签订了以RCEP 和中欧投资协定为代表的高标准区域性贸易协定。但是新冠疫情中美脱钩以及数字技术的飞速发展给全球规则治理带来深远影响。中国在百年未有之大变局中应统筹考虑，在《联合国宪章》宗旨原则指引下，签订一系列高标准双边和多边自由贸易协定，培育和打造以中国为核心的区域价值链、供应链和生产链，与美国、欧盟等经济体对话协商，避免世界政治格局进一步分裂，推动经济全球化的不断向前发展。

（二）推动国内规则与国际规则融合

国际规则的制定和法律效力有别于国内规则。一个国家参与全球经济治理的过程也是国内规则与国际规则互动、协调的过程，是一个被规则约束和制定规则的过程，是国际规则国内化以及国内规则国际化的过程。[①]

中国参与国际规则治理的历程实现了从跟随者、接受者、学习者到建设者的转变。改革开放以来，中国主动吸收和学习国际规则，并不断结合自身经济发展现实，从宣布改革开放，到逐步开展对外贸易、加入WTO、建立外商投资准入负面清单管理制度、主动设立自由贸易试验区，党领导下的中国一步步主动对接国际经贸规则，推动国际规则国内化，逐步建立起一套体系完备的国内法律制度体系。

随着中国特色社会主义的不断发展，中国在国际舞台上的影响力水涨船高，积累了丰富的参与国际治理的经验，塑造了良好的国际政治影响力，进入以改革促开放的新阶段。新形势下，中国提出构建国内国际双循环新发展格局，这为中国进一步参与国际规则治理提供制度型开放的依据，为中国实现国内规则的国际化提供契机。

面对复杂的国际形势，中国要持续发力，统筹好国内国际两个大局，制定国内高标准、严要求的经济贸易规则和制度，同时推动国内规则的国际化进程，引领全球治理体系变革，推动全球化朝着更加开放、包容、普惠、平衡、共赢的方向发展。

第四节　人类命运共同体理念引领国际规则重构

中国参与国际规则治理的历程经历了从国际规则的跟随者、接受者向学习者和引领者的转变。面对复杂严峻的国际规则治理格局，中国勇担责任，以人类命运共同体理念参与国际抗疫合作、考虑发展中经济体利益诉求、推动国际治理体系变革、关注绿色经济改革以及全球经济治理。不仅推动国际规则治理领域的理论创新，而且以实际行动不断践行新理念、推动全球治理体系朝着更加公平、合理、有序的方向发展。

一、推动构建人类命运共同体

自2013年习近平在莫斯科阐述人类命运共同体理念以来，这一理念在各国人民心中撒下希望的种子。"中国共产党始终把为人类做新的更大的

---

① 赵龙跃. 全球价值链时代如何更好统筹国际国内规则：中国积极参与全球治理的战略路径分析[J].
人民论坛·学术前沿，2017（13）：58-69.

贡献作为自己的使命。"人类命运共同体倡导对话协商、主张共建共享、坚持合作共赢、加强交流互鉴、推动绿色发展，顺应世界多极化、经济全球化发展现状，尊重文明多样化、生活多元化、交流信息化的时代要求，用理念引领行动，关切人类共同的核心利益，推动建立更加公正合理的国际秩序。

　　人类命运共同体的深刻意蕴在新冠疫情重创下得到充分体现。疫情之初，世界各国在抗疫物资的分配中缺乏协调和信义，中国政府坚持"生命至上"原则，面对疫苗分配中出现的富国"全球扫货"、穷国"一剂难求"现象，中国坚定担当疫苗公平分配的"第一梯队"，呼吁各方携手抵制疫苗的"民族主义"和"国家主义"倾向，促进疫苗的公平合理分配，加入"新冠肺炎疫苗实施计划"（New Coronary Pneumonia Vaccine Implementation Plan），向该计划提供 1000 万剂疫苗以解决发展中国家的燃眉之急；与 10 多个国家开展疫苗研发与生产合作，60 多个国家授权使用中国疫苗；中国还无偿向 69 个有急需的发展中国家提供疫苗援助，同时向 43 个国家出口疫苗。[①]在抗击疫情的行动中，中国始终坚持疫苗作为全球公共产品的"第一属性"，把世界人民的生命安全放在心中，以实际行动落实构建人类卫生健康共同体和人类命运共同体理念，体现了中国共产党和中国政府的全球胸怀。

　　疫情突发暴露出当前国际治理体系在协调性和公平性上的缺陷，而人类命运共同体理念则得到越来越多国家的赞同和认可。2017 年 2 月 10 日，联合国社会发展委员会第五十五届会议呼吁国际社会本着合作共赢和构建人类命运共同体的精神，加强对非洲经济社会发展的支持，这是人类命运共同体理念首次写入联合国决议。2018 年 3 月，联合国人权理事会（UNHRC）第三十七届会议通过了中国提出的"在人权领域促进合作共赢"决议。这是 2017 年联合国社会发展委员会会议之后，中国提出的构建人类命运共同体理念再一次出现在国际组织的文件中，这彰显了人类命运共同体理念在世界上的影响力和感召力，体现了国际规则治理领域的中国智慧。

二、改革完善国际经济治理体系

　　当前，发展中国家占全球 GDP 的比重达到了 50%，每年为全球经济增

---

① 王建刚. 让新冠疫苗真正成为"人民的疫苗"[EB/OL]. (2021-03-28)[2022-12-29]. http://health.people. com.cn/n1/2021/0328/c14739-32062814. html.

长做出 60%以上的贡献，成为世界政治经济格局中举足轻重的一部分。预计到 2035 年，发展中国家 GDP 规模将超过发达经济体，在全球经济和投资中的比重接近 60%。^①发展中国家在世界经济中的助推作用不断上升。然而发展中国家在国际规则治理中的投票权和话语权并没有随之改变。布雷顿森林体系中的世界银行、国际货币基金组织（IMF），以及后来建立的世界贸易组织等国际组织机构所主导的国际经贸规则已经滞后于世界经济政治格局的发展变化，在新一轮国际组织改革和国际经贸规则重构过程中，发展中国家的合理诉求必须得到维护。

联合国是多边主义的基石，是全球化的一面旗帜。联合国改革是当前国际治理体系的重要组成部分。在联合国成立 75 周年之际，中国对于联合国的改革提出主持公道、厉行法治、促进合作和聚焦行动的四点建议^②，强调各个国家要在相互尊重、一律平等的基础上，坚持共商共建共享，共同参与国际事务协定，共同分享世界经济发展成果，尤其要切实保障发展中国家参与国际治理的权利，更加平衡地反映大多数国家的利益和愿望，克服当前联合国日益碎片化的制度缺陷，提升联合国的权威性和一致性。

在 WTO 治理体系改革方面，中国要不断落实和推动世界贸易组织改革的三项基本原则和五点主张，始终坚持多边贸易体系的核心价值，尤其要保护发展中国家的利益，为发展中国家的经济发展提供必需的灵活性和政策空间；在 WTO 改革进程中，尤其要确保发展中成员的参与，反对"一言堂"和"小圈子"，推动发展中国家掌握国际事务中的话语权，推动国际政治民主化。

在国际金融体制改革方面，以世界银行、国际货币组织等为代表的国际金融机构中，发达国家所占份额远远高于发展中国家，牢牢掌握着国际金融机构的控制权，对发展中国家的基础设施建设、国际合作发展、融资需求等施加诸多限制。在此背景下，中国要不断与发展中国家展开深层次、宽领域的国际金融合作，以 AIIB、丝路基金和金砖国家发展银行的设立为契机，不断推动国际金融中心的多元化和国际货币的多元化，加强维护国际货币体系中的金融安全机制，为发展中国家参与国际金融体制改革、促使金融秩序朝着更加合理和稳定的方向发展提供多样性选择。

① 李伟，隆国强，张琦等(国务院发展研究中心"国际经济格局变化和中国战略选择"课题组). 未来 15 年国际经济格局变化和中国战略选择[J]. 管理世界，2018，34(12)：1-12.

② 新华社. 习近平在联合国成立 75 周年纪念峰会上发表重要讲话[EB/OL]. (2020-09-22) [2023-01-27]. http://www.qstheory.cn/yaowen/2020-09/22/c_1126523612. htm.

三、建立全球绿色发展治理体系

绿色发展和低碳转型成为各国实现可持续发展的现实选择，应对全球气候变化、发展绿色经济将成为影响国际经济格局的重要因素，也将成为世界主要经济体的道义和责任。

《巴黎气候变化协定》为全球应对气候变化提供行动指南，中国是巴黎协定的支持者和践行者。2020 年 9 月召开的第 75 届联合国大会（UNGA）一般性辩论上，习近平宣布"中国将提高国家自主贡献力度，采取更加有力的政策和措施，二氧化碳排放力争于 2030 年前达到峰值，努力争取 2060 年前实现碳中和"[①]，同年 12 月的气候雄心峰会（Climate Ambition Summit）上，习近平宣布"到 2030 年，中国单位国内生产总值二氧化碳排放将比 2005 年下降 65%以上，非化石能源占一次能源消费比重将达到 25%左右，森林蓄积量将比 2005 年增加 60 亿立方米，风电、太阳能发电总装机容量将达到 12 亿千瓦以上"[②]。

中国的碳达峰和碳中和承诺伴随着一系列丰富的配套措施。国内方面，中国主动探索实践低碳发展的道路，以"绿色发展、循环发展、低碳发展"理念引导应对气候变化的务实行动，一方面积极进行产业结构调整，倡导节能增效；另一方面，着力推进行业部门低碳发展转型，制定工业节能与绿色标准；在制度和法规方面，颁布《碳排放权交易管理暂行条例》，主动与金融发展部门展开跨界合作，探索低碳信贷等金融新手段。

在国内推动经济社会发展全面绿色转型的同时，中国在国际领域积极推进全球气候伙伴关系网络建设，致力于构建全球气候治理新体系。在"一带一路"沿线，中国加速运用人工智能、清洁能源技术等方式帮助发展中国家实现清洁发展，加速建设绿色"一带一路"。在南南合作框架内，中国出资 200 亿元人民币建立"中国气候变化南南合作基金"（China South-South Climate Cooperation Fund），支持其他发展中国家削减温室气体排放。中国援助修建了非洲第一条跨国电气化铁路——亚吉铁路；中国技术和中国经验为项目顺利实施提供了关键支持，目前全球最大的位于阿联酋沙漠深处的单体光伏电站"阿布扎比之光"项目，所

---

① 习近平. 在第 75 届联合国大会一般性辩论上的讲话[EB/OL]. (2020-09-22) [2023-01-27]. http://www.gov.cn/xinwen/2020-09/22/content_5546168.htm.

② 习近平. 继往开来，开启全球应对气候变化新征程——在气候雄心峰会上的讲话[EB/OL]. (2020-12-13) [2023-01-27]. http://www.gov.cn/xinwen/2020-12/13/content_5569138.htm.

使用的 320 万块光伏面板均为中国制造；中国还为肯尼亚援建光伏发电站，减少二氧化碳排放。

　　在推动形成全球气候治理新体系上，中国倡导在应对气候变化问题时遵循共同但有区别的原则，呼吁各国强化行动，以绿色发展新理念为引领，坚持绿色复苏发展的气候治理新思路，共同应对全球气候变化。习近平主席在 2021 年世界经济论坛"达沃斯议程"对话会的特别致辞中指出："人类只有一个地球，人类也只有一个共同的未来。无论是应对眼下的危机，还是共创美好的未来，人类都需要同舟共济、团结合作。"①作为世界上最大的发展中国家，中国将秉持人类命运共同体理念，同世界各国一道，顺应和平发展、合作共赢的时代潮流，维护以联合国为核心的国际体系和以国际法为基础的国际秩序，改革完善全球经济治理体系和国际经贸规则以适应不断变化的世界政治经济格局，共同推动经济全球化深入发展，维护世界和平，增进人类福祉。

---

① 习近平. 让多边主义的火炬照亮人类前行之路——在世界经济论坛"达沃斯议程"对话会上的特别致辞[EB/OL]. (2021-01-25)[2023-01-27]. http://www.gov.cn/gongbao/content/2021/content_5585225. htm.

专业术语中英文对照

A Community of Shared Future for Mankind　　人类命运共同体

A European Initiative in Electronic Commence　　《欧盟电子商务倡议》

A European Strategy for Data　　《欧洲数据战略》

A Framework for Global Electronic Commerce　　《全球电子商务纲要》

A Friend of the Court　　法庭之友

A System of Binding Precedents　　约束性先例制度

Accountability　　可问责原则

Action Plan for Electronic Commerce　　《电子商务行动计划》

African Continental Free Trade Area，AfCFTA　　非洲大陆自由贸易区

African Union，AU　　非洲联盟

Agenda 2063　　非盟《2063 年议程》

Agreement of the Working Group on Transparency of Government Procurement　　《政府采购透明化工作小组协定》

Agreement on Basic Telecommunications　　《全球基础电信协议》

Agreement on Customs Valuation　　《海关估价协定》

Agreement on Financial Services　　《开放全球金融服务市场协议》

Agreement on Implementation of Article VII of GATT 1994　　《1994 年 GATT 第七条（关税估价）执行协定》

Agreement on Rules of Origin　　《原产地规则协定》

Agreement on Subsidies and Countervailing Measures，SCM　　《补贴与反补贴措施协议》

Agreement on Technical Barriers to Trade，TBT　　《技术性贸易壁垒协定》

Agreement on the Application of Sanitary and Phytosanitary Measures，SPS　　《实施卫生与动植物检疫措施协定》

Agreement on Trade-Related Aspects of Intellectual Property Rights，

TRIPs   《与贸易有关的知识产权协定》

Agreement on Trade-Related Investment Measures，TRIMS   《与贸易有关的投资措施协定》

Anti-Counterfeiting Trade Agreement，ACTA   《反假冒贸易协定》

Antitrust Law   反托拉斯法

APEC Cross-border Privacy Enforcement Arrangement，CEPA   《APEC跨境隐私执行合作安排》

APEC Cross-border E-commerce Facilitation Framework   《APEC跨境电子商务便利化框架》

APEC Data Privacy Pathfinder Initiative   《APEC数据隐私探路者倡议》

APEC E-Commerce Business Alliance，APEC-ECBA   APEC电子商务工商联盟

APEC Privacy Framework   《APEC隐私保护框架协定》

APEC Road Map for Internet and Digital Economy   《APEC互联网和数字经济路线图》

APEC-OECD Co-operative Initiative on Regulatory Reform   APEC与OECD《规制改革合作倡议》

APEC-OECD Integrated Checklist on Regulatory Reform   APEC与OECD规制改革综合清单

Arab Spring   阿拉伯之春

Arbitration Costs   仲裁成本

Arbitration Institute of Stockholm Chamber of Commerce，SCC   斯德哥尔摩商会仲裁院

Arbitration Rules   《SCC仲裁规则》

Arrangement on Officially Supported Export Credits，July 2021   《官方支持出口信贷安排（2021年修订版）》

ASEAN Connectivity Master Plan 2025   《东盟互联互通总体规划2025》

Asian Development Bank，ADB   亚洲开发银行

Asian Infrastructure Investment Bank，AIIB   亚洲基础设施投资银行

Asia-Pacific Economic Cooperation，APEC   亚太经合组织

Asia-Pacific Trade Agreement   《亚太贸易协定》

Assets Disposal Income   资产处置所得

Association of Southeast Asian Nations，ASEAN　　东盟

Australia New Zealand Therapeutic Products Agency，ANZTPA　　澳大利亚—新西兰医疗物品管理局

Bangladesh-China-India-Myanmar Economic Corridor　　孟中印缅经济走廊

Basel Committee on Banking Supervision　　巴塞尔银行监管委员会

Basel III　　《巴塞尔协议III》

Behind-the-border　　边境后

Beijing Agenda for an Integrated，Innovative and Interconnected Asia-Pacific　　《北京纲领：构建融合、创新、互联的亚太——亚太经合组织领导人宣言》

Beijing Roadmap for APEC's Contribution to the Realization of the FTAAP　　《APEC 推动实现亚太自贸区路线图》

Belt and Road Initiative　　"一带一路"倡议

Berne Union　　伯尔尼联盟

Better Regulation Task Force　　优化规制特别工作组

Bifurcation　　分流审理

Big Data Standardization White Paper　　《大数据标准化白皮书》

Bilateral Investment Treaty，BIT　　双边投资协定

Blue Barriers　　蓝色壁垒

Blueprint for Interconnection　　《互联互通蓝图》

Bond Underwriting Business　　债券承销业务

BRICS　　金砖国家

BRICS New Development Bank，NDB　　金砖国家新开发银行

Brookings Institution　　布鲁金斯学会

Bureau of Industry and Security，BIS　　美国商务部工业和安全局

Business to Business，B2B　　企业与企业之间的电子商务

Business to Consumer，B2C　　企业与消费者之间的电子商务

Business to Government，B2G　　企业与政府之间的电子商务

Calvo Doctrine　　卡尔沃主义

Canada-EU Regional Comprehensive Economic Partnership　　《加拿大—欧盟区域全面经济伙伴关系协定》

Canada-United States Regulatory Cooperation Council　　加拿大—美国

规制合作委员会

Carbon Border Adjustment Mechanism，CBAM　　碳边境调整机制

Carbon Footprint　　碳足迹

Catalogue of Industries Encouraging Foreign Investment (2020 Edition)
《鼓励外商投资产业目录（2020 年版）》

Charter of International Trade Organization　　《联合国国际贸易组织宪章》

China and the World in the New Era　　《新时代的中国与世界》

China International Import Expo，CIIE　　中国国际进口博览会

China International Investment Arbitration Forum　　中国国际投资仲裁
常设论坛

China Railway Express　　中欧班列

China South-South Climate Cooperation Fund　　中国气候变化南南合
作基金

China-Central Asia-West Asia Economic Corridor　　中国—中亚—西
亚经济走廊

China-EU Comprehensive Agreement on Investment，CAI　　《中国—
欧盟全面投资协定》

China-EU Cooperation 2020 Strategic Plan　　《中欧合作 2020 战略规划》

China-Indochina Peninsula Economic Corridor　　中国—中南半岛经济
走廊

China-Japan-Korea Cooperation Prospects for the Next Ten Years　　《中
日韩合作未来十年展望》

China-Japan-Korea Free Trade Area Agreement　　《中日韩自贸区协定》

China-Kazakhstan Production Capacity Cooperation Fund　　中哈产能
合作基金

China-Mongolia-Russia Economic Corridor　　中蒙俄经济走廊

China-Pakistan Economic Corridor，CPEC　　中巴经济走廊

China's Position Paper on the 75th Anniversary of the Founding of the
United Nations　　《中国关于联合国成立 75 周年立场文件》

China's Position Paper on WTO Reform　　《中国关于世贸组织改革的
立场文件》

Clear System　　清算系统

Climate Ambition Summit　　气候雄心峰会

COAG Best Practice Regulation　　《澳大利亚政府委员会最佳规制实践条例》

Commercial Interest Reference Rate，CIRR　　商业参考利率

Commission for Social Development，CSocD　　联合国社会发展委员会

Committee on Foreign Investment in the United States，CFIUS　　美国外资委员会

Committee on Government Procurement　　政府采购委员会

Committee on Regulatory Coherence　　规制协调委员会

Committee on Services and Investment　　服务和投资委员会

Committee on Trade in Goods　　货物贸易委员会

Common Approach to Environmental and Social Due Diligence　　《环境和社会尽职调查的共同办法》

Compendium of State and Public Comments on Proposed Amendments to the ICSID Rules　　《关于改革的公众意见摘要》

Competition Commission of India　　印度竞争委员会

Competition Policy in Eastern Europe and Central Asia: Focus on Competitive Neutrality　　《东欧和中亚基于竞争中立的竞争政策》

Competition Policy: Encouraging Thriving Markets for Development　　《竞争政策：促进市场繁荣与发展》

Competitive Neutrality　　竞争中立

Competitive Neutrality and Its Application in Selected Developing Countries　　《竞争中立及其在部分发展中国家的运用》

Competitive Neutrality and State-Owned Enterprises in Australia: Review of Practices and Their Relevance for Other Countries　　《澳大利亚竞争中立政策与国有企业：实践评述及其对其他国家的相关性》

Competitive Neutrality and State-Owned Enterprises:Challenges and Policy Options　　《竞争中立与国有企业：挑战和政策选择》

Competitive Neutrality Framework，CNF　　竞争中立政策框架

Competitive Neutrality in Competition Policy　　《竞争政策中的竞争中立》

Competitive Neutrality in India　　竞争中立在印度

Competitive Neutrality: A Compendium of OECD Recommendations Guidelines and Best Practices　　《竞争中立：经合组织建议、指引与最佳实践纲要》

Competitive Neutrality: Maintaining a Level Playing Field Between Public and Private Business 《竞争中立：维持国有企业与私有企业公平竞争的环境》

Competitive Neutrality: National Practices 《竞争中立：各国实践》

Comprehensive and Progressive Agreement for Trans-Pacific Partnership，CPTPP 《全面与进步跨太平洋伙伴关系协定》

Comprehensiveness 综合性原则

Confederation of Danish Industry 丹麦工业联合会

Conference on Good Regulatory Practices，GRP 良好规制实践大会

Consumer to Consumer，C2C 消费者与消费者之间的电子商务

Convention on Settlement of Investment Disputes between States and Nationals of Other States 《解决国家与他国国民之间投资争议公约》（《华盛顿公约》）

Cooperation and Facilitation Investment Agreement，CFIA 《合作与促进投资协定》

Cournot Oligopoly 古诺寡头垄断

Critical Mass Agreements，CMAs 临界数量协议

Cross-border Electronic Business 跨境电子商务

Cross-cutting Issues 横向议题

Debt Trap 债务陷阱

Declaration on Global Electronic Commerce 《全球电子商务宣言》

Deep Trade Agreements 深度区域贸易协定

Department of Homeland Security，DHS 美国国土安全部

Development Policy Lending 发展政策贷款

Digital Divide 数字鸿沟

Digital Economy 数字经济

Digital Economy Partnership Agreement，DEPA 《数字经济伙伴关系协定》

Digital Europe Programme 数字欧洲计划

Digital Products 数字产品

Digital Technology 数字技术

Digital Trade 数字贸易

Digital Trade in the U.S. and Global Economies 《美国和全球经济中

的数字贸易》

Direct Financing　　直接融资

Direct Loan　　直接贷款

Dispute Settlement Body，DSB　　WTO 争端解决机制

DoD Cyber Strategy　　《国家网络战略》

DoD Data Strategy　　《国防部数据战略》

DoD Digital Modernization Strategy　　《国防部数字现代化战略》

Doha Development Agenda，DDA　　多哈发展议程（多哈回合贸易谈判）

Doing Business 2020　　《全球营商环境报告 2020》

Draft International Antitrust Code　　《国际反垄断法草案》

Drug Enforcement Administration，DEA　　美国缉毒局

E-Commerce　　电子商务

E-Commerce，Trade and the COVID-19 Pandemic　　《电子商务、贸易和新冠肺炎疫情大流行》

Economic Development Cooperation Fund，EDCF　　对外经济合作基金

Economic Partnership Agreement，EPA　　《经济伙伴关系协定》

Efficiency　　有效性原则

Electronic Commerce: Taxation Framework Conditions　　《电子商务税收政策框架条件》

Electronic Data Interchange，EDI　　电子数据交换

Electronic Funds Transfer，EFT　　电子资金转账

Electronic Supply of Service　　以电子方式提供的服务

Ensuring Competitive Neutrality through the State Aid Policy-Note by Romania:Tools for Addressing Competitive Neutrality　　《通过国家援助政策确保竞争中立——罗马尼亚解决竞争中立政策工具的说明》

Enterprise Credit Information Publicity System　　企业信用信息公示系统

Enterprisc Registration System　　企业登记系统

Environmental Kuznets Curve，EKC　　环境库茨涅茨曲线

EU Digital Single Market Strategy　　单一数字市场计划

EU Digital Trade Strategy　　数字贸易战略

EU Institutions and Directives　　欧盟的机制和法令

EU Technical Harmonization and Standardization　　欧盟技术协调和标准化

EU-Canada Comprehensive Economic and Trade Agreement，CETA　　《欧盟—加拿大全面经济贸易协定》

EU-China Comprehensive Agreement on Investment，CAI　　《欧盟—中国全面投资协定》

EU-Japan Economic Partnership Agreement，EUJEPA　　《欧盟—日本经济伙伴关系协定》

EU-Singapore Investment Protection Agreement　　《欧盟—新加坡投资保护协定》

EU-US Privacy Shield　　《欧盟—美国隐私盾协议》

EU-Vietnam Investment Protection Agreement　　《欧盟—越南投资保护协定》

European Commission　　欧盟委员会

European Green Deal　　《欧洲绿色协议》

European Union Emission Trading Scheme，EU-ETS　　欧盟排放交易系统

European Union，EU　　欧盟

European Union－Vietnam Free Trade Agreement，EVFTA　　《欧盟—越南自由贸易协定》

Export and Investment Guarantees Act　　出口和投资担保法

Export Buyer's Credit　　出口买方信贷

Export Competitiveness　　出口竞争力

Export Credit Guarantee　　出口信用担保

Export Credits Agency，ECA　　出口信贷机构

Export Finance Australia　　澳大利亚出口金融局

Export Financing　　出口融资

Export Seller's Credit　　出口卖方信贷

Export Subsidies　　出口补贴

Exporter Bill Discount　　出口商票据贴现

Export-Import Bank of Korea　　韩国进出口银行

Export-Import Bank of Korea Act　　《韩国进出口银行法》

Export-Import Bank of the United States，EXIM　　美国进出口银行

Export-Import Bank of Washington　　华盛顿进出口银行

Extensive Consultation，Joint Contribution and Shared Benefits　　共商

共建共享

    Externalities　　外部性

    Factor Endowments　　要素禀赋

    Factory to Consumer，F2C　　生产商与消费者之间的电子商务

    Fair and Equitable Treatment Standard　　公平公正待遇

    Financial Institution Loans　　金融机构贷款

    Financial Services Committee　　金融服务委员会

    Finished Product Trade　　最终产品贸易

    Fiscal Policy　　财政政策

    Food and Drug Administration，FDA　　美国食品药品监督管理局

    Foreign Direct Investment，FDI　　外商直接投资

    Foreign Investment Law of the People's Republic of China　　《中华人民共和国外商投资法》

    Foreign-funded Enterprises　　外商投资企业

    Forum on China-Africa Cooperation　　中非合作论坛

    Free Trade Agreement，FTA　　自由贸易协定

    Free Trade Area　　自由贸易区

    Free Trade Area of the Asia-Pacific，FTAAP　　亚太自由贸易区

    Friends of Investment Facilitation for Development，FIFD　　促进发展的投资便利化之友

    G20　　二十国集团

    G20 Debt Service Suspension Initiative　　G20 缓债倡议

    G20 Global Investment Guiding Principles　　《G20 全球投资指导原则》

    G20 Hangzhou Summit　　G20 杭州峰会

    General Agreement on Tariffs and Trade，GATT　　《关税与贸易总协定》

    General Agreement on Trade in Services，GATS　　《服务贸易总协定》

    General Asscmbly of the United Nations，UNGA　　联合国大会

    General Data Protection Regulation，GDPR　　《基本数据保护条例》

    General Usage for International Digitally Ensured Commerce，GUIDEC　　《国际数字保证商务通则》

    Generalized System of Preferences　　《普遍优惠制协定》

    Gentlemen's Agreement　　君子协定

    Global Action Menu for Investment Facilitation　　《投资便利化全球行

动手册》

Global Action Plan for Electronic Commerce Prepared by Business with Recommendations for Governments　《工商界全球电子商务行动计划》

Global Data Security Initiative　《全球数据安全倡议》

Global Financial Crisis　全球金融危机

Global Information Infrastructure Commission，GIIC　世界全球信息基础设施委员会

Global Innovation Index，GII　全球创新指数

Global Investment Trend Monitor　《全球投资趋势监测》

Global Public Health System　全球公共卫生系统

Global System of Trade Preferences Among Developing Countries，GSTP　《全球贸易优惠制度协定》

Global Trade Model，GTM　全球贸易模型

Global Value Chains，GVCs　全球价值链

Good Regulatory Practices，GRP　良好规制实践

Government Procurement　政府采购

Government Procurement Agreement，GPA　政府采购协定

Government Subsidies　政府补贴

Green Barriers，GBs　绿色贸易壁垒

Green Industry Financial Support　绿色产业金融支持

Guidance on Foreign Direct Investment and Free Capital Flow，Protection of EU Strategic Asset Acquisition Guidelines　《关于外国直接投资和资本自由流动、保护欧盟战略性资产收购指南》

Guidelines for Multinational Enterprises　《跨国企业准则》

Harmonization　沟通协调

Havana Charter　《哈瓦那宪章》

Health Canada，Health Products and Food Branch　加拿大卫生部健康产品和食品局

Honolulu Declaration　《檀香山宣言》

Host Country　东道国

i2010-A European Information Society for Growth and Employment　《欧洲信息社会：促进增长和就业》

ICSID Rules of Procedure for Arbitration Proceedings　《国际投资争

端解决中心仲裁程序规则》

ICSID Rules of Procedure for Conciliation Proceedings　　《国际投资争端解决中心调解程序规则》

Implementation of Core Good Regulatory Practices　　核心良好规制实践

Import and Export Tariffs of the People's Republic of China（2021）《中华人民共和国进出口税则（2021）》

Indirect Expropriation　　间接征收

Individual Commerce，I-Commerce　　个体商业

Industry Cluster Effect　　产业集群效应

Information Technology Agreement，ITA　　《信息技术协定》

Intellectual Property Protection System　　知识产权制度

Interest Rate Compensation　　利率补偿

Intermediate Product Trade　　中间产品贸易

International Antitrust Code Working Group　　国际反垄断法工作委员会

International Bank for Reconstruction and Development　　国际复兴开发银行

International Centre for Settlement of Investment Disputes，ICSID　　国际投资争端解决中心

International Chamber of Commerce，ICC　　国际商会

International Competition Network　　国际竞争网络

International Digital Economy and Telecommunication Advisory Committee，IDET　　美国国际数字经济与电信咨询委员会

International Fair Competition　　国际公平竞争

International Investment Agreement，IIA　　国际投资协定

International Investment Court　　国际投资法庭

International Labor Organization，ILO　　国际劳工组织

International Medical Devices Regulators Forum，IMDRF　　国际医疗设备监管管理论坛

International Monetary Fund，IMF　　国际货币基金组织

International Regulatory Coherence，IRC　　规制协调

International Regulatory Consistence，IRC　　国际规制一致

International Regulatory Cooperation，IRC　　国际规制合作

International Regulatory Cooperation: Addressing Global Challenges　　《国

际规制合作：应对全球挑战》

International Working Group on Export Credit，IWG 出口信贷国际工作组

Internet 互联网

Internet Technology，IT 互联网技术

Inter-Korean Cooperation Fund，IKCF 南北合作基金

Inter-regional GVC 区域间全球价值链

Inventory of Competitive Neutrality Distortions and Measures 《竞争中立扭曲和措施清单》

Investment Court System，ICS 国际投资法庭体系

Investment Facilitation Action，IFA 投资便利化

Investment Facilitation for Development，IFD 投资便利化发展

Investment Management 投资管理

Investment Promotion 投资促进

Investment Protection 投资保护

Investment Related Instruments，IRIs 投资相关的文件

Investment Subsidy 投资补贴

Investment Support 投资支持

Investor-State Dispute Settlement，ISDS 投资者与东道国争端解决机制

Japan Bank for International Cooperation Act 《日本国际协力银行法》

Japan Bank for International Cooperation，JBIC 日本国际协力银行

Japan International Cooperation Agency，JICA 日本国际协力机构

Japan-EU Economic Partnership Agreement，EPA 《日本—欧盟经济伙伴关系协定》

Join Hands to Build New Partners for Win-win Cooperation and Build a Community with a Shared Future for Mankind with One Heart 《携手构建合作共赢新伙伴 同心打造人类命运共同体》

Joint Committee 共同委员会

Joint Management Committee for Sanitary and Phytosanitary Measures 卫生与动植物检疫措施共同管理委员会

Joint Statement on Electronic Commerce 《关于电子商务的联合声明》

Jointly Building a Future Oriented Asia Pacific Partnership—Statement on the 25th Anniversary of APEC 《共建面向未来的亚太伙伴关系——亚太经合组织成立 25 周年声明》

Just-in-Time Delivery of Inputs 及时交付投入

Lean Stock 精益库存

Learning Curve 学习曲线

Level Playing Field 公平市场竞争环境

Liquidation Proceeds 清算所得

Local Cost 当地费用

Manufactured Product 工业制成品

Market Access 市场准入

Market Failure Theory 市场失灵理论

Market Principle 市场化原则

Market Window 市场窗口

Marrakech Agreement Establishing the World Trade Organization，WTO Agreement 《马拉喀什建立世界贸易组织协定》

Mechanism for Foreign Investment Promotion 外商投资促进机制

Mega-regional Agreement 超区域协议

Mega-regional Trade Agreement 超区域自由贸易协定

Memorandum on Reforming Developing-Country Status in the World Trade Organization 《改革世界贸易组织发展中国家地位备忘录》

Ministerial Declaration on Trade in Information Technology Products 《关于信息技术产品贸易的部长宣言》

MMT 甲基环戊二烯三羰基锰

Model Law on Electronic Commerce 《联合国国际贸易法委员会电子商务示范法》

Model Law on Electronic Transferable Records 《联合国国际贸易法委员会电子可转让记录示范法》

Model Law on International Commercial Arbitration 《国际商事仲裁示范法》

Monetary Policy 货币政策

Monopoly 垄断

Moral Hazard 道德风险

Most Favorable Terms 最优惠条款

Most-favoured-nation Treatment，MFN　　最惠国待遇

Multilateral Agreement on Investment，MAI　　多边投资协定

Multilateral Competent Authority Agreement　　《多边主管当局协议》

Multilateral Trading System　　多边贸易体制

Multilateralism　　多边主义

Multinational Enterprises　　跨国公司

Mutual Recognition　　相互认可

Mutual Recognition Agreements in the Accountancy Sector　　会计行业相互承认协议

Nash Equilibrium　　纳什均衡

National Competition Policy Review Report　　《国家竞争政策审查报告》

National Focal Points　　国家联络点

National Policy Bank　　国家政策性银行

National Treatment　　国民待遇

Negative List　　负面清单

Negative Spillover Effect　　负溢出效应

Network Effects　　网络效应

New Coronary Pneumonia Vaccine Implementation Plan　　新冠肺炎疫苗实施计划

New Economic Globalization Concept　　新型经济全球化理念

New Eurasian Continental Bridge Economic Corridor，NECBEC　　新亚欧大陆桥经济走廊

New International Relations Theory　　新型国际关系理论

Non-discrimination　　非歧视性原则

Non-Governmental Organization，NGO　　非政府组织

Non-traditional Security Issues　　非传统安全问题

Non-traditional Security Threats　　非传统安全威胁

North American Free Trade Agreement，NAFTA　　《北美自由贸易协定》

OECD Action Plan for Electronic Commerce　　《OECD 电子商务行动计划》

OECD Arrangements on Export Credits　　《OECD 关于出口信贷的安排》

OECD Guidelines for Consumer Protection in the Context of Electronic Commerce　　《经合组织关于电子商务中消费者保护指南的建议》

OECD Guidelines on Corporate Governance of State-Owned Enterprises
《OECD 国有企业公司治理指引》

OECD Model Tax Convention　　　OECD 税收协定范本

Office of the United States Trade Representative，USTR　　美国贸易代表办公室

Official development assistance，ODA　　官方发展援助

Official Export Credit　　官方出口信贷

Official Export Credit Rules　　官方出口信贷规则

Official Financing Support　　官方融资支持

Officially Supported Export Credits Agency　　官方出口信贷机构

Omnibus Trade and Competitive Act of 1988　　《1988 年综合贸易与竞争法》

Opportunities to Contribute to the Growth of Trade Value　　《有助于贸易价值增长的机会》

Organisation for Economic Co-operation and Development，OECD　　经济合作与发展组织

Osaka Declaration on the Digital Economy　　《大阪数字经济宣言》

Paris Club　　巴黎俱乐部

Peterson Institute for International Economics，PIIE　　彼得森国际经济研究所

Poison Pill　　毒丸条款

Policy Finance Theory　　政策性金融理论

Poverty Alleviation Assistance　　扶贫援助

Preferential Export Loans for SMEs　　中小企业出口优惠贷款

Pre-establishment National Treatment　　准入前国民待遇

Production Automation　　自动化生产

Prohibited Subsidies　　禁止性补贴

Prosper Africa Initiative　　繁荣非洲倡议

Public Body　　公共机构

Quality Management System，QMS　　质量管理体系

Race to the Bottom　　逐底竞争

Regional Accumulation Rules　　区域累积规则

Regional Comprehensive Economic Partnership，RCEP　　《区域全面

经济伙伴关系协定》

Regional Economic Integration Organizations，REIO　　区域经济一体化组织

Regional Trade Agreement，RTA　　区域贸易协定

Regional Value Chain　　区域价值链

Regulation Chill　　监管寒意

Regulatory Cooperation Committee，RCC　　规制合作委员会

Regulatory Cooperation Forum，RCF　　规制合作论坛

Regulatory Equivalence　　规制等效

Regulatory Export　　规制出口

Regulatory Impact Analysis，RIA　　规制影响分析

Regulatory Impact Assessments　　鼓励规制影响评估

Regulatory Policy Committee　　规制政策委员会

Report on International and Regional Bodies: Activities and Initiatives in Electronic　　《有关国际组织和地区组织的报告：电子商务的活动和计划》

Resource Development Financing　　资源开发融资

Risk Premium　　风险溢价

Rules for Expedited Arbitration　　《SCC 快速仲裁规则》

Rules on Consolidation of Claims　　索赔权保障规则

Safe Harbor　　《安全港协议》

Scoping Note on Competitive Neutrality as a long-term theme for 2019-2020　　《关于竞争中立作为 2019—2020 长期主题范围的说明》

Security of Costs　　讼费保证金

Self-help　　自助

Shaping Europe's Digital Future: Commission Presents Strategies for Data and Artificial Intelligence　　《塑造欧洲的数字未来》

Silk Road Fund　　丝路基金

Singapore Convention on Mediation　　《联合国关于调解所产生的国际和解协议公约》（《新加坡调解公约》）

Smiling Curve　　微笑曲线

Snowball Effect　　雪球效应

South-South Cooperation　　南南合作

Sovereign Counter Guarantee　　主权背书

Sovereign Debt　　　主权债务

Spaghetti Bowl Phenomenon　　　"意大利面碗"效应

Special and Differential Treatment Provisions　　　特殊与差别待遇条款

Specialized Committee　　　专业委员会

Specific Trade Concerns　　　特定贸易问题

State-owned Enterprises as Global Competitors: A Challenge or an Opportunity?　　　《国有企业作为全球竞争者：挑战还是机会？》

State-owned Enterprises: Trade Effects and Policy Implications　　　《国有企业：贸易效应及政策启示》

State-State Dispute Settlement，SSDS　　　国家与国家间的争端解决机制

Strategic Trade Policy　　　战略性贸易政策

Supervision and Inspection in Accordance with the Law　　　依法监督检查制度

Supportive Policies　　　扶持性政策

Sustainable Development Goals，SDGs　　　可持续发展目标

System for Foreign Investment Information Reporting　　　外商投资信息报告制度

System of Security Review for Foreign Investment　　　外商投资安全审查制度

Tax Haven　　　避税天堂

Technical Barriers to Trade，TBT　　　技术性贸易壁垒

Technology Development Loans for Exporters　　　出口企业技术开发贷款

The Charter of the United Nations　　　《联合国宪章》

The Doha Declaration　　　《多哈部长宣言》

The Paris Agreement on Climate Change　　　《巴黎气候变化协定》

The Second Export-Import Bank of Washington　　　华盛顿第二进出口银行

The Uniform Computer Information Transaction Act，UCITA　　　《统一计算机信息交易法》

The Working Group on the Interaction between Trade and Competition Policy，WGTCP　　　贸易与竞争政策互动工作小组

The World Economic Forum　　　世界经济论坛

Trade and Development Report 2021　　　《2021 年贸易和发展报告》

Trade Barriers　　贸易壁垒

Trade Competitiveness　　贸易竞争力

Trade Facilitation Agreement，TFA　　《贸易便利化协定》

Trade in Services Agreement，TiSA　　《服务贸易协定》

Trade Protectionism　　贸易保护主义

Transatlantic Business Dialogues　　跨大西洋商业对话

Transatlantic Consumer Dialogues　　跨大西洋消费者对话

Transatlantic Economic Partnership　　跨大西洋经济伙伴关系

Transatlantic Trade and Investment Partnership，TTIP　　《跨大西洋贸易与投资伙伴关系协定》

Trans-Pacific Partnership Agreement，TPP　　《跨太平洋伙伴关系协定》

Trans-Pacific Strategic Economic Partnership Agreement，P4　　《跨太平洋战略经济伙伴关系协议》

Transparency　　透明度原则

Trans-Tasman Mutual Recognition Arrangement between Australia and New Zealand　　澳—新泛塔斯曼相互认可协定

Treaties with Investment Provisions，TIPs　　含有投资条款的其他协定

Treaty Establishing the European Community，EC Treaty　　《欧共体条约》

Treaty of Lisbon　　《里斯本条约》

TRIPS-plus　　超越世界贸易组织《与贸易有关的知识产权协议》标准

U.S. Export Finance Agency　　美国出口融资机构

U.S.-Japan Digital Trade Agreement　　《美日数字贸易协定》

UBS　　瑞士银行

UK Export Credit Guarantee Department，ECGD　　英国出口信贷担保局

Unbundled Finance　　非捆绑金融

UNCITRAL Arbitration Rules　　《UNCITRAL 仲裁规则》

UNCITRAL Conciliation Rules　　《UNCITRAL 调解规则》

UNCITRAL Working Group Ⅲ　　联合国国际贸易法委员会第三工作组

Understanding on Rules and Procedures Governing the Settlement of Disputes，DSU　　《关于争端解决规则与程序的谅解》

Uniform Commercial Code，UCC　　《统一商典法》

United Nations 2030 Agenda for Sustainable Development　　《联合国

2030 年可持续发展议程》

United Nations Commission on International Trade Law，UNCITRAL
联合国国际贸易法委员会

United Nations Conference on Trade and Development，UNCTAD　　联
合国贸易和发展会议

United Nations Convention on the Recognition and Enforcement of
Foreign Arbitral Awards　　《承认与执行外国仲裁裁决公约》（《纽约
公约》）

United Nations Department of Economic and Social Affairs，UNDESA
联合国经济和社会事务部

United Nations Economic Commission for Europe，UNECE　　联合国欧
洲经济委员会

United Nations Educational，Scientific and Cultural Organization，UNESCO
联合国教科文组织

United Nations Framework Convention on Climate Change，UNFCCC
《联合国气候变化框架公约》

United Nations Human Rights Council，UNHRC　　联合国人权理事会

United Nations Monetary and Financial Conference　　联合国货币金融
会议

United Nations Multilaterally Equitable Principles and Rules for the Control
of Restrictive Business Practices　　《联合国关于控制限定性商业惯例的公
平原则和规则的多边协议》

United Nations，UN　　联合国

United States Export Finance Agency Act of 2019　　《2019 年美国出口
融资机构法案》

United States Export-Import Bank Act of 1945　　《1945 年进出口银
行法》

United States International Trade Commission，USITC　　美国国际贸易
委员会

United States National Economic Council　　美国国家经济委员会

United States National Security Council　　国家安全委员会

United States-Mexico-Canada Agreement，USMCA　　《美墨加三国
协议》

Uruguay Round 乌拉圭回合

US Office of Management and Budget 美国管理和预算办公室

US-Mexico High-Level Regulatory Cooperation Council，HLRCC 美国—墨西哥高级规制合作委员会

Vision and Actions on Jointly Building Silk Road Economic Belt and the 21st Century Maritime Silk Road 《推动共建丝绸之路经济带和 21 世纪海上丝绸之路的愿景与行动》

White Paper on Creating a Level Competitive Environment Against Foreign Subsidies 《针对外国补贴营造公平竞争环境的白皮书》

White Paper on Leveling the Playing Field as Regards Foreign Subsidies 《关于在外国补贴方面创造公平竞争环境的白皮书》

White Paper: On Artificial Intelligence—A European Approach to Excellence and Trust 《人工智能白皮书——追求卓越和信任的欧洲方案》

Work Programme on Electronic Commerce 《电子商务工作计划》

Working Party on Domestic Regulation，WPDR 国内规制工作组

World Bank 世界银行

World Development Report 2020: Trading for Development in the Age of Global Value Chains 《2020 年发展报告：在全球价值链时代以贸易促发展》

World Development Report 2021: Data For Better Lives 《2021 年发展报告：数字改善生活》

World Economic Forum Davos Agenda 世界经济论坛"达沃斯议程"

World Economic Situation and Prospects 2021 《2021 年经济形势与展望》

World Health Assembly，WHA 世界卫生大会

World Intellectual Property Organization，WIPO 世界知识产权组织

World Intellectual Property Report 2019，WIPR2019 《2019 年世界知识产权指标报告》

World Investment Report 2021 《2021 年世界投资报告》

World Trade Organization，WTO 世界贸易组织

World Trade Report 2019 《2019 年世界贸易报告》

WP6: The Working Party on Regulatory Cooperation and Standardization Policies 规制合作与标准化政策工作组

WTO Agreement and Electronic Commerce 《世界贸易组织协定与

电子商务报告》

WTO Working Party on Professional Services　　世界贸易组织专业服务工作组

Yokohama Declaration　　《横滨宣言》

2019 Trade Agenda　　《2019 年贸易政策议程》

主要参考文献

（一）中文部分

阿里研究院. 贸易的未来：跨境电商连接世界——2016 中国跨境电商发展报告[EB/OL].
　　（2016-09-08）[2023-01-25]. http://www.aliresearch.com/ch/information/information
　　details?articleCode=21054&type=%E6%96%B0%E9%97%BB.

安德万. 国际货币基金组织与世界银行的协调机制[D]. 上海：上海外国语大学，2010.

陈安. 国际投资法的新发展与中国双边投资条约的新实践[M]. 上海：复旦大学出版社，
　　2007.

陈安. 陈安论国际经济法学（五卷本）[M]. 上海：复旦大学出版社，2008.

陈凤英，孙立鹏. WTO 改革：美国的角色[J]. 国际问题研究，2019（2）：63-65.

陈伟光，王燕. 全球投资治理下的国际投资协定多边谈判与中国对策[J]. 天津社会科
　　学，2017（3）：99-104 .

陈月波. 电子商务概论[M]. 北京：清华大学出版社，北京交通大学出版社，2004.

陈志阳，安佰生. 多双边贸易谈判中的国内规制问题[J]. 国际贸易，2014（10）：15.

崔凡. 中美经贸关系的未来发展趋势[J]. 中国外汇，2018（5）：15-17.

戴翔. 新冠肺炎疫情下全球价值链重构的中国机遇及对策[J]. 经济纵横，2020（6）：71-79.

戴翔，宋婕. "一带一路"有助于中国重构全球价值链吗[J]. 世界经济研究，2019（11）：
　　108-121、136.

DEGAIN C，孟渤，王直. 全球贸易与全球价值链的近期发展趋势[M]//杜大伟，莱斯，
　　王直. 全球价值链发展报告（2017）——全球价值链对经济发展的影响：测度与分
　　析. 北京：社会科学文献出版社，2018.

丁茂中. 竞争中立政策走向国际化的美国负面元素[J]. 政法论丛，2015（4）：22-30.

丁茂中. 中国（上海）自由贸易试验区竞争中立政策的推进检视[J]. 竞争法律与政策评
　　论，2016，2（0）：36-50.

冯辉. 竞争中立：国企改革、贸易投资新规则与国家间制度竞争[J]. 环球法律评论，
　　2016，38（2）：152-163.

高少丽. 公平竞争视域下优化营商环境研究[J]. 价格理论与实践，2020（5）：37-40、97.

高维和，殷华，张懿玮. 国际"竞争中立"国有企业条款与中国实践[M]. 上海：格致
　　出版社，2019.

顾宝志. WTO 发展中成员地位改革及中国应对建议[J]. 国际贸易，2020（1）：38-43 .

郭周明，李杨. 中国参与重构贸易投资体系规则的思路[J]. 开放导报，2019（2）：34.

国际货币基金组织.《世界经济展望》最新增长预测[EB/OL].（2021-03-23）[2022-12-28].
　　https://www.imf.org/en/Publications/WEO/Issues/2021/03/23/world-economic-outlook-

april-2021.

国务院新闻办公室. 关于中美经贸摩擦的事实与中方立场[EB/OL]. （2018-09-24）
　　[2022-12-28]. http://www.scio.gov.cn/ztk/dtzt/37868/39004/39006/Document/1638353/
　　1638353.htm.

何婧. 美国进出口银行贷款支持航天出口项目及其启示[J]. 长安大学学报（社会科学
　　版），2015，17（3）：37-38.

何蓉，连增，郭正琪. 美墨加协定（USMCA）对原产地规则的修订及其影响分析[J]. 区域
　　与全球发展，2019，3（6）：48-64、155-156.

何文彬. 数字化推动中国制造业价值链高端化效应解析——基于全球价值链视角[J]. 华东
　　经济管理，2020，34（12）：29-38.

胡海涛，刘玲，董婷婷. 竞争中立视野下国有企业的法律治理研究[J]. 河北科技大学学
　　报（社会科学版），2021，21（1）：29-36.

胡小芬. 国际争端解决机制问题的研究[J]. 法制博览，2015（22）：280-281.

黄宁，张凡，秦铮. 国际知识产权新规则的"超 TRIPS"趋势及对我国的挑战[J]. 全球
　　科技经济瞭望，2020，35（6）：2-4.

黄速建. 公平竞争：深化国有企业改革的关键变量[J]. 中国经济评论，2021（4）：53-57.

黄志瑾. 中国引领投资便利化国际合作的证立与实现[J]. 武大国际法评论，2019，3（4）：
　　39-56.

霍建国，庞超然. 国际投资规则的发展与启示[J]. 国际经贸探索，2017，33（8）：70-80.

杰克逊. 国家主权与WTO：变化中的国际法基础[M]. 赵龙跃，左海聪，盛建明，译. 北
　　京：社会科学文献出版社，2009.

金中夏. 全球化向何处去——重建中的世界贸易投资规则与格局[M]. 北京：中国金融
　　出版社，2015.

经济合作与发展组织. 竞争中立：维持国有企业与私有企业公平竞争的环境[M]. 谢晖，
　　译. 北京：经济科学出版社，2015.

荆林波，袁平红. 全球价值链变化新趋势及中国对策[J]. 管理世界，2019，35（11）：72-79.

黎峰. 全球价值链分工视角下的中美贸易摩擦透析[J]. 南方经济，2019（7）：1-15.

李馥伊. RCEP将为全球经济注入动力[J]. 中国投资，2019（23）：22-23.

李津，齐雅莎，刘恩专. 数字基础设施与全球价值链升级：机制与效用[J]. 学习与探索，
　　2020（10）：147-154.

李玲娟，温珂. 新形势下我国知识产权全球治理环境挑战与对策建议[J]. 中国科学院院
　　刊，2019，34（8）：847-855.

李梦醒. 论"世贸组织"争端解决机制中的法庭之友[J]. 经济研究导刊，2012（11）：186-187.

李宇英. "竞争中立"规制水平的国际比较研究[J]. 复旦学报（社会科学版），2019，
　　61（2）：166-176.

梁丹妮，陈建等. 疫情下国际投资争端易发类型及仲裁管辖的可能性[EB/OL].
　　（2020-05-08）[2022-12-28]. http://iolaw.cssn.cn/xshy/202005/t20200511_5126407.shtml.

梁国勇. 中国方案推动全球经济治理变革[N]. 经济参考报，2018-02-14（7）.

刘斌，潘彤. 人工智能对制造业价值链分工的影响效应研究[J]. 数量经济技术经济研
　　究，2020，37（10）：24-44.

刘京莲. 阿根廷国际投资仲裁危机的法理与实践研究——兼论对中国的启示[M]. 厦门：厦门大学出版社，2011.

刘宁元. WTO 标志着国际竞争法的新发展[M]//丁伟，朱榄叶. 当代国际法学理论与实践研究文集：国际经济法卷，北京：中国法制出版社，2002.

刘洋. 中国跨境电商创新发展报告（2019）[M]. 北京：社会科学文献出版社，2019.

刘志彪. 新冠肺炎疫情下经济全球化的新趋势与全球产业链集群重构[J]. 江苏社会科学，2020（4）：16-23、241.

刘子聪. 公平竞争审查制度的比较研究与路径优化[J]. 中国价格监管与反垄断，2021（1）：33-37.

鲁桐. 竞争中立：政策应用及启示[J]. 国际经济评论，2019（5）：7、99-122.

陆燕. WTO 改革：进展、前景及中国应对[J]. 国际商务财会，2019（10）：3-7.

马俊炯. 全球贸易规则重构的演变趋势及潜在风险[J]. 中国国情国力，2018(12)：26-30.

马亚伟. "竞争中立"原则的中国问题及法治应对——以国际经贸新规则为视角[J]. 云南民族大学学报（哲学社会科学版），2020，37（6）：131-139.

毛艳华. "一带一路"对全球经济治理的价值与贡献[J]. 人民论坛，2015（9）：31-33.

蒙英华，汪建新. 超大型自贸协定的服务贸易规则及对中国影响分析——以 TPP 为例[J]. 国际商务研究，2018，39（1）：45.

聂兰蕊. 论区域性贸易协定对国际投资法制的影响[J]. 法制博览，2015（21）：210-211.

聂孝红. WTO 框架内协调竞争政策的制约因素分析[J]. 经济法研究，2019，23(2)：263-276.

欧文等. GATT 的起源[M]. 王琛，译. 上海：上海人民出版社，2020.

彭波，韩亚品. 竞争中性、国企改革与市场演化研究——基于国际博弈的背景[J]. 国际贸易，2020（3）：14-20.

漆彤. 论"一带一路"国际投资争议的预防机制[J]. 法学评论，2018，36（3）：79-87.

全毅. 区域贸易协定发展及其对 WTO 改革的影响[J]. 国际贸易，2019（11）：54-55.

萨旺，葛顺奇，蒲红霞，等. 中国与 G20：为诸边或多边投资协定奠定基础[J]. 国际经济合作，2016（9）：14-19.

商务部. 中国对外投资合作发展报告 2020[EB/OL]. （2021-02-03）[2022-12-28]. http://www.gov.cn/xinwen/2021-02/03/5584540/files/924b9a95d0a048daaa8465d56051aca4.pdf.

商务部电子商务和信息化司. 中国电子商务报告 2021[EB/OL]. （2022-11-16）[2022-12-28]. http://images.mofcom.gov.cn/dzsws/202211/20221118180137127.pdf.

沈玉良，彭羽，高疆等. 数字贸易发展新动力：RTA 数字贸易规则方兴未艾——全球数字贸易促进指数分析报告（2020）[J]. 世界经济研究，2021（1）：3-16、134.

盛斌，张子萌. 全球数据价值链：新分工、新创造与新风险[J]. 国际商务研究，2020，41（6）：19-31.

施正文. 财政补贴与市场公平竞争[J]. 中国工商管理研究，2014（9）：30-32.

石岩. 欧盟推动 WTO 改革：主张、路径及影响[J]. 国际问题研究，2019（2）：84-86.

世界海关组织. 世界海关组织跨境电商标准框架[EB/OL]. （2022-06-28）[2022-01-26]. https://www.wcoomd.org/-/media/wco/public/global/pdf/topics/facilitation/activities-and-programmes/ecommerce/wco-framework-of-standards-on-crossborder-ecommerce_en.pdf?la=en.

斯蒂格利茨. 全球化及其不满[M]. 李杨，章添香，译. 北京：机械工业出版社，2010.

宋锡祥，张贻博.《欧盟—日本经济伙伴关系协定》透视及中国的应对之策[J]. 国际商务研究，2019，40（3）：60.

苏贝迪. 国际投资法政策与原则的协调（第二版）[M]. 张磊，译. 北京：法律出版社，2015.

孙南翔.《美墨加协定》对非市场经济国的约束及其合法性研判[J]. 拉丁美洲研究，2019，41（1）：60-77、156-157.

汤婧. "竞争中立"规则：国有企业的新挑战[J]. 国际经济合作，2014（3）：46-51.

屠新泉，石晓婧. 世贸组织改革：必要而艰巨的任务[J]. 当代世界，2019（8）：35.

外交部. 金砖国家关于加强和改革多边体系的联合声明[EB/OL].（2021-06-01）[2023-01-24]. https://www.mfa.gov.cn/web/wjbzhd/202106/t20210601_9137415.shtml.

万勇. 知识产权全球治理体系改革的中国方案[J]. 知识产权，2020（2）：17-25.

王春丽，冯莉. 国际经贸规则重构对中国对外开放的影响与应对策略[J]. 亚太经济，2020（5）：126-131.

王德蓉. 十八大以来习近平对我国积极参与全球经济治理的战略谋划[J]. 党的文献，2016（5）：18-24、34.

王梅. 中国投资海外：质疑、事实和分析[M]. 北京：中信出版社，2014.

王生长，彭禧雯. 从败诉中吸取教训：平安诉比利时投资仲裁案评析[EB/OL].（2015-06-12）[2022-12-28]. http://victory.itslaw.cn/victory/api/v1/articles/article/deca6831-648f-4d08-a095-3870a54b86bc?downloadLink=2&source=ios.

王晓晔. 欧共体竞争法[M]. 北京：中国法制出版社，2001.

王晓晔. 推动公平竞争审查大力遏制行政垄断[J]. 竞争法律与政策评论，2016（2）：3-6.

王燕. 国际经贸法制改革的路径与困境反思[J]. 国外社会科学前言，2019（4）：6-9.

翁国民，宋丽.《美墨加协定》对国际经贸规则的影响及中国之因应——以 NAFTA 与 CPTPP 为比较视角[J]. 浙江社会科学，2020（8）：20-29、44、155-156.

习近平. 决胜全面建成小康社会　夺取新时代中国特色社会主义伟大胜利——在中国共产党第十九次全国代表大会上的报告[EB/OL].（2017-10-27）[2023-01-21]. http://www.gov.cn/zhuanti/2017-10/27/content_5234876. htm.

习近平. 开放合作　命运与共——在第二届中国国际进口博览会开幕式上的主旨演讲[EB/OL].（2019-11-05）[2022-12-28]. http://jhsjk.people.cn/article/31439012.

小滨裕久. 直接资本投资与工业化：日本、亚洲地区新兴工业化经济群体、东盟[M]. 东京：日本贸易振兴会，1992.

肖连魁. 合理利用世界贸易组织补贴规则，完善我国官方出口信用支持[J]. 国际金融研究，2004（6）：48-49.

谢程. 诸边贸易协定和 WTO 谈判的路径选择[J]. 国际经济法学刊，2019（2）：64-65.

新华社. 亚太经合组织第二十五次领导人非正式会议宣言[EB/OL].（2017-11-12）[2022-12-28]. http://www.gov.cn/xinwen/2017-11/12/content_5238980. htm.

熊婉婷，常殊昱，肖立晟. IMF 债务可持续性框架：主要内容、问题及启示[J]. 国际经济评论，2019（4）：44-62.

徐刚，陈璐. G20 峰会回顾与展望[J]. 国际研究参考，2019（4）：6-8.

徐齐利, 聂新伟, 范合君. 政府补贴与产能过剩[J]. 中央财经大学学报, 2019（2）: 98-118、128.

徐艳玲. 大变局下的价值、利益、责任、发展: 人类命运共同体理念丰富意蕴的立体化呈现[J]. 人民论坛, 2020（22）: 52-55.

杨红灿. 从竞争规则与执法实践两个层面进行竞争政策的国际协调[J]. 中国市场监管研究, 2017（10）: 25-26.

叶建亮. 积极应对全球产业链重构[N]. 中国社会科学报, 2020-08-26（4）.

尹西明, 林镇阳, 陈劲, 等. 数据要素价值化动态过程机制研究[J]. 科学学研究, 2022, 40（2）: 220-229.

袁媛, 綦建红. 嵌入全球价值链对企业劳动收入份额的影响研究——基于前向生产链长度的测算[J]. 产业经济研究, 2019（5）: 1-12、38.

乐玉成. 中美走向合作的大势是挡不住的——在外交学会与美国亚洲协会共同举办的中美关系视频对话上的致辞[EB/OL].（2020-07-08）[2023-01-24]. https://www.mfa.gov.cn/web/ziliao_674904/zyjh_674906/202007/t20200708_9870624.shtml.

曾宪奎. 公平竞争环境的构建与我国产业技术政策转型问题研究——兼论"竞争中性"与公平竞争原则的差异[J]. 湖北社会科学, 2019（4）: 67-73.

詹晓宁. 全球投资治理新路径——解读《G20 全球投资政策指导原则》[J]. 世界经济与政治, 2016（10）: 4-18.

张帆, 徐超. 官方出口信贷机构国际比较及启示[J]. 中国物价, 2020（6）: 45-47.

张寒松. 营造公平竞争市场环境[N]. 贵州日报, 2019-02-18（11）.

张鸿韬. 美国贸易保护主义政策对全球价值链的挑战与中国应对[J]. 现代经济探讨, 2019（9）: 69-73.

张军旗. WTO 补贴规则背景下我国产业补贴政策的变革[J]. 上海政法学院学报（法治论丛）, 2019, 34（3）: 16-18.

张茉楠. 全球经贸规则体系正加速步入"2.0 时代"[J]. 宏观经济管理, 2020（4）: 7-12、19.

张少军, 侯慧芳. 全球价值链恶化了贸易条件吗——发展中国家的视角[J]. 财贸经济, 2019, 40（12）: 128-142.

张彦. 全球价值链调整与中国制造业的攀升风险: 总体国家安全观的视角[J]. 情报杂志, 2020, 39（12）: 40-49.

赵磊. 政策沟通推进"一带一路"建设[N]. 解放军报, 2017-05-12（4）.

赵龙跃. 中国参与国际规则制定的问题与对策[J]. 人民论坛·学术前沿, 2012（12）: 84-94.

赵龙跃. 新丝绸之路: 从战略构想到现实规则[J]. 人民论坛·学术前沿, 2014（13）: 82-89.

赵龙跃. 制度性权力: 国际规则重构与中国策略[M]. 北京: 人民出版社, 2016.

赵龙跃. 统筹国际国内规则: 中国参与全球经济治理 70 年[J]. 太平洋学报, 2019, 27（10）: 47-62.

赵龙跃. 新冠肺炎疫情下的经济全球化与中国的引领作用[J]. 当代世界, 2020（11）: 17-22.

赵硕刚. 国际经贸规则变化趋势对我国的影响及对策[J]. 海外投资与出口信贷，2019
（3）：30-35.

中国贸易报. RCEP 竞争章节：坚持所有制中性 兼顾差异性发展[EB/OL].（2020-11-19）
[2022-12-28]. http://cacs.mofcom.gov.cn/article/flfwpt/jyjdy/cgal/202011/167023. html.

中国信息通信研究院. 中国数字经济发展白皮书（2020）[EB/OL].（2020-07）
[2022-12-28]. http://www.caict.ac.cn/kxyj/qwfb/bps/202007/P020200703318256637020.
pdf.

中华人民共和国全国人民代表大会. 全国人民代表大会常务委员会关于维护互联网安
全的决定[EB/OL].（2000-12-28）[2022-12-28]. http://www.gov.cn/gongbao/content/2001/
content_61258. htm.

（二）外文部分

ANTRÀS P. Conceptual aspects of global value chains[J]. The World Bank Economic
Review, 2020, 34(3): 551-574.

BALDWIN R, FREEMAN R. Supply chain contagion waves: Thinking ahead on
manufacturing 'contagion and reinfection' from the COVID concussion[EB/OL].
(2020-04-01)[2023-01-24]. https://cepr.org/voxeu/columns/supply-chain-contagion-waves-
thinking-ahead-manufacturing-contagion-and-reinfection.

BRANDER J A, SPENCER B J. Export subsidies and international market share rivalry[J].
Journal of international Economics, 1985, 18(1): 83-100.

CARMICHAEL C M. The control of export credit subsidies and its welfare consequences[J].
Journal of International Economics, 1987, 23(1): 1-19.

CHEN M. Embracing Non-ICSID Investment Arbitration: The Chinese Perspective[J].
Northwestern Journal of International Law & Business, 2018, 39(3): 249-270.

Congressional Research Service. NAFTA Renegotiation and the Proposed United
States-Mexico-Canada Agreement (USMCA)[EB/OL]. (2019-02-26)[2022-12-28]. https://
crsreports.congress.gov/product/pdf/R/R44981/14.

Council of the European Union. Negotiating directives for a Convention establishing a
multilateral court for the settlement of investment disputes[EB/OL]. (2018-03-20)
[2022-11-18]. http://data.consilium.europa.eu/doc/document/ST-12981-2017-ADD-1-
DCL-1/en/pdf.

European Comission. The EU-Japan Economic Partnership Agreement[EB/OL]. (2017-12-08)
[2022-12-28]. https://policy.trade.ec.europa.eu/eu-trade-relationships-country-and-region/
countries-and-regions/japan/eu-japan-agreement_en.

FAROLE T. Do global value chains create jobs? Impacts of GVCs depend on leader firms,
specialization, skills and institutions[J/OL]. IZA World of Labor, 2016(8).[2023-01-22].
https://wol.iza.org/articles/do-global-value-chains-create-jobs/long.

FOX H. State Immunity and the New York Convention[C]//Evans D M. International Law.
Oxford: Oxford University Press, 2002: 829-832.

GONTER M. Premium: The least understood rules of the arrangement[M]//Smart Rules for Fair Trade, 2011: 220-224.

Government of Canada. 2019-2020 RCC Work Plan: Medical Devices[EB/OL]. [2022-12-28]. https://www.canada.ca/en/health-canada/corporate/about-health-canada/legislation-guid elines/acts-regulations/canada-united-states-regulatory-cooperation-council/work-plan-medical-devices-2019-2020.html.

GUADAGNOLI L G. The Role of Medium-Term Export Credit Guarantees and Insurance in Financing Foreign Trade[J]. Southern Economic Journal, 1968: 548-562.

HOEKMAN B. Trade Agreements and International Regulatory Cooperation in a Supply Chain World[J]. Robert Schuman Centre for Advanced Studies Paper No. RSCAS, 2015: 4.

HUFBAUER G C, ERB J S. Subsidies in International Trade[M]. Cambridge: the MIT Press, 1984.

ICSID. Compendium of State and Public Comments on Proposed Amendments to the ICSID Rules[EB/OL]. (2019-01-18)[2022-11-18]. https://icsid.worldbank.org/news-and-events/ news-releases/compendium-state-and-public-comments-proposed-amendments-icsid-rules.

International Monetary Fund. World Economic Outlook: Managing Divergent Recoveries[EB/OL]. (2021-04)[2022-12-28]. https://www.imf.org/en/Publications/WEO/Issues/2021/03/23/ world-economic-outlook-april-2021.

KISSINGER H A. The Coronavirus Pandemic Will Forever Alter the World Order[N/OL]. Wall Street Journal, 2020-04-03[2023-01-25]. https://www.wsj.com/articles/the-coronavirus-pandemic-will-forever-alter-the-world-order-11585953005.

KITZMULLER M, LICETTI M M. Competition policy: encouraging thriving markets for development[J/OL]. ViewPoint Public Policy for the Private Sector Series, No 331, Finance and Private Sector Development Vice Presidency, The World Bank Group, (2013-08-17)[2022-12-28]. https://papers.ssrn.com/sol3/papers.cfm?abstract_id=2310917.

KOOPMAN R, WANG Z, WEI S J. Tracing Value Added and Double Counting in Gross Exports[J]. The American Economic Review, 2014, 104(2): 459-494.

KRUGMAN P R. Strategic trade policy and the new international economics[M]. Cambridge: MIT Press Books, 1986.

LI Y, MIAO Z. Globalization, Import Penetration and Market Power[R]. Mimeo: McGill University, 2020.

MEHTA S. "Tilting Towards South": Pattern and Determinants of Global Value Chains[J]. Seoul Journal of Economics, 2018, 31(1): 63-97.

MORAVCSIK A M. Disciplining trade finance: the OECD export credit arrangement[J]. International Organization, 1989, 43(01): 173-205.

OECD. Arrangement on Officially Supported Export Credits[EB/OL]. (2021-07)[2022-12-28]. https://www.oecd.org/officialdocuments/publicdisplaydocumentpdf/?doclanguage=en&c ote=tad/pg(2021)6.

OECD. Best Practice Principles on International Regulatory Cooperation[EB/OL]. (2021-07-30)

[2022-12-28]. https://doi.org/10.1787/a2507c21-en.

OECD. International Organisations and International Regulatory Cooperation: Exploring the links[EB/OL]. (2014-12-03)[2022-12-28]. https://doi.org/10.1787/9789264225756-5-en.

OECD. International Regulatory Cooperation: Addressing Global Challenges[EB/OL]. (2013-04-24)[2022-12-28]. https://doi.org/10.1787/9789264200463-en.

OECD. No policy maker is an island: The international regulatory cooperation response to the COVID-19 crisis[EB/OL]. (2020-06=08)[2022-12-28]. https://doi.org/10.1787/3011ccd0-en.

OECD. United Nations Economic Commission for Europe (UNECE) [EB/OL]. (2016-11-02)[2022-12-28]. https://doi.org/10.1787/9789264244047-52-en.

Public Citizen. Termination of Bilateral Investment Treaties Has not Negatively Affected Countries' Foreign Direct Investment Inflows[EB/OL]. (2018-04-16)[2023-01-28]. https://www.citizen.org/article/termination-of-bilateral-investment-treaties-has-not-nega tively-affected-countries-foreign-direct-investment-inflows/.

REINHART C, REINHART V. The Pandemic Depression: the global economy will never be the same[J]. Foreign Affairs, 2020, September/October: 84-95.

RODRIK D. New Technologies, Global Value Chains and Developing Economies[EB/OL]. (2018-10)[2022-12-28]. https://www.nber.org/papers/w25164.pdf.

SAMUELSON P A, NORDHAUS W D. Economics(International Edition)[M]. New York: McGraw-Hill Inc, 1995: 279-281.

SINGH K, ILGE B. India Overhauls Its Investment Treaty Regime[N/OL]. Financial Times, 2016-07-16[2023-01-28]. https://www.ft.com/content/53bd355c-8203-34af-9c27-7bf99 0a447dc.

STIGLITZ J E, WEISS A. Credit rationing in markets with imperfect information[J]. The American Economic Review, 1981, 71(3): 393-410.

STOELINGA G J, VIAENE J M, VISSCHER L T. Subsidized buyer credits: A typical results in strategic trade theory[J]. Economics Letters, 1995, 47(2): 205-210.

The World Bank Group. ICSID 2020 annual report[R]. Washington D. C.: World bank publications, 2020.

The World Bank. Global Economic Prospects[R]. Washington D.C.: The World Bank Group, 2020.

The World Bank. World Development Report 2020: Trading for Development in the Age of Global Value Chains[R/OL]. [2022-12-28]. https://www.worldbank.org/en/publication/wdr2020.

UNCITRAL. Report of Working Group III on the Work of its Thirty-sixth Session[R/OL]. (2018-11-06)[2022-11-18]. https://documents-dds-ny.un.org/doc/UNDOC/GEN/V18/075/12/PDF/V1807512.pdf?OpenElement.

UNCITRAL. Possible Reform of Investor-State Dispute Settlement (ISDS)[EB/OL]. (2018-09-05)[2022-11-18]. https://documents-dds-ny.un.org/doc/UNDOC/LTD/V18/064/96/PDF/V1806496.pdf?OpenElement.

UNCTAD, World Investment Report 2019: Special Economic Zones[R]. Geneva: United Nations Publication, 2019: 3-5.

UNCTAD. World Investment Report 2020[R]. Geneva: United Nations Publication, 2020.

UNCTAD. Global Investment Trend Monitor, No. 38[EB/OL]. (2021-01-24)[2022-12-28]. https://unctad.org/webflyer/global-investment-trend-monitor-no-38.

UNCTAD. Summary of Adoption of E-Commerce Legislation Worldwide[EB/OL]. (2021-12-14)[2022-12-28]. https://unctad.org/topic/ecommerce-and-digital-economy/ecommerce-law-reform/summary-adoption-e-commerce-legislation-worldwide.

USITC. Digital Trade in the U.S. and Global Economies, Part 1[R/OL]. USITC Publication 4415, (2013-07) [2022-12-28]. https://usitc.gov/publications/332/pub4415.pdf.

USMCA. Good Regulatory Egulatory Practices- USMCA Chapter 28[EB/OL]. [2022-12-28]. https://usmca.com/good-regulatory-practices-usmca-chapter-28/.

USTR. Agreement between the United States of America, the United Mexican States, and Canada[EB/OL]. (2020-07-01)[2022-12-28]. https://ustr.gov/trade-agreements/free-trade-agreements/united-states-mexico-canada-agreement/agreement-between.

WILLIAMSON S D. Costly monitoring, financial intermediation, and equilibrium credit rationing[J]. Journal of Monetary Economics, 1986, 18(2): 159-179.

Word Health Organization. Coronavirus disease (COVID-19) pandemic [EB/OL]. [2023-03-01]. https://www.who.int/emergencies/diseases/novel-coronavirus-2019.

World Economic Forum. Enabling Trade Valuing Growth Opportunities[EB/OL]. (2013-01-07) [2022-12-28]. https://www.weforum.org/reports/enabling-trade-valuing-growth-opportunities.

World Trade Organization. Global Value Chain Development Report 2019-Technological Innovation, Supply Chain Trade, and Workers in A Globalized World[R]. Geneva: WTO, 2019.

WTO, OECD. Facilitating trade through regulatory cooperation, the case of the WTO's TBT/SPS Agreements and Committees[EB/OL]. (2019-07-03)[2022-12-28]. https://www.wto.org/english/res_e/booksp_e/tbtsps19_e.pdf.

WTO. Agreement On Subsidies and Countervailing Measures[EB/OL]. [2022-12-28]. https://www.wto.org/english/docs_e/legal_e/24-scm.pdf.

WTO. Compilation of Sources on Good Regulatory Practice[EB/OL]. (2011-09-13) [2022-12-28]. https://docs.wto.org/dol2fe/Pages/FE_Search/FE_S_S009-DP.aspx?language=E&CatalogueIdList=125209,85358,91977&CurrentCatalogueIdIndex=1&FullTextHash=&HasEnglishRecord=True&HasFrenchRecord=True&HasSpanishRecord=True.

WTO. DS46: Brazil-Export Financing Program for Aircraf[EB/OL]. (2001-08-23)[2022-12-28]. https://www.wto.org/english/tratop_e/dispu_e/cases_e/ds46_e.htm.

WTO. E-Commerce, Trade and the COVID-19 Pandemic[EB/OL]. (2020-05-04)[2022-12-28]. https://www.wto.org/english//tratop_e/covid19_e/ecommerce_report_e.pdf.

WTO. Trade Facilitation Agreement: Easing the flow of goods across borders[M]. United Nations Publication, 2015.

WTO. World trade primed for strong but uneven recovery after COVID-19 pandemic shock[EB/OL]. (2021-03-21)[2022-12-28]. https://www.wto.org/english/news_e/pres21_e/pr876_e.htm.

YIN W. A comparison of the US and EU regulatory responses to China's state capitalism: implication, issue and direction[J]. Asia Europe Journal, 2020, 19: 1-25.

致　　谢

　　《国际经贸规则的重构与创新》是 2014 年国家社会科学基金重点项目"全球价值链时代国际规则制定与我国对策研究"的最终研究成果，历经先后 8 年的反复修改和完善，终于要与读者朋友们见面了。本研究课题在其立项的初期所面临的主要问题集中在以下两个方面：一方面是在规则需求方面，全球价值链时代不断地改变着国际货物贸易、服务贸易、跨国投资、技术传播和人员流动的传统格局，新产业、新业态发展迅速，特别需要加快多边国际经贸规则的重构与创新；另一方面是在规则供给方面，以世界贸易组织（WTO）为核心的多边贸易体制却面临严峻挑战，多边贸易规则谈判困难重重、停滞不前，争端解决机制陷入瘫痪；美国欧盟等西方发达国家和地区对于改革完善多边贸易体制重视不够，反而集中力量加速推动达成区域或超区域贸易协定，试图绕过 WTO，继续掌控新一轮国际经贸规则重构和创新的主导权；广大发展中国家随着经济社会的发展和国际地位的提升，推动 WTO 改革和参与制定国际经贸规则的积极性越来越高，发展中国家之间的双边和诸边自由贸易协定发展也很迅速，以争取各自在国际经贸体系中的制度性权力。其结果是多边贸易协定谈判严重滞后，区域贸易协定异常活跃，多边经贸规则的重构与创新工作，远远不能适应当今世界经贸发展的需要。

　　最近几年又出现了一些新的情况。随着欧美西方国家内部政党纷争、经济两极分化、社会矛盾加剧，孤立主义、单边主义、贸易保护主义和逆全球化思潮风起云涌，国际经贸规则滞后于现实世界需求的问题更加严重。2020 年新冠疫情蔓延全球，世界多国不得不采取关闭边境、中断航运、注销签证和停止人员来往等限制性措施，严重阻碍了全球价值链的有效运营，加之逆全球化思潮的扩散，数字经济的加速发展，全球价值链发展面临着区域化和碎片化，甚至是人为的取滞或割裂等危机，使后疫情时代恢复全球价值链的布局和重组将面临更多的挑战。针对这些新的情况，课题组在原来已经形成研究报告的基础上，又进行了一次全面的补充和修订。

　　本项目研究的主要成果有三个部分：首先是详细分析了全球价值链时代国际规则重构现状以及多边贸易体制面临的挑战，提出中国和广大发展中国家要积极把握参与新一轮国际经贸规则重构与创新的重要机遇；其次是系统剖析直接影响中国产业调整、技术创新和长期发展的多项国际贸易投资规则，统一按照概念梳理、法理基础、演变特征、西方实践、中国理论和实践现状等层面的思路展开，具有一定的理论价值；最后是注重将国际规则前沿理论研究与规则实践的对策研究相结合，在准确把握国际规则现状的基础上，从改革完善和机制创新两方面出发，探索在利用现有规则维护中国合法权益的同时，积极塑造有利于改革开放发展的外部环境，为中国参与新一轮国际经贸规则的重构与创新，提出一些较有针对性的对策建议。本研究成果不仅是相关国际规则前沿的理论研究，而且也是注重规则实践的对策研究，从而确保理论研究的前沿地位和政策实践的参考价值。

2020年4月，本课题顺利结项，项目评审专家对课题研究报告给予了高度的评价，认为该研究成果准确把握当前国际政治经济的时代背景，从全球价值链发展的视角来研究国际经贸规则的重构与创新，研究系统规范、资料新颖翔实，具有较强的参考价值。在此首先要感谢各位评审专家给予本研究成果的高度评价，感谢他们为修改完善本研究成果所提出的意见和建议。

其次要感谢我们的研究团队。我们的研究团队具有三个明显的特征。其一是开放性，我们的研究团队是一个开放型的团队，参加本课题研究的既有来自于全国各地不同高校和研究机构的青年学者，也有来自于国际治理创新研究院数届的硕士和博士研究生；其二是专业性，我们研究团队的每位成员坚持关注并跟踪某项国际规则的演变和研究工作，已经取得了一定的研究成果；其三是成长性，我们研究团队的大部分成员都是中青年学者，相信再经过若干年的努力，他们终将会锤炼成为我国从事国际规则研究和参与国际规则制定的重要人才。在本书的初稿形成以后，我们研究团队又进行了多次的讨论交流，反复修改，数易其稿，精益求精，保证了本书的质量。在此要感谢参与本项目相关专题研究和本书相关章节起草的每一位团队成员，限于篇幅，虽然不能列出所有的名单，但是特别要感谢以下各位成员：第一章有魏磊、黄浩迪、高红伟、袁淑睿、谢丽莎和钟佩佩；第二章有高红伟、李阳阳和胡聪；第三章有张琳、唐妍彦和袁淑睿；第四章有庞超然和李阳阳；第五章有朱贤强、赵旸顿、高红伟和胡紫玉；第六章有吕贤、黄梁峻和唐妍彦；第七章有王璐瑶、常吉、袁淑睿、唐妍彦和温可仪；第八章有李家胜、吴媛枫、袁淑睿、唐妍彦、郭青霞和李健敏；第九章和第十章有高红伟、李阳阳、夏正源和华定等。还要感谢唐妍彦、高红伟和梁嘉昊对全部书稿的核实和校正，为整个研究工作的组织协调、全书文稿的讨论修改做出的大量工作。

最后还要感谢广东外语外贸大学校领导，经济贸易学院、国际关系学院和法学院专家同仁所给予的支持和指导，感谢科学出版社参与本书策划、设计、排版、印刷和发行工作的有关人员，特别是责任编辑刘英红女士为本书的出版所做出的贡献。

被誉为世界贸易组织之父的国际经济法学专家、美国乔治敦大学教授约翰·杰克逊（John H. Jackson）先生，在其名著《国际经济关系中的法律问题》历版的序言中反复强调，"编写一部关于国际经济规则的著作非常不易，规则的变化往往快于我们的研究，就好像我们坐在快速行驶的列车上，试图描述车窗外面掠过的风景，描述尚未完成，风景已经过去"。后疫情时代全球价值链的可持续发展呼唤国际经贸规则的重构与创新，国际社会需要加快构建更加开放公平的国际规则和更加透明、包容和有效的国际规则体系。加速国际经贸规则的重构与创新，建立更加公平公正、合理高效的多边贸易规则和全球经济治理体系，成为新一轮经济全球化博弈的焦点。《国际经贸规则的重构与创新》作为一部学术性和政策性密切结合、系统研究"国际经贸规则与中国对策"的著作，还存在许多这样或那样的不足，诚挚欢迎各位专家学者和同仁给予批评和指正。同时希望本书能够发挥抛砖引玉的作用，引起我国学术界和实务界有关专家的关注，共同思考研究这一伟大时代的重大命题。更期待着本书能够为我国政府有关部门、企事业单位和学术研究机构的读者朋友们，以及高等院校的老师和学生们，带来一些有益的启示和帮助。

赵龙跃

2022 年国庆于广州